“十三五”职业教育国家规划教材
“十二五”职业教育国家规划教材
经全国职业教育教材审定委员会审定
普通高等教育“十一五”国家级规划教材
教育部高职高专规划教材
全国普通高等学校优秀教材
高职高专法律系列教材

2021
新法规

民法

（第八版）

杨立新 编著

中国人民大学出版社
·北京·

出版说明

教材建设工作是整个高职高专教育教学工作中的重要组成部分。改革开放以来，在各级教育行政部门、学校和有关出版社的共同努力下，各地已出版了一批高职高专教育教材。但从整体上看，具有高职高专教育特色的教材极其匮乏，不少院校尚在借用本科或中专教材，教材建设仍落后于高职高专教育的发展需要。为此，1999 年教育部组织制定了《高职高专教育基础课程教学基本要求》（以下简称《基本要求》）和《高职高专教育专业人才培养目标及规格》（以下简称《培养规格》），通过推荐、招标及遴选，组织了一批学术水平高、教学经验丰富、实践能力强的教师，成立了"教育部高职高专规划教材"编写队伍，并在有关出版社的积极配合下，推出一批"教育部高职高专规划教材"。

"教育部高职高专规划教材"计划出版 500 种，用 5 年左右的时间完成。出版后的教材将覆盖高职高专教育的基础课程和主干专业课程。计划先用 2～3 年的时间，在继承原有高职高专和成人高等学校教材建设成果的基础上，充分汲取近几年来各类学校在探索培养技术应用型专门人才方面取得的成功经验，解决好新形势下高职高专教育教材的有无问题；然后再用 2～3 年的时间，在《新世纪高职高专教育人才培养模式和教学内容体系改革与建设项目计划》立项研究的基础上，通过研究、改革和建设，推出一大批教育部高职高专教育教材，从而形成优化配套的高职高专教育教材体系。

"教育部高职高专规划教材"是按照《基本要求》和《培养规格》的要求，充分汲取高职高专和成人高等学校在探索培养技术应用型专门人才方面取得的成功经验和教学成果编写而成的，适用于高等职业学校、高等专科学校、成人高等学校及本科院校举办的二级职业技术学院和民办高校。

教育部高等教育司

总　序

曾宪义

中国是一个具有悠久历史和灿烂文化的国度。在数千年传承不辍的中国传统文化中，尚法、重法的精神一直占有重要的位置。中国古代虽然崇尚“礼治”，如《礼记·礼运》所说：“圣人之所以治人七情，修十义，讲信修睦，尚辞让，去争夺，舍礼何以治之?”，但从《法经》到《唐律疏议》《大清律例》等数十部成文法典的存在，充分说明了成文制定法在中国古代社会中的突出地位，只不过这些成文法所体现出的精神旨趣与现代法律文明有较大不同而已。时至20世纪初叶，随着西风东渐，中国社会开始由古代文化文明和传统社会体制向近现代文明过渡，建立健全的、符合现代理性精神的法律文化体系方成为现代社会的共识。正因为如此，近代以来在西方和东方各主要国家里，伴随着社会变革的潮起潮落，法律改革运动也一直呈方兴未艾之势。

法律的进步和法制的完善，一方面取决于社会的客观条件和客观需要，另一方面取决于法学研究的深入和法律教育的发展。而法治观念的普及、法治素质的培养则有赖于法学教育和法学人才的培养。

中国古代社会素有法律研究和法学教育的传统。先秦时期，百家争鸣，商鞅、韩非好“刑名之学”。逮至秦汉，律学滥觞。秦朝“以吏为师”。中国传统律学的勃兴始自汉代。自一代硕儒董仲舒开“引经注律”之先河，律学遂成为一门显学。南齐崔祖思曰：“汉来治律有家，子孙并世其业，聚徒讲授，至数百人。”（《南齐书·崔祖思传》）东汉以后，律学不限于律文的语义注释和儒经考据，领域拓展至法典名词术语和编纂体例。西晋张斐、杜预将中国古代律学发挥到私家注律之空前高度——“张杜律”为国家认可，具有法律效力。魏晋以后，律家流派纷呈，至唐而集大成。《唐律疏议》之“疏议”为传统中国律学之完备结晶。自宋至元，律学渐至衰落，直至清末西方外来法律文化的传入。

中国近代意义上的法学教育和法学研究，肇始于一个多世纪以前的清代末年。清光绪二十一年（1895）开办的天津北洋大学堂，首开法科并招收学生。是谓“开一代风气之先”，为中国最早的近代法学教育机构。三年后，中国近代著名启蒙思想家、戊戌维新运动著名领袖、自号“饮冰室主人”的梁启超先生在湖南《湘报》发表宏文《论中国宜讲求法律之学》，号召国人重视法学、发明法学、讲求法学。数年之后，清政府被迫变法修律、实施“新政”。以修订法律大臣沈家本、伍廷芳为首的一批有识之士，艰难地在固有体制中运作、推行变法修律，同时不忘培植法治之基——引介法学译著、倡导法学研究、开展法学教育。20世纪初，中国最早设立的三所大学——北洋大学堂、京师大学堂、山西大学堂均开设法科或法律学科目，以期“端正方向、培养通才”。1906年，应修订法律大臣沈家本、伍廷芳之奏请，清政府在京师正式设立专门的法律教育机构——京师法律学堂。次年，另一所专门法律教育机构——隶属清政府学部的京师法政学堂亦正式开科招生。

自清末以降，在外族入侵、民族危亡的紧急关头，中国人民上下求索，寻求实现民族独立和民主政治的发展道路。客观言之，政治社会变迁和长期社会动荡导致了法制建设的荒废、法律文化进步的中断。新中国成立以来，民主法制建设在艰难中曲折前进。以党的十一届三中全会的召开为标志，中国社会开始从政治阵痛中苏醒，转换思路进入法制轨道。中国的法学研究和法律教育事业迎来了春天。

回顾改革开放以来的法律建设，中国的法学教育事业取得了辉煌的成就。首先，社会主义法治理念确立并深入人心。中国法学界摆脱了“法律虚无主义”和苏联法学模式的消极影响，建设社会主义法治国家已成为国家民族的共识。1999年，第九届全国人民代表大会第二次会议通过的宪法修正案第一次确认“依法治国”的国家治理模式和“建设社会主义法治国家”的宏伟目标，从而为法学教育事业的发展奠定了稳固的思想基础和法律基石。其次，法学研究不断深入，法律科学渐成体系。老中青法学家组成一个前后相继、以帮带进的学术群体，基础法学、部门法学和国际法学形成较为成熟的理论体系和学术框架，边缘法学渐次成型。1997年，国家教育主管部门调整原有专业目录，决定从1999年起法学类本科只设一个单一的法学专业，按一个专业招生，研究生专业目录新定为10个二级学科（含军事法学），从而使法学学科的布局更加科学和合理。同时，确定了法学专业本科教学的14门核心课程，加上其他必修和辅修课程，形成一个传统与更新并重、基本适应国家和社会需要的教学体系。再次，法学教育规模迅速扩大，层次日趋全面，结构日臻合理。据初步统计，目前中国有300余所普通高等院校设置了法律院系和法律专业，在校学生达6万余人。除本科生外，在国内一些重点大学和全国的知名法律院系，法学硕士研究生和博士研究生已成为培养重点。高职高专法律教育日益受到教育主管部门的重视，成为高等法学教育的重要组成部分。

高职高专教育是社会经济发展和高新技术发展的必然结果，是促进经济、社会发展和劳动就业的重要途径。作为高等教育的一个重要组成部分，高职高专教育对于调整教育结构、广开成才之路、促进义务教育的普及、提高教育整体效益、全面落实教育方针、增进教育与经济的紧密结合，具有重要作用。加强法律教育，除了建设一流的法学院，还需要实现多元化模式和拓展多角度的渠道。高职高专法律教育是高等法学教育不可或缺的重要组成部分。高职高专法律教育，培养目标应当是“基础理论知识适度、技术应用能力强、知识面宽、素质高的专门人才”。换言之，即培养适应社会需要的应用型人才。因此，高职高专法律教育的专业设置、办学模式和办学思想都应当主动适应区域经济和社会发展的需要。高职高专法律教育的落实，对于我国目前法治观念的普及、群体法律意识的提高以及正在进行的司法制度改革均具有非同寻常的意义。

鉴于高职高专法律教育与高等院校法律本科教育的差异，高职高专法律教育教学科目的设置、教学体系的安排以及教学层次的选定均体现了培养目标的不同。但从目前看来，不少高职高专院校法律教育借用法律本科或中专教材，教材建设滞后于高职高专法律教育的发展需要。我们编写并出版这套适合高职高专教育的专门教材，期望能够既照顾到高职高专的教学层次，又能满足“高水准”“高质量”的要求。本套教材约请全国各高等院校、科研机构的优秀学者参加，形成颇具实力的学术阵容。在编写这套教材时，我们吸收了改革开放以来我国法学界的最新研究成果，密切关注国内外学术发展动态，力争使教材基点立足于法学前沿。为了适应高职高专教学的实际需要，我们将教材定位于“应用性”层次，强调了高职高专法学教育培养应用能力的特色。

我们期冀，经过组织者、编写者和出版者的不断努力，高职高专法律系列教材能以“高质量、高水准、应用性强”的特色满足莘莘学子的求知渴望，为中国的法学教育和法治建设略尽绵薄之力。

是为序。

第八版前言

本书第八版出版之时，刚好是本书面世的二十周年，又恰逢《中华人民共和国民法典》经第十三届全国人民代表大会第三次会议审议通过。我国历经七十年终于有了第一部《民法典》，对于保护民事主体的合法权益，调整民事关系，维护社会和经济秩序，适应社会发展需要，具有重要意义。对于本书来说，编写的依据就不再是"散装"的各部民法单行法，而是一部完整的《民法典》。因此，本书第八版的修订结合十八大以来党和国家政治理论和建设实践的发展状况，以习近平法治思想为指导，完全依照《民法典》的规定，重新进行编排，对内容进行调整，使本书有了全新的面貌。

对于本次修订，应当说明的是：

第一，全书的内容依照《民法典》的结构进行编排，共分为七编，与《民法典》的七编完全一致。这便于学生掌握《民法典》的基本内容。

第二，本书的前七版都没有设置"婚姻家庭"的内容，为了与《民法典》的结构保持一致，新设第五编"婚姻家庭"。

第三，在具体内容的安排上，只有第三编"债与合同"与《民法典》的规定有所不同（《民法典》的第三编为"合同"）。一是增加了"债法总则"的内容，将《民法典》规定的准合同即无因管理和不当得利，放在"债法总则"中说明，这对教学是有利的；二是由于本套系列教材中专门有合同法教材，因此，本书中的合同部分仍然还是作简要说明，只设置"合同及其流转"和"合同责任"两章。

第四，本书每一编的内容，基本上都是按照《民法典》各编的内容安排的。只是由于篇幅和教学时间所限，主要的问题尽量说明清楚，对有些知识点的说明比较简单，点到为止。

通过本次修订，本书可以说是一部简明《民法典》教程。由于有了《民法典》，本书经历二十年，迎来了自己的新生。感谢二十年来关爱本书的老师、同学和读者朋友！期盼各位老师和同学们喜欢它，并提出宝贵意见，让本书在将来做得更好。

中国人民大学民商事法律科学研究中心研究员

中国人民大学法学院教授、博士生导师

杨立新

2020 年 6 月 18 日

目　录

第一编　总　则

第二编　物　权

第三编 债与合同

第四编 人格权

第五编　婚姻家庭

第六编　继　承

第一编

总　　则

第一章　民法及其基本原则

【本章引例】

杨某是长沙市第一看守所的在押犯罪嫌疑人。某日晚，同监室犯罪嫌疑人刘某违规用汽油炉烧开水，引燃了汽油桶，导致火灾，将杨某烧伤致残。杨某向长沙市西区人民法院起诉长沙市第一看守所，要求其赔偿，被驳回诉讼请求；上诉后二审，长沙市中级人民法院改判驳回其起诉，理由是杨某的诉讼请求不属于人民法院受理的民事诉讼案件范围。

【本章学习目标】

通过学习本章，你应该能够：

1. 掌握民法的性质和调整对象；
2. 了解民法的结构，掌握民法体系的要点；
3. 掌握民法的适用范围和适用方法；
4. 掌握民法的基本原则及其在实践中的适用方法。

第一节　民法的概念和适用

一、民法的概念、调整对象和调整方法

（一）民法的概念

民法的概念源于古罗马法的市民法，与万民法相对应。前者演变为现在的民法，后者演变为现在的国际私法。在近代，日本在新旧法律体系交替之际，引进民法的概念。中国在清代末期维新变法，在建立近代民法制度时依照日本习惯制定民法草案，并将其称为“民法”（民律），直至今日。

在古代，民法在罗马法中产生，是罗马社会初期商品经济发展的必然结果。在欧洲文艺复兴时代，罗马法得到复兴，为后世的民法发展奠定了基础。1804 年诞生的《法国民法典》，确立了适应资本主义商品经济发展的私有财产神圣不可侵犯原则、契约自由原则

和过错责任原则“三大民法原则”，为发展资本主义经济开拓了道路。1900 年实施的《德国民法典》，进一步巩固、发展了传统民法，适应了自由资本主义时期的商品经济发展，为大陆法系的形成和发展奠定了基础。

中国古代封建立法民刑不分，诸法合体，法典的主体内容是刑法法规，其中也有丰富的民法内容，尤其是在物权法、契约法、侵权法和婚姻家庭法等方面，有较为完善的内容。清末变法，制定了《大清民律草案》；1925 年北洋政府制定了《民国民律草案》；国民政府在 1929 年至 1930 年制定了《中华民国民法》，中国第一次有了现代意义的民法典。

从 1954 年开始起草民法典，中华人民共和国的民法典走过了一个曲折复杂的过程。1980 年至 2009 年间，制定了以《中华人民共和国民法通则》为统领的八部单行民法，构成了我国的类法典化民法。2015 年开始编纂《民法典》，2017 年 3 月 15 日通过了《中华人民共和国民法总则》。2020 年 5 月 28 日通过了《中华人民共和国民法典》，结束了我国类法典化民法时期，进入了民法典时代。

民法，是调整平等主体的自然、法人和非法人组织之间的人身关系和财产关系的法律规范总称。我国《民法典》第 2 条规定：“民法调整平等主体的自然人、法人和非法人组织之间的人身关系和财产关系。”

（二）民法的调整对象

法律是根据调整内容的不同分为不同的法律部门的。在本章引例中，二审人民法院之所以改判驳回原告的起诉，其原因就是原告的起诉内容不是民法调整的对象，而是行政法调整的对象。这是因为，被监管人起诉看守所因疏于管理造成被监管人的人身伤害，是行政损害赔偿，双方当事人不是平等的民事主体，因而他们之间的法律关系不是民事法律关系，不是民法调整的内容。

民法调整的对象，就是平等主体的自然人之间、法人之间、非法人组织之间以及三者相互之间的人身关系和财产关系。民法调整的内容包括三个要素：一是平等主体；二是人身关系；三是财产关系。其中平等主体是民法调整内容的主体范围，人身关系和财产关系则是民法调整内容的两大类型。概括起来，民法的调整对象分为两大类：一是平等主体之间的人身关系；二是平等主体之间的财产关系。

（1）平等主体之间的人身关系。人身关系是指与人身密切相联系而不可分割的社会关系；平等主体之间的人身关系，是指平等主体之间与人身不可分离而无直接财产内容的社会关系。民法调整的人身关系，就是人格关系和身份关系。

（2）平等主体之间的财产关系。财产关系是以财产为媒介而发生的社会关系，是指平等主体的物质资料在生产、分配、交换和消费过程中形成的具有经济内容的横向的社会关系。在民法上，这种财产关系主要表现为两种：一是财产所有关系，是指人们在占有、使用、收益和处分物质财富过程中所发生的社会关系，表明财产的归属关系，体现某一种特定的财产归谁所有，以及其他人就该财产与财产权利人之间的关系；二是财产流转关系，是指人们在转移物质财富过程中所发生的社会关系，是动态的财产关系，包括商品流转关系、遗产流转关系以及其他财产流转关系，其中商品流转关系是最主要的财产流转关系。

上述社会关系作为民法的调整内容，必须是在平等主体之间发生的。主体平等，就是指当事人之间互不隶属，处在同等的地位，在相互之间的关系上保持自己独立的意志自由。本章引例中的案件，原告和被告之间存在被监管和监管的关系，是一种隶属的关系而不是平等的民事主体关系，因而他们之间所发生的争议不是民法调整的对象。

（三）民法的调整方法

法律调整是指法律凭借其权威，对社会关系施加影响，进行规范，使之形成一种理想的社会秩序。民法的调整方法，一是事前的调整，二是事后的调整，民法通过这样两种调整方法实现对社会关系的影响和规范。

事前的调整，就是塑造社会关系为法律关系，使其依循符合立法者意志的方向发展，形成一种理想的民法秩序。这就是确定民事权利义务关系，使民事法律关系的参加者按照民法的规定，行使权利，履行义务，形成理想的民法秩序。

事后的调整，是将被破坏的民事法律关系按照民法的规定恢复为圆满状态，恢复民法规定的民事秩序。这就是让破坏法律关系的人承担民事责任，使其受到制裁，强制其按照民法规范实施行为，同时对权利受到侵害的受害人进行救济，使其损害得到平复。

参考案例 1－1

刘某在某影楼拍摄了艺术照，该影楼未经刘某同意，将其照片擅自交给某公司作为广告宣传资料。刘某发现后，向法院起诉，请求追究该影楼的侵权责任。法院审理认为，肖像权是自然人的人格权，不属于财产权，不具有财产关系的内容，但是，肖像权反映的是平等主体之间与人身不可分离的社会关系，侵害肖像权会造成权利人的财产利益的损失，故判决该影楼承担侵权损害赔偿责任。

二、民法的结构

与民法的调整对象和调整方法相适应，民法由以下部分构成。

（一）民事权利的内容

民法的基本内容是规定民事权利，因而民法实际上就是民事权利法。

民法规定的民事权利，是与民法的调整范围相关的，即调整人身关系的那一部分规定的是人身权利，调整财产关系的那一部分规定的是财产权利。人身权利和财产权利这两种权利是民法的两大支柱，民法就是由这两种民事权利构成的，这也是民法的基本结构。

1. 人身权利

人身权利是民事主体的基本权利，是民法的一大类民事权利，是指民事主体依法享有，以在人格关系和身份关系上所体现的与其自身不可分离的利益为内容的基本民事权利。它由人格权和身份权构成。

人格权是指民事主体专属享有，以人格利益为客体，为维护其独立人格所必备的权利。它包括：一般人格权，生命权、健康权、身体权，姓名权、名称权、肖像权、声音权，名誉权、信用权、荣誉权，人身自由权、隐私权、性自主权，个人信息权，等等。

身份权是指民事主体基于其特定的身份关系而具有，并由其专属享有，以其体现的身份利益为客体，为维护该种关系所必需的权利。这种权利包括配偶权、亲权和亲属权。

2. 财产权利

财产权利是民法的另一大类民事权利。在民法的领域中，财产权分为三种：第一种是静态的财产权，即物权；第二种是动态的财产权，即债权；第三种是无形的财产权，即知识产权。

物权是指权利主体在法律规定的范围内，直接支配一定的物并享受其利益的排他性权利。物权分为自物权和他物权，自物权即所有权，他物权包括用益物权和担保物权。

债是指按照合同的约定或者依照法律的规定，在当事人之间产生的特定的权利义务关系。体现这种权利义务关系的动态财产权利，就是债权。债权分为合同之债权、侵权之债权、无因管理之债权和不当得利之债权。其中合同之债是最典型的债权，最能体现动态财产关系的实质。

知识产权是指自然人、法人对自己的创造性的智力活动成果依法享有的民事权利，包括著作权、专利权、商标权和其他智力成果权。知识产权既有财产权的性质，又有人身权的性质，是一种财产权利和人身权利相结合的综合的民事权利，一般划在财产范围，为无形财产权。①

财产权利还有继承权、股权以及其他投资性权利。

（二）对民事权利的保护

民法的第二部分内容，是与民法的第二种调整方法相适应的，即采用民事责任的方式，对违反民事义务、侵害民事权利的民事违法行为进行制裁的内容，民法的强制力就体现在这一部分内容上。

民法对民事权利的保护，分为对物权的保护方法、对债权的保护方法、对人身权的保护方法等。最常用的民事权利保护方法就是侵权责任和违约责任。

三、民法的性质和民法与相邻法律的关系

（一）民法的性质

1. 民法是私法

公法和私法是历史上对法律性质的基本划分。调整公的行为即国家的行为的法律是公法，调整私的行为即个体行为的法律是私法。改革开放之前，我国法学界按照苏联法学理论的做法，否认公法、私法的划分，认为调整计划经济关系的民法也是公法性质的法律，因而不存在私法的概念。这种观点不能正确界定部门法律的性质，混淆了公法和私法的界限，也与世界各国法律划分的标准不相协调。经过拨乱反正，我国现已恢复了对公法与私法性质进行划分的做法，确立了民法为私法的观念。

2. 民法是人法

民法对社会关系的调整，是通过调整人的行为的方式进行的，因此，民法以人为本，以人作为基本出发点，规定自然人和法人的根本地位，确定合理的人性观点，依公平正义的观念来规范人的行为，建立和谐的人际社会。其他法律虽然也都涉及人的问题，但是，更重要的还是对社会秩序的调整。而民法的基本内容就是对人的关系的调整，以及对人的权利和利益的保护，把人作为社会的中心。因此，民法就是人法。

3. 民法是权利法

民法的基本内容是规定民事主体的民事权利，规定民事权利行使的规则，规定对民事权利的保护。《民法典》开宗明义就规定其立法宗旨是“保护民事主体的合法权益”，因此

---

① 由于本套系列教材中有《知识产权法》，因此本书对这种民事权利不作专门介绍。

可以说，《民法典》就是一部民事权利法，是一部以权利为中心的法律。

《民法典》之所以是一部民事权利法，就在于整部法典的内容基本上是授权性法律规范，即授予民事主体人格权、身份权、物权、债权等权利，并鼓励民事主体行使自己的权利，鼓励其在自己的权利受到损害的时候敢于依法寻求法律保护。因而，民法与主要是禁止性法律规范的刑法形成鲜明的对比。

（二）民法与相邻法律的关系

1. 民法与商法

商法是调整商事主体商事行为的法律。在现代，对于商法与民法的关系，有两种不同的主张。一种主张认为，商法是民法的特别法，是民法的组成部分，民法实际上就是民商法，这种主张就是“民商合一”的观点。另一种主张认为，商法是独立的基本法，尽管商法和民法都是调整商品关系的法律，都是私法，但是商法具有独立的地位，是独立于民法之外的法律，这就是“民商分立”的观点。目前不能将民法和商法截然分开，理由是国家立法采用的指导思想就是民商合一，商法单行法要符合《民法典》的规定，接受《民法典》的指导。

2. 民法与经济法

经济法是 20 世纪 70 年代后期随着我国的经济体制改革而兴起的一门法律学科。40 余年的发展证明，经济法可以作为一门法律学科，但是作为一个法律部门还缺少必要的条件。在调整经济关系时，尤其是调整指令性计划经济的那一部分经济关系，即调整纵向的经济关系时，经济法发挥了很大作用。经济法研究国家与商品生产者和经营者之间的关系，研究命令者与服从者的关系，贯彻国家意志先定的原则，保障国家计划的实现。

四、民法的渊源和解释

（一）民法的渊源

法的渊源就是法的表现形式，民法的渊源就是民法的表现形式。掌握民法的渊源，对于正确理解民法，尤其是正确地运用民法，具有重要的意义。

我国民法的渊源主要有以下几种。

1. 宪法

宪法作为民法的渊源，其表现有二：其一，宪法是民法立法的基本依据，民法的基本原则和具体内容都是以宪法原则作为基础的；其二，宪法的一些具体条文本身就是民事法律规范，例如宪法中规定的人身自由权不得侵犯、合法的财产权不得侵犯等。理解宪法作为民法的渊源，就要掌握宪法原则对民法的立法、解释、适用的最高指导地位，以及宪法条文对于民法适用的权威作用。

2.《民法典》和民法单行法

《民法典》是民法的基本渊源，是民法的主要表现形式，其地位仅次于宪法。《著作权法》《专利法》《商标法》《公司法》《票据法》《保险法》等知识产权、商法单行法，是民法的特别法。

3. 行政法规中的民事规范

国务院有权依据宪法、法律制定行政法规，其中有关民事的规范是民法的重要渊源。

例如《不动产登记暂行条例》等行政法规，是运用民法规范民事法律行为，处理民事纠纷，属于民法的渊源。

4. 地方法规中的民事规范

省级和设区的市的权力机关有权制定地方法规，这些地方法规中有关民事的规范也是民法的渊源。但是这些地方法规中的民事规范在实施上具有地域性，不能施行于全国。

5. 最高人民法院的司法解释

最高人民法院是国家最高审判机关，有权就法律适用作出权威解释。最高人民法院就民法的适用所作的司法解释，是民法的渊源，对全国人民法院适用民法的审判活动具有约束力，各级人民法院不得违背。

6. 国家认可的民事习惯

习惯是人们长期适用所形成的一种行为方式，是法律的渊源之一。在民法没有规定的范围内，不与现行法律、法规和社会公共利益相抵触的民事习惯，经过国家认可，具有民法渊源的意义。《民法典》第 10 条规定："处理民事纠纷，应当依照法律；法律没有规定的，可以适用习惯，但是不得违背公序良俗。"

（二）民法的解释

民法的解释是根据有关法律规定、法学理论，对民事法律规范的内容、含义和使用的概念、术语所作的说明。正确适用民法，就必须对民法的有些规定进行解释。因此，民法的解释也称作民法的适用方法。

民法的解释分为以下三类。

1. 立法解释

民法的立法解释，是指国家立法机关对民法法律规范所作的权威性解释。这是最高效力的民法解释。任何民法的解释若与这种解释相悖，都没有效力。目前，我国立法机关还没有作出这样的解释。

2. 司法解释

民法的司法解释，是指最高人民法院在审理民事案件中对具体适用民事法律规范所进行的解释。人民法院在审判活动中，经常遇到具体适用民事法律、法规的疑难问题，需要进行解释。最高人民法院针对这些问题作出解释，统一全国人民法院对民事法律、法规的理解和适用。对具体案件的适用法律问题，最高人民法院作出的具体解释，是批复性司法解释，这些解释对人民法院的民法适用都具有约束力。

3. 学理解释

民法的学理解释，是指法学理论工作者在学术研究、法学教育中对民事法律规范所进行的解释，以及自然人个人按照自己的理解对民事法律规范进行的解释。这种解释不具有法律效力，但是对于推动法律的发展、进步和法律适用，具有重要的意义。

五、民法的适用范围

民法的适用范围就是指民法的效力范围，是指民法在哪些范围内发生效力。

（一）对人的效力

作为民法概念的"人"，包括自然人、法人和非法人组织。民法对人的效力，是指民法适用于哪些人。民法适用的自然人，包括我国境内的一切本国人、外国人和无国籍人；

但是，外国人身份法上的行为适用其本国法。外国驻我国的外交人员享有外交豁免权，不在我国民法的适用范围之内，但是如果他们自愿接受我国民法调整，我国民法对其适用。

(二) 对空间的效力

民法的空间效力是指民法在什么地域适用。《民法典》第 12 条规定："中华人民共和国领域内的民事活动，适用中华人民共和国法律。法律另有规定的，依照其规定。"我国民法的适用范围以属地法为原则，凡在中国领域内发生的民事活动，原则上都适用中国民法。例外的是，外国人在中国实施关于身份的民事法律行为，可以适用本国法即属人法；涉外合同行为，当事人可以选择处理合同争议所适用的法律，既可以选择适用中国法，也可以选择适用外国法。

(三) 对时间的效力

民法的时间效力是指民法从生效到失效的时间范围，民法在这个时间范围之内持续地发生效力。民法从公布实施之日起生效，原则上没有溯及力；有的规定在公布之后的一定时间再生效，是规定了实施准备的时间。《民法典》第 1260 条规定："本法自 2021 年 1 月 1 日起施行。"原有的民法单行法届时废止。

按照 2020 年 12 月 14 日通过、自 2021 年 1 月 1 日起施行的《最高人民法院关于适用〈中华人民共和国民法典〉时间效力的若干规定》的规定，《民法典》适用效力的规则是：

1. 不溯及既往原则

《民法典》施行后的法律事实引起的民事纠纷案件，适用《民法典》的规定。《民法典》施行前的法律事实引起的民事纠纷案件，适用当时的法律、司法解释的规定，不具有溯及力；但是法律、司法解释另有规定的除外，即有利溯及和空白溯及原则。《民法典》施行前的法律事实持续至《民法典》施行后，该法律事实引起的民事纠纷案件，适用《民法典》的规定，即衔接适用；但是法律、司法解释另有规定的除外。

2. 有利溯及规则

《民法典》施行前的法律事实引起的民事纠纷案件，当时的法律、司法解释有规定，适用当时的法律、司法解释的规定，但是适用《民法典》的规定更有利于保护民事主体合法权益，更有利于维护社会和经济秩序，更有利于弘扬社会主义核心价值观的除外。按照有利溯及原则，上述情形适用《民法典》的规定。

3. 空白溯及规则

《民法典》施行前的法律事实引起的民事纠纷案件，当时的法律、司法解释没有规定而《民法典》有规定的，可以适用《民法典》的规定，但是明显减损当事人合法权益、增加当事人法定义务或者背离当事人合理预期的除外。按照空白溯及原则，除了有前述情形，可以适用《民法典》的规定。

4. 细化规定裁判说理规则

《民法典》施行前的法律事实引起的民事纠纷案件，当时的法律、司法解释仅有原则性规定而《民法典》有具体规定的，适用当时的法律、司法解释的规定，但是可以依据《民法典》具体规定进行裁判说理。

5. 既判力优于溯及力规则

《民法典》施行前已经终审的案件，当事人申请再审或者按照审判监督程序决定再审的，不适用《民法典》的规定。

第二节　民法基本原则

一、民法基本原则概述

（一）民法基本原则的基本含义

民法基本原则是民法规范从制定到实施所贯穿始终的根本准则。民法基本原则既是立法的准则，对民事立法及其完善具有贯穿始终的指导意义；又是立法和司法机关解释民法规范时贯穿始终的重要依据，任何解释都不能违背民法基本原则；同时，还是解决成文法局限性的有效手段，用以弥补立法的不足和空白。《民法典》第3条至第9条规定的是民法基本原则。

民法基本原则作为民法的根本准则有两个重要来源：一是它的内容的根本性，即民法基本原则是对作为民法主要调整对象的商品关系的本质和规律的集中反映。它反映了市场经济的规律，反映了市场交换的法则，反映了市场经济对民事主体平等地位的要求，为市场经济的发展提供了可靠的保障。二是它自身效力的贯穿始终性。民法基本原则无论是在立法上还是在司法上，无论是在规范民事主体的行为上还是在判断民事主体的合法性上，都自始至终发挥根本规则的作用；任何对民法规范的解释，任何对民事行为的合法性的判断，只要违反民法基本原则，就是违反民法，就都是无效的。

参考案例1-2

雇工张甲与雇主张乙在招工合同中约定“发生工伤概不负责任”。后来在拆除旧厂房的房梁时发生事故，造成张甲死亡的后果。张乙作为雇主，依据该合同的上述约定，拒不承担赔偿责任。张甲的儿子张丙向法院起诉。法院认为，雇主和雇工之间约定“发生工伤概不负责任”，是双方的真实意思表示，但“民事主体的人身权利受法律保护”，这是民法的基本原则之一，以该免责条款为由拒绝赔偿，违反宪法和法律规定，也违背了民法的这一基本原则，因此是无效的，不能依据这样的约定而免除雇主的赔偿责任。

（二）适用民法基本原则应当注意的问题

1. 掌握民法基本原则的立法准则作用

立法必须遵守统一的准则。民法基本原则就是民事立法的准则。制定民法，首先必须制定民法基本原则，用基本原则的要求统一民法的全部内容，不得在具体的条文中违背民法基本原则。民法基本原则是制定民法时贯穿始终的指导原则，任何民法的具体规范，都体现民法基本原则。理解民法的具体规范，也不能离开基本原则的指导。任何对民法规范的理解和解释若违背了民法基本原则，都是错误的。

2. 掌握民法基本原则的行为准则作用

民法是规范民事主体行为的法律，民事主体实施民事行为必须符合民法的具体规范，更重要的是要符合民法基本原则，因为民法基本原则更准确、更概括、更容易掌握。只要民事行为符合民法基本原则，这样的行为就不会违法，违背民法基本原则的行为必然违反民法的具体规定。因此，实施民事法律行为既要遵守民法的具体规范，又要符合民法基本原则，后者更为重要，尤其是在民法缺少具体规定的时候。

3. 掌握民法基本原则的审判准则作用

既然民法基本原则是实施民事行为的准则，在民事审判活动中确定双方当事人行为是否合法，哪方的行为应当支持，哪方的行为应当谴责，就必须以民法基本原则作为判断的基本标准。法官在审理案件的时候，适用民法的具体规范要接受民法基本原则的指导，作出的判决不能违背民法基本原则和民法的具体规范。

4. 掌握授权司法机关进行创造性司法活动的作用

在上述民法基本原则的作用中，应当特别注意其弥补立法空白的功能。在法律发展史上，成文法国家中历来存在着严格规则与自由裁量之间的矛盾。严格规则意味着法律制定的规则必须严格遵守，但是任何规则都不能完整地概括社会生活的全部内容，总会有所遗漏；自由裁量是法官的权力，但是自由裁量不能违背法律的严格规则。在这种情况下，民法基本原则就起到了两者矛盾平衡器的作用，法官在裁量案件的时候，应依据基本原则，准确适用法律，填补法律空白，正确处理案件。

二、民法基本原则的具体内容

（一）保护民事主体合法权益原则

保护民事主体的合法权益，既是我国民法的宗旨，也是我国民法基本原则。民法是一部民事权利法，它不仅要赋予民事主体权利，还要保护民事主体的权利。如果只赋予权利而不对权利进行有效保护，任何权利都只能是一种“宣言”，而不能成为实际享有的现实权利。《民法典》第3条规定：“民事主体的人身权利、财产权利以及其他合法权益受法律保护，任何组织或者个人不得侵犯。”

我国民法特别强调民事责任对民事主体合法权益保护的重要作用。《民法典》将“侵权责任”单独列为一编，并且放在分则各编之后，既突出其权利保护法的地位，也是为了突出民法对民事主体合法权益的保护。

（二）民事主体地位平等原则

这一原则是我国《民法典》第4条规定的。平等原则的含义是：民事主体在民事活动中的法律地位一律平等，享有独立的法律人格，能够自主地表达自己的意志。按照这一原则，一方面，在民事法律关系中，任何民事主体都是平等的，没有高低贵贱之分，没有领导者和被领导者，没有上下级的隶属关系，即使是国家作为民事主体参加民事活动，也与其他任何民事主体一样，平等地接受民事法律规范的约束，保持平等的民事地位；另一方面，任何民事主体的民事权利受到侵害，也都平等地受到民法的保护。

自然人的人格和法律地位是生而平等的，不分民族、性别、肤色，也不分与其他人的身份关系。法人一经成立，人格、地位完全平等，不分行业、性质、财产状况。在法人和自然人之间，人格、地位完全平等，都是独立的民事主体。在民事活动中，任何以大欺小、以强凌弱、以上欺下的行为，都是违背这一原则的。

（三）自愿原则

《民法典》第5条规定的民事活动的自愿原则就是民法的意思自治原则，其含义是：民事主体从事民事活动，有充分表达自己真实意志的自由，按照自己的意思设立、变更和终止某种民事法律关系。其实质就在于这一原则是对民事主体的独立意思在民事活动中的支配地位的法律确认，它赋予了民事主体在法律规定的范围内所享有的广泛自由。

意思自治原则在以下三个方面具有独特的内涵：第一，意思自治原则是个人主义、自由主义哲学思潮在法律上的直接产物，社会成员依照自己的理性判断，按照自己的意志管理自己的事务，体现个人的自由；第二，意思自治是指私法自治，不是指公法自治，私法的主体有权实施私法行为，并对自己的私法行为独立负责，在不违反强行法的前提下，私法主体自愿达成的协议优于私法的适用；第三，在涉外法律适用上，意思自治原则是指当事人有权协商选择处理纠纷所适用的准据法。应当看到的是，意思自治原则是发展到一定阶段的商品经济对民事法律的客观要求，符合资本主义发展时期的需要。在现阶段，意思自治原则的地位受到国家干预主义的挑战。将意思自治原则限制在法律允许的范围之内，就较好地处理了意思自治原则与国家干预主义之间的矛盾。

（四）公平原则

《民法典》第 6 条规定的公平原则是道德规范的法律化，是民法所追求的民事活动的理想境界。其含义有二：一是社会必须给每一个民事主体的自由发展提供公平的机会，并为其提供相应的保障和条件；二是民事主体在交易中应当遵循普遍公认的行为准则，在谋取自己的利益时，接受社会利益和社会义务的约束。这一原则要求：第一，民事主体从事民事活动，应当以公平的观念约束自己，正当地行使权利和履行义务；第二，在民事活动中，还要按照公平观念，兼顾他人的利益和社会的利益，不能只顾自己利益而忽视或者侵害他人的和社会的利益；第三，司法机关在处理民事纠纷时，应当坚持公平原则，既要合法又要公平合理。

（五）诚信原则

《民法典》第 7 条规定的诚信原则就是诚实信用原则，是民法基本原则中非常重要的原则。它有两种基本的含义：第一，民事主体从事民事活动，应当诚实不欺、恪守诺言、注重信用，要以善意的方式行使权利和履行义务；第二，法官在实践中遇有法律规定不足，可以依据诚实信用原则公平合理地处理纠纷。这一原则的作用，在于维持信任和信用，创造良好的交易秩序，将市场经济的道德规则法律化；同时，赋予法官以一定的自由裁量和衡平处理的权力。

（六）守法与公序良俗原则

守法包括遵守宪法、法律、法规、条例、命令、规定。这就要求民事活动从目的、内容到形式、程序和行为都必须符合法律的规定。

公序良俗原则就是“公共秩序和善良风俗原则”的简称。这是传统民法的一项重要概念和基本原则。《民法典》第 8 条对此作出了规定。一般认为，公共秩序是指国家、社会的存在和发展所必需的一般秩序，体现国家和社会的一般利益；善良风俗为国家和社会存在和发展所必需的一般道德，体现行为人的一般行为准则。国家通过公序良俗原则的要求，确立民法的一般条款，要求民事主体遵守公序良俗，授权法官在审判活动中针对个案进行价值补充，求得判决的社会妥当性。

在实践上，公序良俗原则具有弥补强行法与禁止性规定不足的作用，以禁止现行法上未作禁止性规定的事项；具有限制意思自治原则适用的作用，使行为人不得任意实施民事行为；具有确保社会正义和伦理秩序的作用，以创造理想的民法秩序。

（七）绿色原则

绿色原则也称为生态原则，是指民法要求民事主体在从事民事活动时，应当有利于节约资源，保护生态环境，实现人与资源关系的平衡，促进人与环境和谐相处的基本准则。把绿色原则规定为民法的基本原则，其意义在于，任何民事主体从事民事活动，不仅要遵循公平、正义、平等、诚实信用、守法与公序良俗的原则，还必须把保护生态环境、节约资源的基本精神，作为贯穿物权、债权、知识产权、婚姻家庭、继承以及侵权责任的基本准则。民法基本原则虽然不能直接适用于具体案件，但却是进行民事活动的指导思想。《民法典》第9条规定绿色原则作为民法的基本原则，就是要把绿色原则与公平原则、平等原则、诚实信用原则、守法与公序良俗原则并列在一起，使节约资源、保护生态环境成为贯穿民法始终的行为准则，进而使人与资源的关系近乎平衡，人与环境和谐相处。

【引例评析】

在本章引例中，二审人民法院之所以改判驳回原告杨某的起诉，其基本理由是，原告的起诉内容不是民法调整的对象，而是行政法调整的对象。这是因为，被监管人起诉看守所因疏于管理造成被监管人的人身伤害的索赔，是行政损害赔偿，双方当事人不是平等的民事主体，因而他们之间的法律关系不是民事法律关系，不是民法调整的内容，这种案件不能由人民法院的民事审判庭主管，因此，驳回起诉是正确的。一审判决是驳回诉讼请求，这样裁判仍然认为当事人之间的争议属于民事争议，只是不能支持其诉讼请求。这种意见是错误的，因而二审判决予以改判。

【本章小结】

1. 民法的性质是私法，因而与宪法、刑法、行政法和诉讼法相对。民法是调整平等主体的自然人之间、法人、非法人组织之间以及自然人、法人和非法人组织之间的人身关系和财产关系的法律规范的总称。

2. 与民法的调整对象和调整方法相适应，民法的基本结构实际上就分为两部分：一是规定民事权利的内容，因而民法实际上就是一部民事权利法；二是规定民事权利的保护方法，因此民法又是一部民事权利保护法。

3. 民法的适用范围就是指民法的效力范围，是指民法在哪些范围内发生效力。它包括对人的效力、对空间的效力和对时间的效力。

4. 民法基本原则包括保护民事主体合法权益原则、民事主体地位平等原则、自愿原则、公平原则、诚信原则、守法与公序良俗原则、绿色原则。

【练习题】

1. 名词解释

(1) 民法

(2) 民法调整的对象

(3) 民法的渊源

(4)《民法典》的时间效力

(5) 民法基本原则

2. 思考题

（1）民法的性质是什么？其调整的对象是什么？

（2）民法的结构是怎样的？掌握民法体系应当注意哪些要点？

（3）《民法典》的时间效力规则有哪些？

（4）民法有哪些基本原则？应当怎样掌握这些基本原则？

3. 案例分析题

山东省某市中学生齐某参加考试，被一中专学校录取。齐某所在的中学将录取通知书送给了与齐某同一届的另一名学生陈某。陈某即以齐某的名义读完中专，分配工作，并一直使用齐某的姓名。2018 年 1 月 29 日，齐某以陈某以及原所在学校等数家单位侵害其姓名权和受教育权为由诉至法院，请求被告承担侵权责任。最高人民法院依据宪法关于受教育权的规定，作出“陈某以侵犯姓名权的手段，侵犯了齐某依据宪法所享有的自然人受教育的基本权利，并造成了具体损害，应承担相应的民事责任”的司法解释。

问题：

（1）齐某主张其享有的姓名权，是不是民法调整的范围？

（2）本案在法律适用上，是民法的哪种法律渊源？

（3）齐某向法院起诉请求民法保护，属于哪种民法调整方法？

分析要点提示：

（1）姓名权是平等的民事主体之间享有的人格权法律关系，属于人身法律关系，因此属于民法的调整范围。

（2）本案在适用法律上，涉及民法的三个法律渊源，一是宪法渊源，二是民法渊源，三是司法解释渊源。

（3）民法的调整方法有两种，即事前调整和事后调整。权利受到侵害之后，民事主体向法院起诉请求民法保护，属于事后调整方法。

在线练习

第二章 民事法律关系

【本章引例】

某裘皮厂与新贸商场签订联合返本销售合同，约定该厂与新贸商场联合举办5年返本的销售活动，销售该厂生产的裘皮服装，5年后该厂将返本货款的50%汇入新贸商场的银行账户，由双方当众返还顾客。某信用社对上列汇款提供担保。合同订立后，双方开展了返本销售活动。5年后，裘皮厂未将返本款项汇入新贸商场的账户，致使新贸商场无法向顾客返还货款，新贸商场遂向法院起诉裘皮厂和信用社，要求兑现还本款项。顾客作为有独立请求权的第三人参加了诉讼。法院审理后认为，双方之间的返本销售合同有效，信用社应当承担担保责任，此笔款项最终应当给付顾客。据此，判决如下：裘皮厂将返本款项返还第三人；新贸商场和信用社对上列返还款项负连带责任。

【本章学习目标】

通过学习本章，你应该能够：

1. 掌握民事法律关系的概念及特征；
2. 掌握民事法律关系的构成要素；
3. 了解民事法律事实及其意义。

第一节 民事法律关系概述

一、民事法律关系的概念和特征

（一）民事法律关系的概念

民事法律关系是民法规范调整的权利义务关系，是由民法所调整的平等主体之间的人身关系和财产关系。

（二）民事法律关系的特征

1. 民事法律关系是人与人之间的社会关系

民事法律关系是人与人之间在社会生活中产生的权利义务关系，而不是人与物之间或者物与物之间的关系。民事法律关系通常离不开物，甚至有时还直观地表现为人与物之间的关系，但物只能是人与人之间的民事法律关系的客体或者中介，而不可能是民事法律关系的主体。

2. 民事法律关系是民法规范所调整的平等主体之间的社会关系

民事法律关系是根据民法规范建立起来的关系，而民法是调整具有平等法律地位的主体之间的人身关系和财产关系的法律，所以，民事法律关系是平等主体之间的人身关系或者财产关系。主体平等是民事法律关系的一个重要特征。在民事法律关系中，当事人之间不存在管理与服从的关系，而是彼此平等、互不从属的关系。民事法律关系的内容也是平等和对等的，在通常情况下一方取得权利必须以承担相应的义务为前提，反之亦然。主体平等是民事法律关系与行政法律关系等的区别性特征。

3. 民事法律关系是以权利和义务为内容的人身关系和财产关系

民事法律关系是以权利和义务为内容的关系，即民法调整平等主体之间的关系的目的是赋予当事人民事权利，或者使当事人承担民事义务，权利和义务构成了民事法律关系的内容。而且，民事法律关系是人身关系或者财产关系。

4. 民事法律关系是由国家强制力保障实现的社会关系

民事法律关系是由国家强制力保障实现的，国家禁止不履行民事义务和对他人民事权利的侵犯。在民事法律规范中，民事主体可以做什么，必须或者应当做什么，不可以做什么，都体现了国家对各种行为的态度，由此形成了国家认可的民事秩序，不允许随意破坏。如果这种现实的权利义务关系受到破坏，就需要承担民事责任。例如，当事人依法成立的合同具有法律约束力，任何一方违约都需要承担违约责任。民事主体的人身权和财产权都不受侵犯，一旦受到侵犯就可以要求当事人承担侵权责任。民事主体可以通过向法院起诉等方式，保护自己的民事权利，制裁违法行为人。

二、民事法律关系的分类

根据不同的标准或者说从不同的角度，可以对民事法律关系作出不同的分类。就此，可以把握民事法律关系的不同性质和特点，便于对民事法律关系的理解和法律适用。

（一）人身关系和财产关系

这是根据民事法律关系的内容的不同而进行的分类。

人身关系是指与民事主体的人格和身份不可分离的、不具有直接物质利益内容的法律关系。人身关系又分为人格关系和身份关系。

财产关系是指与财产所有或者财产流转有关的具有物质利益内容的法律关系。财产关系又分为物权关系和债权关系。

（二）绝对民事关系和相对民事关系

这是根据民事法律关系的义务主体是否特定而作出的划分。

绝对民事关系是指与权利主体相对应的义务主体是权利主体以外的一切不特定人的民事法律关系。在这种法律关系中，权利主体是特定的，无须义务主体的协助就可以直接行使和实现其权利；义务主体是不特定的，其义务是不妨碍或者不干预权利主体合法行使权利，只要有消极的不作为就履行了义务。物权关系、人身权关系、知识产权关系是绝对民事法律关系。

相对民事关系是指义务主体为特定的、具体的人的民事法律关系。在这种法律关系中，权利主体行使权利需要义务主体的积极协助，义务人负有实施特定的具体行为的义务，如其不实施该行为，权利人的权利就无法实现。债权关系就是相对民事法律关系。例如，合同都是特定的当事人之间签订的，一方有要求对方履行义务的权利，对方有履行合同的义务，其不履行义务，权利人的权利就无法实现。

参考案例2-1

某甲有一套房屋，将其出租给某乙使用。某乙长期欠租，某甲催要不成，向法院起诉，要求某乙承担支付租金和违约金的责任。法院支持了某甲的诉讼请求。在本案中，某甲享有一套房屋的所有权，这种权利就是物权，物权关系是绝对民事法律关系。某甲将该房屋出租给某乙，他与某乙之间就构成了相对民事法律关系（合同关系）。

（三）调整性民事关系与保护性民事关系

这是根据民事关系的形成和实现的不同（民法对民事关系作用方式的不同）而进行的分类。

调整性民事关系是指由民事主体的合法行为形成的、权利义务能够正常实现和履行的关系，如所有权关系、合同关系、继承关系等。

保护性民事关系是指因不合法的行为产生的民事关系，其目的是保护受损害的权利和恢复被破坏的秩序，是民法的不正常的实现方式。例如，侵权行为产生的侵权法律关系，就是保护性民事关系。

（四）主民事关系和从民事关系

这是根据民事关系能否独立存在而进行的分类。

主民事关系是无须依赖其他民事关系而能够独立存在的民事关系。从民事关系是指必须依赖或者附属于其他民事关系而存在的民事关系。主民事关系和从民事关系是相对而言的。

参考案例2-2

张某为了发展生产，向信用社借款10万元。信用社让其提供担保，张某就用自己的住房作为抵押与信用社订立了抵押合同。在借贷合同与抵押合同之间，存在着主、从关系。借贷合同是能够独立存在的法律关系，因此是主民事法律关系；而为担保借贷合同而订立的抵押合同，是不能独立存在的法律关系，只能依附于借贷合同关系而存在，因此是从民事法律关系。

第二节　民事法律关系的要素

民事法律关系的要素是指构成民事法律关系的必要条件。民事法律关系由主体、内容和客体三要素构成。

一、民事法律关系的主体

民事法律关系的主体，简称为民事主体，是指参与民事关系，并在其中享有民事权利和承担民事义务的人。我国民事法律关系的主体包括自然人、法人和非法人组织。

民事法律关系是民事权利义务关系，民事权利义务分别有其享有者和承担者，享有民事权利者为权利主体，承担义务者为义务主体。例如，在买卖合同中，买方既是支付价款的义务主体，又是获得买卖物品的所有权的权利主体；卖方既是取得价款的权利主体，又是转移买卖物品的所有权的义务主体。

二、民事法律关系的内容

民事法律关系的内容是指民事法律关系的主体所享有的民事权利和所承担的民事义务。

民事权利是民事主体为实现特定的利益而实施或者不实施某种行为的可能性。它既可以是直接享有某种利益或者实施一定行为的可能性，如物权；又可以是请求义务人为一定行为或者不为一定行为的可能性，如债权；还可以是请求国家机关给予保护的可能性。

民事义务是义务人为满足权利人的利益而为一定行为或者不为一定行为的必要性。义务人必须按照法律规定或者合同约定为一定行为或者不为一定行为，以满足权利人的利益，否则要承担民事责任。

三、民事法律关系的客体

民事法律关系的客体，又称为标的，是指民事法律关系主体之间的民事权利义务共同指向的对象。《民法典》总则编第五章“民事权利”规定了部分民事法律关系客体。

民事法律关系的客体是多元的，包括物、智力成果、行为和非物质的人身利益。例如，物权的客体为特定的物，知识产权的客体为智力成果，债权的客体为行为，人身权的客体为非物质的人身利益，如生命、健康、名誉等。概括起来，民事法律关系的客体就是民事利益。

在本章引例中，裘皮厂与新贸商场之间的返本销售合同，就是一个民事法律关系：双方当事人就是这一法律关系的主体；双方当事人之间的权利义务，就是这一民事法律关系的内容；双方当事人的权利义务所指向的对象，即返本销售行为，就是这一民事法律关系的客体。

第三节　民事法律事实

一、民事法律事实的概念和特征

民事法律事实是指民事法律规范规定的能够引起民事法律关系产生、变更或者消灭的客观情况。民事法律事实具有下列特征：

（1）民事法律事实是民事法律规范规定的客观情况。客观情况是多种多样的，只有符合民事法律规范规定的客观情况，才能够构成民事法律事实。

（2）民事法律事实是导致民事法律关系产生、变更或者消灭的原因。尽管民事法律关系是民法调整的结果，但具体的、现实的民事法律关系的产生、变更或者消灭，都必须以特定的法律事实作为依据。法律事实是连接民事法律规范与现实的民事法律关系的桥梁。

二、民事法律事实的分类

根据客观事实是否与人的意志有关，可以将民事法律事实分为事件和行为。

（一）事件

事件是指与人的意志无关，能够引起一定民事法律后果的客观情况。例如，人的生死、成年，物的灭失，时间的经过，都属于事件。

根据事件是否由人的行为所引起，可以将事件分为绝对事件和相对事件。绝对事件是不由人们的行为而是由某种自然原因引起的事件，如自然灾害，人的出生与死亡，时间的经过。相对事件是由人们的行为所引起的事件，但其出现在该法律关系中并不以权利主体的意志为转移。

参考案例2-3

继承人某甲为了早日继承被继承人的财产，经过密谋，雇凶杀害被继承人。法院判决，某甲因此而丧失继承权。这种法律后果产生于杀害行为，导致继承关系消灭的是被继承人被害死亡的事件。

（二）行为

行为是当事人的有意识的活动。行为分为三类：一是民事行为，即行为人旨在确立、变更、终止民事权利义务关系的行为；二是准民事行为，即行为人以法律规定的条件业已满足为前提，将一定的内心意思表示于外，从而引起一定法律效果的行为；三是事实行为，即行为人实施的一定行为一旦符合了法律的构成要件，不管当事人主观上是不是有确立、变更、终止某种民事法律关系的意思，都会由于法律的规定而引起一定的法律后果的行为。

三、民事法律事实的构成

民事法律事实的构成，是指能够引起民事法律关系产生、变更或者消灭的几个民事法律事实的总和。

在一般情况下，民事法律关系的产生、变更或者消灭是由一个民事法律事实引起的。但在有些情况下，需要两个或者两个以上的民事法律事实相互结合，才能引起一个民事法律关系的产生、变更或者消灭。例如，遗嘱继承法律关系的发生有赖于被继承人的死亡、遗嘱合法有效等事件和行为的结合。

【引例评析】

在本章引例中，裘皮厂与新贸商场之间的返本销售合同，是一个民事法律关系。在这个民事法律关系中，双方当事人是这一法律关系的主体；双方当事人之间的权利和义务，是这一民事法律关系的内容；双方的权利和义务所共同指向的对象，即返本销售行为，是其客体。这一民事法律关系体现的是人与人之间的社会关系，民事主体地位平等，是一种以权利和义务为内容的财产关系，并且以国家的强制力保障其实现，具有民事法律关系的全部特征。法院判决正体现了国家法律对这种民事法律关系的确认和保护。

【本章小结】

1．民事法律关系是民法规范调整的权利义务关系，是由民法所调整的平等主体之间的人身关系和财产关系。民事法律关系的法律特征是：（1）民事法律关系是人与人之间的社会关系；（2）民事法律关系是民法规范所调整的平等主体之间的社会关系；（3）民事法律关系是以权利和义务为内容的人身关系和财产关系；（4）民事法律关系是由国家强制力保障实现的社会关系。

2．民事法律关系的要素是指构成民事法律关系的必要条件。民事法律关系由主体、内容和客体三要素构成。

3．民事法律事实是指民事法律规范规定的能够引起民事法律关系产生、变更或者消灭的客观情况。民事法律事实包括事件和行为。民事法律事实的意义在于能够发生法律规定的确立、变更和消灭民事法律关系的后果。

【练习题】

1. 名词解释

（1）民事法律关系

（2）民事法律事实

（3）事件

（4）行为

2. 思考题

（1）什么是民事法律关系？民事法律关系有哪些特征？

（2）民事法律关系是由哪些要素构成的？

（3）什么是民事法律事实？民事法律事实构成的意义是什么？

3. 案例分析题

许某驾驶一辆桑塔纳轿车在某机场高速公路上行驶，突然发现路面上有障碍物，急忙打方向盘躲避，造成车辆侧翻事故，导致其重伤。许某向法院起诉高速公路管理机构。法院认为，汽车驾驶人交付过路费后进入高速公路行驶，高速公路管理机构一方就与汽车驾驶人一方形成了合同法律关系，造成汽车驾驶人损害的，高速公路管理机构应当承担违约责任。

问题：

（1）本案的许某驾车在高速公路上行驶，构成何种法律关系？

（2）高速公路管理机构对公路管理不善造成许某受到损害，属于何种行为？

（3）本案的法律关系要素是哪些？

分析要点提示：①

(1) 本案中，双方当事人就使用高速公路和提供高速公路服务达成合意，是一个旨在确立一项民事权利义务的行为，因此是一个民事法律行为。在当事人之间确立了高速公路使用合同法律关系。

(2) 高速公路管理机构对公路管理不善而造成许某受到损害，是一个违约行为，其性质属于事实行为。

(3) 本案的法律关系性质是合同关系，要素有：其民事法律关系主体是双方当事人；其民事法律关系内容是高速公路使用的权利和义务，以及一方违约而形成的违约的权利义务关系；其民事法律关系客体是高速公路提供使用和进行使用的行为。

在线练习

① 本案还有另一种分析思路，即高速公路管理机构的行为构成《民法典》第1256条规定的在公共道路上堆放、倾倒、遗撒妨碍通行的物品致害责任，其法律关系的性质为侵权法律关系。因此，本案构成违约责任和侵权责任竞合，请求权由权利人选择。

第三章　民事主体

【本章引例】

某贸易有限公司向某服装厂购买价值200万元的服装，因拖欠100万元货款迟迟不还，服装厂向法院提起诉讼。法院在审理中查明，贸易有限公司确无偿还能力。该公司是由甲和乙两个股东设立的、注册资本100万元的有限责任公司，其中甲、乙双方出资比例各半，但各自实际到位注册资本25万元，共计到位出资50万元，尚有50万元注册资本未到位。法院判决贸易有限公司偿还服装厂货款100万元及其利息，甲、乙两个股东在出资未到位的50万元内，各自承担25万元的连带偿还责任。

【本章学习目标】

通过学习本章，你应该能够：

1. 掌握民事主体的概念、特征和类型；
2. 掌握自然人的民事权利能力和民事行为能力，掌握民事行为能力的划分；
3. 了解宣告失踪和宣告死亡制度的内容；
4. 了解法人的概念及成立要件，了解我国法人的类型；
5. 了解非法人组织的概念及主体地位。

第一节　民事主体概述

一、民事主体的概念和法律特征

（一）民事主体的概念

民事主体是指依照民事法律规范具有参与民事法律关系的资格，并以自己的名义享有民事权利和承担民事义务的人。

（二）民事主体的法律特征

1. 民事主体必须具有民法规定的主体资格

民法对于哪些人具有民事主体资格有着明确的规定，只有具有民事主体资格的人才能成为合格的民事主体。民法关于民事权利能力的规定实际上就是对民事主体资格的规定，即只有具有民事权利能力的人才能成为民事主体。

2. 民事主体必须能够以自己的名义享有民事权利和承担民事义务

不能以自己的名义享有权利和承担义务的组织，不能成为民事主体。例如，公司内设的机构不具有营业资格，不能以自己的名义订立合同并享有合同权利或者承担合同义务。

3. 民事主体的法律地位具有平等性

在民法上，任何民事主体的法律地位都是平等的，不存在管理与服从等不平等的关系。这与行政法上的行政机关与行政相对人之间的管理与服从关系截然不同。

4. 民事主体具有广泛性

民事主体的种类是繁多的，自然人、法人和非法人组织都是民事主体，国家也可以成为特殊的民事主体。在自然人中，无论是中国人、外国人、无国籍人，还是成年人、未成年人，都是民事主体。民事主体之所以如此广泛，是因为民事活动是人们最普遍、最基本的活动，是维持人们生存的基本条件，没有民事主体资格是无法在社会上生存的。

二、民事主体的分类

根据《民法典》总则编和有关法律的规定，民事主体分为下列基本类型：一是自然人，包括中华人民共和国的自然人和外国人、无国籍人；二是法人，即具有法人资格的组织，其又分为多种类型；三是非法人组织，《民法典》总则编第四章专门规定了“非法人组织”，使其成为我国民事法律关系中的第三种民事主体。

第二节 自然人

一、自然人及其民事权利能力

（一）自然人的概念

自然人是指按照生理规律出生的人。

《民法典》总则编第二章的标题为“自然人”，改变了《民法通则》规定“公民（自然人）”的做法。公民与自然人并不是同义语。公民是从国籍角度来说的，如凡具有中华人民共和国国籍的人都是中国公民；而自然人是从人的自然属性来说的。从范围上看，凡公民都是自然人，但自然人并不都是特定国家的公民。例如，在我国的自然人或者说适用我国民法的自然人主要是中国公民，但并不全都是中国公民，外国人和无国籍人也可能适用我国民法。在民法上使用自然人概念要比使用公民概念更为准确。

（二）自然人的民事权利能力

自然人的民事权利能力是指自然人依法享有民事权利和承担民事义务的资格。自然人从出生时起到死亡时止，具有民事权利能力，依法享有民事权利和承担民事义务。

自然人的民事权利能力具有下列特点：

（1）自然人的民事权利能力是自然人参与民事法律关系，并在其中享有民事权利和承担民事义务的可能性和基础条件。有了这种资格，自然人就可以取得权利或者承担义务，但民事权利能力本身还只是抽象的可能性，不是现实的权利义务。

（2）民事权利能力既是享有权利的能力，又是承担义务的能力，所以也可以称为民事义务能力，只不过习惯上不这样称呼罢了。

（3）民事权利能力是民法赋予的。在现代社会，凡自然人都具有民事权利能力，但这种权利能力还是要经过法律确认的。

（4）民事权利能力与自然人本身具有不可分性，即自然人出生后就享有，随死亡而终止，他人无权限制和剥夺，也无法转让。

二、自然人的民事行为能力

（一）自然人的民事行为能力的概念

自然人的民事行为能力，是指自然人可以独立进行民事活动的能力或者资格。

自然人的民事行为能力有广义和狭义之分。狭义的民事行为能力是指自然人以自己的行为独立取得民事权利和承担民事义务的行为，即实施民事法律行为的能力。广义的民事行为能力是指除自然人实施合法民事行为的能力外，还包括对实施的不法行为承担责任的能力，即民事责任能力。

自然人的民事行为能力是法律确认的与自然人不可分离的能力，它与自然人的年龄、智力和精神状况相联系。除人身权外，自然人要取得、实现和行使民事权利，设定和履行民事义务，或者承担民事责任，必须实施一定的行为，而独立实施行为的前提就是对行为的意义和后果有能力予以认识，否则对行为人和他人有可能不利。因此，民事行为能力就是通过设定自然人独立实施民事行为的资格，以保护其本人和其他人，维护社会秩序。

（二）自然人的民事行为能力的划分

我国《民法典》总则编根据自然人的年龄、智力和精神状况，将自然人的民事行为能力划分为完全民事行为能力、限制民事行为能力和无民事行为能力三类。

1. 完全民事行为能力

完全民事行为能力是指法律赋予达到一定年龄、智力和精神状况的自然人可以完全独立地实施民事活动、取得民事权利和承担民事义务的资格。18 周岁以上的自然人为成年人，具有完全民事行为能力，可以独立进行民事活动，是完全民事行为能力人。16 周岁以上不满 18 周岁的自然人，以自己的劳动收入为主要生活来源的，视为完全民事行为能力人。

2. 限制民事行为能力

限制民事行为能力是指不能完全辨认自己行为的成年人所享有的可以从事与自己的智力和精神状况相适应的民事活动的资格。我国限制民事行为能力人分为两种：一是年满 8 周岁以上的未成年人，实施民事法律行为由其法定代理人代理或者经其法定代理人同意、追认，但是可以独立实施纯获利益的民事法律行为或者与其年龄、智力相适应的民事活动；二是不能完全辨认自己行为的成年人，实施民事法律行为由其法定代理人代理或者经其法定代理人同意、追认，但是可以独立实施纯获利益的民事法律行为或者与其智力、精神健康状况相适应的民事法律行为。

3. 无民事行为能力

无民事行为能力是指自然人不具有以自己的行为实施民事行为的能力。我国无民事行为能力人包括两种，即不满 8 周岁的未成年人（以及 8 周岁以上、不能辨认自己行为的未成年人）和不能辨认自己行为的成年人，由他们的法定代理人代理实施民事法律行为。

参考案例3-1

7岁的焦某看到同学玩的一个电子玩具，很喜欢，想买下来，但因无钱，便趁父母不在，将家中的相机偷出，低价卖给寄卖店。焦某的父母发现后，找到该寄卖店索要，寄卖店拒不返还原物，也不收退回的价款，双方发生争议。法院认为，7岁的孩子属于无民事行为能力人，按照我国《民法典》总则编的规定，不能独立实施民事行为，因此判决焦某出售相机的行为无效。

三、监护和住所

（一）监护

监护是指监护人对未成年人和丧失或者部分丧失民事行为能力的成年人的人身、财产和其他合法权益依法实行的监督和保护。监护是一种义务性制度。承担监护义务的人称为监护人；受监护人监督和保护的人称为被监护人。

监护制度是在自然人无民事行为能力或者限制民事行为能力的情况下，帮助其实现民事权利能力，由此使其得到生存和发展，使其权益得到强制性法律保障的民法制度。

按照设定监护的方式的不同，可以分为法定监护、指定监护和意定监护。法定监护是由法律直接规定的监护。指定监护是在没有法定监护人或者法定监护人之间对于担任监护人有争议的情况下，由有关单位或者人民法院指定监护人的情况。意定监护是指成年人在其具有完全民事行为能力时，根据自己的意志，在自己的近亲属或者其他与自己关系密切、愿意担任监护人的个人或者组织中，通过监护协议确定自己的监护人，待其丧失或者部分丧失民事行为能力时，由确定的监护人承担监护责任的监护方式。此外，还有遗嘱监护，即被监护人的父母担任监护人的，可以以遗嘱的方式指定监护人。①

监护人具有下列职责：

（1）担任被监护人的法定代理人，代理被监护人进行民事活动。

（2）保护被监护人的人身、财产及其他合法权益。除为被监护人的利益以外，不得处分被监护人的财产。

（3）承担被监护人致人损害的民事责任。监护人尽了监护职责的，可以适当减轻其民事责任。

（4）监护人不履行监护职责或者侵害被监护人的合法权益，给被监护人造成财产损失的，负赔偿责任。法院可以根据有关人员或者单位的申请撤销其监护人资格。

被监护人取得或者恢复完全民事行为能力的，监护关系终止。

（二）住所

住所是指民事主体以久住的意思经常居住的处所。住所有两个构成要素：一是心素，即久住的意思；二是体素，即经常居住的事实。

① 杨立新．我国老年监护制度的立法突破及相关问题．法学研究，2013（2）．

一个人只能有一个住所，但还可以有居所。经常居所是指自然人虽无久居的意思，但经常居住的地方。在通常情况下，自然人的住所为其户籍所在地的居住地。在特殊情况下，经常居住地即经常居所也视为住所。

住所有以下法律意义：

（1）住所在涉外民事法律关系中是确定准据法的根据之一。例如侵权行为的损害赔偿适用侵权行为地法律。当事人双方国籍相同或者在同一国家有住所的，也可以适用当事人本国或者住所地法律。

（2）住所是法院确定民事案件地域管辖的依据。例如，我国《民事诉讼法》规定的由被告住所地的法院管辖，就是以住所作为管辖依据的。

（3）住所是确定自然人失踪的依据。自然人离开住所若干年并杳无音讯就构成失踪。

（4）住所是确定债务履行地的依据，如通常债务人在其住所地履行债务。

（5）住所是继承活动的地点。

（6）住所是民事法律文书的送达地点，如民事判决书的送达地点是当事人的住所。

四、宣告失踪和宣告死亡

（一）宣告失踪

宣告失踪是自然人离开自己的住所没有消息达一定期限，处于生死不明的状态，经利害关系人申请而由法院宣告为失踪人的制度。

在日常生活中，由于自然灾害、战争、意外事件等造成自然人下落不明，致使与其有关的权利义务关系处于不确定状态。宣告失踪就是对一种不确定的自然事实状态的确定，目的在于结束失踪人财产关系不确定的状态，保护失踪人和利害关系人的利益。

宣告失踪需要具备下列条件：

（1）自然人下落不明满2年。下落不明是指自然人离开住所杳无音讯。下落不明的时间是指持续的、不间断的时间，而不是累计相加达2年。

（2）有利害关系人的申请。利害关系人是指法律上与下落不明的人存在一定的人身关系或者财产关系的人，如债权人、债务人、亲属等。

（3）须经过法院宣告。法院收到利害关系人的申请后，应当发出公告，寻找下落不明的人。公告中应当规定下落不明者作出答复的期限。期满仍然没有下落的，宣告该自然人为失踪人。

宣告失踪具有下列法律效果：

（1）为失踪人设立财产代管人。宣告失踪后，失踪人的财产由其配偶、成年子女、父母或者其他愿意担任财产代管人的人代管。（《民法典》第42条）

（2）失踪人的财产代管人可以代失踪人履行债务。

失踪人重新出现或者查明其下落的，经本人或者利害关系人申请，法院应当撤销其失踪宣告。

（二）宣告死亡

宣告死亡是指自然人下落不明达一定期限，经利害关系人的申请，法院宣告其死亡的制度。它是相对于生理死亡而言，是对死亡的推定。

宣告死亡不仅是为了结束失踪人财产关系不确定的状态，而且是为了结束其人身关系不确定的状态。因此，宣告失踪重在保护失踪人的利益，而宣告死亡则重在保护利害关系人的利益。

宣告死亡的条件与宣告失踪基本相同，但对自然人失踪的时间要求不同。宣告死亡的，在通常情况下要求自然人下落不明满 4 年，因意外事件造成的下落不明须满 2 年。

宣告死亡产生与自然死亡同样的一些法律后果，例如：被宣告死亡人的婚姻关系解除，其配偶可以与他人结婚；其继承人可继承其遗产；其承担的人身关系性质的债务消灭。当然，如果被宣告死亡的自然人并未死亡，其在生存地实施的民事法律行为仍然是有效的。

被宣告死亡人重新出现或者确知其下落的，经本人或者利害关系人申请，法院应当撤销其死亡宣告。如配偶尚未再婚，其婚姻关系自然恢复；因宣告死亡而获得其财产的人，应当返还财产或者给予相应的补偿。

参考案例3-2

贾某到新疆某地做边贸生意，一去 6 年未归，亦无音讯。经其妻赵某向法院申请，对贾某宣告死亡。赵某一年后与王某结婚。又过了 3 年，贾某回到家里，发现赵某已经与王某结婚，便让王某搬出去，双方发生争执。贾某向法院提出申请，法院撤销了对贾某宣告死亡的判决，但确认赵某与王某的婚姻合法。

第三节 法人

一、法人的概念、特征及分类

（一）法人的概念和特征

法人是具有民事权利能力和民事行为能力，依法独立享有民事权利和承担民事义务的组织。

法人具有下列特征：

(1) 它是具有民事权利能力和民事行为能力的组织。法人是由人和财产组合而成的组织体，有场所、人员、财产、组织机构等，从而不同于自然人。

(2) 它是一种能够独立享有民事权利和承担民事义务的组织。它可以自己的名义对外从事民事活动，具有独立的财产并以此财产对外独立承担责任。

（二）法人的分类

法人有多种不同的分类。例如，大陆法系国家首先将法人区分为公法人和私法人。私法人又分为社团法人和财团法人。社团法人是以社员为基础设立的集合体，公司、合作社、协会等都属于社团法人。财团法人是为一定的目的而设立，由专门委任的人按照规定的目的进行使用的财产组合，如各种基金会组织、寺院、慈善组织等。此外，根据法人成立或者活动的目的不同，区分为营利法人、公益法人和中间法人。营利法人是以取得利润并将其分配给社员（成员）为目的的法人，如公司。公益法人是指以公益为活动目的的法人，如学校、医院、慈善组织等。中间法人是指既不是为了公益又不是为了成员的经济利益的法人，如社交俱乐部、校友会、同乡会等。

《民法典》总则编规定法人分为营利法人、非营利法人和特别法人。

（1）营利法人。以取得利润并分配给股东等出资人为目的成立的法人，为营利法人。营利法人包括有限责任公司、股份有限公司和其他企业法人等。

（2）非营利法人。为公益目的或者其他非营利目的成立，不向出资人、设立人或者会员分配所取得利润的法人，为非营利法人。非营利法人包括事业单位、社会团体、基金会、社会服务机构等。具备法人条件，为适应经济社会发展需要，提供公益服务设立的事业单位，经依法登记成立，取得事业单位法人资格；依法不需要办理法人登记的，从成立之日起，具有事业单位法人资格。具备法人条件，基于会员共同意愿，为公益目的或者会员共同利益等非营利目的设立的社会团体，经依法登记成立，取得社会团体法人资格；依法不需要办理法人登记的，从成立之日起，具有社会团体法人资格。具备法人条件，为公益目的以捐助财产设立的基金会、社会服务机构等，经依法登记成立，取得捐助法人资格。依法设立的宗教活动场所，具备法人条件的，可以申请法人登记，取得捐助法人资格。法律、行政法规对宗教活动场所有规定的，依照其规定。

（3）特别法人。机关法人、农村集体经济组织法人、城镇农村的合作经济组织法人、基层群众性自治组织法人，为特别法人。有独立经费的机关和承担行政职能的法定机构从成立之日起，具有机关法人资格，可以从事为履行职能所需要的民事活动。农村集体经济组织依法取得法人资格。城镇农村的合作经济组织依法取得法人资格。居民委员会、村民委员会具有基层群众性自治组织法人资格，可以从事为履行职能所需要的民事活动。

二、法人的成立及能力

（一）法人的成立

法人的成立是指符合法人条件的社会组织按照法定程序取得法人资格的行为。法人的成立是设立法人的结果，即通过设立法人的连续行为而使组织获得了法人资格。

法人的成立必须具备下列要件：

1. 依法成立

依法成立包括实体合法和程序合法两方面的内容。实体合法是指符合法律规定的实体要件，如目的和宗旨、组织机构、设立方式、经营范围、经营方式等符合法律规定。程序合法是指按照规定的核准登记程序设立。

2. 有必要的财产或经费

必要的财产或经费是法人享有民事权利和承担民事义务的物质基础，是法人承担民事责任的财产保障。对不同的法人，在财产和经费上有不同的要求。法律对企业法人有最低注册资本的要求，对机关法人等有独立经费的要求。

3. 有自己的名称、组织机构和住所

法人名称是其人格化的标志，法人组织机构是产生法人意思的法人机关，法人住所是法人从事经营活动或者业务活动的固定地点。

4. 能够独立承担民事责任

法人必须能够以其财产对外独立承担民事责任。

（二）法人的能力

1. 法人的民事权利能力

法人的民事权利能力，是国家赋予作为法人的社会组织参加民事法律关系、取得民事

权利和承担民事义务的资格。

法人的民事权利能力与自然人的民事权利能力相比，不同之处在于：

（1）起止的时间不同。自然人的民事权利能力始于出生，终于死亡；而法人的民事权利能力则始于法人成立，终于法人终止。

（2）范围不同。自然人的民事权利能力是普遍一致的，一律平等的；而法人的民事权利能力则因法律、法人章程规定的不同而不同。

（3）法人与自然人各有自己特有的民事权利能力，不能相互享有和替代。例如，自然人享有生命权、健康权和身体权的权利能力，而法人没有这样的权利能力。

2. 法人的民事行为能力

法人的民事行为能力，是国家赋予作为法人的社会组织独立进行民事活动的资格。法人的民事行为能力不仅包括法人进行法律行为和其他合法行为的能力，而且包括法人对其违法行为承担民事责任的能力。

法人的民事行为能力与自然人的民事行为能力也不相同，具体如下：

（1）法人的民事权利能力和民事行为能力同时发生、消灭；而自然人的民事行为能力与民事权利能力开始时间并不一致。

（2）法人的民事权利能力与民事行为能力的范围完全一致，因而不同的法人其民事行为能力不同，具有特殊性；而自然人的民事行为能力不具有特殊性。

（3）法人的民事行为能力由它的机关或者代表人来实现，法人机关或者代表人的行为，就是法人的行为；而自然人的行为是自己的行为，即使是他人来代理，也仅仅是代理自己实施行为而已。

三、法人的机关和民事责任

（一）法人的机关

法人的机关是指根据法律或者法人章程的规定，对内管理法人事务、对外代表法人从事活动的个人或者集体。

法人的机关通常分为意思机关、执行机关、代表机关和监察机关。意思机关是形成法人意思的机关，又称为权力机关或者决策机关，如股东大会、职工代表大会等。执行机关是实施意思机关的意思的机关，如董事会、厂长、经理等。代表机关是代表法人对外从事民事活动的机关。监察机关是对法人机关的活动进行监督的机关。

（二）法人的民事责任

一般认为，法人的民事责任有两层含义，即法人对其债务独立承担责任和法人成员对法人债务承担有限责任。法人可以独立承担民事责任，即以其自己的财产对外承担民事责任，法人成员（股东或者其他设立人）对法人只承担有限责任，即一旦完成其设立法人的出资，法人成员只以其出资为限对法人的债务承担责任，无论法人欠下多少债务，法人成员不再掏自己的腰包为法人还债。实际上，所谓的有限责任只是一种形象的说法，只要法人成员完成了出资，就对法人不再承担任何责任。

在本章引例中，甲、乙两个股东对贸易有限公司的出资未完全到位，双方仍然负有出资不足的责任，在贸易有限公司的财产不足以清偿债务的情况下，甲、乙两个股东应当在各自应当补足的出资额内承担有限连带责任。

四、法人的变更、消灭和清算

（一）法人的变更

法人的变更是指法人在存续期间内其组织或者其他重要事项的变化，如法人的合并、分立，法人的名称、住所、经营范围、注册资本等的变更。

（二）法人的消灭

法人的消灭是指法人丧失民事主体资格。法人消灭的原因有：依法被撤销；解散；破产；其他原因。

（三）法人的清算

法人的清算是指在法人消灭时，由依法成立的清算组织依据其职权清理并消灭法人的财产关系。法人的清算分为破产清算和非破产清算。

第四节 非法人组织

一、非法人组织的概念

非法人组织是不具有法人资格，但是能够依法以自己的名义从事民事活动的组织。

非法人组织包括个人独资企业、合伙企业、不具有法人资格的专业服务机构等。除了上述三种非法人组织之外，符合上述要求的外资企业、乡镇企业等，也属于非法人组织。

二、非法人组织的设立

非法人组织应当依照法律的规定登记设立，例如个人独资企业应当依照《个人独资企业法》规定、合伙企业应当依照《合伙企业法》规定，进行登记，方为设立。设立非法人组织，法律、行政法规规定须经有关机关批准的，依照其规定。例如设立律师事务所，须经司法行政部门批准。

三、非法人组织的责任及管理

非法人组织的财产不足以清偿债务的，其出资人或者设立人承担无限责任，法律另有规定的，例如隐名合伙人承担有限责任，则依照其规定。

非法人组织可以确定一人或者数人代表该组织从事民事活动。

四、非法人组织的解散

非法人组织的章程规定的存续期间届满或者章程规定的其他解散事由出现，或者出资人、设立人决定解散，或者出现法律规定的其他情形，非法人组织解散。

非法人组织解散的，应当依法进行清算。

【引例评析】

在本章引例中，甲、乙两个股东共同出资，设立贸易有限公司。该贸易有限公司依法成立，有必要的财产，有自己的名称、组织机构和场所，能够独立承担民事责任，具备法人成立的一切要求，是合格的法人，具有民事主体资格。因此，在民事活动中，该贸易有限公司应当独立承担民事责任。但是，由于甲、乙两个股东的出资未完全到位，双方仍然负有出资不足的责任，在贸易有限公司的财产不足以清偿债务的情况下，甲、乙两个股东应当在各自应当补足的出资额内承担有限连带责任。因而，法院的判决是正确的。

【本章小结】

1. 民事主体是指依照民事法律规范具有参与民事法律关系资格的，并以自己的名义享有民事权利和承担民事义务的人。民事主体基本类型有：自然人；法人；非法人组织。

2. 自然人的民事权利能力，是指自然人依法享有民事权利和承担民事义务的能力或资格。自然人的民事行为能力，是指自然人可以独立进行民事活动的能力或者资格。已满18周岁的人为完全民事行为能力人；已满8周岁不满18周岁的人为限制民事行为能力人，但已满16周岁不满18周岁的未成年人，以自己的劳动收入为主要生活来源的，视为完全民事行为能力人；不满8周岁的人为无民事行为能力人。丧失或者部分丧失民事行为能力的成年人，为无民事行为能力人或者限制民事行为能力人。

3. 宣告失踪是自然人离开自己的住所没有消息达一定期限，处于生死不明的状态，经利害关系人申请而由法院宣告为失踪人的制度。宣告死亡是指自然人下落不明达一定期限，经利害关系人的申请，法院宣告其死亡的制度。

4. 法人是具有民事权利能力和民事行为能力，依法独立享有民事权利和承担民事义务的组织。《民法典》将法人分为营利法人、非营利法人和特别法人。法人的成立必须具备下列要件：（1）依法成立；（2）有必要的财产或经费；（3）有自己的名称、组织机构和住所；（4）能够独立承担民事责任。

【练习题】

1. 名词解释

（1）民事主体

（2）民事权利能力

（3）民事行为能力

（4）自然人

（5）法人

（6）非法人组织

2. 思考题

（1）民事主体的概念、特征和类型是什么？

（2）什么是自然人的民事权利能力和民事行为能力？民事行为能力是如何划分的？

（3）宣告失踪和宣告死亡制度的内容是什么？

（4）什么是法人？法人的成立要件有哪些？我国法人有哪些类型？

3. 案例分析题

王某的父亲立遗嘱将名下的两间房屋由王某继承。两年后，王某的父亲去世，11 岁的王某及其母亲生活极为艰难，王某的表哥经常来帮忙。王母非常感激，就将这两间房屋赠给了王某的表哥，并邀请村干部等作证。王某不懂事，也表示同意。王某成年后反悔，要求其表哥返还房屋，被拒绝。王某起诉，法院判决赠与无效，房屋应归还王某。

问题：

（1）王某作为自然人，其是否具有民事权利能力？

（2）王某的民事行为能力属于哪种类型？

（3）王某同意其母将自己接受的遗产赠送表哥的行为是否有效？

分析要点提示：

（1）所有的自然人都享有平等的民事权利能力，王某当然也享有民事权利能力。

（2）民事行为能力是根据自然人的年龄或者智力和精神状况划分的。王某 11 岁，属于限制民事行为能力人。

（3）由于王某属于限制民事行为能力人，其处分重大财产的行为必须征得其监护人的同意，且必须有利于被监护人的利益。王母擅自处分王某的财产，虽然经过王某的同意，但由于王某是限制民事行为能力人，因此该处分行为无效。

在线练习

第四章　物

【本章引例】

张某与李某订立买卖合同，将一件祖传玉器卖给李某，价款为1万元。在李某付款后、张某交付玉器之前，玉器被盗，张某无法交付。李某遂起诉到法院，要求张某交付玉器。法院认为，该玉器为特定物，因被盗而导致张某对买卖合同的履行不能，无法交付玉器，因此，判决张某返还价款和利息，免除其交付义务。

【本章学习目标】

通过学习本章，你应该能够：

1. 掌握民法上物的概念及特征；
2. 掌握民法上物的类型。

第一节　物的概念和意义

一、物的概念和特征

物是能够满足人们需要的并能为人所控制的物质对象。《民法典》总则编第115条规定："物包括不动产和动产。法律规定权利作为物权客体的，依照其规定。"

物具有下列特征：

（1）能够满足人的需要，具有有用性。

（2）具有稀缺性，不能够无限供给。

（3）必须能够为人支配和控制。不能为人所控制的物，如日月星辰，即使是客观存在的物质，但也不是民法上的物。

二、物的意义

物是最主要的民事法律关系的客体，大部分民事法律关系的客体都是物。民法上的物就是财产。民法上的许多权利义务都是围绕物而产生的。

参考案例 4－1

2003 年 9 月 8 日，北京市朝阳区法院公开审理了国内首例有关虚拟财产争议的案件。该案的原告是游戏玩家李某，被告是网络游戏运营商北极冰科技有限公司。从 2001 年开始，李某花费了几千个小时的精力和上万元的现金，在一个名叫“红月”的游戏里积累和购买了各种虚拟“生化武器”几十种，这些装备使他一度在虚拟世界里所向披靡。但 2003 年 2 月的一天，当他再次进入游戏时，却发现自己库里的所有武器装备都不翼而飞了，其中包括自己最心爱的 3 个头盔、1 个战甲和 2 个毒药等物品。后经查证，在 2 月 17 日 12 时 55 分左右，这些装备被一个叫 SHUILIU0011 的玩家盗走了。李某找游戏运营商北极冰科技有限公司交涉，但该公司却拒绝将玩家 SHUILIU0011 的真实资料交给李某，于是李某以游戏运营商侵犯了他的私人财产为由，把北极冰科技有限公司告上了法庭，要求被告赔礼道歉，并赔偿他的财产损失。

网络财产也是财产，也具有物的属性。这个案例的最典型意义，就是确认侵害网络财产的行为也是侵权行为。《民法典》总则编第 127 条规定：“法律对数据、网络虚拟财产的保护有规定的，依照其规定。”

第二节　物的分类

一、种类物与特定物

种类物是具有共同的属性，可以用品种、规格或者度量衡加以计算的可替代性物。特定物是指具有固定的属性，不能为其他物所替代的物。

在民法上区分种类物和特定物的意义，在于其作为民事法律关系的客体时会产生不同的权利义务。在债的关系中，如果以种类物作为标的物，在其消灭时债务人需做替代履行。如果以特定物作为标的物，在其消灭时不需要做替代履行，交付标的物的义务免除，只需要进行赔偿。在本章引例中，双方当事人之间争议交付的物为特定物，在交付之前，由于该物丢失，无法完成交付，因而法院判决返还价款和利息，免除交付义务，这是正确的。

二、单一物、合成物与聚合物

单一物是能够作为一个独立个体而存在的物，如一只羊。合成物是由几个或者许多物所组成的独立物，如房屋。聚合物是由多数物集合而成但各个部分仍然保持其独立性的物，如工厂、图书馆等。

划分单一物、合成物与聚合物的意义主要是确定其在物理上或者权利义务上能否分割。单一物在物理上是不能分割的；合成物中的一物如果为第三人所有，则他不能请求返还原物，只能请求金钱补偿；聚合物中的一物为第三人所有时，他可以请求返还原物。单一物和合成物只能整体买卖，聚合物可以买卖其中的一部分物，也可以买卖整体物。

三、流通物与限制流通物

流通物是法律允许在民事主体之间自由流转的物。大部分物为流通物。限制流通物是按照法律规定其流转受到一定程度的限制或者禁止的物，如武器、弹药、毒品等。

这种区分的意义是法律对不同的物的流转有不同的限制。例如，违反法律限制或者禁止流转的规定买卖限制流通物的，其买卖无效。

四、动产与不动产

动产是能够在空间上自由流动而不损害其经济价值的物。大部分物为动产。不动产是在空间上具有固定位置，移动后会影响其经济价值的物。例如土地、房屋等。

区分动产和不动产的意义是，法律对不动产的权属转让和诉讼管辖等有特殊规定。例如，不动产的权属转让为要式行为，动产则没有这些限制；在诉讼管辖上，不动产争议和动产争议适用不同的规则。

网络虚拟物也分为虚拟动产与虚拟不动产，前者如网络游戏中的武器，后者如网站本身等。

五、主物与从物

两种以上的物互相配合、按照一定经济目的组合在一起时，起主要作用的物为主物，配合主物的使用而起辅助作用的物为从物。

区分主物和从物的法律意义是，从物依附于主物，从物的权属随主物转让而转让，随主物变更而变更。

参考案例 4-2

某甲将自己所有的一幅油画卖给某乙，议定价格为 3 万元。交付油画的时候，某甲只将油画交给某乙，却没有将油画的画框交付。双方发生争议。法院认为，油画是主物，画框是从物，应当一并交付。

六、可分物与不可分物

可分物是可以进行实物分割而不改变其经济用途和价值的物。经分割后就丧失原有的用途或者降低其价值的物为不可分物。

区分可分物和不可分物的意义是，二者在法律上的处理方式不同。例如，在共有关系终止而进行实物分割时，对于可分物可以进行实物分割，而对不可分物只能进行价值分割，有的人得到实物，有的人得到实物的折价款或者经济补偿。在债的关系中，标的为可分物的，为可分之债；标的为不可分物的，为不可分之债。

七、原物与孳息

原物是能够使用和收益的物；孳息是由原物产生的收益。孳息又分为天然孳息和法定孳息。前者如母牛所生的小牛；后者如出租物所获得的租金。

区分原物和孳息的意义是，除另有约定或者另有规定外，原物所有权人有权获得其孳息，孳息的所有权附属于原物的所有权。

八、可消耗物与不可消耗物

可消耗物是经一次使用就灭失或者改变其原有状态的物。不可消耗物是可长期使用、逐渐磨损并实现其经济价值的物。

区分可消耗物和不可消耗物的意义是，不同的物可以作为不同的法律关系的客体。例如，借用合同只能以不可消耗物作为标的物，借贷合同的标的则为可消耗物。

第三节 货币和有价证券

一、货币

在民法上，货币是一种种类物。

货币是用作商品交换支付手段的一般等价物。它既是衡量和表现其他商品的价值的等价物，又是商品交换的媒介。因此，它是一种特殊的种类物。它不仅可以作为民事法律关系的客体，而且还可以是许多民事法律关系中实现权利、履行义务的支付手段。

二、有价证券

有价证券是设定并证明持券人有取得一定财产的权利，且能够流通的一种书面凭证，它是一种特殊类型的物。

（一）有价证券的特点

有价证券具有下列特点：

（1）有价证券与其上面记载的财产权利不可分离，具有权利证券化的特征。

（2）有价证券的持有人只能向特定的、对证券负有支付义务的人主张票面权利。有价证券的义务人只向持券人负有履行义务，通常不问持券人是否为权利人，见票即付。

（3）对有价证券负有支付义务的人单方面履行义务，无权要求持券人给付对价。

（4）有价证券具有流通性，可以背书转让，也可以在证券交易所买卖，证券的义务人对此不得提出异议。不论是何人提示证券，其义务人都应该见票即付。

（二）有价证券的种类

有价证券可以从不同角度进行分类，例如：

（1）根据所代表的财产权利性质的不同，可以分为：代表一定货币的有价证券，如票据；代表一定商品的有价证券，如提单、仓单；代表一定股份权利的有价证券，如股票；代表一定物权的有价证券，如抵押单；代表一定债权的有价证券，如债券。

（2）根据有价证券转移方式的不同，可以分为：记名有价证券，即在证券上写明权利人的姓名或者字号的有价证券；不记名有价证券，即在证券上不写明权利人的姓名或者字号的有价证券；指示有价证券，即在证券上写明第一个取得证券者的姓名或者字号的证券。

第四节 其他特殊类型的物

由于科学技术的发展，人能够发现、支配的物越来越多。其他特殊类型的物，就是传统的物之外的其他物的类型，主要包括以下内容。

一、人体变异物

人体变异物是指从人体衍变、异化而来的，具有物的形态、包含人格利益因素的特殊物。

人体变异物的范围主要包括：(1) 脱离人体的器官、组织。它是指从人体分离后，在植入新的人体之前的人体器官或组织。从用途上分，包括用于捐赠的和用于储存的人体的器官或组织。(2) 人体医疗废物。它是指由于医疗活动而脱离人体的无生命价值或者生理活性的器官、组织以及人体孳生物。它包括由于医疗活动而脱离人体的无生命价值或者生理活性的器官，如胎盘等；由于医疗活动而脱离人体的无生命价值或者生理活性的组织，如体液、血液等；由于医疗活动而脱离人体的无生命价值或者生理活性的孳生物，如肿块、肉瘤、结石、葡萄胎等。(3) 尸体、遗骨、骨灰。

由于人体变异物具有人格利益因素，因而所有权人在对其行使物权时，受到法律和公序良俗的限制。

二、海域

海域是由水面、水体、海床和底土几部分构成的一个整体。虽然海水具有流动性或可移动性，但海床和底土却无法进行物理上的移动。作为一个立体范畴的海域，其首先属于一个地理上固定的区域，和土地一样具有不可移动性，故海域显然应属于不动产的范畴。如同土地表层的泥土可以被挖掘、移走（且还不像海水那样基于流动性而能够迅速恢复其自然性状）但并不影响土地的不动产性质一样，作为海域组成部分的海水所具有的流动性，丝毫不影响整个海域的不动产属性。

将海域定性为不动产，突破了仅将土地及其定着物作为不动产的传统认识。基于不动产的共同属性即整体上的不可移动性所产生的法律规则，完全适用于海域。

三、空间

空间是指依不动产登记确定的在地表之上或者地表之下，能够独立使用并设立物权的特定范围。空间的特点是：(1) 空间须处于地表之上或之下；(2) 空间须能够确定特定范围；(3) 空间须可以独立使用；(4) 空间须能够依不动产登记进行公示。空间在哲学上是较为抽象的概念，是与时间相对的一种物质存在形式，表现为三维。民法上的空间并不是哲学上的空间概念，而是作为物的表现形态的概念。

空间依附于地表，但不包括地表，处于地表之上或者地表之下。空间作为物，具有抽象的性质，因此归属于特殊物，需要制定特别规则，确定其权属。

四、自然力

自然力是指以动态方式存在的可直接利用的商品化二次能源的能量表现形式，例如电力、热力等，是一个开放性的概念。随着科技的进步，自然力的概念必然将包括电力、热力以外的其他类型。

五、网络虚拟物

网络虚拟物是指虚拟的网络本身以及存在于网络上的具有财产性的电磁记录，是一种能够用现有的度量标准度量其价值的数字化的新型物。网络虚拟物包括虚拟动产和虚拟不动产。

网络虚拟物作为一种新型的物，具有与传统的财产类型不同的特点，因此，把网络虚拟物作为一种特殊的物的类型，以此解决网络虚拟物的权利客体定位，顺应了民法的发展趋势。把网络虚拟物名正言顺地纳入物的范畴，解决了网络虚拟物的民法保护这个症结，也准确地反映出了网络虚拟物的特性，是对网络虚拟物的一个巧妙界定和精确描述。

【引例评析】

在本章引例中，双方当事人之间争议交付的祖传玉器是民法上的物，具有物的一切特征。该物为特定物、单一物、流通物、动产、不可分物和不可消耗物。在本案中，该物最具有法律意义的是其特定物的特征。因为特定物在交付之前丢失，不能用其他物代替，所以张某无法完成交付。法院判决张某返还价款和利息，免除其交付义务，正是根据特定物的上述特征决定的，因而是正确的。

【本章小结】

1. 物是能够满足人的需要并能为人所控制的物质对象。其特征是：（1）能够满足人的需要，具有有用性；（2）具有稀缺性，不能够无限供给；（3）必须能够为人支配和控制。

2. 物的类型，就是根据不同的标准，将物划分为不同的种类。最主要的分类有：种类物与特定物，单一物、合成物与聚合物，流通物与限制流通物，动产与不动产，主物与从物，可分物与不可分物，原物与孳息，可消耗物与不可消耗物。

【练习题】

1. 名词解释

（1）物

（2）种类物

（3）特定物

（4）动产

（5）不动产

2. 思考题

（1）民法上，物的概念是什么？物有哪些特征？

（2）民法上的物有哪些类型？

3. 案例分析题

原、被告原系夫妻，2018 年离婚。男方任某在分割共同财产的时候，将已经分给女方夏某的三张大额定期存单偷走，但由于不知道密码而无法取出现金。夏某得知后，向银行挂失，并向法院起诉任某，追究其侵害财产的侵权责任。

问题：

（1）银行存单是否具有物的属性？

（2）银行存单作为特殊物，与一般意义上的物有何区别？

（3）任某的行为是否构成侵害财产的侵权行为？应当怎样处理？

分析要点提示：

（1）物是能够满足人的需要并能为人所控制的物质对象，银行存单具有这种属性，因此具有物的属性，属于特殊物中的有价证券。

（2）银行存单属于有价证券，是记载某种财产权利的凭证，既有物的属性，又有债权文书的属性，因此不同于一般的物。

（3）任某的行为构成侵害财产的侵权行为，但是，由于该银行存单已经挂失，该存单上的财产权利已经得到了保护，盗得的仅仅是存单本身而已，因此应当认定构成侵权行为，但不一定要承担存单记载数额的赔偿责任。

在线练习

第五章 民事法律行为和代理

【本章引例】

某建筑公司承包修建一座桥梁的建筑工程，为此招收了一批建筑工人，在招工合同中注明“工伤概不负责”。建筑工人李某在施工过程中被断裂的桥梁砸死，其家属要求建筑公司承担赔偿责任，建筑公司以已经订立“工伤概不负责”条款为由拒绝赔偿。李某的家属起诉到法院。法院认为，建筑公司与李某之间的“工伤概不负责”的约定违反了有关劳动保护的法律规定，是无效的，建筑公司应当负赔偿责任。

【本章学习目标】

通过学习本章，你应该能够：

1. 掌握民事法律行为的概念及成立要件和有效条件；
2. 分清无效的民事行为和可撤销的民事行为；
3. 掌握代理的概念和特征，了解无权代理的类型及法律后果。

第一节 民事法律行为概述

一、民事法律行为的概念和特征

（一）民事法律行为的概念

民事法律行为是指自然人、法人或者非法人组织通过意思表示设立、变更、终止民事权利和民事义务的合法行为。

（二）民事法律行为的特征

1. 民事法律行为是一种人为的法律事实

它是民事法律关系的发生原因之一，属于产生民事法律关系的法律事实中的行为。

2. 民事法律行为是一种表意行为

在产生民事法律关系的行为中，有表意行为和非表意行为之分。表意行为是行为人具有导致一定法律效果发生的意图。非表意行为又称为事实行为，即行为人主观上并无产生法律效果的意图，但在客观上引起了某种法律效果的发生，如技术发明创造、发现埋藏物、拾得遗失物等行为。

3. 民事法律行为以意思表示为要素

既然法律行为为表意行为，则意思表示是构成法律行为的最基本的要素。意思表示就是行为人将其期望发生法律行为的意思以一定的方式表现于外部的过程。

二、民事法律行为的分类

(一) 单方民事法律行为、双方民事法律行为和多方民事法律行为

这是根据民事法律行为的主体多少所进行的分类。

单方民事法律行为是指根据一方当事人的意思表示就可以成立的法律行为。这种行为无须他方当事人的同意就可以发生法律效力。订立遗嘱、放弃继承权、撤销委托代理、免除债务、追认无权代理等行为，都属于单方民事法律行为。

双方民事法律行为是指双方当事人对应的意思表示达成一致才能成立的法律行为。合同行为是最典型的双方民事法律行为。

多方民事法律行为是指两个以上的当事人并行的意思表示达成一致才能成立的法律行为。三个以上的合伙人订立合伙合同的行为，为多方民事法律行为。

(二) 有偿民事法律行为和无偿民事法律行为

有偿民事法律行为是双方承担互为对待给付义务的法律行为。对待给付是指当事人一方以付出某种利益为代价交换所获得的利益。例如，买卖合同就是有偿民事法律行为。

无偿民事法律行为是一方当事人承担给付义务而对方当事人不承担给付义务的行为，例如赠与、无偿寄托等。

(三) 诺成民事法律行为和实践民事法律行为

诺成民事法律行为是以意思表示为成立要件的法律行为。诺成民事法律行为自当事人意思表示达成一致时成立。

实践民事法律行为是除意思表示外，还必须交付实物才能够成立的民事法律行为。它又被称为要物行为。

参考案例 5-1

甲公司举行新闻发布会，宣布向灾区捐赠人民币 300 万元，并在发布会上向灾区代表赠送了象征性的大支票。会后，甲公司并未将捐款送给灾区。灾区代表追索捐款，甲公司称赠与行为是实践民事法律行为，在没有实际捐赠之前，赠与行为并没有成立，拒绝捐赠。灾区代表向法院起诉，法院支持了灾区代表的诉讼请求，甲公司应当捐赠。

按照我国《民法典》合同编第 658 条的规定，赠与合同是实践性合同，赠与人在赠与财产的权利转移之前可以撤销赠与，但是，经过公证的赠与合同或者依法不得撤销的具有救灾、扶贫、助残等公益、道德义务性质的赠与合同，不得撤销，属于诺成性合同。因此，甲公司赠与的承诺不得反悔。

(四) 要式行为与不要式行为

要式行为是指法律规定必须采取一定形式才能够成立的民事法律行为。不要式行为是

法律不要求采取特定形式而任由当事人选择所使用的形式的民事法律行为。

在民法上，以不要式行为为原则，以要式行为为例外。例如，合同可以采取口头形式、书面形式和其他形式，法律、行政法规另有规定或者当事人另有约定时，从其规定或约定。

（五）主法律行为和从法律行为

主法律行为是不需要其他法律行为存在就可以成立的法律行为。从法律行为是从属于其他法律行为而存在的法律行为。为借款合同而设定抵押，借款合同是主法律行为，抵押合同是从法律行为。

从法律行为的成立和效力取决于主法律行为。

参考案例5－2

某甲向某乙交付一张面值20元人民币的有奖储蓄奖券，以清偿所欠的20元债务。数日后，该奖券中奖1万元。某甲找到某乙，要求其退回1万元奖金。某乙不从，某甲诉至法院，请求退还奖金。法院判决认为，有奖储蓄奖券记载的是两个法律行为，一个是关于储蓄的合同行为，另一个是中奖的合同行为，前者是主法律行为，后者是从法律行为，如果没有特别的约定，从法律行为随同主法律行为的转移而转移，即“从随主”原则，因此驳回某甲的诉讼请求。

（六）独立法律行为和辅助法律行为

独立法律行为是行为人通过自己的意思表示就可以成立的法律行为。由完全民事行为能力人实施的行为为独立法律行为。

辅助法律行为是行为人的意思表示必须在他人意思表示辅助下才能够成立的法律行为。法定代理人对未成年人的意思表示所作出的同意表示，被代理人对代理人超越代理权的追认，都属于辅助法律行为。

（七）财产行为和身份行为

财产行为是导致财产关系发生变动的民事法律行为。身份行为是导致身份关系发生变动的民事法律行为，如结婚、离婚、收养行为。

三、民事法律行为的形式

民事法律行为的形式是指意思表示的方式，主要有以下几类。

（一）口头形式

口头形式是以谈话的方式进行的意思表示。口头形式具有简便迅速的优点，但发生纠纷时举证困难。

（二）书面形式

书面形式是以书面文字进行的意思表示。它又分为一般书面形式和特殊书面形式。一般书面形式是采用一般性的文字记载的形式，特殊书面形式是获得国家机关或者其他职能部门认可的形式。

书面形式可以促使当事人在深思熟虑后实施法律行为，使权利义务关系明确化，并方便证据保存。它主要适用于不能即时结清、数额较大的民事法律行为。

（三）其他形式

其他形式主要是推定形式和沉默形式。

推定形式是以有目的、有意识的积极行为表示其意思的形式。换言之，行为人虽然没有口头或者书面的表示，但可以通过其积极行为推定其内在的意思。如租期届满后，承租人继续缴纳租金而出租人接受的行为，可以据此推知当事人延长了租赁期限。

沉默通常不作为意思表示的方式。《民法典》第 140 条第 2 款规定："沉默只有在有法律规定、当事人约定或者符合当事人之间的交易习惯时，才可以视为意思表示。"

第二节 民事法律行为的成立和效力

一、民事法律行为成立的要件

民事法律行为在符合成立要件时成立。它解决的是民事法律行为是否在客观上已经存在的问题。不符合民事法律行为成立要件的行为，视为民事法律行为不存在。当然，这种说法只是沿用了当前民法著作中比较流行的说法。在民事法律行为是合法行为的前提下，民事法律行为的成立与有效实际上是一回事，因为只要符合民事法律行为的要件并构成民事法律行为，该行为就不仅是成立的，而且是有效的，否则就称不上民事法律行为了。因此，确切地说，这里所说的民事法律行为的成立，应该是指民事法律行为在客观上存在。

在一般情况下，民事法律行为的构成需符合下列要件：

（1）行为人的意思表示中必须含有设立、变更或者终止民事法律关系的意图；

（2）行为人的意思表示必须完整地表达设立、变更或者终止民事法律关系的必需内容；

（3）行为人必须以一定的方式将自己的内心意思表现于外部，能够由他人客观地加以识别。仅仅存在于内心的意思而未表达于外部的，不能成立民事法律行为。

在合同行为、要物行为和要式行为中，除具备一般的成立要件外，还必须具备特别要件。例如，合同的成立必须由双方当事人的意思表示达成一致。要物行为必须交付实物。要式行为必须符合法定的形式。

二、民事法律行为的有效条件

民事法律行为的有效，是指民事行为因符合法律规定而能够引起民事法律关系的设立、变更或者终止的法律效力。由于民事法律行为都是合法行为，民事法律行为的有效实际上是民事行为的有效问题。

民事法律行为的有效条件：

（1）行为人具有相应的民事行为能力。民事法律行为以行为人的意思表示为要素，当事人必须具有健全的理智和判断能力，因而必须具有相应的民事行为能力。例如，完全民事行为能力人可以实施民事行为；限制民事行为能力人可以实施与其民事行为能力相适应的民事行为。不具有相应的民事行为能力的人实施的民事行为是无效的。法人必须在核准登记的经营范围内从事经营活动。

（2）意思表示真实。意思表示真实是指当事人的内心意思和外部表示相一致。换言之，当事人必须在意思自由、能够意识到自己行为的法律效果的情况下进行意思表示，不存在胁迫、误解等情况。

（3）不违反法律、行政法规的强制性规定，不违背公序良俗。民事行为必须在符合法律、行政法规的强制性规定，并且不违反公序良俗的情况下，才能具有法律效力。

参考案例5-3

某甲与某乙通奸，某乙要求某甲支付若干现金，某甲因没带现金，便戏称可以打借条，遂给某乙出具借款3 000元的借条。事后，某乙向某甲索要不成，向法院起诉，请求清偿债务。法院查清事实后，以该约定违反社会公德为由驳回某乙的诉讼请求。

三、效力待定的民事法律行为

（一）效力待定的民事法律行为的概念

效力待定的民事法律行为是指民事行为虽已成立，但是否生效尚不确定，只有经过特定当事人的行为，才能确定生效或者不生效的民事法律行为。

效力待定的民事法律行为既存在转变为不生效的民事法律行为的可能性，也存在转变为生效的民事法律行为的可能性。

（二）效力待定的民事法律行为的类型

1. 限制行为能力人实施的依法不能独立实施的行为

限制行为能力人的行为能力不完善，依照法律规定，他们对这些行为是不能独立实施的。如果限制行为能力人独立实施了这些行为，其效力待定，需要其法定代理人的追认才能生效。

2. 无权代理行为

行为人没有代理权、超越代理权或者在代理权终止之后，以代理人的身份所实施的法律行为，是无权代理行为，其效力待定。无权代理行为只有经过被代理人的追认，该行为才能生效。

（三）效力待定的民事法律行为的效力确定

效力待定的民事法律行为的效力确定，可以经由以下途径：

1. 特定当事人的追认权的行使与不行使

在上述两种效力待定的民事法律行为中，法定代理人、有处分权人或者被代理人享有追认权。追认权人行使追认权的，效力待定的民事法律行为即转变为生效的法律行为。追认权是形成权，权利人一经行使，即发生追认效力待定民事法律行为的效力的法律效果。追认权的行使应当采取明示的方式，权利人放弃追认权或者在交易相对人确定的催告期内不为追认的明示表示的，效力待定的民事法律行为自始不发生效力。

2. 相对人行使撤销权

在效力待定的民事法律行为中，善意的交易相对人享有撤销权。善意的交易相对人如果认为应当撤销这个民事法律行为，即可行使撤销权，使该民事法律行为自始不发生效力。撤销权也是形成权，其行使应当在追认权人行使追认权之前，如果追认权已经行使，撤销权不能对抗追认权。

四、无效的民事法律行为

无效的民事法律行为是指虽然成立但因欠缺有效条件而不具有法律约束力的行为。在民事法律行为不符合有效条件时，就不能按照当事人的意思设立、变更或者消灭民事法律关系，而产生其他法律规定的后果。无效的民事行为有下列情况。

（一）无民事行为能力人实施的民事法律行为

无民事行为能力人实施的行为，都是无效的民事法律行为。

（二）违反法律、行政法规的强制性规定的民事法律行为

《民法典》第 153 条第 1 款规定："违反法律、行政法规的强制性规定的民事法律行为无效。但是，该强制性规定不导致该民事法律行为无效的除外。"

法律、行政法规的强制性规定，是指法律、行政法规中的禁止性规范，也即规定当事人必须为一定行为或者不为一定行为的规范，不包括地方性法规和规章等规范的强制性规定。在司法实践中，违反法律、行政法规强制性规定的合同依法确认无效，而不是违反任何法律、行政法规的任何合同都无效。对于违反非强制性规定的合同，并不必然无效，因为任意性规定本来就是属于当事人自由决定的范围，具有补充当事人意思的作用，不存在是否违法的问题。

（三）违背公序良俗的民事法律行为

《民法典》第 153 条第 2 款规定："违背公序良俗的民事法律行为无效。"

下述行为为违背公序良俗的民事法律行为：危害国家公共秩序的行为，如以从事犯罪或者帮助犯罪作为内容的行为、规避课税的行为；危害家庭关系的行为，如约定断绝亲子关系的行为、婚姻关系中的违约金的约款等；非法射幸行为，如赌博行为；违反人格或者人格尊严的行为，如以债务人的人身为抵押的约款、规定企业有权对顾客或雇员搜身检查的条款；限制意思自由的行为，如限制职业自由的条款；违反公平竞争的行为，如拍卖或招标中的串通行为，以贿赂方法诱使对方的雇员或代理人与自己订立合同。

（四）恶意串通的民事法律行为

恶意串通的民事法律行为是行为人与相对人恶意串通，损害他人合法权益的民事法律行为。其构成要件有如下几个：

1. 当事人具有主观上的恶意

在民法上，恶意与善意是相对的概念，恶意是指知道某种事实。恶意串通的民事行为的恶意，是指当事人明知（或者说知道）其民事行为将会对国家、集体或者第三人造成损害；而不知道这种损害时就是善意的。至于此处的恶意是否还须具有希望损害他人的主观状态，也即是否还有动机上的要求，是无关紧要的。

2. 有串通行为

串通是当事人之间的相互的意思联络和沟通。这种意思联络不是指双方实施民事行为本身的意思联络，而是对其损害国家、集体或者第三人的意思联络。当然，不但积极进行损害他人的沟通行为构成双方意思联络，而且知道其行为的损害后果而心照不宣、达成默契，同样可以构成意思联络。

3. 对他人合法权益具有损害性

这种损害既可以因民事行为的履行而已经产生，又可以随着民事行为在将来的履行而可能发生。

（五）虚假行为

行为人与相对人以虚假的意思表示实施的民事法律行为无效。例如，为逃避债务而与

相对人设立赠与合同，造成自己没有财产清偿债务的假象，就是虚假行为，一律无效。

以虚假的意思表示隐藏的民事法律行为的效力，依照有关法律规定处理。隐藏行为包括四种形式：一是以合法形式掩盖一个有非法目的的行为，这是隐藏行为；二是以不合法的形式掩盖了一个合法目的的行为，这也是隐藏行为；三是表面的行为和隐藏的行为都是合法的，但隐藏的行为是当事人的真实目的，这还是隐藏行为；四是表面行为和隐藏行为都具有非法性。依照有关法律规定处理，就是要按照被隐藏的行为的法律规定处理。例如，两个人要买卖房屋，为了规避法律而在协议上约定为赠与，此时应按真实的民事法律行为即买卖合同的法律规定来适用法律。

（六）合同预先免责条款

在民法上，责任的分配都是根据一定的原则进行的。当事人自愿承担不利后果或者抛弃利益是其自由，法律原则上不予干涉。但是，当事人免除责任又有预先免除和事后免除之分。在损害发生之前，法律往往又禁止或者限制当事人预先免除过错责任，即禁止或者限制预先免除责任。在损害发生后，当事人（受害人或者加害人）可以自愿处分其权利。

法律之所以禁止或者限制排除责任的约款，其意图主要是尽量避免或者减少损害、保护弱者的地位以及维护诚实信用原则。因此，《民法典》合同编第506条规定："合同中的下列免责条款无效：（一）造成对方人身损害的；（二）因故意或者重大过失造成对方财产损失的。"该条就是我国禁止和限制预先免除责任的规定，或者说是关于合同免责条款无效的规定。所谓预先免除责任，是指当事人在合同条款中免除一方对另一方可能承担的民事责任的行为。它包括两方面内容：第一，造成人身损害的预先免责条款一概无效。对于给对方造成的人身损害，无论是故意还是过失，都不得预先免除责任。由于侵权行为基本上都是过错责任，上述规定基本上排除了人身侵权责任的预先免除。第二，造成财产损失的预先免责条款无效。对于财产损害，只禁止故意和重大过失责任的预先免除，轻过失的责任不属于禁止之列。

在本章引例中，建筑公司与雇工之间在合同中约定"工伤概不负责"，就属于人身损害的预先免责条款，是没有法律效力的，建筑公司应当对李某的死亡承担民事赔偿责任。

五、可撤销的民事行为

（一）可撤销的民事行为的概念

可撤销的民事行为是指欠缺民事法律行为的有效条件但又并不当然无效，而由当事人自主决定是否使其归于无效的民事行为。

可撤销的民事行为只是相对无效的行为，不同于无效民事行为的绝对无效。是否使其无效，取决于当事人的意志。法律对可撤销的民事行为的制度设计，体现了维护公平交易和意思自治的调和。

（二）可撤销的民事行为的特征

可撤销的民事行为具有下列特征：

（1）它在被撤销之前其效力是继续保持的。既然可撤销民事法律行为是否无效取决于当事人的意志，那么其前提是已经产生了法律效力，否则若民事行为自始无效，也就谈不上撤销问题。这是其与无效民事行为的重大区别。

（2）该行为是否归于无效取决于当事人（撤销权人）的意思。撤销权人以外的人不得主张撤销。撤销权人可以通过行使撤销权而使该行为归于无效，也可以通过承认的表示或者不行使撤销权而使该行为有效。

（3）可撤销的民事行为效力的消灭必须有撤销行为。只有撤销事由而无撤销行为时，其并不归于无效。

（4）撤销权一旦行使，其效力即溯及到行为成立之时，即自行为成立之时起该行为即不发生法律效力。

（三）可撤销的民事行为的种类

1. 重大误解行为

重大误解的民事行为，是指行为人因对行为的重要内容产生错误认识而使意思与表示不一致的民事行为。行为人因对行为的性质，对方当事人，标的物的品种、质量、规格和数量等的错误认识，使行为的结果与自己的意思相悖，并造成较大损失的，可以认定为重大误解。

重大误解又称为错误。错误分为两种情况：一是意思和事实不一致；二是意思与表示不一致。按照德国法学家萨维尼（Savigny）的见解，前者属于真正的错误，即动机错误；后者属于不真正的错误，通常称为法律行为的错误或者直接称为错误。动机错误仅是意思与事实的不一致，如租赁房屋者误信房屋四周清静，适合读书，实际不然。动机错误不产生法律行为意义上的意思与表示不一致的问题。原因是动机存在于行为人的内心，他人无法得知，而同一类型的法律行为，意思表示人的动机也千差万别，如果动机足以影响意思表示的效力，就会大大地危害交易安全。当然，如果动机表示于外部，就成为意思表示的内容。

意思与表示不一致是重大误解的民事行为的表征，但以合法形式掩盖非法目的的民事行为以及其他虚伪的民事行为也属于意思与表示不一致，其区别在于重大误解的行为是行为人不知其不一致的情形，而其他行为正好相反。

按照我国法律的规定，只有重大误解的民事行为才是可撤销的民事行为，即误解须达到重大的程度时才可以成为可撤销的事由。重大误解可以从两方面进行理解：一方面，发生误解的事项，即在哪些事项中发生误解才可能构成误解，通常是指对民事行为的效力具有重大影响的条款的误解，或者说对与误解人的利害关系较大的民事行为条款的误解；另一方面，误解对当事人的影响程度，要“造成较大损失”，就是此类要求。

误解可以分为三类：

（1）对行为性质的误解。对行为性质的误解会使当事人的权利义务截然不同，如将赠与误解为买卖，或者将买卖误解为赠与。

（2）对对方当事人的误解。当事人一方对对方的选择发生错误一般不会对民事行为的权利义务发生重大影响，常常不构成重大误解。但是，在当事人的因素非常重要的情况下，若发生错误的一方非常注重对方当事人的身份，如误信对方为“难民”而赠与物品，而对方实际上不是难民，或者在具有人身信任性质的合同，如加工承揽合同、委托合同、演出合同、约稿合同等中，合同对方的技能、信用、资历、资格等直接影响到合同的履行，则对民事行为主体的误解也构成重大误解。

（3）对标的物的品种、质量、规格和数量等的误解。

2. 一方欺诈行为

欺诈行为是指一方当事人以欺诈手段，使对方当事人在违背真实意思的情况下实施的民事法律行为。

欺诈行为的构成要件有如下三个：

（1）主观要件，即欺诈故意。欺诈行为必须是故意实施的，过失不构成欺诈。欺诈故意，是指一方有意识地告知对方虚假情况或者隐瞒真实情况。

（2）客观要件，即积极的和消极的欺诈行为。欺诈行为的具体状态有两种，一是故意告知对方虚假情况，二是故意隐瞒真实情况，其目的都在于引诱对方上当受骗。故意告知对方虚假情况既包括告知无中生有的捏造或者虚构的事实，又包括夸大事实，不管是哪种方式，只要在客观上或者交易习惯上足以使相对人产生错误认识，都可以构成此类虚假情况。

（3）因果关系，即对方因欺诈而作出错误的意思表示。该要件要求一方的欺诈行为导致对方作出了错误的意思表示。错误的意思表示就是因对合同内容或者其他情况认识的错误而作出了与其本意（真正意图）不相符的意思表示。

3. 第三人欺诈行为

第三人欺诈行为是指民事法律行为当事人以外的第三人，对一方当事人故意实施欺诈行为，致使该方当事人在违背真实意思的情况下，与对方当事人实施的民事法律行为。第三人欺诈行为的构成要件是：

（1）实施欺诈行为的行为人，是民事法律行为双方当事人之外的第三人，而不是民事法律行为的双方当事人。

（2）第三人是对民事法律行为当事人的一方实施欺诈行为，而不是对民事法律行为当事人的双方进行欺诈。

（3）受欺诈的一方当事人由于受第三人的欺诈，在违背真实意思的情况下，与对方当事人实施了民事法律行为。

（4）尽管第三人不是对受欺诈人的对方当事人实施的欺诈行为，但是对方当事人在与受欺诈一方当事人实施民事法律行为时，可能知道或者应当知道第三人的欺诈行为。

4. 一方或者第三人胁迫行为

一方或者第三人胁迫行为，是指以给他人的人身或者财产造成损害为要挟，迫使对方作出不真实的意思表示的行为，或者第三人以对他人的人身或者财产造成损害为要挟，迫使当事人作出不真实的意思表示的行为。

胁迫的构成要件有如下四个：

（1）存在着胁迫行为。胁迫行为是指以对他人的人身或者财产造成损害而威胁或者要挟相对人的行为。可以从以下几个方面理解：其一，胁迫行为所威胁的客体既可以是他人的人身权利，如威胁要损害他人的生命、荣誉、名誉等人身权利，又可以是他人的财产权利，如威胁要损害他人的财产。其二，用于威胁的损害既可以是现实发生着的损害，如在订立合同时以殴打、肉体折磨、拘禁等暴力手段损害相对人，也可以是以将来给其造成损害为要挟，如不同意订立合同就揭发对方的隐私、杀害对方的家庭成员等。其三，要挟损害的对象既可以是相对人，也可以是相对人的亲友。

（2）相对人产生了恐惧。行为人胁迫对方的意图是使对方产生恐惧。如何判断相对人是否产生了恐惧呢？由于胁迫行为是针对特定的当事人实施的，确定胁迫行为是否构成应当以特定的受害人而不是一般人在当时的条件下是否感到恐惧为标准加以判断，即使一般人不感到恐惧而受害人感到恐惧，也可构成胁迫。判断的标准是：受害人能够举证证明当时实际的恐惧状态的，以其实际恐惧状态为准；不能举证证明实际恐惧状态的，由法院或者仲裁机关按照一般人置身于行为人用于要挟的危害事实之下是否会产生恐惧来进行认定。

（3）相对人因恐惧而作出了不真实的意思表示。相对人因正在发生的危害事实或者害怕危害事实的发生，产生一种心理上的恐惧，在这种恐惧心理作用下作出了不真实的意思表示，与行为人实施了民事行为。

（4）行为人一方或者第三人具有故意。胁迫的行为人或者第三人必须具有故意，即主观上希望对方因胁迫行为而同意实施民事行为。换言之，故意是指行为人或者第三人有使相对人产生恐惧的意思，以及有使相对人因恐惧而实施民事行为的意思。至于是否有获取经济上的利益或者使对方遭受财产上的损害意思，可以不追究。

5. 显失公平的民事行为

（1）显失公平的概念。《民法典》第151条规定了显失公平，并把乘人之危（即一方利用对方处于危困状态而实施的民事法律行为）合并到显失公平行为之中。显失公平，是指一方当事人利用对方处于危困状态，或者缺乏判断能力等情况下，与对方当事人实施的对自己明显有重大利益而使对方明显不利的民事法律行为。

（2）显失公平的构成要件：第一，利用对方当事人处于危困状态或者缺乏经验等。这包括过去所说的乘人之危和显失公平。第二，对方当事人因处于危困状态或者缺乏经验而与其订立民事法律行为。在乘人处于危困状态中，提出苛刻条件的一方当事人，是在利用对方当事人的困境；而对方当事人明知其提出的条件是利用自己的危难或急迫从中获取不当利益，但由于困境所迫而与其订立民事法律行为。第三，行为人所获得的利益超出了法律所准许的限度。无论是利用对方的困境，还是利用对方的没有经验，一方当事人提出的条件都十分苛刻，对对方当事人十分不利。第四，显失公平的发生时间在订立民事法律行为之时。

（3）显失公平的法律后果。按照《民法典》第151条的规定，构成显失公平，受损害方有权请求人民法院或者仲裁机构予以撤销。受到损害的一方基于显失公平的民事法律行为，享有撤销权，有权向人民法院或者仲裁机构请求行使撤销权，撤销显失公平的民事法律行为。

（四）撤销权人、撤销权及其行使

1. 撤销权人

撤销权人是可以行使撤销可撤销的民事行为的权利的人。《民法典》规定，重大误解的行为人、欺诈行为的受欺诈方、胁迫行为的受胁迫方、显失公平行为的受损害方，是撤销权人，有权请求人民法院和仲裁机构行使撤销权。

2. 撤销权的性质

撤销权是当事人依照自己的意思消灭民事行为效力的权利。撤销权既不是请求相对人为一定行为的权利即债权，也不是对可撤销行为的支配权，通常认为属于形成权。

（五）撤销权的消灭

1. 除斥期间完成

《民法典》第152条规定了可撤销的民事法律行为的一般除斥期间，区分不同情况作出不同的规定：在一般情况下，除斥期间为一年；但是重大误解的当事人是由于自己的过失造成该法律行为可撤销的后果，因此除斥期间大大缩短，仅规定为九十日；上述两项的起算时间是自知道或者应当知道撤销事由之日起。对于受胁迫的可撤销的民事法律行为，尽管除斥期间也是一年，但是对起算时间有特别规定，自胁迫行为终止之日起计算除斥期间，从而对受胁迫的当事人在除斥期间的起算上予以特别的保护。

当事人自民事法律行为发生之日起五年内没有行使撤销权的，撤销权消灭。这是撤销权的最长除斥期间。

2. 撤销权人放弃撤销权

撤销权属于撤销权人享有的民事权利，是否行使该权利是撤销权人的自由，撤销权人放弃撤销权的，法律不予干涉，因而我国《民法典》第 152 条第 1 款第 3 项将“当事人知道撤销事由后明确表示或者以自己的行为表明放弃撤销权”，作为撤销权消灭的事由之一。撤销权人明确表示放弃撤销权的，应当向相对人表示；以行为放弃撤销权的，自行为完成之日起产生放弃的效力。

六、民事行为无效或者被撤销的法律后果

《民法典》第 157 条规定：“民事法律行为无效、被撤销或者确定不发生效力后，行为人因该行为取得的财产，应当予以返还；不能返还或者没有必要返还的，应当折价补偿。有过错的一方应当赔偿对方由此所受到的损失；各方都有过错的，应当各自承担相应的责任。法律另有规定的，依照其规定。”

无效民事行为和被撤销的民事行为自始没有法律约束力，已经按照约定进行的履行因无法律效力而需要恢复到没有履行前的状况，已接受履行的一方将其所接受的履行返还给对方。例如，已实际履行的买卖合同因欺诈被撤销后，买方和卖方应当分别返还其物品和价款。返还财产不同于退货。在买卖或者购销合同中，因标的物有瑕疵需要退货的，是一种有效合同的责任方式。

但是，并不是所有的已经履行的无效民事行为都能够或者需要采取返还方式。不能返还或者没有必要返还的，应当折价补偿。

无效合同和合同撤销后造成损失的，有过错的一方应当赔偿对方因此所受到的损失，各方都有过错的，应当各自承担相应的责任。承担赔偿责任的标准是过错，如果没有过错，则不承担赔偿责任。

第三节　代理

一、代理及代理权

（一）代理

代理是指代理人在代理权范围内，以被代理人的名义独立与第三人为法律行为，由此产生的法律效果直接归属于被代理人的法律制度。

在代理制度中，以他人名义实施法律行为的人，称为代理人；其名义被他人使用而由他人实施法律行为的人，称为被代理人或者本人；与代理人实施法律行为的相对人，称为

第三人。

代理具有下列特征：

(1) 代理人要为被代理人作出意思表示。代理人的职责是代被代理人实施法律行为，如订立合同、履行债务、受领债的给付等，因而必须为被代理人的利益独立作出意思表示。只是传达被代理人的意思表示而不代为作出意思表示的，是使者而不是代理人。不为意思表示的行为不得成立代理，如代人保管物品、照看儿童等事实行为，虽然也是接受他人的委托，但并不代为进行意思表示，因而不是代理行为。

(2) 代理人必须以被代理人的名义进行活动。代理有狭义代理和广义代理之分。狭义的代理仅指直接代理，即代理人以被代理人的名义所进行的代理；广义的代理不但包括直接代理，而且包括间接代理，即受托人以自己的名义代他人为民事行为。大陆法系国家的民法采取狭义理解，英美法系国家采取广义理解。

(3) 代理行为的法律后果直接归属于被代理人。被代理人通过代理人实施民事行为的目的是利用代理人的技能、经验等为自己服务，因此，代理的法律后果直接归属于被代理人。

代理主要适用于法律行为，但在实践中还包括下列行为：

(1) 申请行为，即请求国家有关部门授予某种资格或者特权的行为，如代理申请注册商标。

(2) 申报行为，即向国家有关部门履行法定的告知义务和给付义务的行为，如申报纳税行为。

(3) 诉讼行为。

下列行为不适用代理：

(1) 意思表示具有严格的人身性质而必须由本人亲自作出决定和予以表达的行为，如订立遗嘱、婚姻登记、收养子女等行为。

(2) 具有严格人身性质的债务不得代理，如受约演出不得代为演出。

(二) 代理权

代理权是指代理人基于被代理人的意思表示、法律的规定而能够代理他人实施法律行为的法律资格。

民法学对于代理权的性质有不同见解，主要有权利说、资格说和权力说。权利说认为代理权是一种民事权利。资格说认为代理权是一种资格或者地位，而不是民事权利。权力说认为代理权是法律授予代理人的权力。

因代理性质的不同，代理权有着不同的产生根据。委托代理是基于被代理人的单方授权行为，法定代理是基于法律的直接规定。

代理权基于一定的原因而消灭，不同的代理有着不同的代理权消灭原因。代理权消灭后代理人的代理资格就丧失了。

委托代理的消灭原因有：

(1) 代理期限届满或者代理事务完成；

(2) 被代理人取消委托或者代理人辞去委托；

(3) 代理人丧失民事行为能力；

(4) 代理人或者被代理人死亡；

(5) 作为被代理人或者代理人的法人、非法人组织终止。

法定代理的消灭原因有：

（1）被代理人取得或者恢复完全民事行为能力；

（2）代理人丧失民事行为能力；

（3）法律规定的其他情形。

二、代理权的行使

（一）代理人的义务

代理权的行使就是代理人履行代理义务。通过履行代理义务，代理人实现了设立代理的目的。代理人负有下列义务：

1. 为被代理人的利益实施代理行为的义务

代理制度是为被代理人的利益而设定的制度，被代理人设定代理的目的是利用代理人的知识、技能等为自己服务。代理人的活动是为了实现被代理人的利益。因而，代理人的活动应当从被代理人的利益出发，而不是从代理人自己的利益出发。代理人应当以对自己事务的注意，处理好被代理人的事务，以增进被代理人的利益。

2. 亲自代理的义务

被代理人委托特定的代理人为自己服务，是基于对代理人的知识、技能、信用的信赖，因而代理人必须亲自实施代理行为才符合被代理人的愿望。除非被代理人同意或者有特殊事由发生，否则不得将代理事务转委托他人处理。

3. 报告义务

代理人应将处理代理事务的一切重要情况向被代理人报告，以使被代理人知道事务的进展和自己财产的损益情况。报告必须忠实，不能包括虚伪不实等可能使被代理人陷于错误的资料。在代理事务处理完毕后，代理人还应向被代理人报告执行代理事务的经过和结果，并提交必要的文件材料。

4. 保密义务

代理人在执行代理事务过程中知悉被代理人的个人秘密或者商业秘密，不能擅自披露，或者利用这些秘密与被代理人进行不正当竞争。

（二）代理权的限制

为维护被代理人的利益，应当对代理权进行如下必要的限制：

1. 自己代理的禁止

自己代理是指代理人在代理权限内与自己为法律行为。在这种情况下，代理人同时为代理关系的代理人和第三人，交易双方的意思表示实际上是由一个人作出的，或者说交易行为是由一个人实施的。由于交易都是以对方利益为代价追求自身利益的最大化，自己代理具有发生代理人为自己的利益牺牲被代理人的利益的极大危险，因此，为防止滥用代理权，除非事前得到被代理人的同意或者事后得到追认，否则法律不承认自己代理的效力。

2. 双方代理的禁止

双方代理又称为同时代理，是指一个代理人同时代理双方当事人实施法律行为。交易双方当事人的利益总是相互冲突的，通过讨价还价，才能使双方的利益达到平衡，而由一个人同时代表两种利益，难免顾此失彼，最终会倾向于一方利益。而且，同一个人代表两种利益，无法实现讨价还价的过程，两种利益难以达到平衡。因此，除非事前得到被代理人的同意或者事后得到追认，否则法律不承认双方代理的效力。

3. 代理人懈怠行为的禁止

代理人的懈怠行为，是指被代理人不履行勤勉义务、疏于处理或者未处理代理事务，使被代理人设定代理的目的落空，并使其蒙受损失的行为。被代理人因此遭受的损失，可以要求代理人赔偿。

参考案例5-4

某甲委托某乙到某地购买红木家具，价格3万元。某乙到某地后，发现一种家具的木材与红木相似，但是价格才1万元，遂自己做主，购买了1万元一套的类似红木的家具运回本地。某甲见不是红木家具，拒绝接收家具并拒绝付款。某乙诉至法院，法院判决某乙败诉，承担退货的损失。

（三）复代理

复代理又称为转委托，是指代理人为实施代理权限内的全部或者部分行为，以自己的名义选定他人担任被代理人的代理人，并由该他人代理被代理人实施法律行为的情形。被选定的该他人为复代理人，其代理的法律效果直接归属于被代理人。《民法典》第169条规定："代理人需要转委托第三人代理的，应当取得被代理人的同意或者追认。转委托代理经被代理人同意或者追认的，被代理人可以就代理事务直接指示转委托的第三人，代理人仅就第三人的选任以及对第三人的指示承担责任。转委托代理未经被代理人同意或者追认的，代理人应当对转委托的第三人的行为承担责任；但是，在紧急情况下代理人为了维护被代理人的利益需要转委托第三人代理的除外。"

由于被代理人与代理人之间存在着人身信赖关系，代理人因此负有亲自执行代理事务的义务，不得转委托他人处理代理事务。但在紧急情况下代理人不能亲自处理代理事务，如此下去又会损害被代理人的利益，因而法律允许进行复代理。此外，如果被代理人事先同意或者事后认可复代理，法律也允许复代理。

复代理人总是先由代理人选择。复代理也是行使代理权的一种方式。代理人选择他人担任复代理人的权利称为复任权，属于代理权的一项内容。

复代理人是被代理人的代理人，不是代理人的代理人，只能以被代理人的名义为法律行为，其行为的法律后果也归属于被代理人，而不经过代理人的中间环节。

在发生复代理后，复代理人并不取代代理人，代理人的地位不变，只是由复代理人分担了其部分职责。代理人的代理权并未让给复代理人，而只是在代理权之下，派生出另一个代理权。选任复代理人后，代理人仍然可以继续行使代理权。

三、无权代理

（一）无权代理的概念和类型

无权代理是指代理人不具有代理权而实施代理的行为。无权代理具有一般代理行为的表面特征，但不具有代理行为的实质特征，因而不是真正的代理。无权代理包括下列三种情况：

1. 未经授权的代理

在这种情况下，"代理人"实施代理行为根本没有获得被代理人的任何授权。"代理人”或者明知自己没有代理权，或者误以为被代理人已作出了授权而实际上并没有授权。

2. 超越代理权的行为

在这种情况下，代理人获得了被代理人的授权，但实施的代理行为超越了被授予的权利。超越代理权的部分构成无权代理。

3. 代理权已终止后的代理

代理人获得了被代理人的授权，但代理权终止后仍然继续实施代理行为。这种代理构成无权代理。

（二）无权代理的特征

1. 行为人实施的法律行为符合代理行为的表面特征

代理行为的特征有表面特征和实质特征之分。表面特征是代理人以被代理人的名义作出意思表示。实质特征是代理行为的法律后果直接归属于被代理人。无权代理只具有代理行为的表面特征而不具有实质特征。

2. 行为人对所实施的代理行为不具有代理权

不具有代理权的原因可以是自始没有，也可以是后来没有（如超越代理权的情况）。

（三）无权代理的法律效果

无权代理在一定条件下可以转化为有权代理，但如果没有转化原因，无权代理不产生法律效力。

《民法典》第171条规定："行为人没有代理权、超越代理权或者代理权终止后，仍然实施代理行为，未经被代理人追认的，对被代理人不发生效力。相对人可以催告被代理人自收到通知之日起三十日内予以追认。被代理人未作表示的，视为拒绝追认。行为人实施的行为被追认前，善意相对人有撤销的权利。撤销应当以通知的方式作出。行为人实施的行为未被追认的，善意相对人有权请求行为人履行债务或者就其受到的损害请求行为人赔偿。但是，赔偿的范围不得超过被代理人追认时相对人所能获得的利益。相对人知道或者应当知道行为人无权代理的，相对人和行为人按照各自的过错承担责任。"

四、表见代理

（一）表见代理的概念

表见代理是指被代理人的行为足以使第三人相信无权代理人具有代理权，并基于这种信赖与无权代理人实施法律行为的代理。《民法典》第172条规定："行为人没有代理权、超越代理权或者代理权终止后，仍然实施代理行为，相对人有理由相信行为人有代理权的，代理行为有效。"

表见代理属于无权代理的一种，但法律并不使其完全产生无权代理的法律后果，从而有别于前面提到的三种无权代理。

（二）表见代理的构成要件

表见代理具有下列构成要件：

（1）行为人没有代理权，即行为人所谓的代理行为仍然是无权代理。

（2）客观上存在使相对人即第三人相信行为人具有代理权的理由。例如，行为人持有被代理人的授权委托书、空白合同书或者其他表明其具有代理权的证明文件。这些理由形成了行为人具有代理权的外观。

（3）第三人善意且无过失。第三人不知道行为人没有代理权，且对其不知道没有过失。

（三）表见代理的法律效力

表见代理是一种有效的代理，即产生与有权代理相同的法律效力，其法律后果由被代理人承担。如果被代理人因此而遭受损失，可以要求行为人赔偿。

【引例评析】

在本章引例中，建筑公司与雇工之间订立合同，就是一种民事法律行为，是设立雇佣民事法律关系的合同行为。这一法律关系是双方法律行为，是有偿的行为，在主要的内容上，双方当事人的约定是符合法律要求的，是具有法律效力的。但是，双方当事人在合同中约定“工伤概不负责”，这一方面并不是受雇方的真实意思表示，另一方面也违反法律的规定，属于人身损害的预先免责条款。这样的约定是没有法律效力的，对当事人不具有约束力。因而建筑公司应当对李某的死亡承担民事赔偿责任。

【本章小结】

1. 民事法律行为是指自然人、法人或者非法人组织设立、变更、终止民事权利和民事义务的合法行为。民事法律行为的成立须符合下列要件：（1）行为人的意思表示中必须含有设立、变更或者终止民事法律关系的意图；（2）行为人的意思表示必须完整地表达设立、变更或者终止民事法律关系的必需内容；（3）行为人必须以一定的方式将自己的内心意思表现于外部，能够由他人客观地加以识别。民事法律行为的有效条件是：（1）行为人具有相应的民事行为能力；（2）当事人的意思表示真实；（3）不违反法律、行政法规的强制性规定，不违背公序良俗。

2. 代理是指代理人在代理权范围内，以被代理人的名义独立与第三人为法律行为，由此产生的法律效果直接归属于被代理人的法律制度。代理分为委托代理和法定代理。

3. 效力待定的民事法律行为是指民事法律行为虽已成立，但是否生效尚不确定，只有经过特定当事人的行为，才能确定生效或者不生效的民事法律行为。

4. 无效的民事法律行为是指虽然成立但因欠缺有效条件而不具有法律约束力的行为。民事行为若不符合有效条件，就不能按照当事人的意思设立、变更或者消灭民事法律关系，而产生法律规定的其他后果。

5. 可撤销的民事行为是指欠缺民事法律行为的有效条件但又并不当然无效，而由当事人自主决定是否使其归于无效的民事行为。

【练习题】

1. 名词解释

（1）民事法律行为

（2）无效的民事法律行为

（3）可撤销的民事行为

（4）代理

2. 思考题

（1）什么是民事法律行为？它有哪些成立要件和有效条件？

（2）什么是无效的民事法律行为和可撤销的民事行为？各有哪些具体类型？

（3）什么是效力待定的民事法律行为？它有哪些类型？

（4）代理的概念和特征是什么？无权代理的类型及法律后果是什么？表见代理的概念和特征是什么？

3. 案例分析题

北方某地的甲商店购买尼龙哔叽服装，南方某地的乙服装厂提供样本，经确认，订立书面买卖合同，甲商店购买乙服装厂尼龙哔叽服装 5 000 套。销售中，消费者认为该服装面料不是尼龙哔叽，而是涤纶哔叽。甲商店遂要求乙服装厂退货，双方发生争议。甲商店向法院起诉，请求追究乙服装厂欺诈行为的责任。法院经审理发现，南方某些地区将涤纶哔叽就叫做尼龙哔叽。

问题：

（1）双方当事人之间的行为是何种性质的法律行为？

（2）双方当事人之间的行为是否成立？

（3）双方当事人之间的行为是属于欺诈的民事法律行为还是重大误解的民事法律行为？其效力如何？

分析要点提示：

（1）双方当事人之间的法律行为，是双方法律行为、有偿法律行为、诺成法律行为、要式法律行为、独立法律行为。

（2）双方当事人之间的法律行为符合民事法律行为成立的要件，已经成立。

（3）双方当事人在该法律行为中，出卖人并不存在欺诈的故意，只是双方当事人对于买卖标的物的品质存在误解，因此属于重大误解的民事法律行为，其效力待定。买受人一方享有撤销权，可以请求法院或者仲裁机构撤销该合同。

在线练习

第六章 民事责任、诉讼时效和期限

【本章引例】

张某从信用社借款5 000元，还款期限是2014年7月1日。张某逾期未归还借款，信用社也忘记催要。2016年8月1日，信用社要求张某还款，被张某拒绝，信用社遂诉至法院。张某行使抗辩权，认为借款已超过2年诉讼时效期间，在此期间信用社从未主张权利，不存在诉讼时效中止、中断和延长的事由，故请求法院驳回信用社的诉讼请求。法院支持了张某的请求，判决驳回了信用社的诉讼请求。

【本章学习目标】

通过学习本章，你应该能够：

1. 掌握民事责任的一般规则；
2. 掌握什么是诉讼时效，以及诉讼时效的适用范围；
3. 了解诉讼时效届满后会产生什么法律后果；
4. 掌握什么是期限，以及它在民法上有什么意义。

第一节 民事责任

一、民事责任概述

民事责任是指民事主体在民事活动中违反法定或者约定的义务，应当承担的对其不利的民事法律后果。民事责任属于法律责任的一种，是保障民事权利实现和民事义务履行的重要措施，其主要功能是对民事损害进行救济，使受害人被侵犯的权益得到恢复。

《民法典》第176条规定："民事主体依照法律规定或者按照当事人约定，履行民事义务，承担民事责任。"

二、民事责任的类型

民事责任包括单独责任和共同责任。单独责任就是一个人违反民事法律义务所引起的法律后果，由于责任人是一个人，因此由责任人自己承担全部赔偿责任。

共同责任是两个人以上违反民事义务所引起的法律后果，包括按份责任、连带责任和不真正连带责任。(1) 二人以上依法承担按份责任，能够确定责任大小的，各自承担相应的责任；难以确定责任大小的，平均承担责任。(2) 二人以上依法承担连带责任的，权利人有权请求部分或者全部连带责任人承担责任。连带责任人的责任份额根据各自责任大小确定；难以确定责任大小的，平均承担责任。实际承担责任超过自己责任份额的连带责任人，有权向其他连带责任人追偿。(3) 二人以上承担不真正连带责任，是二人以上违反民事义务，对一个受害人基于不同的行为造成损害，各个行为人对产生的同一内容的责任，各负全部赔偿责任，并因行为人之一的责任承担而使全体责任人的责任归于消灭的民事责任形态。

三、民事责任承担方式

承担民事责任的方式主要有：(1) 停止侵害；(2) 排除妨碍；(3) 消除危险；(4) 返还财产；(5) 恢复原状；(6) 修理、重作、更换；(7) 继续履行；(8) 赔偿损失；(9) 支付违约金；(10) 消除影响、恢复名誉；(11) 赔礼道歉。法律规定惩罚性赔偿的，依照其规定。例如，《民法典》《电子商务法》《消费者权益保护法》《食品安全法》都规定了惩罚性赔偿责任。上述承担民事责任的方式，可以单独适用，也可以合并适用。

四、免责事由

(一) 不可抗力

因不可抗力不能履行民事义务的，不承担民事责任。法律另有规定的，依照其规定。不可抗力是指不能预见、不能避免且不能克服的客观情况。

(二) 正当防卫

因正当防卫造成损害的，不承担民事责任。正当防卫超过必要的限度，造成不应有的损害的，正当防卫人应当承担适当的民事责任。

(三) 紧急避险

因紧急避险造成损害的，由引起险情发生的人承担民事责任。危险由自然原因引起的，紧急避险人不承担民事责任，可以给予适当补偿。紧急避险采取措施不当或者超过必要的限度，造成不应有的损害的，紧急避险人应当承担适当的民事责任。

五、民事责任中的特殊情形

(一) 见义勇为行为人受到损害的特别请求权

因保护他人民事权益使自己受到损害的，由侵权人承担民事责任，受益人可以给予适当补偿。没有侵权人、侵权人逃逸或者无力承担民事责任，受害人请求补偿的，受益人应当给予适当补偿。

(二) 紧急救助行为造成损害的责任豁免

因自愿实施紧急救助行为造成受助人损害的，救助人不承担民事责任。

（三）侵害死者人格利益

侵害英雄烈士等的姓名、肖像、名誉、荣誉，损害社会公共利益的，应当承担民事责任。

（四）违约责任和侵权责任竞合的选择权

因当事人一方的违约行为，损害对方人身权益、财产权益的，受损害方有权选择请求其承担违约责任或者侵权责任。

（五）民事责任与行政责任、刑事责任竞合及民事责任优先权保障

民事主体因同一行为应当承担民事责任、行政责任和刑事责任的，承担行政责任或者刑事责任不影响承担民事责任，违法行为人不能因为承担行政责任或者刑事责任而免除其民事责任。

当一个违法行为人既应当承担民事责任，又应当承担刑事责任或者行政责任中的财产责任的，如果其财产不足以支付的，优先用于承担民事责任，首先保障受害人的权利得到救济。

第二节　诉讼时效

一、诉讼时效的概念、种类和适用范围

（一）诉讼时效的概念

时效是指一定的事实状态经过一定的时间导致一定的法律后果的法律制度。一定的事实状态是指对财产的占有或者不行使权利的状态；一定的时间是指法律规定的占有财产或者不行使权利的事实状态不间断地持续进行的时间；一定的法律后果是指占有财产或者不行使权利的状态持续到法律规定的时间后发生当事人取得权利或者丧失权利的法律效果。时效属于法律事实中的事件。

时效又分为占有时效（即取得时效）和诉讼时效（即消灭时效）。占有时效是占有他人财产达到法律规定的时间后取得财产所有权的制度；诉讼时效是权利人不行使权利导致丧失权利的制度。

诉讼时效是指权利人在一定期间内不行使权利，即在某种程度上丧失请求利益的时效制度。它的构成要素有三：一是权利人不行使权利。如侵权行为的受害人不主张损害赔偿请求权，债务履行期限届满后债权人不主张债权。二是权利人不行使权利的状态在法律规定的期限内不间断地持续。我国《民法典》规定，在一般情况下适用 3 年期限。三是导致一定法律后果的发生，即义务人产生抗辩权，可以对抗权利人承担责任的请求。

诉讼时效制度的意义是督促权利人及时行使权利，使怠于行使权利者承担不利的法律后果，从而使权利义务关系尽快确定化。

（二）诉讼时效的种类

诉讼时效划分为普通诉讼时效、特别诉讼时效和最长诉讼时效。

普通诉讼时效，是指民事基本法规定的普遍适用于法律没有特殊规定的各类法律关系的时效。除特别法另有规定外，所有民事法律关系都适用普通诉讼时效。我国《民法典》规定的普通诉讼时效期间为 3 年。

特别诉讼时效，是指民事基本法或者特别法规定的适用于特殊民事法律关系的长于普通诉讼时效期限的时效。如《民法典》合同编第594条规定的适用于国际货物买卖合同和技术进出口合同争议提起诉讼和申请仲裁的时效期间是4年。

最长诉讼时效，即《民法典》第188条规定的20年诉讼时效期限。自权利受到侵害之日起超过20年的，人民法院不予保护；有特殊情况的，人民法院可以根据权利人的申请决定延长。

《民法典》第193条规定："人民法院不得主动适用诉讼时效的规定。"这是施行当事人主义，法官不得以职权主动适用诉讼时效的规定。义务人行使诉讼时效完成抗辩权的，对抗权利人的请求权；义务人不主张行使抗辩权的，应当承担民事责任。

（三）诉讼时效的适用范围

诉讼时效的适用范围是债权请求权，例如合同请求权和侵权请求权。对于其他民事权利，不适用诉讼时效制度。

二、诉讼时效的起算

（一）诉讼时效起算的概念

诉讼时效的起算是指确定诉讼时效期间的开始时间点。根据我国《民法典》第188条的规定，诉讼时效期间自权利人知道或者应当知道权利受到损害以及义务人之日起计算。权利人知道其权利受到损害以及义务人，是指权利人现实地知道其权利受到了损害以及义务人；权利人应当知道其权利受到损害以及义务人，是指权利人有条件知道其权利受到损害以及义务人，却因未尽必要的注意而不知道。《民法典》将诉讼时效期间的起算规定为两个条件，一是知道或者应当知道权利受到损害，二是知道或者应当知道损害其权利的义务人。这样规定起算诉讼时效期间，显然有利于保护受害人。

（二）诉讼时效的中止、中断和延长

1. 诉讼时效的中止

诉讼时效的中止是指在诉讼时效进行中，因发生法定事由暂时使权利人无法行使请求权，暂停诉讼时效的计算而待暂停事由消除后继续计算时效期间的制度。我国《民法典》第194条规定："在诉讼时效期间的最后六个月内，因下列障碍，不能行使请求权的，诉讼时效中止：（一）不可抗力；（二）无民事行为能力人或者限制民事行为能力人没有法定代理人，或者法定代理人死亡、丧失民事行为能力、丧失代理权；（三）继承开始后未确定继承人或者遗产管理人；（四）权利人被义务人或者其他人控制；（五）其他导致权利人不能行使请求权的障碍。自中止时效的原因消除之日起满六个月，诉讼时效期间届满。"

2. 诉讼时效的中断

诉讼时效的中断，是指由于法定事由的出现而使已经经过的时效归于无效，待中断事由消除后重新计算诉讼时效期间的制度。我国《民法典》第195条规定："有下列情形之一的，诉讼时效中断，从中断、有关程序终结时起，诉讼时效期间重新计算：（一）权利人向义务人提出履行请求；（二）义务人同意履行义务；（三）权利人提起诉讼或者申请仲裁；（四）与提起诉讼或者申请仲裁具有同等效力的其他情形。"

依照《最高人民法院关于审理民事案件适用诉讼时效制度若干问题的规定》（2020年12月修正、自2021年1月1日起施行）的规定，下列情形都可以中断诉讼时效期间：

(1)《民法典》第195条规定的“权利人向义务人提出履行请求”，产生诉讼时效中断的效力的具体情形是：1）当事人一方直接向对方当事人送交主张权利文书，对方当事人在文书上签名、盖章、按指印或者虽未签名、盖章、按指印但能够以其他方式证明该文书到达对方当事人的；2）当事人一方以发送信件或者数据电文方式主张权利，信件或者数据电文到达或者应当到达对方当事人的；3）当事人一方为金融机构，依照法律规定或者当事人约定从对方当事人账户中扣收欠款本息的；4）当事人一方下落不明，对方当事人在国家级或者下落不明的当事人一方住所地的省级有影响的媒体上刊登具有主张权利内容的公告的，但法律和司法解释另有特别规定的，适用其规定。上述第一种情形中，对方当事人为法人或者非法人组织的，签收人可以是其法定代表人、主要负责人、负责收发信件的部门或者被授权主体；对方当事人为自然人的，签收人可以是自然人本人、同住的具有完全行为能力的亲属或者被授权主体。

(2) 权利人对同一债权中的部分债权主张权利，诉讼时效中断的效力及于剩余债权，但权利人明确表示放弃剩余债权的情形除外。

(3) 当事人一方向人民法院提交起诉状或者口头起诉的，诉讼时效从提交起诉状或者口头起诉之日起中断。

(4) 下列事项之一，人民法院应当认定与提起诉讼具有同等诉讼时效中断的效力：1）申请支付令；2）申请破产、申报破产债权；3）为主张权利而申请宣告义务人失踪或死亡；4）申请诉前财产保全、诉前临时禁令等诉前措施；5）申请强制执行；6）申请追加当事人或者被通知参加诉讼；7）在诉讼中主张抵销；8）其他与提起诉讼具有同等诉讼时效中断效力的事项。

(5) 权利人向人民调解委员会以及其他依法有权解决相关民事纠纷的国家机关、事业单位、社会团体等社会组织提出保护相应民事权利的请求，诉讼时效从提出请求之日起中断。

(6) 权利人向公安机关、人民检察院、人民法院报案或者控告，请求保护其民事权利的，诉讼时效从其报案或者控告之日起中断。上述机关决定不立案、撤销案件、不起诉的，诉讼时效期间从权利人知道或者应当知道不立案、撤销案件或者不起诉之日起重新计算；刑事案件进入审理阶段，诉讼时效期间从刑事裁判文书生效之日起重新计算。

(7)《民法典》第195条规定的“义务人同意履行义务”，包括义务人作出分期履行、部分履行、提供担保、请求延期履行、制定清偿债务计划等承诺或者行为。

3. 诉讼时效的延长

诉讼时效的延长是指权利人因为正当原因未能在诉讼时效期间内行使权利的，在诉讼时效期间届满后法院延长诉讼时效期间的制度。按照我国《民法典》第188条的规定，有特殊情况的，人民法院可以根据权利人的申请决定延长诉讼时效期间。

三、诉讼时效期间届满的后果

《民法典》第192条第1款规定：“诉讼时效期间届满的，义务人可以提出不履行义务的抗辩。”诉讼时效期间届满，其后果是义务人取得永久性抗辩权，可以对抗权利人的请求权。抗辩权人行使抗辩权，即对抗权利人行使权利的请求，权利人的请求权不能实现。

抗辩权人不行使抗辩权的，权利人行使权利的请求，法院应予以支持。本章引例就是行使抗辩权的后果。

按照《民法典》第 192 条的规定，诉讼时效期间届满后，义务人同意履行的，不得以诉讼时效期间届满为由抗辩；义务人已自愿履行的，不得请求返还。

参考案例 6－1

内蒙古某市的祁某在 12 岁时进入有豁口的变电房玩耍，被电击伤，两臂截肢，交涉过赔偿事宜，但没有结果。当时其父亲在四川保密工厂工作，未能及时回家处理索赔。2004 年，祁某已经 33 岁，提出索赔的诉讼请求，法院以其诉讼时效期间早已完成为由，判决不予支持。

四、诉讼时效期间起算的特别规定

《民法典》第 190 条和第 191 条对诉讼时效期间的起算，作了两项特别规定：一是无民事行为能力人或者限制民事行为能力人对其法定代理人的请求权的诉讼时效期间，自该法定代理终止之日起计算；二是未成年人遭受性侵害的损害赔偿请求权的诉讼时效期间，自受害人年满十八周岁之日起计算。

五、不适用诉讼时效的请求权

《民法典》第 196 条规定："下列请求权不适用诉讼时效的规定：（一）请求停止侵害、排除妨碍、消除危险；（二）不动产物权和登记的动产物权的权利人请求返还财产；（三）请求支付抚养费、赡养费或者扶养费；（四）依法不适用诉讼时效的其他请求权。"

依照《最高人民法院关于审理民事案件适用诉讼时效制度若干问题的规定》第 1 条的规定，当事人可以对债权请求权提出诉讼时效抗辩，但对下列债权请求权提出诉讼时效抗辩的，人民法院不予支持：(1) 支付存款本金及利息请求权；(2) 兑付国债、金融债券以及向不特定对象发行的企业债券本息请求权；(3) 基于投资关系产生的缴付出资请求权；(4) 其他依法不适用诉讼时效规定的债权请求权。

六、诉讼时效的强制性

诉讼时效期间具有强制性效力。《民法典》第 197 条规定："诉讼时效的期间、计算方法以及中止、中断的事由由法律规定，当事人约定无效。当事人对诉讼时效利益的预先放弃无效。"

七、除斥期间的一般性规定

《民法典》第 199 条规定了除斥期间，即法律规定或者当事人约定的撤销权、解除权等权利的存续期间，除法律另有规定外，自权利人知道或者应当知道权利产生之日起计算，不适用有关诉讼时效中止、中断和延长的规定。存续期间届满，撤销权、解除权等权利消灭。

第三节　期限

一、期限的概念和类型

期限是指权利义务发生、变更和终止的时间，分为期日和期间。期日是指一定的时间点，如某年某月某日。期间是指一定的时间段，即从某时间点起到某时间点止的期间。

期限分为下列类型：

（1）法定期限，即由法律直接规定的期限，如诉讼时效、自然人成年的时间。

（2）指定期限，是指法院或者其他机关指定的期限。

（3）约定期限，是指当事人自行约定的期限，如附期限的民事行为。

二、期限的作用

期限的作用是确定权利义务发生、变更或者终止的时间界限，主要体现在下列方面：

（1）期限是确定民事主体权利能力和行为能力的开始和终止的时间界限。

（2）期限是作出法律推定的依据，如失踪人下落不明的期间是作出宣告死亡推定的根据。

（3）期限是确定权利义务的取得或者丧失的依据，如时效期间。

（4）期限是行使权利义务的时间段，如合同履行期限。

（5）期限是法律行为效力的起点或者终点。

三、期间的计算

民法所称的期间按照公历年、月、日、小时计算。

按照年、月、日计算期间的，开始的当日不计入，自下一日开始计算。按照小时计算期间的，自法律规定或者当事人约定的时间开始计算。

按照年、月计算期间的，到期月的对应日为期间的最后一日；没有对应日的，月末日为期间的最后一日。

期间的最后一日是法定休假日的，以法定休假日结束的次日为期间的最后一日。期间的最后一日的截止时间为二十四时；有业务时间的，停止业务活动的时间为截止时间。

【引例评析】

在本章引例中，张某和信用社之间借贷合同的履行期是2014年7月1日，按照《民法通则》（2021年1月1日废止）规定的2年诉讼时效期间，诉讼时效完成的时间是2016年7月1日。信用社主张请求权的时间是2016年8月1日，在这一期间里，没有诉讼时效中止、中断和延长的法定事由，因此已经超过诉讼时效期间一个月，张某主张抗辩权对抗信用社的请求权，法院驳回信用社的诉讼请求是正确的。

【本章小结】

1. 时效是指一定的事实状态经过一定的时间导致一定的法律后果的法律制度。诉讼时效的适用范围是债权请求权，例如合同请求权和侵权请求权。对于其他民事权利，不适用诉讼时效制度。

2. 按照我国《民法典》的规定，诉讼时效期间届满后，义务人取得抗辩权，可以对抗权利人的请求权。义务人同意履行的，不得以诉讼时效期间届满为由抗辩；义务人已经自愿履行的，不得请求返还。

3. 期限是指权利义务发生、变更和终止的时间，分为期日和期间。期日是指一定的时间点，如某年某月某日。期间是指一定的时间段，即从某时间点起到某时间点止的期间。期限的作用是确定权利义务发生、变更或者终止的时间界限。

【练习题】

1. 名词解释

（1）时效

（2）诉讼时效

（3）期限

2. 思考题

（1）什么是诉讼时效？如何确定诉讼时效的起算？

（2）诉讼时效期间届满后会产生什么法律后果？

（3）什么是期限？它在民法上有什么意义？

（4）《民法典》为什么要规定诉讼时效期间的特殊起算规则？

3. 案例分析题

2016 年 3 月 5 日，某甲租用某乙的手推车使用一年。2017 年 3 月 5 日租赁合同到期之后，某乙没有返还手推车，也没有支付租金。2020 年 6 月 3 日，某甲向某乙请求交付租金和手推车，某乙以超过诉讼时效期间为由，拒绝支付租金，也拒绝返还手推车。法院判决，拒付租金有理由，但拒绝归还手推车无理由。

问题：

（1）租赁合同行为适用何种诉讼时效期间？

（2）本案的一般诉讼时效期间从何时起算？到何时为诉讼时效期间完成？

（3）法院作出这种判决的理由何在？

分析要点提示：

（1）本案的租赁合同行为适用一般诉讼时效期间。

（2）本案的诉讼时效期间，从 2017 年 3 月 6 日起算，至 2020 年 3 月 6 日完成。

（3）法院判决拒付租金有理由，是因为支付租金的请求权属于债权请求权，是诉讼时效适用范围。判决拒付手推车为无理由，则是因为手推车的返还请求权是物权请求权，不属于诉讼时效的适用范围。

在线练习

第二编 物权

第七章　物权概述

【本章引例】

陈某拟将坐落在某镇的私有房屋一套出卖。张某表示愿意购买，双方签订了房屋买卖合同。合同约定房价20万元，张某先付10万元，余下10万元两个月内付清。张某按约先付了10万元。刘某闻讯找到陈某要买房，并当即给了陈某25万元，双方到房管机关依法办理了房屋所有权转移的登记手续。张某得知后与陈某发生争执，张某向法院起诉，要求确认其房屋买卖合同有效，自己对房屋拥有所有权。法院判决：房屋所有权归刘某，陈某承担违约责任。

【本章学习目标】

通过学习本章，你应该能够：

1. 掌握物权的概念及法律特征；
2. 掌握物权分类的法律意义。

第一节　物权的概念和法律特征

一、物权的概念

物权，是指民事主体在法律规定的范围内直接支配一定的物，享受利益并排除他人干涉的权利，是人与人之间对于物的归属和利用关系在法律上的体现。《民法典》第114条第2款规定："物权是权利人依法对特定的物享有直接支配和排他的权利，包括所有权、用益物权和担保物权。"

大陆法系各国在自己的民法典中都规定了符合本国国情的物权制度。我国原《民法通则》使用"财产所有权和与财产所有权有关的财产权"概念，初步构成了我国民法的物权制度。原《物权法》正式使用了"物权"概念。

物权关系是一种人与人之间的具有权利义务内容的法律关系。这种法律关系是一种意志关系，因为只有有意志的人才能享受权利、承担义务，在彼此之间发生法律关系。而物没有意志，是不能与人发生法律关系的，尽管法律在给所有权和各种他物权下定义时通常从人对物的支配角度出发，但不能因此把物权关系看作是人与物的关系。

物权是一种财产权，与债权相对应。在社会再生产的过程中，没有生产就没有交换，没有物权就不会有债权。正常的商品交换关系，首先要求主体对其交换的财物享有所有权，而交换的实现是所有权的转移，其结果是商品的让渡，也就是一方失去对交换财产的所有权，另一方则取得该项财产的所有权。因此，在物权与债权的关系中，物权是债权发生的基础和前提，债权是物权变动的基础。正确认识两者的区别，掌握物权的基本特征，对确认财产关系的法律性质，正确行使权利和履行义务，以及解决财产纠纷，均具有重要意义。

二、物权的法律特征

物权与其他权利相比较，具有以下特征。

（一）物权是绝对权

物权是权利主体对特定物进行管领、支配，享受其利益的排他性权利。物权主体以外的其他任何人都负有不得侵害他人物权，不得干涉、妨碍他人行使物权的义务，都是物权的义务人。故物权是绝对权。

（二）物权的客体是特定的独立物

物权是权利主体对物进行直接支配的权利，因而物权的客体是特定的物，其他如行为、精神财富等都不能作为物权的客体。物权的客体是特定的，因为物权是对物的支配权，客体如果不特定就无从支配。因而，在物权请求权中，返还原物和恢复原状等物权保护方法也是物权所特有的。

（三）物权以对物的直接管领和支配并享受其利益为内容

支配，是对物进行占有、使用、收益和处分。物权人可以在法律规定范围内以自己的意志和行为直接支配物，而无须借助于他人的行为。物权的义务主体负有的义务是不作为，只要不妨碍权利人行使权利，就是履行了义务。对物进行支配，不是物权人的目的而是物权人的手段，物权人的目的在于通过对物的支配而取得物的利益。因而，在民法保护下直接享受物的使用价值和交换价值所带来的各种利益，是物权的本质和核心，是物权区别于其他财产权的基本特征。

（四）物权具有排他性

物权排他性的含义有二：一是一物之上不得同时成立两个内容不相容的物权。就所有权来说，一物之上不能有两个所有权，如果某人对某物享有所有权，就排除其他任何人同时再对该物另有一个所有权。这就是“一物一权”原则。二是物权具有排除他人侵害、干涉、妨碍的性质。而债权则不具有这一特征，各个债权人具有平等的权利。

第二节 物权的分类和效力

一、物权的分类

《民法典》实行物权法定原则，第 116 条规定：“物权的种类和内容，由法律规定。”

其含义是，禁止任何人创设法律没有规定的物权和超越法律限制行使物权。这种原则的确立是由物权的性质决定的。由于物权是一种对物直接支配的权利，具有排他性和绝对性，因此，物权的取得、丧失、变更等必须公示，以维护交易的安全和保护第三人的利益。

根据物权法定原则，我国的物权包括单一所有权、业主的建筑物区分所有权、共有权、土地承包经营权、建设用地使用权、宅基地使用权、居住权、地役权、特许物权、抵押权、质权、留置权等。按照不同的标准，对上述物权可以进行以下分类。

（一）自物权与他物权

根据物权的权利主体是否是财产的所有人，可以把物权分为自物权与他物权。

自物权是指权利人依法对自己所有的物享有的占有、使用、收益、处分的权利。所有权是唯一的自物权种类，因此自物权就是所有权。他物权是指非所有人根据法律或合同的规定，对他人财产享有的物权，也称限制物权。所有权以外的其他物权都是他物权。

所有权与他物权的关系是：所有权是一种完全物权，是最主要、最基本的权利，是他物权的源泉；他物权是一种不完全物权，是以所有权的一定权能为内容而形成的独立权利，是所有权的派生物。从权利存在的期限来看，所有权是无期物权，他物权一般为有期物权。

（二）用益物权与担保物权

根据设立的目的不同，他物权分为用益物权与担保物权。用益物权是以物的使用、收益为目的而在他人的财产上设立的物权，如土地承包经营权、建设用地使用权、宅基地使用权、居住权、地役权。担保物权是以担保债务的履行、债权的实现为目的而在他人的财产上设立的物权，如抵押权、质权、留置权。

区分两者的意义在于明确：不同的他物权，设立的目的不同，权利内容也就不同。用益物权的目的在于使他物权人对标的物进行使用和收益，实现物的使用价值，他物权人不得处分标的物。担保物权的目的在于以担保人提供担保物的价值，担保债务的履行和债权的实现，当债务人不履行债务时，担保物权人能够以担保物折价或拍卖、变卖而从价款中优先受偿。

（三）主物权与从物权

这是根据物权是否从属于其他权利而存在所作的分类。主物权是指本身能单独存在，无须从属于其他权利的物权。所有权、建设用地使用权等属于主物权。从物权是指从属于其他权利，并为所从属的权利服务的物权。抵押权、留置权等属于从物权。

两者的区分在于：主物权能够独立存在；从物权的存在则须以它所从属的权利的存在为前提，该权利消灭时，从物权也随之消灭。

（四）动产物权与不动产物权

这是根据物权标的是动产还是不动产所作的分类。以动产作标的的物权是动产物权，如动产所有权、留置权、质权等。标的是不动产的物权为不动产物权，如不动产所有权、土地承包经营权、地役权等。

两者的区分在于：两者的取得方法、成立要件和效力不同，动产物权一般以标的物的交付为成立要件，不动产物权则是以依法登记为成立要件。

二、物权的效力

物权的效力是指物权所特有的功能和作用。物权的效力与物权的权能即占有、使用、收益、处分四大权能有关，物权的效力是物权的权能进一步发挥作用的结果。物权的本质在于其对物的支配性和排他性，因而物权具有以下特殊的效力。

（一）物权的排他效力

物权的排他效力是指在同一物上不得成立两个所有权或成立两个在内容上相互矛盾的物权，即“一物不容二主”。物权的排他效力主要表现为：

（1）在同一标的物上，已有所有权存在的，不能另有其他所有权成立。

（2）在同一标的物上，已有以占有为内容的用益物权存在的，不得另有同样性质的用益物权成立。

当然，物权的排他效力并不否认在同一物之上并存数个内容并不矛盾的物权，如所有权可以与其他任何一种他物权在同一物上并存；所有权人也可以在一物之上设定数个担保物权。

（二）物权的优先效力

物权的优先效力是指物权相对于其他权利的效力强弱，即同一标的物上有数个利益相互矛盾、相互冲突的权利并存时，物权排斥或先于具有较弱效力的其他权利的实现。物权的这种优先效力仍源于物权对物的支配性和排他性，法律赋予物权以优先效力，有利于维护既存的财产占有关系，充分发挥物质财富的效用。物权的优先效力主要表现在以下几个方面：

1. 物权相互间的优先效力

在某些情况下，当事人可以在同一物上设立性质并不矛盾的数个物权。在多个物权并存的情况下，先设定的物权优先于后设定的物权。这种优先效力分为以下两种形态：一是优先享受其权利。如在同一不动产上设定抵押权后，再设定抵押权的，优先效力以抵押权登记的先后确定，登记在先的抵押权优先受清偿。二是先成立的物权优先于后成立的物权。后成立的物权若对先成立的物权有影响，后物权将在先物权实现时被排斥或消灭。

参考案例7-1

某甲向乙银行贷款50万元，提供自己价值100万元的房屋抵押。之后，某甲又向丙银行贷款50万元，仍然提供已经部分抵押了的房屋进行抵押。后某甲无法清偿债务，乙、丙银行都主张抵押权。变卖该房屋，得价款80万元。丙银行主张平均受偿。法院判决乙银行的50万元及其利息得到清偿，其余款向丙银行清偿。

2. 物权优先于债权的效力

在同一标的物上物权与债权并存时，物权有优先于债权的效力，其主要情形有二：一是物已为债权的标的，如就该物再成立物权时，则物权有优先的效力。二是当担保物权与债权并存时，担保物权具有优先于债权的效力。如在债权人依破产程序或强制执行程序行使其债权时，在债务人的财产上成立的担保物权具有优先的效力。

参考案例7-2

某甲与某乙约定，某甲将一辆拖拉机出卖给某乙，某乙取得了请求某甲交付该动产的债权。后来某甲又将该拖拉机出卖给某丙，并已交付给某丙。某丙虽为后买受人，但某丙已取得了这一财产的所有权，他优先于某乙实现了买卖合同的债权，因而某乙只能要求某甲承担债务不履行的违约责任。

（三）物权的追及效力

物权的追及效力，是指物权的标的物不管辗转流通到什么人手中，所有权人都可以依法向物的占有人索取，请求其返还原物。当然，物权的追及效力并不是绝对的，因为在法律确立善意取得制度之后，物权应当受到善意取得制度的限制。

（四）物权保护请求权

物权的权利人在其权利的实现上遇有某种妨害时，有权对于造成妨害其权利事由发生的人请求除去妨害，称为物权保护请求权。《民法典》为保障物权人对物所享有的充分的支配权，赋予物权人以请求返还原物、排除妨害、消除危险、修理、重作、更换、恢复原状和损害赔偿的请求权。

第三节 物权变动

一、物权变动概说

物权变动是指物权的动态现象，即物权发生、变更及消灭的运动形态。它是民事权利变更的一种具体现象，是物权法律关系运动的基本形式。物权变动的实质，就是人与人之间关于物权客体的归属和支配法律关系的变化。《民法典》物权编第二章“物权的设立、变更、转让和消灭”，就是对物权变动规则的规定。

物权变动的基本形态包括：

（1）物权的发生。即物权的设立，是指物权与特定主体相结合，也就是物权的取得。

（2）物权的变更。广义的变更是指主体的变更、客体的变更和内容的变更，狭义的变更是指物权的客体和内容的变更。

（3）物权的消灭。即物权的丧失。

物权变动可以由不同的原因引起，基本的原因分为法律行为原因和非法律行为原因。在法律行为原因中，主要原因为基于合同产生的物权变动，这是物权法研究物权变动的核心问题。非法律行为原因包括其他原因和某种公法上的原因。

物权变动的区分原则，是指在发生物权变动时，物权变动的原因与物权变动的结果作为两个法律事实，它们的成立和生效依据不同的法律根据的原则。①

二、不动产登记

（一）不动产登记的概念和意义

不动产登记又称为不动产物权登记，是权利人申请国家职能部门将有关权利人的不动产物权的事项记载于不动产登记簿的事实。②《民法典》第 209 条第 1 款规定：“不动产物权的设立、变更、转让和消灭，经依法登记，发生效力；未经登记，不发生效力，但是法律另有规定的除外。”

确立不动产登记的意义，在于作为对不动产进行管理、确定产权并课税的依据；在民

① 孙宪忠. 论物权法. 北京：法律出版社，2001：39.

② 孙宪忠. 论不动产物权登记. 中国法学，1996（5）.

法的意义上，不动产登记则为不动产物权变动的公示方法，具有物权设立的公示功能、物权变动的公示功能和权利正确性的推定功能。

（二）不动产登记的性质

在我国，不动产登记是一种行政行为，所体现的是国家对不动产物权关系的干预，干预的目的在于明晰各种不动产物权，依法保护不动产权利人的权利。不动产登记应当由统一的职能机关负责。《民法典》第 210 条第 2 款规定："国家对不动产实行统一登记制度。统一登记的范围、登记机构和登记办法，由法律、行政法规规定。"目前，我国已经实行了不动产统一登记制度。

（三）不动产登记的效力

不动产登记具有以下效力：

（1）物权公示效力。登记首先发挥着向社会展示当事人的物权的公示作用。这是不动产登记的形式效力。

（2）物权变动的根据效力。不动产物权依法律行为取得、丧失及变更时，未经登记不发生效力，唯有当事人的法律行为与国家的职能机关的登记相结合，才能实际发生物权变动的法律效果。

（3）权利正确性推定效力。这种效力是指以不动产登记簿所记载的当事人的权利内容为正确的不动产权利的效力。

（4）善意保护效力。法律就是为了保护善意第三人，才将不动产权利登记簿记载的权利视为真实，并赋予其社会公信力，从而在信赖登记的善意第三人取得登记的不动产物权时，其正当权利不会由于因错误的登记而被追夺，使正当的社会交易秩序得到维护。

（四）不动产登记的种类

不动产的登记形式有以下几种：

1. 设权登记

设权登记是指创设物权效力的登记。按照物权形式主义的规则，不动产物权变动，登记发生形成效力。在这种制度之下，不动产物权交易时，如果不进行物权登记，当事人之间即使是有物权变动的事实，在法律上也绝对不发生物权变动的效力。设权登记的对象，是依法律行为而变动的不动产物权。

2. 更正登记

更正登记是对原登记权利的涂销登记，又是对真正权利的初始登记，是指已经完成的登记，由于当初登记手续的错误或者遗漏，致使登记与原始的实体权利关系不一致，为消除这种不一致的状态，对既存的登记内容进行修正补充的登记。因此，更正登记的目的是对不动产物权订正错误、补充遗漏。

更正登记以登记手续的错误和遗漏为修正对象。登记错误，是指虽然登记簿上有记载，但是欠缺真实的记载，所记载的内容与不动产物权的真实状态不一致。登记遗漏，是指因消极的行为而使记载内容与不动产物权的现实内容发生抵触，应当登记的内容未予登记。无论是登记错误还是登记遗漏，其实质都在于欠缺真实的记载，登记不能反映不动产物权的实际状态。

更正登记后，原权利人在异议登记期间对该不动产作出的处分，登记更正后的权利人未追认的，不发生效力。

3. 异议登记

异议登记又叫做异议抗辩登记，其目的在于对抗现实登记的权利的正确性，即中止不动产登记权利的正确性推定效力和公信力。不动产登记簿记载的权利人不同意更正的，利害关系人可以申请异议登记。登记机构予以异议登记的，申请人在异议登记之日起十五日内不起诉的，异议登记失效。异议登记不当，造成权利人损害的，权利人可以向申请人请求损害赔偿。异议登记失效后，当事人提起民事诉讼，请求确认物权归属的，应当依法受理。异议登记失效，不影响人民法院对案件的实体审理。

异议登记后，申请人应当在法定期限内起诉。逾期既不起诉也不申请更正登记的，异议登记失效。异议登记的起诉期限是自异议登记之日起 15 日内。

权利人如果有证据证明异议登记不当的，有权申请登记机构注销异议登记。异议登记对权利人造成损害的，权利人可以向异议登记申请人请求损害赔偿。

4. 预告登记

预告登记，是指为了保全债权的实现、保全物权的顺位请求权等而进行的提前登记。当事人签订买卖房屋的协议或者签订其他不动产物权的协议，为保障将来实现物权，按照约定可以向登记机构申请预告登记。预告登记后，未经预告登记的权利人同意，处分该不动产的，不发生物权效力。预告登记后，债权消灭或者自能够进行不动产登记之日起九十日内未申请登记的，预告登记失效。当事人约定买卖期房或者转让其他不动产物权的，债权人为限制债务人处分该不动产，保障将来取得物权，可以申请预告登记。进行预告登记的条件是，债权人已经支付一半以上的价款或者债务人书面同意预告登记。符合上述条件的，可进行预告登记。预告登记后，债务人未经债权人同意，不得处分该不动产。预告登记后，债权人自能够进行不动产登记之日起九十日内未申请登记的，或者债权消灭的，预告登记失效。具有预告登记失效事由的，债务人有权申请注销预告登记。未经预告登记的权利人同意，转移不动产所有权，或者设定建设用地使用权、地役权、抵押权等其他物权的，不发生物权效力。

根据《最高人民法院关于适用〈中华人民共和国民法典〉物权编的解释（一）》第 4 条的规定，未经预告登记的权利人同意，转让不动产所有权等物权，或者设立建设用地使用权、居住权、地役权、抵押权等其他物权的，应当依照《民法典》第 221 条第 1 款的规定，认定其不发生物权效力，保护预告登记权利人的权益。

（五）登记错误的后果

当事人提供虚假的权属证书等证明材料申请登记，给他人造成损害的，应当承担损害赔偿责任；构成犯罪的，依法应当追究刑事责任。

《民法典》第 222 条规定的登记错误在民法上的后果是：当事人提供虚假材料申请登记，造成他人损害的，应当承担赔偿责任。因登记错误，造成他人损害的，登记机构应当承担赔偿责任。这种责任的性质是替代责任，登记机构在赔偿后可以向造成登记错误的责任人追偿。

三、动产交付

（一）动产交付的概念与意义

动产物权变动的公示方法是交付。

动产交付着眼于动态的动产物权变动，交付作为公示方法，公示着物权的运动过程，其结果是转移占有和受让占有，最终的占有作为事实状态表示了交付的结果。《民法典》第 224 条规定："动产物权的设立和转让，自交付时发生效力，但是法律另有规定的除外。"

（二）动产交付的形态

当代物权法对于动产物权交付制度的完善主要表现在完善其交付的形态上，形成了多种多样的动产交付形态，出现了多种简便快捷的交付方式，大大地节省了动产交易的时间和费用，使动产物权变动更快捷和便利，也促进了动产物权交易的繁荣。

1. 现实交付

现实交付是最传统的交付方式，是指对动产的事实管领力的移转，使受让人取得标的物的直接占有。动产因交付而被直接占有，故动产的交付使受让人取得了对物的事实上的管领力。《民法典》第 224 条规定的是现实交付。

2. 简易交付

简易交付，是指交易标的物已经为受让人占有，转让人无须进行现实交付的观念交付方式。简易交付的条件是受让人已经占有了动产，因此仅需当事人之间就所有权让与达成合意，即产生物权变动的效力。简易交付就是以观念的方式授予占有的一种交付形态，免除了因现实交付所带来的手续上的麻烦，达到简化交易程序、节省交易成本的目的。因此，简易交付自民事法律行为生效时发生物权转移的效力。《民法典》第 226 条规定的是简易交付。

3. 指示交付

指示交付又叫做返还请求权让与，是指在交易标的物被第三人占有的场合，出让人与受让人约定，出让人将其对占有人的返还请求权移转给受让人，由受让人向第三人行使，以代替现实交付和观念交付方式。指示交付也称为返还请求权代位，意思是在作为标的物的动产由第三人占有时，让与人将自己对第三人的返还请求权让与受让人，以代替交付。《民法典》第 227 条规定的是指示交付。

4. 占有改定

占有改定，是指在动产交易中出让人与受让人约定，由出让人继续直接占有动产，使受让人取得对于动产的间接占有，并取得动产的所有权。按照《民法典》第 228 条的规定，占有改定自该约定生效时发生物权变动的效力。

第四节　物权的保护

一、物权保护的意义和形式

物权的保护是指通过法律规定的方法和程序，保障所有人在法律许可的范围内对其所有的财产行使占有、使用、收益、处分的权利的制度。这是物权法律制度必不可少的组成部分。对物权的保护也是我国各个法律部门的共同任务。每个法律部门从各自的角度，运用不同的方法，对保护物权作出了直接或间接的规定。宪法对保护物权作了原则性的规定；刑法是运用刑罚的手段惩罚犯罪，保护物权；行政法则利用行政措施和行政处罚来同破坏、侵吞财产的行为作斗争。《民法典》物权编第三章“物权的保护”，规定了五种保护物权的请求权。

二、物权保护请求权

（一）确权请求权

由于财产所有人不明，对物权的归属发生争议时，当事人可以向法院提起诉讼，请求确认权利，人民法院在查清事实的基础上，依法作出财产归谁所有的裁判，以保护真正的所有权人的合法利益。按照《民法典》第234条的规定，确权请求权是一种独立的保护方法，不能以其他方法代替，同时确认所有权又是采取其他保护方法的基础，因为在所有权的归属问题未得到确定时，其他的保护方法也就无从谈起。因此，首先要确定所有权的归属，然后再根据所有权被侵犯的情况，采取其他的保护方法。

（二）返还原物请求权

所有权人在其所有物被他人非法占用时，可以向非法占有人请求返还原物，或请求人民法院责令非法占有人返还原物。适用返还原物保护方法的前提是原物仍然存在，如果原物已经灭失，就只能请求损害赔偿。

返还原物的目的是要追回脱离所有人占有的财产，因此返还的原物应当是特定物。如果被非法占有的是种类物，就不能要求返还原物，而只能要求赔偿损失，或者要求返还同种类及同质量的物。所有权人要求返还原物时，对于由原物所生的孳息也可以同时要求返还。

（三）排除妨害、消除危险请求权

当他人的非法行为妨害了物权人行使权利时，物权人可以请求侵害人或者请求人民法院责令排除妨害，以保护权利人充分行使物权。行为人可能妨害物权人行使物权的，物权人有权请求人民法院责令其消除危险，以免造成实际的财产损失。

（四）修理、重作、更换或者恢复原状请求权

物权人的财产因受非法侵害遭到损坏时，如果有恢复原状可能的，物权人可以请求侵害人恢复财产原来的状态，或者请求人民法院责令侵害人修理、重作、更换。《民法典》第237条在规定修理、重作、更换或者恢复原状请求权时，增加了“依法”二字，表明修理、重作、更换或者恢复原状是侵权请求权的保护方法。

（五）损害赔偿请求权

当他人的非法行为造成物的毁损、灭失，无法恢复原状或返还原物时，物权人可以请求行为人赔偿损失。损害赔偿是对不法侵害造成的财产的毁损、灭失，以原物的价值折合货币进行赔偿。它可分为两种情况：一是因侵害人的侵权行为而致财产不能要求返还或全部毁损的，侵权人要依财产的全部价值予以赔偿；二是财产受到侵害，但在现有情况下仍有使用的可能时，侵权人就要按照财产减损的价值进行赔偿。《民法典》第238条在规定损害赔偿请求权时，也增加了“依法”二字，表明损害赔偿是侵权请求权的保护方法。

按照《民法典》第239条的规定，上述五种请求权是保护物权的基本方法，实践中，可根据物权受到侵害的不同情况，采取其中的一种保护方法，或者同时采取几种保护方法，以使物权得到切实保护。

第五节　占有

一、占有的概念、性质与功能

（一）占有的概念

占有是指民事主体对于物具有事实上的管领力的一种状态，换言之，就是人对某物的事实上的控制。《民法典》第458条规定："基于合同关系等产生的占有，有关不动产或者动产的使用、收益、违约责任等，按照合同约定；合同没有约定或者约定不明确的，依照有关法律规定。"这里说的就是占有。

（二）占有的性质

我国《民法典》对占有的性质规定为事实状态，而不是一种权利。法律保护占有，就是保护占有人的这种民事利益。

（三）占有的功能

1. 保护功能

保护功能是指占有具有保护现实存在的状态不受第三人的侵犯，从而维护法律秩序稳定的功能。占有的保护功能体现在以下两个方面：第一，禁止任何人以私人的力量对占有的现状加以改变，以防止私人执法和暴力行为，维持社会生活的和平、稳定。第二，通过侵权法以及不当得利法对占有予以保护。

2. 公示功能

公示功能是指占有具有动产的表彰本权的作用。占有的公示功能主要体现在三个方面：一是权利转移的效力，即占有的交付向外界展示了动产物权的变动。二是权利推定的效力，即依据占有，可以推定占有人对于占有物享有权利，而占有人无须对其权利的存在加以证明。三是善意取得的效力，即只有占有某物才能够对占有的物发生善意取得的后果。如果没有占有，仅仅是善意，则无法成立善意取得。

参考案例7－3

某甲与某乙是夫妻。在某甲外出期间，某乙将婚前财产一幅古画出卖给某丙，双方款物结清。某甲归来后，发现某乙将收藏多年的古画出卖给他人，非常生气，即找到某丙退钱索画。但某丙此时已将古画转让，故拒绝追回古画。某甲向法院起诉，请求宣告某乙与某丙的买卖无效。法院驳回其诉讼请求。

3. 持续功能

持续功能是指占有人对于占有物具有继续使用的权利。在某些情况下，为了保障占有人对其占有物具有继续使用的利益，占有制度保护合法占有人不受所有权人的权利继受人的侵犯。占有制度具有的此项功能，可维护经济秩序的客观公正。

二、占有的成立要件和分类

（一）占有的成立要件

1. 占有的主体

占有是一种事实行为，对占有人的主体资格没有限制，任何民事主体都可以成为占有的主体，不限于完全民事行为能力人。

2. 占有的客体

占有的客体为物，以有体物为限。按照我国《民法典》第 459 条的规定，占有的对象包括动产和不动产。物的各个构成部分，无论是重要部分还是非重要部分，凡是可以从事实上单独加以控制的，均可作为占有的客体。

3. 占有的客观方面

占有的客观方面就是对物具有事实上的管领。占有为社会事实，应当依照社会观念，斟酌外部可以认识的空间关系、时间关系和法律关系加以认定。首先，空间关系是指占有人对物的支配必须是现实的，人与物在空间上存在结合关系，并足以使他人认识到该物与该人的这种结合关系。其次，时间关系是指人与物的关系在时间上须有相当的持续性，使他人能足以认为该物为该人在事实上所管领。仅有短暂的控制不构成占有。最后，占有必须是现实的，如果过去对某物支配过或将来可能支配某物，均不构成现实的占有关系。

4. 占有的主观方面

占有的主观方面，是指占有人对占有物具有管领的意思。这种管领的意思应当是确定的、自觉的、有意识的，至于是为自己的利益还是为他人的利益而加以管领，则不问。

（二）占有的分类

1. 有权占有与无权占有

依据占有人是否基于本权而对物进行占有，可以将占有分为有权占有与无权占有。本权是基于法律上的原因而享有的包含占有物在内的权利，如所有权、租赁权、质权、留置权等权利都是本权。占有人是基于本权而对物进行的占有，为有权占有；占有人无本权而对物的占有，为无权占有。具体的规则是：不动产或者动产的占有，除有相反证据证明外，推定为有权占有。

无权占有还可以做更详细的分类，主要的分类为：

（1）善意占有与恶意占有。善意占有是指占有人不知道也不可能知道自己的占有为不法，误以为自己的占有是合法占有。如果占有他人财产的人明知或应当知道其占有无法律根据，则为恶意占有。

善意占有与恶意占有的区别在于：第一，能否适用动产善意取得制度；第二，不动产取得时效中的时间不同；第三，在其他的法律效果，如占有人的责任、占有人的收益取得权、占有人的费用偿还请求权等方面，也有不同。

（2）暴力占有与和平占有。依据占有的手段不同，可以将无权占有分为暴力占有与和平占有。暴力占有是指通过暴力手段而取得对某物的占有，例如通过抢劫或抢夺而取得对他人手机的占有；和平占有则是通过非暴力手段取得对某物的占有，例如学生购买窃贼出售的赃车。

（3）公然占有与隐秘占有。公然占有是指以公开的方式而进行的无权占有；隐秘占有是指以隐匿的方式，避免他人发现而为的无权占有。

和平占有与暴力占有、公然占有与隐秘占有，在能否适用取得时效上有所不同。和平的、公然的占有可以适用取得时效，但暴力的、隐秘的占有则不适用。

2. 自主占有与他主占有

以占有人是否具有所有的意思为标准来分，占有可以分为自主占有和他主占有。

自主占有是指占有人以所有的意思（即以所有人的名义）对物进行占有，如所有人对所有物的占有。他主占有是以非所有的意思（即非以所有人的名义）对物进行占有，如保管人以保管人名义占有为他人保管的物品，承租人以承租人的名义占有租赁物，等等。

自主占有与他主占有的区别仅仅在于占有人是否具有所有的意思。

3. 单独占有和共同占有

单独占有是指一个人对于物的占有。在单独占有中，部分占有也属于单独占有。部分占有人可以将其占有的部分转移于他人，部分占有人之间的占有彼此独立，他们之间可以相互主张占有的保护。

共同占有是指数人对于一个物所进行的占有。共同占有可以分为分别的共同占有和共有的共同占有。无论是分别的共同占有还是共有的共同占有，各共同占有人均可单独对于第三人或其他共同占有人请求占有的保护，但各个共同占有人之间就其占有物使用的范围已经确定时，则不能相互请求占有的保护。

4. 继续占有与非继续占有

继续占有是指对于占有物不间断的占有。非继续占有是指占有曾经中断，即占有人的占有曾因某种原因而丧失，其后又恢复对于同一物的占有。

区别继续占有和非继续占有的意义，在于因时效取得物的所有权必须以继续占有一定期间为其要件。

三、占有的取得

占有人取得占有有两种方式，即原始取得和继受取得。

（一）占有的原始取得

占有的原始取得，是指不基于他人转移占有而直接取得对某物的占有，即占有人基于事实上的管领力而原始取得占有。原始取得占有主要的方式有：先占；侵占；遗失物拾得；其他原始取得，诸如生产产品、修造房屋、收取天然物的孳息等。

（二）占有的继受取得

占有的继受取得，是指当事人基于他人既存的占有转移而取得的占有。其主要的方式是通过法律行为或者继承而取得占有，分为以下两种形式：

（1）占有让与。它是指依据原占有人让与占有的意思，而使受让人取得占有。构成占有让与，除了当事人之间达成占有转移的合意之外，还须有占有物的交付。

（2）占有概括承受。它是指依据某种法定事实而取得占有。其中，以因继承而取得占有为最主要的形式。另外，法人分立或者合并也会发生法人财产占有的概括承受。

四、占有的消灭

占有的消灭，是指占有人丧失对占有物的事实上的管领力。能够引起占有消灭的原因有占有物灭失、占有物被没收、占有物被征收等。

当占有人丧失了对某物的事实上的管领力时，就消灭了占有。这种占有消灭可分为两类：一是基于占有人的意思而消灭，可因交付行为或者单方行为而发生，例如将占有物交付于买受人、将某物赠与他人、抛弃占有物等，都是基于占有人的意思而消灭。二是非基于占有人的意思而消灭，例如占有物被窃、遗失等。占有物被他人侵夺，占有人未能恢复占有的，也属占有消灭。

应当注意的是，占有物虽然一时性地脱离占有人的实际控制，但依社会的一般观念，尚不构成占有丧失的，占有为不消灭。例如，因交通违章而车辆被扣，虽然车辆占有人丧失了占有，但是数日内能够领回，因此不为占有消灭。

五、占有的保护

尽管占有只是一种事实状态，但《民法典》仍予以保护。按照《民法典》第462条的规定，占有的不动产或动产被侵占的，占有人有权请求返还原物；对妨害占有的行为，占有人有权请求排除妨害或者消除危险；因侵占或者妨害造成损害的，占有人有权依法请求损害赔偿。其中返还原物请求权受一年除斥期间的限制。

【引例评析】

在本章引例中，房屋的所有人出卖该房屋，就同一标的物分别订立了两个不同的买卖合同，前一个合同已经付了部分价款，后一个合同不仅付款，还办理了物权的变更登记，因而后一个合同已经发生了转移所有权的效果。这是因为，不动产物权转移是要式行为，必须经过公示程序，即应当经过所有权转移的登记手续，未经登记则不发生所有权转移的后果。所以，该案争议的买卖标的物归后买受人所有，前买受人不能取得所有权，但出卖人应当承担违约责任。

【本章小结】

1. 物权是指民事主体在法律规定的范围内直接支配一定的物，享受利益并排除他人干涉的权利。物权是绝对权；物权的客体是特定的独立物；物权以对物的直接管领和支配并享受其利益为内容；物权具有排他性。

2.《民法典》实行物权法定原则，即物权的类型和物权的内容均由法律直接规定，禁止创设法律没有规定的物权和超越法律的限制行使物权。

3. 物权变动是指物权的动态现象，即物权发生、变更及消灭的运动形态。它是民事权利变更的一种具体现象，是物权法律关系运动的基本形式。不动产物权变动的公示方式是登记，动产物权变动的公示方式是交付。

4. 物权的保护是指通过法律规定的方法和程序，保障所有人在法律许可的范围内对其所有的财产行使占有、使用、收益、处分的权利的制度。

5. 占有是指民事主体对于物具有事实上的管领力的一种状态，即人对某物的事实上的控制。

【练习题】

1. 名词解释

（1）自物权

（2）他物权

（3）物权变动

（4）物权保护请求权

2. 思考题

（1）物权的概念及法律特征是什么？

（2）物权的基本分类有哪些？

（3）物权的保护方法有哪些？

（4）占有有哪些分类？其意义是什么？

3. 案例分析题

甲村和乙村对金鸡岭的土地所有权发生争议，甲村主张该土地所有权归自己所有，乙村也主张该土地所有权归自己所有。甲村向法院起诉，请求对金鸡岭土地确权。丙村作为有独立请求权的第三人，以新中国成立初期县政府颁发的土地所有权证作为证据，向法院起诉，主张该土地既不属于甲村所有，也不属于乙村所有，而是归自己所有。法院确认丙村的证据属实，判决土地归丙村所有。

问题：

（1）本案争执的物权属于何种类型？

（2）本案的甲村和丙村通过法院确认权利归属，属于何种物权保护方法？

分析要点提示：

（1）本案争执的物权是所有权，其类型属于自物权、主物权、不动产物权。

（2）本案的物权保护方法属于通过诉讼确认所有权，权利人行使的是确权请求权。

在线练习

第八章　所有权

【本章引例】

某甲在公园游览时丢失价值数千元的进口手表一块，某乙拾得后将表交公安机关招领。招领期满后，有关部门依法对该表进行拍卖，被某丙购得。某丙在商店购物时，该表被小偷盗走。某丁从小偷处购得此表后不久又遗失，被人拾得后交公安机关。公安机关招领失物时，某甲、某丙、某丁均到公安机关认领该表，三人发生争议，起诉至法院。法院判决手表应返还给某丙。

【本章学习目标】

通过学习本章，你应该能够：

1. 掌握所有权的概念及法律特征；
2. 了解财产所有权的取得方法；
3. 掌握按份共有和共同共有及两者的区别；
4. 理解和掌握建筑物区分所有权的内容。

第一节　所有权概述

一、所有权的概念和特征

（一）所有权的概念

所有权，是所有人依法按照自己的意志通过对其所有物进行占有、使用、收益和处分的方式，独占性支配其所有物并排斥他人非法干涉的永久性物权。《民法典》第 240 条规定："所有权人对自己的不动产或者动产，依法享有占有、使用、收益和处分的权利。"

（二）所有权的特征

所有权是物权的基本形态，是其他各种物权的基础，所有权以外的物权都是由所有权派生出来的，因此所有权是其他物权的源泉。它除具备物权的共性外，还具有以下法律特征。

1. 所有权具有完全性

所有权是典型的支配权，所有人对所有物的支配，不仅包括对于物的占有、使用、收益，还包括对于物的最终处分。所有权是所有人对其所有物进行一般、全面支配的最完全、最充分的物权。所有权的完全性，使其成为他物权的基础，而他物权设定后，仅是就占有、使用、收益某一特定方面对于物有直接支配的权利，它们只以所有权的部分权能为其基本内容。

2. 所有权具有原始物权性

所有权的原始性，是指所有权不是从其他财产权派生出来的，而是法律直接确认财产归属关系的结果。而他物权则是由所有权派生出来的，是所有权的权能与所有权分离的结果。因而对于所有权而言，即使他物权成立也不影响所有权的独立性，而他物权如果脱离了所有权则不能单独存在。

3. 所有权具有弹力性

所有权的内容可以自由伸缩，因为所有人在其所有物上为他人设定他物权，可以将占有、使用、收益等权能交给他人行使，由此发生了所有权权能与所有人部分分离甚至全部分离的情况，但只要没有发生使所有权消灭的法律事实，所有人仍然保持着对于其所有物的支配权，所有权并不消灭。在所有物上设定的其他权利一旦消灭，所有权仍然恢复全面支配的圆满状态，分离出去的各项权能仍复归所有权人，这种独特的弹力性对于所有人充分发挥财产的社会效益有非常重要的作用。

4. 所有权具有永久存续性

所有权的存在不能预定其存续期间，也不因时效而消灭。所有权除标的物灭失、转让、抛弃等法律事实外，是无期限存在的。而他物权以及知识产权都具有一定的存续期间，期限届满，这些权利即失去其效力。

二、所有权的权能

（一）所有权权能概述

所有权权能是所有人为利用所有物来实现对所有物的独占利益，而于法律规定的范围内可以采取的各种措施与手段。所有权的不同权能表现了所有权的不同作用形式，是所有权内容的有机组成部分。

占有、使用、收益、处分四项权能一起构成所有权的积极权能。这四项权能中的每一项，都有相对独立性，因此又具有可分性。四项权能中某一项或某几项权能暂时脱离财产所有人，财产所有人并不丧失对该项财产的所有权，如财产的保管、租赁等关系并不使财产所有人丧失所有权。四项权能的分离与恢复，是民事活动的客观需要，也是财产所有人行使所有权的具体表现。所有权不单是使所有人对其财产享有所有权，重要的是通过对四项权能的行使来发挥其财产的经济效益。从某种意义上来说，四项权能的分离与恢复，正是所有人行使所有权，发挥物的效益，以满足自己生产、生活需要或实现财产利益的体现。

（二）所有权的具体权能

1. 占有权能

占有权能是指所有权权利主体对于财产的实际管领和支配的权能，它并非行使所有权的目的，而往往是所有人对物进行使用、收益或处分的前提。占有权能作为所有权的一项独立权能，在一定条件下可与所有权分离。当占有权能与所有权分离而属于非所有人时，非所有人享有的占有权能同样受法律保护，所有人不能随意请求返还原物，恢复其对所有物的占有。

2. 使用权能

使用权能是指按照物的性能和用途对物加以利用，以满足生产、生活需要的权能。它是所有权权能中一个重要的权能，居住房屋、乘坐汽车等即属于使用权能。使用权能通常由所有人享有，但它也可以与所有权分离而由非所有人享有。非所有人无法律依据使用他人财产，为非法使用。非所有人合法行使使用权能的结果，是使非所有人获得物的使用价值，而所有人则因此获得物的价值。

3. 收益权能

收益权能是指收取由原物产生出来的新增价值的权能。所有物新增的价值包括孳息与利润。孳息分为天然孳息和法定孳息。收益还包括物投入生产经营活动中所产生的利润等。

收益权能一般由所有人自己行使，即使是在他人使用物时，除法律或合同另有规定外，物的收益权能仍归所有人，但不排斥所有人可以将自己财产的一部分或全部收益权能转让给他人。在市场经济条件下，收益权能不仅是所有权的一项独立权能，而且是一项重要权能。

4. 处分权能

处分权能是指权利主体对其财产在事实上和法律上的处置的权能。处分权能是所有权的主要权能，因为处分权能涉及财物的命运以及所有权的发生、变更和终止问题，而占有、使用、收益等权能通常并不发生所有权的根本改变。

处分权能包括事实上的处分和法律上的处分。事实上的处分，指对标的物实施实质上的变形、改造或毁损等物理上的事实行为，如拆除房屋、撕毁书籍等；法律上的处分，指对标的物的所有权加以转移、限制或消灭，从而使所有权发生变动的法律行为，如将财产转让或赠与他人、设定他物权等。

通常处分权能只有所有权人才能享有，非所有权人不得随意处分他人所有的财产。如保管人将保管物消耗，承租人将租赁物出卖，都是不允许的，这是侵犯他人所有权的侵权行为。

参考案例8-1

某市自然资源局与某公司签订协议，约定将某宗国有土地出让给该公司开发，该公司先交定金300万元，然后签订建设用地使用权转让合同，办理转让登记。建设用地使用权登记之后，该公司取得了权利证书。嗣后，出让金上涨，自然资源局想撤销这个登记。法院认为，国有土地的所有权人是国家，国家对此享有占有、使用、收益和处分的权能。国家出让国有土地使用权，就是将国有土地的占有、使用和收益的权能转让给他人，使他人成为国有土地的用益物权人。该公司已经取得了该土地的使用权，不能任意撤销。

第二节　所有权的取得、行使和消灭

一、所有权的取得

所有权的取得，是指主体根据一定法律事实获得某物的所有权，从而在该特定主体与其他人之间发生以该物为客体的所有权法律关系。

所有权的取得，主要有原始取得和继受取得两种方式。

(一) 原始取得

原始取得也称最初取得，是指不以他人已有的所有权和意志为根据，直接依照法律的规定通过某种方式或行为取得财产所有权。原始取得主要有以下几种方式。

1. 生产劳动

生产劳动是人们运用工具创造各种生产资料和生活资料的过程。由于通过付出体力或脑力改造、加工或利用原材料而制造出来的产品，无论是在形体上还是在使用价值和价值上，都是生产劳动前的产品不可相比的，这种新产品的所有权当然属于创造出新产品的人。

2. 收取孳息

孳息是指由原物滋生、增值、繁衍出来的财产。孳息因产生的原因不同，可分为天然孳息和法定孳息。天然孳息是指按照原物的自然发展规律而自然滋生和繁衍出的新的独立的物，如从羊身上剪下的羊毛、树上结的果实等。天然孳息的产生须无损于原物，孳息能与原物通过人工方式或自然分离而成为独立的物。如果是用原材料加工制造出的产品，则不得视为天然孳息。法定孳息是指根据法律的规定，通过就原物实施一定的法律行为而取得的由原物派生出来的孳息，如租金、利息、股息、红利等。该孳息是因财产交由他人使用而产生，如果财产是由所有人自己运用，所产生收益则不是法定孳息。

孳息所有权一般应归原物所有人享有，法律另有规定或当事人另有约定时，由产生孳息时的原物合法占有人享有。孳息在没有与原物分离以前，由原物所有人享有，原物所有权转移后，孳息的所有权随之转移。

3. 国家强制

国家强制是指在法律规定的特定场合下，国家从社会公共利益出发，不顾及所有人的意志和权利，直接采用没收、征收、国有化、税收等强制手段取得所有权的方式。

4. 无主财产的取得

无主财产包括：

（1）遗失物。遗失物是所有人或合法占有人不慎丢失，不为任何人占有的财产。遗失物既不是基于所有人抛弃的意思，也不是他人侵夺之物，亦不是无主财产，只是所有人或合法占有人偶然丧失了占有，又不为任何人占有的动产。拾得遗失物，应当归还失主，因此而支出的费用由失主偿还。依此规定，拾得人在返还遗失物时，只能请求失主偿还因拾得、保管、饲养、返还遗失物所支出的费用，而不能请求给付报酬。如果拾得人不知失主是谁，应将拾得物交给有关单位或公安机关，有关单位或公安机关公告招领满一年后，如无人认领，即作为无主财产收归国有。这种取得属于原始取得。

（2）漂流物、埋藏物和隐藏物。漂流物是在河流等水面上漂流的无主物；埋藏物是指藏附于土地中的财产；隐藏物是指隐匿于土地之外的其他包藏物中的财产。所有人不明的埋藏物、隐藏物，属于无主财产，发现后不得据为己有，应上缴国家，归国家所有。接收单位应当对上缴的单位或个人给予表扬或者物质奖励。

（3）无人继承的财产。无人继承的财产是指自然人死亡后遗留下来的，没有人继承又没有人受遗赠的财产。无人继承的财产，如死者生前为集体所有组织成员的，归所在集体组织所有。无人继承又无人受遗赠的财产，归国家所有。因此，无人继承的财产属无主财产，国家或集体取得无人继承的财产是原始取得。

5. 无主动产的先占取得

无主动产由最先占有者取得所有权，这是各国民法公认的一项原则。我国《民法典》虽然没有规定此项原则，但也没有规定一切无主财产均归国家所有。因此，无主动产是法律所不禁止占有同时也不属于法律所调整的，允许先占有者取得所有权。如拾垃圾者可以取得其拾取的被人抛弃的物品的所有权。

6. 添附

添附是指不同所有人的物被结合、混合在一起成为一个新物，或者利用别人之物加工成为新物的事实状态。法律把添附作为取得所有权的一种根据，究其原因在于，添附发生后要恢复各物的原状在事实上已不可能和在经济上不合理，因此有必要使添附物归一方所有或各方共有，以解决双方的争执。《民法典》第 322 条规定了添附的一般性规则，即因加工、附合、混合而产生的物的归属，有约定的，按照约定；没有约定或者约定不明确的，依照法律规定；法律没有规定的，按照充分发挥物的效用以及保护无过错当事人的原则确定。因一方当事人的过错或者确定物的归属造成另一方当事人损害的，应当给予赔偿或者补偿。

添附物的归属因添附情况的不同分为以下三种情况：

（1）加工。加工是指一方使用他人的物，将其加工改造为具有更高价值的物，原物因为加工人的劳动而成为新物。如在他人的木板上作画即为加工。加工物的所有权归属，如果当事人有约定的，依约定处理；如无约定，加工所增价值未超过原材料价值的，则加工物归原材料所有人；如果加工所增价值显然大于原物的价值的，新物也可以归加工人所有；如果加工所增价值与原材料价值相当，可由双方共有。除共有外，不论哪种情况，取得加工物所有权的一方应对对方的加工劳动或原材料价值予以补偿。

（2）附合。附合是指不同所有人的物密切结合在一起而成为一种新物。在附合的情况下，各原所有人的物虽可识别，但非经拆毁不能恢复原来的状态，如砖、木的附合构建成房屋。附合物的所有权归属有两种情况：一是当动产附合于不动产之上时，由不动产所有人取得附合物的所有权，原动产所有人则可取得与其原财产价值相当的补偿。二是当动产与动产附合时，附合的动产有主从之别者，由主物的所有人取得附合物的所有权，同时给对方以价值上的补偿；如无主从之别，则由各动产所有人按其动产附合时的价值共有合成物。

（3）混合。混合是指不同所有人的物互相结合在一起，难以分开，并形成新的财产。例如米与米的混合，酒与酒的混合。混合与附合不同，在混合的情况下已无法识别原各所有人的财产，而在附合的情况下原各所有人的财产仍然能够识别。混合物一般应由原物价值量较大的一方取得所有权，给另一方以相当的补偿。如果各方的原物价值量相差不多，也可由各方共有。

7. 善意取得

善意取得亦称即时取得，是指无权处分他人财产的财产占有人，在不法将其占有的财产转让给第三人以后，如果受让人在取得该财产时系出于善意，即依法取得该财产的所有权，原财产所有人不得要求受让人返还财产的制度。按照《民法典》第 311 条的规定，无处分权人将不动产或者动产转让给受让人的，所有权人有权追回；除法律另有规定外，符合下列情形的，受让人取得该不动产或者动产的所有权：一是受让人受让该不动产或者动产时是善意的；二是以合理的价格转让；三是转让的不动产或者动产依照法律规定应当登记的已经登记，不需要登记的已经交付给受让人。依照《最高人民法院关于适用〈中华人民共和国民法典〉物权编的解释（一）》的规定，受让人受让该不动产或者动产时，是指依法完成不动产物权转移登记或者动产交付之时；善意，是指受让人受让不动产或者动产时，不知道转让人无处分权，且无重大过失的情形；重大过失，是指受让人受让动产时，交易的对象、场所或者时机不符合交易习惯；合理价格，应当根据转让标的物的性质、数量以及付款方式等具体情况，参考转让时交易地市场价格以及交易习惯等因素综合认定。

善意取得的结果，是物的原所有人丧失其所有权，善意受让人取得所有权。

构成善意取得，保护的是交易的动态安全，但也必须对原所有权人的权益进行保护。原所有权人权利受到侵害的原因，是出让财产的无处分权人的出让行为。这种行为属于侵害财产权的行为。依据这一法律事实，原所有权人产生侵权损害赔偿请求权，让与人对于原所有权人负有损害赔偿义务，赔偿的范围应包括原物的价值及因此而造成的其他损失。

不构成善意取得的转移占有，则不发生善意取得效力，所有权人依据物权保护请求权向受让人请求返还，受让人负返还义务。如果原物已经灭失或毁损，则可以向受让人请求赔偿转让的价金。受让人负返还责任后，可以向出让人请求返还价金。

8. 时效取得

时效取得是指以所有的意思或为自己的利益和平、公然占有他人财产或行使他人财产权利（准占有），经过法律规定的期间，即依法取得该财产所有权或其他财产权的法律制度。《民法典》没有规定时效取得制度。

时效取得应当具备以下要件：（1）占有人的占有须为自主占有、和平占有、公然占有。（2）占有人的占有须经过法律规定的普通取得的时效期间。对取得时效的期间，各国法律规定不一，一般认为10年以上。

参考案例8-2

某地遭遇水灾，甲村和乙村的村民全部转移至他乡另行安置，两村的耕地荒废。次年，丙村在甲、乙两村废弃的土地上种植红柳，坚持20余年，改良了该土地。后来，国家将该地征用作为商品粮基地，涉及补偿款应当由谁取得的问题，甲、乙、丙三村都主张权利。丙村以其种植的红柳年轮超过20年为据，主张自己享有该土地的所有权。法院判决该土地归丙村所有，征用该土地的补偿款归属于丙村。

（二）继受取得

继受取得也称传来取得，是指财产所有人通过某种法律事实，从原所有人处取得财产所有权。与原始取得不同，继受取得是以原所有人的所有权和原所有人转让所有权的意志为根据的。

1. 继受取得的主要方法

（1）买卖。买卖是一方出让标的物所有权以换取价金，他方以支付价金为代价换取标的物所有权的双方民事法律行为。买卖既是财产所有人出让财产所有权的主要方法，又是非所有人继受取得财产所有权的主要方法。

(2) 互易。互易是以物易物的双方民事法律行为，是互相继受对方财产所有权的方法。互易是最古老的商品交换形式，至今在国内、国际商品交换中仍经常采用。因此，互易是继受取得财产所有权的重要方法。

(3) 赠与。赠与是一方无偿转让财产所有权给另一方的双方民事法律行为。赠与虽不是商品交换形式，但随着商品经济的发展，人的社会意识及社会责任感的加强，赠与的社会作用日益得到充分的发挥，成为解决救灾、救济等社会问题及发展社会公益事业的重要手段。因此，赠与不仅是自然人继受取得财产所有权的方法，而且日益成为国家、社会公益团体继受取得财产所有权的重要方法。

(4) 继承与遗赠。自然人死亡后，其遗产依法转归法定继承人；如果生前立有合法有效的遗嘱和遗赠，则遗产转归遗嘱继承人或遗赠受领人所有。这些人取得遗产所有权，是以死者生前的财产所有权为根据的。

2. 继受取得的所有权转移

对于原所有权人的所有权何时转移给继受人，是所有权继受取得中的重要问题，因为它不仅关系到何时完成所有权转移，而且关系到标的物意外毁损、灭失的风险和责任由谁负担的问题。不动产物权的设立、变更、转让和消灭，经依法登记，发生效力；未经登记，不发生效力，但法律另有规定的除外。动产物权的设立和转让，自交付时发生效力，但法律另有规定的除外。确定所有权是否转移，就要确定不动产是否登记或者动产是否交付。

二、所有权的行使

所有权的行使，是指物的所有人依照法律规定实现其所有权各项权能的行为。物的所有权人既可以自己行使权利，也可以依照法律规定将所有权的权能转让给他人。在许多情况下，所有人无须借助他人的行为就可以独立地行使其所有权。

所有权的行使，体现着所有人的意志和利益。物的所有人不仅可以依法独立地进行各种行使其所有权的活动，而且可以通过行使所有权获得一定的经济利益。所有权人还可以根据自己的意志和利益，将所有权的一项或几项权能分离或转让出去，这种权能的分离并不使所有人丧失其所有权，而是所有人正常行使其所有权的表现。

我国民法充分保护国家、集体和私人的所有权，同时也要求所有人在法律规定的范围内享有和行使所有权，因此对所有权内容作了一定的限制，如：行使所有权不得妨害公共利益及其他民事主体的合法权益；不得破坏社会主义经济秩序，不得侵害公私财物，不得违背社会主义道德准则等。所有人若滥用所有权，则应当依法承担相应的法律责任。对所有权行使的这种限制，是为了保证所有人正确行使所有权，兼顾所有人和社会的利益，按照“物尽其用”的原则充分、合理地发挥物的效益。

三、所有权的消灭

(一) 所有权消灭的种类

所有权的消灭，是指因某种法律事实致使所有人丧失其所有权，或者由于权利主体的消灭而形成所有权转移。

所有权的消灭分为两种：一是所有人失去对物的占有与支配，此时原物尚存，只是由新的所有人取得其所有权，这是所有权的相对消灭；二是物本身不存在，此时不会再发生新的所有权，这是所有权的绝对消灭。

（二）所有权消灭的原因

1. 所有权转让

这是财产所有人对其财产行使处分权的一种结果。如买卖、赠与等转让行为，其结果是出让人的财产所有权消灭，而受让人的财产所有权因此产生。

2. 所有权客体的灭失

这是指作为所有权客体的财物改变或消灭了自然状态，致使所有人丧失了所有权。如财产在生产或生活中被消耗或消费、因不可抗力导致财产毁损或财产自然消灭，致使权利客体不复存在，产生所有权绝对消灭的后果。

3. 所有权主体的消灭

这是指作为所有权人的自然人死亡，或者法人解散、被撤销等。由于其权利主体资格已经消灭，其财产依法定程序转移他人所有，因而其原财产所有权也归于消灭。

4. 所有权因抛弃而消灭

这是指权利主体主动放弃其权利或者抛弃其所有物，致使其所有权消灭。如所有人丢弃其财产，会引起所有权消灭。

5. 所有权被强制消灭

这是指国家依法采用强制手段，责令财产所有人交出或转移其财产所有权，致使原所有人的权利消灭。如对某项财产的征购、没收、拍卖、罚款、赔偿损失等，都属于所有权被强制消灭。所有权被强制消灭，有的是出于公共利益的需要，有的是因所有权人的违法或违约。采取强制措施的国家机关，既有行政机关，也有司法机关。

第三节 所有权的主要形式

一、国家所有权

（一）国家所有权的概念和特征

国家所有权是国家对全民所有的财产进行占有、使用、收益和处分的权利。《民法典》第 246 条第 1 款规定：“法律规定属于国家所有的财产，属于国家所有即全民所有。”这确定了国家所有权的性质、地位和内容，表明国家所有权是全民所有制在法律上的表现。

国家所有权具有特殊的法律地位，这是由国家所有权所反映的全民所有制经济地位所决定的。全民所有制是社会全体成员共同占有社会生产资料的一种所有制形式，这种所有制形式在法律上必然表现为国家所有权。国家作为社会中心，代表着全体人民的根本利益，全体人民必须通过其代表者国家才能形成一个整体，从而有步骤、有计划、有目的地共同支配全民财产，使生产资料在分配使用上与社会的共同利益结合并协调起来。

国家所有权具有以下特征：

（1）国家所有权的权利主体具有统一性和唯一性。这是指国家财产只有代表全体人民意志和利益的国家才能享有所有权，而国家所有权只能由国家统一行使，国家是全民财产的唯一所有人。非经国家授权或法律规定，任何组织和个人都不得行使该所有权权能或充当其权利主体。

(2) 国家所有权的权利客体具有无限广泛性和专有性。无限广泛性是指国家所有权的客体没有范围限制，任何财产都可以作为国家所有权的客体。国家所有权的客体包括以下内容：矿藏、水流、海域；无居民海岛；城市的土地；森林、山岭、草原、荒地、滩涂等自然资源（法律规定属于集体所有的除外）；法律规定属于国家所有的农村和城市郊区的土地；法律规定属于国家所有的野生动植物资源；无线电频谱资源；法律规定属于国家所有的文物；国防资产；依照法律规定为国家所有的公路、铁路、电力设施、电信设施和油气管道等基础设施。这些都是国家所有权的客体，范围广泛，具有专有性。

（二）国家所有权的取得

国家所有权权利主体的特殊属性，决定了我国国家所有权的取得方式有以下几种。

1. 没收

新中国成立初期，根据有关法律，国家将官僚资本以及官僚资本家、汉奸、战犯等敌伪的财产没收，归国家所有。这是新中国成立初期国家所有权产生的重要方式。此外，根据《刑法》和其他法律的有关规定，对刑事犯罪分子和其他违法行为人采取制裁手段的没收，也是国家所有权的取得方式。不论何种没收形式，其结果都是将这些人的财产强制、无偿地收归国家所有。

2. 赎买

新中国成立初期，根据当时的社会历史条件，对民族资本主义工商业实行社会主义改造，通过公私合营等方式，逐步把原属于民族资本家的工商业，用赎买的方式改造为国有企业。

3. 积累资金

这是指用于扩大再生产的国民收入。这部分收入从国有企业经营管理国家财产所得收益中获取，是国家取得所有权的主要方式。

4. 税收

这是指国家为了实现其职能，依照税法规定，向负有纳税义务的企业和个人无偿征收货币和实物。这是国家凭借政权的强制力，参与国民收入分配和再分配，以取得财产的一种形式。

5. 征收

这是指国家根据经济建设和公共利益的需要，依法有偿地取得集体组织或自然人财产所有权的方式。征收应给予原财产所有人补偿。

6. 罚款和罚金

罚款是国家司法、公安和行政机关对违法的单位或个人强制缴纳一定数额的货币的民事或行政处罚，例如违反交通、市场管理等法规的罚款。罚款的性质各有不同，但均须上交国库，为国家所有。罚金是人民法院根据《刑法》规定，强制犯罪分子缴纳一定数额金钱的刑罚。罚金收入上交国库，归国家所有。

7. 依法取得无主财产

对于无主财产，国家依据一定的方式接收，取得所有权。

国家所有权的取得，除上述方式外，还有开展国内民事活动、从事对外经济贸易、接受赠与等方式。

（三）国家所有权的内容和行使

国家所有权的内容，是指国家对全民所有的财产的占有、使用、收益、处分的权能。

国家所有权的行使主要有以下几种方式。

1. 国家直接行使其所有权

对全民财产的直接占有、使用、收益和处分，是国家行使其所有权的重要方式。《民法典》第 246 条第 2 款规定："国有财产由国务院代表国家行使所有权。法律另有规定的，依照其规定。"此外，国家作为特殊的民事权利主体，以国家的名义进行民事活动即以国家财产直接承担民事责任的活动，也是国家直接行使所有权的一种方式。

2. 国家机关、国家举办的事业单位经营管理国家财产

按照《民法典》第 255 条和第 256 条的规定，国家机关对其直接支配的不动产和动产，享有占有、使用以及依照法律和国务院的有关规定处分的权利；国家举办的事业单位对其直接支配的不动产和动产，享有占有、使用以及依照法律和国务院的有关规定收益、处分的权利。国家依法授予国家机关、事业单位经营管理国家特定的财产的权利，以便充分调动它们的积极性和责任感，更好地利用和发挥国家财产的效用，获得最佳的经济效益和社会效益。

3. 国家投资设立的企业使用或经营某些国有的财产

国家投资设立的企业，使用或者经营某些国有的动产或者不动产，按照《民法典》第 257 条的规定，国家出资的企业，由国务院、地方人民政府依照法律、行政法规规定分别代表国家履行出资人职责，享有出资人权益。

二、集体所有权

（一）集体所有权的概念和特征

集体所有权是指劳动群众集体依法对集体所有财产的占有、使用、收益和处分的权利。它是劳动群众集体所有制的法律表现。《民法典》第 260 条至第 265 条对集体所有权作出了具体规定。

集体所有权具有以下特征：

（1）权利主体的广泛性与多元化。我国集体所有制组织普遍地存在于城乡中的工业、农业、商业等领域，其财产又分属于各自的集体组织，因而集体所有权表现出多元化的特点。

（2）权利客体的限定性。集体组织所有权的客体不是针对任何种类的财产，而是有限制的，如从事农业生产经营的集体组织可以拥有土地等自然资源，而城乡其他部门的集体组织因其性质、任务与农村集体组织不同，因而不得拥有土地等自然资源的所有权，不得拥有国家专有财产、专有资源以及涉及国计民生的重要财产。

（3）所有权的独立性。集体组织所有权属于各个集体组织，只有集体组织才能作为该组织全体成员的代表，独立地享有和行使所有权。集体组织行使所有权，无须任何人授权，更不得由集体组织的成员个人处分其财产。

（4）所有权取得方式的有限性。集体所有的财产最初来自劳动群众在自愿互利的基础

上的生产资料集体化或交纳股金、入社费；在建立起集体组织后，财产主要是通过民事方式取得。

（二）集体所有权的客体范围和形式

按照《民法典》第260条的规定，集体所有权的客体范围包括以下内容：法律规定属于集体所有的土地和森林、山岭、草原、荒地、滩涂；集体所有的建筑物、生产设施、农田水利设施；集体所有的教育、科学、文化、卫生、体育等设施；集体所有的其他不动产和动产。

集体所有权包括两种形式：

(1) 农村集体所有权。《民法典》第261条规定："农民集体所有的不动产和动产，属于本集体成员集体所有。"

(2) 城镇集体所有权。《民法典》第263条规定："城镇集体所有的不动产和动产，依照法律、行政法规的规定由本集体享有占有、使用、收益和处分的权利。"

（三）集体所有权的行使

1. 原则

集体组织在行使所有权时，必须遵守国家的法律、政策和社会公德，处理好集体组织所有权与国家对国民经济宏观调控的关系，注意兼顾国家、集体、个人三方面的利益，不得阻碍国民经济的发展。

2. 具体规则

(1) 村民会议决定权。行使农村集体所有权时，重大事项依法应当由该集体的村民会议讨论决定。重大事项的范围是：第一，土地承包方案以及将土地发包给本集体以外的单位或者个人承包；第二，个别承包经营者之间承包地的调整；第三，土地补偿费等费用的使用、分配办法；第四，集体出资的企业的所有权变动等事项；第五，法律规定的其他事项。

(2) 集体所有的土地和森林、山岭、草原、荒地、滩涂等的权利行使。对于上述自然资源的集体所有权行使规则是：第一，属于村农民集体所有的，由村集体经济组织或者村民委员会依法代表集体行使所有权；第二，分别属于村内两个以上农民集体所有的，由村内各该集体经济组织或者村民小组依法代表集体行使所有权；第三，属于乡镇农民集体所有的，由乡镇集体经济组织代表集体行使所有权。

(3) 集体经济组织成员的撤销权。农村集体经济组织、村民委员会或者其负责人作出的决定侵害集体成员合法权益的，受侵害的集体成员可以请求人民法院予以撤销。

(4) 集体经济组织成员的监督权。农村集体经济组织或者村民委员会、村民小组应当依照法律、行政法规以及章程、村规民约向本集体的成员公布集体财产的状况，接受成员的监督。集体成员有权查阅、复制相关资料。

三、私人所有权

（一）私人所有权的概念及特征

私人所有权是指私人对其所有的财产依法进行占有、使用、收益和处分的权利。《民法典》第266条至第270条对私人所有权作出了规定。

私人，是指自然人、个体工商户、农村承包经营户、外国人、无国籍人，也包括个人独资企业、外资企业等。营利法人和营利法人以外的法人、社会团体法人、捐助法人的所有权，也规定在私人所有权范围内。

私人所有权具有以下特征：

（1）私人所有权的主体主要是自然人个人。自然人的合法财产不仅在其生存时受国家法律保护，死后亦受国家法律的保护，即按照死者的意愿或者法律规定将其财产转由其继承人或者受遗赠人承受。个体工商户、农村承包经营户、外国自然人和无国籍人、独资企业、外资企业也都是私人所有权的主体。

（2）私人所有权的客体包括私人的生活资料和生产资料。《民法典》第 266 条规定："私人对其合法的收入、房屋、生活用品、生产工具、原材料等不动产和动产享有所有权。"这些财产都是私人所有权的客体。

（3）私人财产的基本来源是私人的劳动所得和其他合法收入。私人凡是通过从事脑力劳动或体力劳动所得到的收入都属于劳动所得。其他合法收入是指劳动收入以外的，自然人按照法律允许的方式所取得的收入，如通过接受赠与、继承所取得的财产；通过建立民事法律关系而取得的收入，如租金、利息等。

（4）私人所有权与其他所有权受到同等法律保护。《民法典》第 113 条、第 207 条和第 267 条对此有明确规定。私人财产所有权是法律所确认的所有权，受到平等的保护，不能以保护公共财产为理由损害私人合法财产所有权。

（二）私人所有权的权能及特别保护

私人所有权包括占有、使用、收益、处分四项权能。私人行使这四项权能，与国家、集体有所不同，通常以直接的方式进行，即私人自己以积极主动的行为直接作用于所有物。私人通过行使这些权能，在生产、生活中发挥其财产的效用，满足其物质文化生活的需求。

依照《民法典》的规定，私人所有权与国家所有权、集体所有权处于平等的法律地位，予以平等的法律保护。

（三）私人所有权的行使

私人行使所有权，表现为在实际生活中自由地使用财产，收取利益，从事法律允许的民事活动，如买卖、租赁、借贷等。承包经营户则应在法律许可的范围内从事家庭副业，按照承包合同确定的农业生产项目支配其生产资料，履行规定的义务。个体工商户应当在核准登记的业务范围内从事经营活动，并支配其生产资料。正确行使私人所有权，必须以不违反法律、不扰乱经济秩序、不危害社会公共利益、不损害他人合法权益为基本前提。

第四节　建筑物区分所有权

一、建筑物区分所有权概述

（一）建筑物区分所有权的概念和特征

建筑物区分所有权，是指业主依其应有部分对独自占有、使用的部分享有专有权，对共同使用部分享有共有权，以及相互之间对建筑物的整体享有管理权，而构成的复合所有权。《民法典》物权编第六章规定的就是建筑物区分所有权。

建筑物区分所有权具有以下特征：

(1) 建筑物区分所有权的客体具有整体性。建筑物区分所有权是建立在整体的建筑物上的所有权形式，这种建筑物是指住宅、写字楼、办公楼等。

(2) 建筑物区分所有权的内容具有多样性。建筑物区分所有权包括部分空间的专有权和某些空间及共用设施的共有权，以及对于整个建筑物的管理权。

(3) 建筑物区分所有权的本身具有统一性。在建筑物区分所有权中，既包括按份共有，又包括共同共有，还包括整体的成员权，都统一在一个权利当中，因而谓其具有统一性。

(4) 建筑物区分所有权中的专有权具有主导性。在建筑物区分所有权的权利内容结构中，专有权是主导的权利，区分所有权人一旦拥有专有权，就必然拥有共有权、管理权。

(二) 建筑物区分所有的条件

建筑物区分所有的形成，必须具备下述两个条件。

1. 物质条件

物质条件是建筑物能够区分所有。建筑物能够区分所有，必须具备以下四个条件：一是必须是能够出让给他人所有的住宅、公寓和写字楼等房屋；二是在结构上能够区分为两个以上独立的部分；三是区分的各独立部分能够为区分所有人所专有使用；四是除区域专用部分外，还必须有共用部分。

2. 事实条件

事实条件是建筑物事实上已经被区分所有。建筑物在事实上已经被占有该建筑物的自然人、法人、非法人组织区分所有的，才具备区分所有的事实条件。

二、建筑物区分所有权的内容

(一) 专有权

建筑物区分所有权的专有权，是指权利人享有的以区分所有建筑物的独立建筑空间为标的物的专有所有权。《民法典》第 272 条规定："业主对其建筑物专有部分享有占有、使用、收益和处分的权利。业主行使权利不得危及建筑物的安全，不得损害其他业主的合法权益。"

专有权的范围采取"最后粉刷表层兼采壁心说"，即专有部分的范围，在区分所有人内部，专有部分应仅包含壁、柱、地板及天花板等境界部分表层所粉刷的部分；在外部关系上，尤其是对第三人关系上，专有部分应包含壁、柱、地板及天花板等境界部分厚度的中心线。

参考案例 8-3

孙某购买住宅小区的一楼底商经营洗浴中心，并买了二楼居民住宅三套，打通一楼与二楼之间的楼板，建了楼梯，作为洗浴中心的休息室。营业后，由于洗浴中心的水汽作用，使与其休息室相邻的其他居民住宅地板翘裂、家具变形、墙皮剥落。10 户居民向法院起诉。法院认为，孙某改变区分所有建筑物的结构和用途，违反了建筑物区分所有人的义务，应当承担恢复原状和赔偿损失的责任。

专有权包括所有权的一切权能，因而区分所有人对其专有的标的物具备完整的占有、使用、收益、处分的权能。专有权人在行使权利的时候，不得危及建筑物的安全，不得损害其他业主的合法权益。

（二）共有权

共有权是指以区分所有建筑物的共用部分为标的物，全体区分所有人共同享有的不可分割的共同共有权。其权利人为全体区分所有人。《民法典》第 273 条第 1 款规定："业主对建筑物专有部分以外的共有部分，享有权利，承担义务；不得以放弃权利为由不履行义务。"

共有权的标的物是区分所有建筑物中的共用部分。共用部分的范围，是指除建筑物专有部分以外的共有部分，通常包括四个方面：第一，建筑物的基本构造部分，例如支柱、屋顶、外墙、地下室等；第二，建筑物的共用部分及其附属物，例如楼梯、消防设备、走廊、管道等；第三，建筑物所占有的地基的使用权；第四，住宅小区的绿地、道路、公共设施、物业服务用房等地上或地下共有物。

共有权的权利义务关系表现为区分所有权人作为共有权人对共用部分所享有的权利和所负担的义务。

（三）管理权

管理权也叫做成员权，是业主作为整栋建筑物所有人团体成员之一所享有的对建筑物进行管理的权利。

依照《民法典》第 277 条的规定，实现管理权的团体是业主大会，由业主大会选举业主委员会。业主大会的性质是非法人组织。业主委员会是业主大会的执行机构，执行业主大会的决议，对区分所有建筑物进行管理。

管理权的内容是：业主有权参加业主大会参与制定规约；业主具有业主大会组成人员的选举权和被选举权，对于业主大会委派的管理人或者物业服务机构的工作有权进行监督；业主须遵守业主大会的决议。

区分所有建筑物的管理，是指为维持区分所有建筑物的物理机能，充分发挥其社会的、经济的功能，而对其所进行的一切经营活动。凡是有关建筑物的保存、改良、利用、处分，乃至业主共同生活秩序的维持等，均属之。

管理规约是业主大会制定的区分所有建筑物管理的自治规则，内容是业主为了增进共同利益，确保良好的生活环境，经业主大会决议通过的共同遵守事项。管理规约的内容主要包括：（1）业主之间的权利义务关系；（2）业主之间的共同事务；（3）业主之间利益调节的事项；（4）对违反义务的业主的处理办法。规约的效力在于约束全体业主的行为。因此，规约只对该建筑物的业主有效，也及于业主的特定继受人。物业服务机构必须尊重业主的管理规约，不得违反该规约而另行处置管理事务，与规约相抵触的管理行为不具有效力。管理规约规定有效力起止时间的，应依其规定生效、失效。

第五节　相邻关系

一、相邻关系的概念和特征

（一）相邻关系的概念

相邻关系也叫做相邻权，是指不动产的相邻各方在行使所有权或用益物权时，因相互间应当给予方便或接受限制而发生的权利义务关系。《民法典》物权编对相邻关系非常重视，专设第七章予以规定。

相邻关系实质上是对财产所有人或经营使用人行使所有权或占有、使用权的合理延伸和必要的限制，对于充分发挥财产的效用，减少纠纷，稳定社会经济秩序，加强人们之间的协作，保护社会公共利益，促进社会主义市场经济发展，都具有不可忽视的重要意义。

（二）相邻关系的特征

（1）相邻关系的主体是两个以上的不动产的所有人或经营使用人。只有相邻不动产分属于不同主体所有或使用时，才可能产生相邻关系，如果相邻不动产由同一主体所有和使用，则不发生相邻关系。

（2）相邻关系基于不同主体所有或用益的不动产相邻的事实而发生。在许多情况下，相邻关系的发生与自然环境有关。如甲、乙两个村处于一条河流的上下两个相连的地段，于是自然构成了甲、乙两个村互相利用水流灌溉和水力资源的相邻关系。

（3）相邻关系的客体是相邻各方在行使不动产所有权或使用权时，互相给予方便所追求的利益。这种利益可能是经济利益，也可能是非经济利益，需要在相邻方给予必要方便的条件下才能实现。

（4）相邻关系的内容是相邻一方要求他方为自己行使不动产所有权或使用权给予必要方便的权利和他方应当给予必要方便的义务。必要方便，是指非从相邻方得到这种便利，就不能正常行使不动产所有权或使用权。相邻各方在行使权利时，不得损害他方的合法权益。

二、处理相邻关系的原则

（一）有利生产、方便生活

相邻关系直接关系到相邻权利人的生产和生活的正常进行。因此，处理相邻关系时应当坚持有利生产、方便生活原则，充分发挥不动产的使用效益，最大限度地维护各方的利益，共建和谐的社会关系。

（二）团结互助、公平合理

这一原则要求，相邻各方在行使其权利时，应互相尊重对方的合法权益，不能以邻为壑、损人利己。当争议发生时，应在相互协商的基础上，以团结为重，强调互助，公平合理地处理相邻纠纷，解决存在的问题，避免矛盾激化，影响安定团结。

（三）尊重历史和习惯

处理相邻关系纠纷要特别注意尊重历史和习惯。如果相邻各方发生纠纷，依照历史的情况和当地的习惯来处理，是最好的解决方法。民事习惯在民事纠纷的处理中具有重要的作用，并不是仅仅在相邻关系中要加以强调。

（四）避免造成损害原则

按照《民法典》第296条的规定，不动产权利人因用水、排水、通行、铺设管线等利用相邻不动产的，应当尽量避免对相邻的不动产权利人造成损害。

三、相邻关系的基本种类

相邻关系产生的原因复杂，种类繁多，按其性质和内容不同可分为以下几类。

（一）相邻用水、排水

《民法典》第290条规定："不动产权利人应当为相邻权利人用水、排水提供必要的便利。对自然流水的利用，应当在不动产的相邻权利人之间合理分配。对自然流水的排放，应当尊重自然流向。"对水资源的利用，应依"由远及近、由高至低"的原则依次灌溉、使用，任何一方不得擅自堵塞或者排放。相邻一方必须通过另一方的土地排水的，另一方应当准许。排水人应当对对方的土地等财产采取必要的保护措施，防止造成对方的权利损害。如果造成损害，有义务停止侵害、消除危险、恢复原状，造成损失的还应当予以赔偿。

不动产权利人修建房屋或者开挖沟渠，应与相邻他方的不动产保持一定距离和采取必要措施，防止屋檐滴水或流水对相邻他方造成损害。

（二）相邻土地通行

《民法典》第291条规定："不动产权利人对相邻权利人因通行等必须利用其土地的，应当提供必要的便利。"相邻一方的土地处于另一方土地包围之中，或者由于其他原因，相邻一方必须经过相邻方使用的土地通行的，另一方应当准许；对邻地享有通行权的人，应当选择对相邻方损害最小的线路通行；因在邻地通行造成相邻一方损害的，应当依法赔偿相邻方的损失。

由于历史原因形成的必要通道，所有人、用益人或者占有人不得随意堵塞或妨碍他人通行；需要改造的，必须与通行人事先协商一致；如果另有其他通道可以通行，并且堵塞后不影响他人通行的，则可以堵塞历史通道而通行其他通道。

（三）相邻土地及建筑物利用关系

不动产权利人由于行使自己的权利而必须利用相邻方的土地、建筑物的时候，构成相邻土地及建筑物的利用关系。依照《民法典》第292条的规定，不动产权利人因建造、修缮建筑物以及铺设电线、电缆、水管、暖气和燃气管线等必须利用相邻土地、建筑物的，该土地、建筑物的权利人应当提供必要的便利。

（四）建筑物通风、采光和日照

依照《民法典》第293条的规定，建造建筑物，不得违反国家有关工程建设标准，不得妨碍相邻建筑物的通风、采光和日照。如果建筑物影响相邻对方的通风、采光、日照和其他正常生活的，受害人有权请求排除妨碍、恢复原状和赔偿损失。

（五）相邻环保

《民法典》第294条规定："不动产权利人不得违反国家规定弃置固体废物，排放大气污染物、水污染物、土壤污染物、噪声、光辐射、电磁辐射等有害物质。"相邻各方排放废水、废气、废渣、粉尘以及其他污染物，应当保护环境，防止造成污染。相邻一方修建厕所、粪池、污水池、牲畜栏厩，或堆放垃圾、有毒物、腐烂物、放射性物质等，应当与相邻方的不动产保持一定距离，并采取防污措施，防止对相邻方的人身和财产造成损害。权利人享有请求排放一方的相邻人停止排放的权利，排放一方的相邻人负有停止侵害的义务，不得妨碍或损害相邻人的正常生产与生活。

（六）相邻防险

《民法典》第295条规定："不动产权利人挖掘土地、建造建筑物、铺设管线以及安装设备等，不得危及相邻不动产的安全。"

相邻的一方在自己使用的土地上挖掘地下工作物，如挖掘沟渠、水池、地窖、水井，或者向地下挖掘寻找埋藏物，以及施工建筑等，必须注意保护相邻方不动产的安全，不得因此使相邻方的地基动摇或发生危险，或者使相邻方土地上的工作物受其损害。相邻一方的建筑物或者其他设施的全部或一部分有倒塌的危险，威胁相邻另一方的人身、财产安全，相邻人有权请求必要的预防。放置或使用危险物品，必须严格按有关法规的规定办理，并应当与相邻人的建筑物等保持适当距离，或采取必要的防范措施，使相邻人免遭人身和财产损失。

（七）相邻地界

《民法典》没有专门规定相邻地界关系，应当按照《民法典》第 289 条的规定，依照习惯处理。

1. 土地的分界墙、分界篱、分界沟和分界石

相邻不动产权利人可以共同或单方在土地边界修建分界墙、分界篱、分界沟或安设分界石等界标。共同修建的，为双方共有，并由相邻双方共同维护；单方修建的，为修建方所有，且应在自己一侧的土地上进行，不得越界而侵占另一方的土地。

2. 越界建筑物

相邻各方修建建筑物时，应与地界保持适当距离，不得紧贴边界，更不准越界侵占对方的土地。对于越界建筑，相邻另一方有权提出停止侵害、恢复原状、赔偿损失的请求；如果相邻人明知对方越界修建而不提出异议的，在建筑完工后则不能请求停止侵害、恢复原状，只能要求赔偿损失。相邻双方还可以采取协商方式，就越界的建筑物由土地权利人予以购买，或者就越界的土地使用由建筑物所有权人进行租赁，在一般情况下，对方不应当予以拒绝。

3. 越界竹木根枝

相邻一方在地界一侧栽培竹木时，应与地界线保持适当距离，以预防竹木根枝越界侵入对方土地。相邻一方种植的竹木根系或者枝丫越界，如果不影响他人的，相邻另一方应当容忍；如果影响他人生活和生产的，他方有权请求刈除越界的根系和枝丫；竹木所有人或者管理人拒绝刈除的，相邻他方有权刈除越界的根系、枝丫，如果刈除根系或枝丫花费过巨，则有权请求赔偿。超越地界在他方土地上种植的竹木，应依法归他方所有，种植人无权取得该竹木的所有权。

4. 越界果实

相邻一方越界的树木枝丫结有果实，该果实归树木所有人所有；越界果实自落于邻地的，则属于邻地所有人所有，但如果邻地是公地的，不适用这一规则。对于这一规定应当注意以下两点：第一，邻地包括相邻的田园、水路，但不以直接毗邻为必要。第二，自落，是指果实因风吹或者成熟而自然坠落。邻地权利人自己或者指使他人摇动果树而致果实坠落者，不得认为是自落。

第六节　共有

一、共有概述

（一）共有的概念和特征

共有权是指两个或两个以上的民事主体对同一项财产共同享有的所有权。《民法典》第 297 条前段规定：“不动产或者动产可以由两个以上组织、个人共有。”

共有具有以下特征：

（1）共有权的主体必须是二人以上。共有的主体必须由两个或两个以上的自然人、法人或非法人组织构成，单一的主体不能构成共有权的主体。

（2）共有物的所有权具有单一性。具体表现有二：第一，共有物指的是同一项财产，可以是独立的一件财产，也可以是具有同一性质的一类财产。第二，共有权是一个所有权，即无论共有的标的物是独立物还是集合物，其所有权都只有一个。

（3）共有权的内容具有双重性。对外，共有权具有与非所有权人所构成的对应性的权利义务关系；对内，共有权内部共有人之间具有权利义务关系。

（4）共有权具有意志或目的的共同性。共有权的形成，或者是共有人共同创造，或者是由某种财产随着数个主体的意志而转化，或者是出于共同的意志和目的将不同财产所有权联合。这些共同主观因素一般都是基于共同的生活、生产和经营目的，或者基于共同的意志。

（二）共有的类型

《民法典》第297条后段规定："共有包括按份共有和共同共有。"第310条规定："两个以上组织、个人共同享有用益物权、担保物权的，参照适用本章的有关规定。"这一条规定的是准共有。因此，共有权包括按份共有、共同共有、准共有三种类型。

二、按份共有

（一）按份共有的概念和发生

按份共有也叫做分别共有，是共有的基本类型，是指两个或者两个以上的权利主体对同一项财产按照应有部分享有权利、分担义务的共有关系。《民法典》第298条规定："按份共有人对共有的不动产或者动产按照其份额享有所有权。"按份共有的最基本特点在于，共有人对共有财产按照固定的份额行使权利，负担义务。

按份共有发生的主要事实是：

（1）共同购置。两个以上的民事主体按份额出资共同购买一项财产时，即在该数个民事主体之间发生按份共有。

（2）共同投资。两个以上的民事主体共同投资，共同投资的财产为按份共有，发生按份共有关系。

（3）其他约定。当事人采取其他形式约定按份共有的，发生按份共有关系。

（4）依法定的事实而发生。两个以上的人的财产相互结合成为合成物，发生按份共有关系。

（5）共有关系不明确的，推定按份共有。《民法典》第308条规定："共有人对共有的不动产或者动产没有约定为按份共有或者共同共有，或者约定不明确的，除共有人具有家庭关系等外，视为按份共有。"

（二）按份共有中的应有部分

按份共有中的应有部分，是指共有人对共有财产所享有的权利比例，或者共有人对共有财产于"份额"上的应享部分，实际上也就是各个共有人行使权利和承担义务的范围。

确定按份共有的应有部分，最主要的是按照共有人的约定确定。如果不能按照约定确定，则按《民法典》第309条的规定确定，即："按份共有人对共有的不动产或者动产享有的份额，没有约定或者约定不明确的，按照出资额确定；不能确定出资额的，视为等额享有。"

（三）按份共有的内部关系

按份共有的内部关系，是指按份共有的各共有人相互之间的权利义务关系。这些权利义务关系如下所述。

1. 共有财产的使用和收益

按份共有人对共有财产的全部享有使用、收益权，依按份共有人的份额决定使用、收益的权利范围，可以共同使用，也可以分别使用。各按份共有人对于共有财产的收益，应按照份额分配。

2. 共有财产的处分

处分共有财产的权利，包括按份共有人处分自己的份额和全体共有人处分全部共有财产。共有人处分自己的份额是共有人的权利。按份共有人可以转让其享有的共有的不动产或者动产份额。其他共有人在同等条件下享有优先购买的权利。处分全部共有财产，是全体共有人的权利。《民法典》第 301 条规定："处分共有的不动产或者动产以及对共有的不动产或者动产作重大修缮、变更性质或者用途的，应当经占份额三分之二以上的按份共有人或者全体共同共有人同意，但是共有人之间另有约定的除外。"

《民法典》第 306 条规定按份共有人享有优先购买权。其一般规则是：按份共有人转让其享有的共有的不动产或者动产份额的，应当将转让条件及时通知其他共有人。其他共有人应当在合理期限内行使优先购买权。两个以上其他共有人主张行使优先购买权的，协商确定各自的购买比例；协商不成的，按照转让时各自的共有份额比例行使优先购买权。依照《最高人民法院关于适用〈中华人民共和国民法典〉物权编的解释（一）》的规定，具体规则是：（1）共有份额的权利主体因继承、遗赠等原因发生变化时，其他按份共有人主张优先购买的，不予支持，该按份共有人之间另有约定的除外。（2）同等条件，应当综合共有份额的转让价格、价款履行方式及期限等因素确定。（3）优先购买权的行使期间，按份共有人之间有约定的，按照约定处理；没有约定或者约定不明的，按照下列情形确定：第一，转让人向其他按份共有人发出的包含同等条件内容的通知中载明行使期间的，以该期间为准；第二，通知中未载明行使期间，或者载明的期间短于通知送达之日起 15 日的，为 15 日；第三，转让人未通知的，为其他按份共有人知道或者应当知道最终确定的同等条件之日起 15 日；第四，转让人未通知，且无法确定其他按份共有人知道或者应当知道最终确定的同等条件的，为共有份额权属转移之日起 6 个月。（4）按份共有人向共有人之外的人转让其份额，其他按份共有人根据法律、司法解释规定，请求按照同等条件购买该共有份额的，应当支持。（5）按份共有人之间转让共有份额，其他按份共有人主张优先购买的，不予支持，但按份共有人之间另有约定的除外。（6）两个以上按份共有人主张优先购买且协商不成时，请求按照转让时各自份额比例行使优先购买权的，应予支持。

3. 共有财产的管理

共有人按照约定管理共有的不动产或者动产；没有约定或者约定不明确的，各共有人都有管理的权利和义务。

4. 共有费用的承担

管理费用也包括其他负担，如因共有物致害他人所应支付的损害赔偿金。对共有物的管理费用以及其他负担，有约定的，按照约定；没有约定或者约定不明确的，按份共有人按照其份额负担，共同共有人共同负担。

（四）按份共有的外部关系

按份共有的外部关系，是指共有人作为共有权的主体，与其他民事主体发生的权利义务关系。

1. 对第三人的权利

各共有人对第三人的权利，是基于其所有权人的身份，就全部共有财产所产生的权利，各共有人均可以行使。

2. 对第三人的义务

按份共有人对外承担义务，分为按份责任和连带责任。其基本规则是：因共有物产生的对第三人的义务，除当事人另有约定外，应当根据债务是否可以分割来决定，如果该债务是可分割的，由各共有人按其应有份额分担；如果是不可分割债务，由各共有人承担连带责任。因清偿按份共有物所担负的债务，按份共有人之一超出自己的份额承担债务，取得对其他共有人的债权的，有权向其他共有人请求偿还。

三、共同共有

（一）共同共有的概念

共同共有也称为公同共有，是指两个或两个以上的民事主体，基于某种共同关系，对于同一项财产不分份额地共同享有权利、承担义务的共有关系。《民法典》第 299 条规定："共同共有人对共有的不动产或者动产共同享有所有权。"

（二）共同共有的发生

共同共有的发生原因分为以下两个层次：第一，共同共有发生的事实基础，是数人存在的某种共同关系。正是由于这种共同关系的存在，才能够在这些人当中发生共同共有关系。例如，在夫妻关系、家庭关系的缔结上，都不是以发生财产关系为目的，而是为确定身份关系而发生。第二，共同共有发生的法律原因，是法律规定。法律规定某种共同关系的财产关系为共同共有，这是共同共有发生的基本原因。

符合上述要求的下述事实，是共同共有发生的事实：（1）夫妻关系的缔结且未选择其他夫妻财产制；（2）家庭关系的存在且家庭成员对家庭财产的形成作出贡献；（3）合伙经营的收益；（4）共同继承遗产；（5）其他发生共同共有的事实。

（三）共同共有人的权利和义务

1. 共同共有人的权利

（1）共同的使用收益权。共同共有人可以共同或单独使用共有物，共同享用共有物产生的收益而不是按份额分配。

（2）共有财产的部分处分权。但这种处分只及于部分共有财产，不能及于全部共有财产。

（3）物上追及权。共同共有财产受到不法侵夺时，任何共同共有人均可独自行使这一权利。

（4）设置共有物物上权的权利。

（5）代表权。推举一个共有人作为代表，其行为代表全体共有人的意志。

（6）优先购买权。共有财产经过分割之后，一方共有人处分自己分得的财产的，其他共有人享有有条件的优先购买权。

（7）管理权，即由全体共有人对共有财产统一进行管理。

2. 共同共有人的义务

（1）对共有物进行维修、保管、改良的义务。

（2）不得分割共有财产的义务。

(3) 对所欠债务的连带清偿责任。

(4) 共有物造成他人损害及各共有人造成他人损害的赔偿义务。

(5) 为部分共同共有人擅自处分共有财产的后果承担义务。

(四) 共同共有关系的终止

共同共有关系基于产生共同共有的共同关系的消灭而终止。产生共同共有关系的事实基础是共同关系，共同关系消灭，即存在共同共有关系的事实基础不存在，共同共有关系当然就不会再继续存在了，共同共有关系必然消灭。

共同共有关系依据下述事实而终止：婚姻关系消灭；家庭关系解体；合伙散伙；共同继承人分割遗产；共有财产被转让或灭失；终止共有关系的协议。例如离婚，使存在夫妻共有财产的基础关系即婚姻关系消灭，因此夫妻共有财产关系消灭。

四、准共有

(一) 准共有的概念和特征

准共有，是指两个或两个以上民事主体对所有权以外的财产权共同享有权利的共有。《民法典》第 310 条规定了准共有。

准共有的特征是：准共有的权利是所有权以外的其他财产权，包括用益物权、担保物权以及知识产权；准共有适用共有的基本原理。

(二) 准共有人的权利和义务

准共有人的基本权利，是共有人共享该权利的共有权，每个共有人都对共有的客体享有按份的或平等的权利。每个共有人都可以依照规定占有、用益、处分该客体，获得收益，保护该权利。

准共有人的义务是：

(1) 对共有物（或者权利标的）进行维修、保管、改良的义务。

(2) 共同准共有的，不得分割共有的义务。

(3) 对外的连带义务或者按份义务的承担。

参考案例 8-4

潘某某与李某某 1990 年结婚，婚后一直与潘某某的母亲王某某共同生活，1994 年 4 月生育一子潘某。2004 年 3 月，潘某某向李某某提出离婚，李某某不同意，潘某某遂向法院起诉。经调解，双方同意离婚，对子女抚养也达成协议，但对潘某某祖上遗留的 16 幅古画归谁所有发生争议。潘某某认为这些古画属于婚前财产，应归自己和母亲共有，李某某则认为这些古画是夫妻共同财产，一半应归自己。法院判决支持潘某某的诉讼请求。

五、共有财产的分割

(一) 共有财产的分割原则

共有财产的分割是在共有关系终止时，依照当事人之间的协议或依法律规定清理共有财产关系的行为。在分割共有财产时，应遵循遵守法律、遵守约定、平等协商、团结和睦和保存共有物的效用的原则。

分割按份共有财产，按份共有关系中有协议的，按协议办理；没有协议的，按协商一致原则办理；协商不成时，按照拥有财产份额一半以上的共有人的意见办理，但不得损害份额较少的共有人的利益；如果没有拥有财产份额一半以上的共有人，则按多数共有人的意见办理。

分割共同共有财产，以共有关系消灭为前提，有协议的，按协议办理；没有协议的，应当根据等份原则处理，同时要考虑共有人对共有财产的贡献大小，适当照顾共有人生产、生活的实际需要等情况。

（二）共有财产的分割方式

1. 实物分割

对共有财产，在不影响财产使用价值和特定用途的情况下，可在各共有人之间进行实物分割，使各共有人取得其应得的部分。实物分割是分割共有财产的基本方法。

2. 变价分割

在共有财产不能分割或分割有损其价值，而各共有人又都不愿意取得共有物时，可将其变卖，所得价金由各共有人分别领取。

3. 作价补偿

若共有人中的一人或数人取得共有物，则应对其他共有人的应得部分作价补偿。这种分割方式多适用于共有物不可分割且有共有人愿意放弃对该物的所有权的情况。

（三）共有财产分割后的效力

共有财产分割后，共有关系归于消灭，各共有人各自取得其所分得部分的所有权。共有财产分割后，各共有人都应以其所得的财产，彼此之间互负瑕疵担保责任。如果共有人之一分得的财产因其分割前的权利瑕疵问题而被第三人强制追索，或分得的财产本身有瑕疵，其所受的损失应由其他共有人按其所得财产的份额比例进行补偿。

【引例评析】

在本章引例中，某丙购得公安机关拍卖的手表，尽管是某甲丢失、某乙拾得的，但是某丙是合法地继受取得所有权。在此之前，某甲已经丧失了对该表的所有权。某丁从小偷处购得该表，由于小偷对该表的占有是非法占有，不能转让所有权，因此某丁无权主张该表的所有权。法院判决该表归某丙所有是正确的。

【本章小结】

1. 所有权是所有人依法按照自己的意志，通过对其所有物进行占有、使用、收益和处分等方式，独占性支配其所有物并排斥他人非法干涉的永久性物权。所有权具有占有、使用、收益和处分四项权能。所有权的类型包括国家所有权、集体所有权和私人所有权。

2. 所有权的取得方式有原始取得和继受取得两种。

3. 建筑物区分所有权，是指业主依其应有部分对独自占有、使用的部分享有专有权，对共同使用部分享有共有权，以及相互之间对建筑物的整体享有管理权，而构成的复合所有权。

4. 共有权是指两个或两个以上的民事主体对同一项财产所共同享有的所有权，包括按份共有、共同共有以及准共有。

5. 相邻关系是指不动产的相邻各方在行使所有权或用益物权时，因相互间应当给予方便或接受限制而发生的权利义务关系。

【练习题】

1. 名词解释

（1）所有权的权能

（2）原始取得

（3）继受取得

（4）相邻关系

2. 思考题

（1）所有权的概念和特征是什么？

（2）所有权的取得方式有哪些？

（3）国家所有权的概念和特征是什么？

（4）建筑物区分所有权有哪些内容？

（5）什么是相邻关系？调整相邻关系的原则有哪些？

（6）共有的概念和特征是什么？

3. 案例分析题

某村农民孙甲一家15人于2013年翻盖瓦房9间，共同居住使用。2014年2月全家分家析产以后，孙甲与其两个弟弟孙乙、孙丙各分得3间瓦房，按份共有，分别使用。2014年8月18日，孙甲的儿子在本村另外申请到一块宅基地，准备盖一栋楼房，因资金不够，孙甲遂决定将其3间瓦房作价2万元卖给本村的李某。双方正式订立了书面合同，约定“一旦新房盖成，就交旧房（3间瓦房）”。李某预付了1 000元定金。孙乙起诉提出孙甲转让房屋时没有通知他，侵害了他的优先购买权。

问题：

（1）孙甲一家原来对于9间瓦房享有的权利是何种物权？

（2）分家析产后，其所有权的性质有何改变？

（3）孙乙的起诉是否有理由？

分析要点提示：

（1）孙甲一家原来对于9间瓦房所享有的权利是所有权，是不分份额的共同共有。

（2）分家析产后，孙家对9间瓦房的所有权性质，由共同共有改变为按份共有，各自享有特定的所有权份额。

（3）共有权人对于其他共有人处分共有财产享有优先购买权。孙甲未征求其他共有人的意见，擅自转让自己的共有份额，侵害了其他共有人的优先购买权。因此，孙乙的起诉有理由。

在线练习

第九章　用益物权

【本章引例】

乔某承包村里发包的水塘养鱼，经营效益很好。村委会为吸引投资，以该鱼塘涉及全村利益为由，对承包地进行调整，强行收回鱼塘，发包给能给本村投资的开发商的亲属承包。乔某无奈，诉请法院保护其土地承包经营权。

【本章学习目标】

通过学习本章，你应该能够：

1. 掌握用益物权的概念及法律特征；
2. 明确各种具体的用益物权的特点和行使的法律要求。

第一节　用益物权概述

一、用益物权的概念和特征

（一）用益物权的概念

用益物权是指非所有权人对他人所有之物所享有的占有、使用和收益的他物权。用益物权包括土地承包经营权、建设用地使用权、宅基地使用权、地役权等。《民法典》第323条规定："用益物权人对他人所有的不动产或者动产，依法享有占有、使用和收益的权利。"

（二）用益物权的特征

（1）用益物权是一种他物权，是在他人所有的物上设立的物权；

（2）用益物权是以使用和收益为内容的限制物权，并不包括所有权的处分权能；

（3）用益物权是独立的物权，具有独立性；

（4）用益物权的客体限于不动产，主要是土地，《民法典》物权编规定的土地承包经营权、建设用地使用权、宅基地使用权、居住权和地役权都是土地的用益物权。

二、用益物权的种类和一般规则

（一）用益物权的种类

按照《民法典》的规定，我国的用益物权包括：土地承包经营权，建设用地使用权，宅基地使用权，居住权，地役权，特许物权。

（二）用益物权的一般规则

《民法典》物权编对用益物权的一般规则作出规定，其基本内容如下所述。

1. 用益物权的基本内容

用益物权的基本内容，是对用益物权的标的物享有占有、使用和收益的权利。这是从所有权的权能中分离出来的权能，表现的是对财产的利用关系。用益物权人享有用益物权，就可以占有、使用用益物，并对用益物进行收益。

2. 行使用益物权应当依法保护和合理开发利用资源、保护生态环境

用益物权的标的物主要是土地。特许物权的标的物是自然资源。无论是土地还是自然资源，都具有不可再生性，用益物权人依法取得用益物权后，在行使该权利时，必须依照法律规定，保护资源，对资源进行合理的开发利用，保护生态环境，不得滥用权利，不得破坏性地使用资源，更不得毁坏资源、破坏生态环境。

3. 所有权人不得干涉用益物权人行使权利

用益物权人对于用益物享有除了处分权之外的其他所有的所有权权能，完全可以依照自己的意愿对用益物进行占有、使用和收益，所有权人无权干涉。所有权人无端对用益物权人行使权利进行非法干涉，构成对用益物权人的权利侵害的，应当承担民事责任。

4. 用益财产被征收、征用的，有权获得补偿

用益物权的标的物被国家征收、征用，致使用益物权消灭，或者影响用益物权行使的，用益物权人有权获得相应补偿。应当注意的是，征收、征用对所有权人和用益物权人都应当进行补偿，而不能只对所有权人予以补偿，对用益物权人不予补偿。

第二节 土地承包经营权

一、土地承包经营权概述

（一）土地承包经营权的概念

土地承包经营权是指农村集体经济组织成员对农民集体所有或国家所有，由集体经济组织长期使用的耕地、林地、草地等农业土地，采取家庭承包、公开协商等方式进行承包，依法对所承包的土地等占有、使用和收益的用益物权。土地承包经营权人依法享有对其承包经营的耕地、林地、草地等占有、使用和收益的权利，有权自主从事种植业、林业、畜牧业等农业生产。

（二）土地承包经营权的特征

（1）土地承包经营权的主体是从事农业生产的自然人或集体。如果采取家庭土地承包经营方式的，承包经营权的主体是农村集体经济组织的农户；而在采取其他土地承包经营方式时，土地承包经营权的主体可以是本村集体经济组织的成员，也可以是符合条件的非本集体经济组织的单位或者个人。

（2）土地承包经营权的标的物限于农民集体所有或国家所有，由农民集体使用的，以种植、畜牧等农业生产为目的的土地，包括土地、山岭、森林、草原、水面、荒地、滩涂等。国家所有的农用地实行承包经营的，也适用土地承包经营权的规则。

（3）土地承包经营权的目的在于在集体所有或国家所有、由集体使用的土地上进行农业活动。不以从事农业活动为目的而使用他人土地的，土地承包经营权不成立。

（4）土地承包经营权是基于土地承包经营合同产生的。其具体内容和承包经营权的期限都由承包合同确立。

二、土地承包经营权的取得

土地承包经营权的取得有两种方式：一是依法律行为取得；二是基于法律行为以外的原因取得。

（一）依法律行为取得

1. 基于农村土地承包合同取得

在当前，通过土地承包合同取得土地承包经营权，是土地承包经营权取得的最主要方式。土地所有权人应当与承包人签订土地承包合同，通过合同确定双方当事人的权利义务关系。土地承包经营权的期限，应当适用《民法典》第332条第1款的规定："耕地的承包期为三十年。草地的承包期为三十年至五十年。林地的承包期为三十年至七十年。"第2款规定："前款规定的承包期限届满，由土地承包经营权人依照农村土地承包的法律规定继续承包。"

2. 通过招标、拍卖、公开协商取得

对于"四荒"土地，即荒山、荒沟、荒丘、荒滩等农村土地，可以通过招标、拍卖和公开协商的方式进行承包经营，取得合意后，土地所有权人应当将"四荒"土地交给承包经营权人经营。对于通过这种方式取得的土地承包经营权，可以进行转让、入股、抵押或者以其他方式流转。

3. 基于土地承包经营权流转取得

《民法典》第334条规定："土地承包经营权人依照法律规定，有权将土地承包经营权互换、转让。未经依法批准，不得将承包地用于非农建设。"

（二）基于法律行为以外的原因取得

除了法律行为外，继承为基于法律行为以外的原因而取得土地承包经营权的方式。我国《农村土地承包法》已经明确了土地承包经营权的物权性，第32条规定："承包人应得的承包收益，依照继承法的规定继承。林地承包的承包人死亡，其继承人可以在承包期内继续承包。"根据《农村土地承包法》第54条的规定，通过招标、拍卖、公开协商等方式取得土地承包经营权的，该承包人死亡，其应得的承包收益，依照《民法典》继承编的规定继承；在承包期内，其继承人可以继续承包。

三、土地承包经营权人的权利和义务

（一）土地承包经营权人的权利

1. 占有、使用、收益权

土地承包经营权人有权占有承包的土地，有权按照承包地的自然属性和承包合同的约

定用途进行使用，有权种植土地获取收益。

2. 依法流转权

土地承包经营权人可以依照法律的规定，对土地承包经营权采取法定的方式进行流转。在同等条件下，本集体经济组织成员享有优先承包权。

3. 承包地被依法征用、占用，有权依法获得相应的补偿

《民法典》第 338 条规定："承包地被征收的，土地承包经营权人有权依据本法第二百四十三条的规定获得相应补偿。"补偿费用主要包括四项：一是土地补偿费，这部分费用应当归土地所有权人所有，通常支付给被征地的集体经济组织，其中包括对土地承包经营权人的补偿。二是安置补助费，应当按照一定的数额向需要被安置的农民发放。三是地上附着物、青苗补助费。四是被征地农民的社会保障费用。

（二）土地承包经营权人的义务

1. 维持土地的农业用途，不得用于非农建设

土地承包经营权人应当维持土地的农业用途，不得私自将承包地用于非农建设，禁止占用承包地建窑、建坟或者擅自在承包地上建房等非法行为。

2. 依法保护和合理利用土地，不得给土地造成永久性损害

土地承包经营权人在承包经营过程中，应当保持承包地的土地生态及环境质量，在利用土地、提高土地生产能力的同时，注意采取相应的措施，保护土地的质量和生态环境，防止水土流失和盐碱化等，保护和提高地力。

四、土地所有权人的权利和义务

（一）土地所有权人的权利

（1）发包本集体所有的或者国家所有、依法由本集体使用的农村土地。

（2）对承包土地的必要调整权。《民法典》第 336 条第 2 款规定："因自然灾害严重毁损承包地等特殊情形，需要适当调整承包的耕地和草地的，应当依照农村土地承包的法律规定办理。"

（3）监督土地承包经营权人依照约定的用途合理利用和保护土地。

（4）制止土地承包经营权人损害承包地和农业资源的行为。

（二）土地所有权人的义务

（1）维护土地承包经营权人的土地承包经营权的义务。《民法典》第 336 条第 1 款规定："承包期内发包人不得调整承包地。"第 337 条规定："承包期内发包人不得收回承包地。法律另有规定的，依照其规定。"

（2）尊重土地承包经营权人的生产经营自主权的义务。

（3）依照约定为土地承包经营权人提供生产、技术、信息服务的义务。

（4）执行土地利用总体规划，组织农业基础设施建设的义务。

五、土地承包经营权的消灭

土地承包经营权的消灭，既有物权消灭的一般事由，如承包地被征用、承包地灭失等；也有土地承包经营权的特定消灭事由，如土地承包经营权人的提前交回、土地所有权

人的提前收回、承包期限届满等。

六、土地承包经营权的三权分置

（一）三权分置与土地经营权

《民法典》第 339 条规定："土地承包经营权人可以自主决定依法采取出租、入股或者其他方式向他人流转土地经营权。"这是对农村土地三权分置的新规则的规定。

土地经营权，是在农村土地承包经营的三权分置制度之上产生的权利，即先在农村土地集体所有权的基础上，设立土地承包经营权，再在土地承包经营权之上设立土地经营权，构成三权分置的农村土地权利结构。其中，土地所有权归农村集体经济组织所有，土地承包经营权归承包该土地的农民家庭享有。由于土地承包经营权缺乏流转性，因而在土地承包经营权之上，再设立一个土地经营权，属于土地承包经营权人享有的、可以进行较大范围流转、能够保持土地承包经营权不变的用益物权。

土地承包经营权人为了发展农业经济，实现自己的权益，可以采用出租、入股或者其他方式，向他人流转土地经营权，将承包土地的占有、使用、收益权转让给他人。通过流转土地经营权，土地承包经营权人既保住了自己的土地承包经营权，又能够使自己获得转让土地经营权的收益。

（二）土地经营权人的权利

对于土地经营权人的权利，《民法典》第 340 条规定："土地经营权人有权在合同约定的期限内占有农村土地，自主开展农业生产经营并取得收益。"在合同约定的期限内，土地经营权人享有用益物权的权能，即占有、使用、收益的权利，有权占有该农村土地，自主开展农业生产经营活动，获得收益。

（三）土地经营权的期限

依照《民法典》第 341 条的规定，流转期限为 5 年以上的土地经营权，自流转合同生效时设立。当事人可以向登记机构申请土地经营权登记；未经登记，不得对抗善意第三人。

第三节　建设用地使用权

一、建设用地使用权的概念和特征

（一）建设用地使用权的概念

建设用地使用权是指自然人、法人依法对国家所有的土地享有的占有、使用和收益，建造并经营建筑物、构筑物及其附属设施的地上权。《民法典》第 344 条规定："建设用地使用权人依法对国家所有的土地享有占有、使用和收益的权利，有权利用该土地建造建筑物、构筑物及其附属设施。"

参考案例 9－1

某宗地位于甲机场的一端，乙公司经与甲机场协商，长期借用。后来，乙公司发现该宗地权属不明，遂向地方国土部门请求签订建设用地使用权出让合同，交付出让金，取得了该宗地的建设用地使用权，并已经登记。甲机场发现后，向乙公司主张权利，被乙公司拒绝。甲机场向法院起诉，要求对该宗地进行确权，并追究乙公司的侵权责任。

（二）建设用地使用权的特征

（1）建设用地使用权以开发利用、生产经营和从事社会公益事业为目的。通过出让方式取得的建设用地使用权，土地使用者有权以开发利用、生产经营为目的使用该国有土地；通过划拨方式取得的建设用地使用权，土地使用者应当用于从事社会公益事业，不得以营利目的使用该国有土地。

（2）建设用地使用权的标的物为城镇国家所有的土地。建设用地使用权的标的物不包括集体所有的农村土地。如果在农村集体所有的土地上设立建设用地使用权，需要对集体所有的土地先进行征用，将之变为国有土地之后才可以设立建设用地使用权。

（3）建设用地使用权人使用土地的范围限于建造并经营建筑物、构筑物及其附属设施。建筑物是指在土地上所建设的房屋；构筑物是指除建筑物之外的桥梁、沟渠、池塘、堤防、地窖、隧道、纪念碑等；建筑物、构筑物的附属设施就是指这些工作物的附属部分。

（4）建设用地使用权的性质是地上权。建设用地使用权具有地上权的一切特征，其设立、变更和消灭的规则都适用地上权的规则。

二、建设用地使用权的设立

建设用地使用权的设立有下述两种方式。

（一）出让设立

通过出让设立建设用地使用权，是国家以土地所有人的身份，将建设用地使用权在一定年限内出让给土地使用者，由土地使用者向国家支付建设用地使用权出让金的行为。适用出让方式设立建设用地使用权的，工业、商业、旅游、娱乐和商品住宅等经营性用地以及同一土地有两个以上意向用地者的，应当采取招标、拍卖等公开竞价的方式出让。

（二）划拨设立

建设用地使用权的划拨也是建设用地使用权的原始取得。建设用地使用权的划拨有两种方式：一是县级以上人民政府依法批准，在土地使用者缴纳补偿、安置等费用后，将国有土地交付给土地使用者使用；二是县级以上人民政府依法批准，将建设用地使用权无偿交付给土地使用者使用。《民法典》明确规定，严格限制以划拨方式设立建设用地使用权。

三、建设用地使用权的内容和流转

（一）建设用地使用权人的权利和义务

1. 权利

建设用地使用权人对作为权利客体的土地，享有占有、使用、收益的权利，有权自主利用该土地建造并经营建筑物、构筑物及其附属设施。

依出让方式取得的建设用地使用权，权利人可依法转让、互换、出资、赠与或抵押，但法律另有规定的除外。

通过划拨方式取得的建设用地使用权，土地使用者应当用以从事社会公益事业，不得以营利目的使用该国有土地。

2．义务

（1）支付建设用地使用权费用的义务。《民法典》第 351 条明确规定："建设用地使用权人应当依照法律规定以及合同约定支付出让金等费用。"

（2）土地的合理利用义务。建设用地使用权人依法取得建设用地使用权后，应当按照建设用地使用权设立时所登记的用途合理利用土地，不得改变土地用途。

（3）土地保护义务。建设用地使用权人应当保护土地的完好，不受他人侵害；应当按照土地的自然属性和法律属性合理地使用土地，维护土地的价值和使用价值。

（4）恢复土地原状的义务。在建设用地使用权期限届满，建设用地使用权人取回地上建筑物或者其他附着物时，负有恢复土地原状的义务。

（二）建设用地使用权的流转

1．建设用地使用权转让

建设用地使用权转让的规则是：

（1）只有在自然人、法人之间才可以进行转让。

（2）转让的标的是建设用地使用权人以出让方式取得的建设用地使用权。以划拨方式取得的建设用地使用权，建设用地使用权人只有在办理了出让手续并缴纳了出让金后，才可以转让。

（3）转让必须订立书面合同。合同的期限由当事人约定，但不得超过原建设用地使用权出让合同剩余的期限。

（4）应当向登记机构申请变更登记。

（5）建设用地使用权转移时，其地上物所有权应当一并转移。

2．建设用地使用权抵押

建设用地使用权抵押的规则是：

（1）建设用地使用权抵押的客体是建设用地使用权。实现抵押权，抵押权人可以建设用地使用权拍卖所得的价款优先受偿，但不得拍卖土地所有权。

（2）建设用地使用权抵押须订立书面合同并进行抵押登记后才正式设立。

（3）建设用地使用权抵押时，其地上建筑物、其他附着物也随之抵押，遵守"房随地走"规则。

（4）建设用地使用权在设定抵押以后，抵押人还可以转让建设用地使用权。在转让已抵押的建设用地使用权时，应当及时通知抵押权人，并在转让时向受让人告知建设用地使用权已设置抵押的情况。

（5）建设用地使用权设定抵押以后，如果在建设用地使用权之上已经设定了房屋租赁关系的，原则上不影响原租赁关系的存在，但抵押人应当将建设用地使用权抵押的情况书面告知承租人。

3．建设用地使用权消灭

建设用地使用权的期间届满，建设用地使用权消灭。《民法典》第 359 条第 1 款规定："住宅建设用地使用权期限届满的，自动续期。续期费用的缴纳或者减免，依照法律、行政法规的规定办理。"业主不愿意续期或者自动放弃该权利的，则权利消灭。在非住宅建设用地使用权期限届满之前，如果建设用地使用权人需要在期限届满后继续使用该土地的，应当在期限届满之前一年申请续期。

建设用地使用权消灭的，出让人应当及时办理注销登记，收回土地。登记机构应当收回建设用地使用权证书。收回建设用地使用权时，应当给予地上建筑物、构筑物及其附属设施以适当补偿，无偿收回有违等价有偿原则。

四、乡村建设用地使用权

乡村建设用地使用权是指乡（镇）、村企业等自然人、法人依法对集体所有的土地享有的占有、使用和收益，建造并经营建筑物、构筑物及其附属设施的地上权。《民法典》第 361 条规定："集体所有的土地作为建设用地的，应当依照土地管理的法律规定办理。"

因设立乡（镇）、村企业或者乡村公共设施、公益事业建设等需要使用集体所有的土地的，依照有关法律规定取得建设用地使用权；法律没有规定的，参照关于建设用地使用权的规定。设立乡村建设用地使用权，应当依照《民法典》和《土地管理法》的规定进行，没有具体规定的，应当参照适用关于建设用地使用权的规定。

五、分层建设用地使用权

分层建设用地使用权也叫做空间权，是指在他人所有的土地的上、下一定空间内所设定的地上权。《民法典》第 345 条规定："建设用地使用权可以在土地的地表、地上或者地下分别设立。"其中，在地表设立的，是建设用地使用权；在地上或者地下设立的，就是分层建设用地使用权，也可以叫做分层地上权。例如，大城市建设的地铁、地下商场等，是地表以下设立的分层建设用地使用权。

分层建设用地使用权与建设用地使用权同样是地上权，其区别在于：设定普通地上权时，与该设定面积内的土地所有权相同；但是，如果设定者为分层建设用地使用权时，于设定面积内，其上、下所及效力的范围，不是该面积内的土地所有权的全部，而仅为其中地上或者地下的空间部分，并不直接使用地表。

第四节 宅基地使用权

一、宅基地使用权的概念和特征

（一）宅基地使用权的概念

宅基地使用权是指农村居民对集体所有的土地占有和使用，自主利用该土地建造住房及其附属设施，以供居住的地上权。《民法典》第 362 条规定："宅基地使用权人依法对集体所有的土地享有占有和使用的权利，有权依法利用该土地建造住宅及其附属设施。"

（二）宅基地使用权的特征

（1）宅基地使用权是我国农村居民因建造住宅而享有的地上权。宅基地使用权是专指农村居民因建造住宅而享有的地上权。宅基地是属于集体所有的土地，农村宅基地使用权的主体主要为农村集体经济组织的成员。

（2）宅基地使用权与农村集体经济组织成员的资格和福利不可分离。我国的农村宅基地是与农村集体经济组织成员的成员权联系在一起的，从而使农村宅基地具有一定的福利性质。

（3）宅基地使用权是特定主体在集体土地上设定的用益物权。宅基地使用权的取得采取审批方式，自然人经审批取得宅基地使用权的，应当在土地管理部门登记，并明确宅基地使用权的范围。

（4）集体经济组织的成员只能申请一处宅基地。我国《土地管理法》第 62 条第 1 款规定："农村村民一户只能拥有一处宅基地，其宅基地的面积不得超过省、自治区、直辖市规定的标准。"

二、宅基地使用权的内容和消灭

（一）宅基地使用权人的权利和义务

1. 权利

（1）权利人有权在宅基地上建造住房及其附属设施。自然人取得宅基地后，有权在宅基地上建造房屋及其附属设施，也有权在宅基地的空地上种植树木。

（2）权利人有权依照法律的规定转让宅基地使用权。宅基地使用权人在经过本集体的同意之后，可以将建造的住房转让给本集体内符合宅基地使用权分配条件的农户；住房转让时，宅基地使用权一并转让。

（3）权利人行使宅基地使用权不受期限限制。宅基地上的建筑物或者其他附属物灭失时，不影响宅基地使用权的效力，权利人仍有权在宅基地上重建房屋，以供居住。

2. 义务

（1）权利人不得非法转让宅基地使用权。权利人除了转让住房时一并转让宅基地使用权外，不得将宅基地非法转让。因村民迁居并拆除房屋腾出宅基地的，应当由集体组织收回，以作统一安排。

（2）接受政府和乡村统一规划的义务。因公共利益需要征用土地，或者因乡村公共设施和公益事业建设需要，经县级人民政府批准，集体可以收回宅基地。

（3）权利人负有正当使用宅基地的义务。未经依法批准，不得改变宅基地用途。权利人不得将宅基地作为生产资料使用，如盖厂房或改作鱼塘等，也不得改作其他用途使用。

（二）宅基地使用权的消灭

1. 宅基地使用权消灭的原因

宅基地使用权消灭的原因有：宅基地收回和调整；宅基地被征收；宅基地使用权抛弃；宅基地灭失；宅基地长期闲置。

2. 宅基地使用权消灭的登记

《民法典》第 365 条规定："已经登记的宅基地使用权转让或者消灭的，应当及时办理变更登记或者注销登记。"对于宅基地使用权的取得，法律并没有规定要求进行登记。如果是已经登记的，在转让或者消灭的时候，应当及时办理变更登记或者注销登记。

第五节　居住权

一、居住权的概念与特征

（一）居住权的概念

居住权，是指自然人以满足生活居住的需要，按照合同的约定，对他人所有的住宅享有的占有、使用的用益物权。《民法典》第 366 条规定："居住权人有权按照合同约定，对他人的住宅享有占有、使用的用益物权，以满足生活居住的需要。"

（二）居住权的特征

（1）居住权的基本属性是他物权，具有用益性。居住权是在他人所有的房屋所有权之上设立的物权，因此，其基本属性是他物权。

（2）居住权是为特定自然人基于生活用房而设立的物权，具有人身性。其设立不是为了商业目的或者其他经济上的目的，而是为了解决自然人的赡养、扶养等需要，满足自然人的生活用房的特定生活需要，因而具有人身性。

（3）居住权是一种长期存在的物权，具有独立性。居住权是一种物权而不是一种债权，因而具有长期性和稳定性的特点。

（4）居住权的设定是一种恩惠行为，具有不可转让性。居住权的设立通常是无偿的，居住权人取得居住权一般不必支付对价。因此，居住权的设定是一种恩惠行为。

二、居住权的设立和效力

（一）居住权的设立

依照《民法典》的规定，居住权通过合同设立，即意定居住权，是根据房屋所有权人的意愿而设定的居住权，设立人必须是房屋所有权人，其他人不得在他人所有的房屋之上设定居住权。设立居住权，当事人应当采用书面形式订立居住权合同。

设立居住权，应当向登记机构申请居住权登记。按照《民法典》第 368 条的规定，居住权自登记时设立。

（二）居住权的效力

1. 居住权人的权利

（1）使用权。居住权人对设立居住权的房屋享有占有和使用权，居住权人对部分住房享有居住权的，可以使用该住房的共用部分。

（2）进行必要改良和修缮的权利。居住权人对于房屋进行的必要改良和修缮的费用，在居住权消灭、返还原物时，不享有返还请求权。

（3）排除所有权人侵害的权利。居住权人有权要求所有权人不为妨害其居住的行为，所有权人不得对居住权人行使排除妨害、返还原物等物上请求权。

（4）对抗房屋所有权人变更的权利。房屋所有权人发生变更，居住权跟随所有权的转移而转移，故所有权人的变更并不影响居住权。

（5）抛弃权。权利人可以将居住权予以抛弃。

2. 居住权人的义务

（1）合理使用房屋的义务。不得将房屋用于生活消费以外的目的，不得改建、改装和作重大的结构性改变。

（2）支付必要费用的义务。应当支付住房及其附属设施的日常维护费用和物业管理费用。

（3）对房屋的合理保管义务。居住权人在居住期内，应当尽到善良管理人的注意义务，不得从事任何损害房屋的行为。

（4）不得转让、出租和继承的义务。如果当事人对出租另有约定的，依照其约定。

三、居住权的期限和消灭

（一）居住权的期限

居住权的发生时间，是居住权合同生效的时间。居住权依据遗嘱、遗赠或者裁判而发生的，则应当在遗产分割或者裁判生效时发生。

（二）居住权的消灭

1. 居住权消灭的原因

（1）居住权抛弃。

（2）居住权期限届满或居住权人死亡。

（3）解除居住权条件成就。

（4）居住权被撤销。

（5）房屋被征收、征用或房屋灭失。房屋被征收、征用，以及房屋灭失的，居住权都消灭。

（6）权利混同。房屋所有权和居住权发生混同，即两个权利归属于同一人的，发生居住权消灭的后果。

2. 居住权消灭的后果

居住权消灭，在当事人之间消灭居住权的权利义务关系。居住权人应当返还住房。住房被征用、灭失的，如果住房所有权人因此获得补偿费、赔偿金，居住权人有权请求分得适当的份额；如果居住权人没有独立生活能力，也可以放弃补偿请求权而要求得到适当安置。因居住权人故意或者重大过失致使住房毁损或者灭失的，居住权人应当对所有权人承担损害赔偿责任。

第六节 地役权

一、地役权的概念和特征

（一）地役权的概念

地役权是指在他人的土地之上设立的以供自己土地便利使用的他物权。《民法典》第372条第1款规定："地役权人有权按照合同约定，利用他人的不动产，以提高自己的不动产的效益。"

在地役权法律关系中，为自己土地的便利而使用他人土地的一方当事人称为地役权人（也叫做需役地人），把自己的土地提供给他人使用的一方当事人称为供役地人；因使用他人土地而获得便利的土地为需役地，为他人土地的便利而供使用的土地为供役地。因此，地役权的产生必须有两个不同权属的土地存在。地役权关系的成立并不要求供役地和需役地必须相邻，即使在不相互毗连的土地之间也可能设立地役权。

（二）地役权的特征

（1）地役权是存在于他人土地之上的他物权。

（2）地役权是利用他人土地的用益物权，也就是对供役地的利用。

（3）地役权是为需役地的便利而设定的他物权，包括在供役地上通行、取水、排水、铺设管线、眺望等，以及其他需要供役地人负容忍或者不作为义务的便利。

（4）地役权具有从属性和不可分性。地役权必须从属于需役地而存在，同时，地役权须存在于需役地和供役地的全部，不能被分割为各个部分或仅仅在一部分上单独存在。

参考案例9-2

甲、乙、丙三家的承包经营土地相邻。甲想把自己的旱地改为水稻田，与乙、丙协商在他们的田边修筑水渠。乙同意一起将旱地改为水稻田，但是丙不同意。三方经过协商，丙同意提供田边修筑水渠，甲和乙每年需要交纳使用费。

二、地役权的取得

（一）约定取得

地役权的约定取得，也叫做地役权基于法律行为取得，即当事人之间以地役权设定合同来设立地役权。《民法典》第373条第1款规定：“设立地役权，当事人应当采用书面形式订立地役权合同。”

设立地役权的原则是：以对供役地损害最小的方法为之，且不得违背公共秩序与善良风俗。当事人设立禁止袋地通行的地役权，或设立容忍权利滥用的地役权，都不符合公序良俗原则，因而不具有法律效力。

（二）法定取得

地役权可因某种法定事由的发生而取得，为地役权的法定取得。地役权的法定取得有下述两种事由。

1. 因用益物权的设定而取得地役权

《民法典》第378条规定：“土地所有权人享有地役权或者负担地役权的，设立土地承包经营权、宅基地使用权等用益物权时，该用益物权人继续享有或者负担已经设立的地役权。”

2. 因用益物权的分割转让而取得地役权

建设用地使用权人、土地承包经营权人将其权利分割转让，受让人对于既存的供整宗土地使用的设施有继续使用的必要时，则取得以使用该设施为内容的地役权。

（三）继承取得

地役权人死亡时，其地役权无论就从属性而言，还是就用益物权的让与性而言，都可以由继承人继承，不必进行登记，但需办理登记后才可以处分继承取得的地役权。

三、地役权的权利和义务

（一）地役权人的权利和义务

1. 供役地的使用权

地役权存在的目的，在于以供役地供需役地的便利之用。所以，地役权人当然享有使用供役地的权利。

2. 地役权行使处所或方法变更权

地役权人对于地役权的行使处所和方法，有权进行适当变更。因变更所产生的费用，需役地人自行负担。同时，这种变更不得妨害用益物权人行使权利。

3. 为必要的附随行为与设施的权利

地役权人为实现地役权的设定目的，有权在供役地上为必要的附随行为。必要的附随行为，是指为达到地役权的设定目的或者实行其权利内容而不得不实施的行为，如为达到排水的目的而开挖沟渠等。地役权人为行使权利，可以在供役地上修建必要的附属设施，并取得该设施的所有权。

4. 行使所有权的物上请求权的权利

为确保地役权的行使，地役权人享有所有权的物上请求权的权利。当地役权的行使受到侵害或者妨害的时候，地役权人可以行使物上请求权，保护地役权。

5. 支付地租的义务

如果设立的地役权是有偿的，则地役权人负有支付约定租金的义务。如果地役权设立后，因土地价值的降低，依原定地租给付显失公平的，地役权人也可以请求适当减少。

6. 维持附属设施的义务

地役权人对于其在权利行使的必要范围内所为的附属设施，负有维持的义务，以防止供役地因此而受到损害。因未尽保养、维修义务致供役地人受到损害的，地役权人应当负赔偿责任。如果地役权人与供役地人就附属设施的保养、维修另有约定的，从其约定。

（二）供役地人的权利和义务

《民法典》第375条规定：“供役地权利人应当按照合同约定，允许地役权人利用其不动产，不得妨害地役权人行使权利。”供役地人的权利和义务具体包括如下内容。

1. 变更使用场所及方法的请求权

变更的条件是，如变更使用场所及方法对地役权人并无不利，而对于供役地人有利的，则供役地人有权请求地役权人变更地役权的行使场所及方法，地役权人不得拒绝。因此支出的费用，由供役地人负担。

2. 租金及其调整请求权

地役权人不按期支付租金，则应承担违约责任。地役权人长期拖欠租金的，供役地人可依法终止地役权合同。如果由于土地所有人土地的负担增加，非当时所能预料，以及依原约定显失公平的，供役地人有权请求酌定地租；地役权设立后，如果土地价值升高，依原定地租给付显失公平的，供役地人也可以请求予以增加。

3. 容忍土地上的负担或不作为义务

供役地人应主动放弃对自身土地部分使用的权利，甚至容忍他人对自己土地实施合同约定的某种程度上的干预和损害等。

4. 附属设施使用权及费用分担义务

对于地役权人于供役地上所为的附属设施，供役地人在不影响地役权行使的范围内有权对其加以利用。使用时，应当按其收益的比例，分担附属设施的保养、维修费用。

四、地役权的消灭

（一）地役权消灭的原因

1. 期限届满

地役权期限届满，而地役权人又不续期时，该地役权归于消灭。地役权期限届满时，如果地役权人在供役地上设置了附属设施，则应当按照土地使用权期限届满时的规定，处理附属设施。

2. 约定消灭地役权的事由出现

在地役权合同中，双方当事人可以约定地役权消灭的具体事由，约定的事由在性质上为解除条件。在所约定事由出现时，地役权合同消灭，此时地役权归于消灭。

3. 目的的事实不能

供役地因自然属性的变化而不能实现地役权的目的时，地役权已无存续的必要的，地役权消灭。

4. 供役地人依法解除地役权关系

由于地役权人违反法律规定或者合同约定滥用地役权，或者约定的付款期限届满后在合理期限内经过两次催告未支付费用，供役地人有权解除地役权合同，地役权消灭。

5. 地役权的抛弃

如果地役权是有偿取得的，地役权人必须在向供役地人支付地役权剩余期间的租金以后，才能抛弃；如果是无偿取得的，则地役权人可以随时抛弃。

6. 让与

地役权让与，则在出让人一方消灭地役权。

7. 土地征收

国家因社会公共利益的需要而征收需役地或者供役地，致使地役权成为不必要或者行使不能时，地役权消灭。土地征收以后，应当给予地役权人合理的补偿。

（二）地役权消灭的后果

地役权消灭以后，地役权人不存在继续支配供役地的权能。所以，如果地役权已经登记的，应当及时办理注销登记。供役地人申请注销地役权登记时，地役权人应当承担协助注销登记的义务。如果地役权人占有供役地人的土地，应当及时清除土地上的各种设施和附属物，恢复土地原状，交还土地；如果地役权人不占有供役地，而在供役地上设置设施的，应当恢复原状。

第七节 特许物权

一、特许物权概述

（一）特许物权的概念

特许物权是指经过行政特别许可而开发、利用自然资源，获得收益的物权。由于它是基于开发、利用土地之外的自然资源而享有的权利，故我国学者也将其称为自然资源使用权。

《民法典》第 325 条对特许物权作出了规定：“国家实行自然资源有偿使用制度，但是法律另有规定的除外。”其他的特别法，如《中华人民共和国矿产资源法》《中华人民共和国渔业法》《中华人民共和国森林法》《中华人民共和国野生动物保护法》等法律中，也有关于特许物权的相关规定。

（二）特许物权的特征

（1）特许物权的标的是自然资源而不是土地本身。尽管自然资源附着于土地，其权属界定一般与土地的权属界定密切相关，但特许物权的权利标的并非表现为不动产的形态，不是直接占有和控制不动产，而是表现为实施行政特别许可的某种行为。

（2）特许物权的权利行使方式是对自然资源的攫取和开发行为，权利人对具体的自然资源并不享有物权意义上的控制权，因为对于权利人而言，谁享有自然资源的物权并不重要，开发和利用自然资源才是其目的。

（3）特许物权一般不具有物权的排他性效力，例如对同一水资源同时赋予若干主体享有取水权。

（4）特许物权的取得方式是行政许可。国家对特许物权予以许可并不是出于自然资源所有者的身份，而是出于社会公共事务管理者的身份，将特许物权赋予使用人。

（5）特许物权的设定目的具有一定的公法意义，是在不动产已存在合法物权人的情形下，从社会公共利益出发设定特许物权。

（三）特许物权的性质

特许物权是由国家直接赋予的物权，权利人行使特许物权的行为，并不表现为对土地的简单占有、控制和利用，而是表现为对自然资源的带有创造性的开发行为。因此，特许物权是一种民事权利，并且具有用益物权的性质。

二、特许物权的种类

（一）海域使用权

海域使用权是指依法经批准获得的持续使用特定海域三个月以上的排他性特许物权。《民法典》第 328 条规定："依法取得的海域使用权受法律保护。"

取得海域使用权的条件是按照规定一次性缴纳或者按照年度缴纳海域使用金。军事用海，公务船舶专用码头用海，非经营性的航道、锚地等交通基础设施用海，教学、科研、防灾减灾、海难搜救打捞等公益事业用海不用缴纳使用金。公用设施用海、国家重大建设项目用海以及养殖用海，经过批准，可以减缴或者免缴使用金。

（二）采矿权

采矿权是指全民和集体所有制单位、自然人依照法定程序取得的，在采矿许可证规定的范围内开采矿产资源，获得所开采的矿产品的特许物权。依照《民法典》第 329 条的规定，依法取得的采矿权受法律保护。

（三）取水权

取水权是指自然人、法人或者其他组织依法经批准取得的，利用水利工程或者机械提水设施直接从江河湖泊或者地下取水的特许物权。依照《民法典》第 329 条的规定，依法取得的取水权受法律保护。

（四）渔业权

渔业权是指自然人、法人或其他组织依法取得的，在一定水域从事养殖或捕捞水生动植物的特许物权。渔业权包括养殖权和捕捞权。依照《民法典》第 329 条的规定，依法取得的使用水域、滩涂从事养殖和捕捞的权利受法律保护。

【引例评析】

在本章引例中，乔某依法取得土地承包经营权，受到法律保护。村委会以吸引投资为由，对承包地进行调整，强行收回乔某的承包地，发包给能给本村投资的开发商的亲属承包，侵害了乔某的物权，乔某有权请求法院保护其土地承包经营权。

【本章小结】

1. 用益物权，是指非所有权人对他人所有之物所享有的占有、使用和收益的他物权。用益物权是从所有权中分离出来的他物权。

2. 用益物权的种类包括土地承包经营权、建设用地使用权、宅基地使用权、居住权和地役权。特许物权具有用益物权的性质，是通过行政方法取得的特许的物权。

【练习题】

1. 名词解释

（1）土地承包经营权

（2）建设用地使用权

（3）宅基地使用权

（4）地役权

（5）特许物权

2. 思考题

（1）什么是用益物权？

（2）土地承包经营权的法律特征是什么？

（3）什么是建设用地使用权？它有哪些特征？

3. 案例分析题

某甲承包乙村耕用土地 50 亩，投资 40 万元建造葡萄园，承包期 30 年。葡萄园建成，经营了 3 年后，国家征用该土地，补偿费用是：征地补偿款 323 万元，地上物补偿款 217 万元，青苗补偿款 4 万元，水利设施补偿款 2 万元。村委会将 4 万元青苗补偿款和 2 万元水利设施补偿款交给某甲，其余全部归村委会所有。某甲认为村委会侵害了他的合法权益。

问题：

（1）乙村村委会对于该 50 亩土地享有的是何种物权？

（2）某甲对该 50 亩土地享有的是何种物权？

（3）该 50 亩土地补偿款怎样分配较为合适？

在线练习

分析要点提示：

（1）乙村村委会对该 50 亩土地享有的物权是所有权，其性质是自物权。

（2）某甲对该 50 亩土地享有的权利是土地承包经营权，其性质是用益物权。

（3）征地补偿款应当归村委会所有，地上物补偿款、青苗补偿款和水利设施补偿款应当归某甲所有。

第十章　担保物权

【本章引例】

杨某欲开办饮食店，向徐某借款 5 000 元，双方书面约定：一年还本付息，并由杨某将其电子琴出质于徐某作担保。徐某当即交给杨某 5 000 元。杨某约定第二天带电子琴给徐某，但第二天未交付。不久杨某因经营不善出现亏损，将该电子琴交给孙某作质押借得现款 2 000 元。向徐某借款的还款期限已到，杨某无力还款，徐某要求将电子琴折价抵偿，但孙某不同意，徐某向法院起诉。法院判决：徐某与杨某的质押合同无效，孙某与杨某的质押合同有效。

【本章学习目标】

通过学习本章，你应该能够：

1. 掌握抵押物的范围、抵押合同的效力；
2. 掌握质押权和质押合同的效力；
3. 掌握留置权的特征、适用范围。

第一节　担保物权概述

一、担保物权的概念与特征

（一）担保物权的概念

担保物权是指债权人所享有的，为确保债权实现而在债务人或者第三人所有的物或者权利之上所设定的，就债务人的债务不履行时，或者发生当事人约定的实现担保物权的情形时，优先受偿的他物权。《民法典》第 386 条规定：“担保物权人在债务人不履行到期债务或者发生当事人约定的实现担保物权的情形，依法享有就担保财产优先受偿的权利，但是法律另有规定的除外。”

（二）担保物权的特征

1. 担保物权以担保债权的实现为目的

担保物权所担保的债权必须特定，是担保物权的一般要求，不得为担保债权人与债务人之间可能发生的债务而设定担保物权。《民法典》第 420 条至第 424 条规定的最高额抵押权，第 439 条规定的最高额质权，当属例外。

2. 担保物权的标的是特定的

担保物权的标的是债务人或第三人所有的特定动产、不动产或其他财产权利。作为担保物权标的物的动产、不动产或权利，都必须是既存的、特定的。只有浮动抵押不受此限。

3. 担保物权限制了担保人对担保标的物的处分权

担保物权人通过两种方法实现这一限制：一是通过转移占有由债权人直接占有担保标的物，这是一种事实状态的限制；二是尽管不转移占有但进行登记，这是一种法律状态的限制。

4. 债权人享有对担保标的物的换价权

当债务人届期不清偿债务时，债权人即担保物权人有权将担保标的物拍卖、变卖或折价，从而优先实现其债权。债权人享有换价权，通过确实支配担保物的交换价值，以确保债务的清偿，实现担保物权的功能。

5. 担保物权能够担保其债权享有优先受偿权

当债务人不履行债务时，或者发生当事人约定的实现担保物权的情形，担保物权人的债权优先于其他普通债权而受清偿。

（三）担保物权的属性

1. 从属性

担保物权的从属性，是指担保物权必须从属于债权而存在，其成立以债权的成立为前提，并因债权的移转而移转，因债权的消灭而消灭。

2. 不可分性

担保物权的不可分性，是指被担保的债权在未受全部清偿前，担保物权人可以就担保物的全部行使权利。被担保的债权即使经过分割、部分清偿或消灭，担保物权仍为了担保各部分的债权或剩余的债权而存在；担保物即使经过分割或一部分灭失，各部分或余存的担保物仍为担保全部债权而存在。

3. 物上代位性

担保物权的物上代位性，是指担保物因灭失、毁损而获得赔偿金、补偿金或保险金的，该赔偿金、补偿金或保险金成为担保物的代位物，权利人有权就其行使担保物权。

二、担保物权的社会功能和类型

（一）担保物权的社会功能

1. 保障债权实现

担保物权的产生使得债权与物权相结合，当债务人不履行债务时，或者发生当事人约定的实现担保物权的情形，债权人可以就担保物的交换价值优先受偿，实现其担保物权，从而实现债权，据此，债权安全系数就得到了提高。

2. 作为媒介融资

企业筹措资金最为便捷的方式是向金融机构融资，金融机构考虑到贷款的风险，通常都要求企业提供各种担保，其中设定担保物权是金融机构最乐于接受的方式。因此，企业获取融资需要以财产设定担保物权，以担保物权为手段获取融资后，因债务人的清偿责任加重，责任感加强，多数债务人会尽快将融资转为投资，扩大生产，从而获取利润用以清偿债务，保障债权的实现。

（二）担保物权的类型

1. 法定担保物权与约定担保物权

依据担保物权的发生原因不同，可以将担保物权分为法定担保物权与约定担保物权。前者是依据法律规定的构成要件而发生的一种担保物权，例如留置权；而后者是通过当事人之间设定物权的意思表示而设定的担保物权，例如抵押权和质权。

2. 优先受偿性担保物权与留置性担保物权

依据担保物权的法律效力不同，可以将担保物权分为优先受偿性担保物权与留置性担保物权。前者以抵押权为典型代表；后者以留置权为典型代表。此外，还有兼具留置效力与优先受偿效力两种性质的担保物权，如质权。

3. 占有担保物权与非占有担保物权

以是否转移担保标的物的占有为标准，可以将担保物权分为占有担保物权和非占有担保物权。占有担保物权是以标的物转移给债权人占有为其成立和存续要件的担保物权，如质权、留置权。非占有担保物权不以标的物转移给债权人占有为条件，担保人仍可继续用益担保标的物的担保物权，如抵押权。

三、其他具有担保功能的合同设立的非典型担保物权

《民法典》第 388 条在界定担保合同的概念时，增加了“担保合同包括抵押合同、质押合同和其他具有担保功能的合同”的内容。其中“其他具有担保功能的合同”，就是能够设立担保物权，但是还没有被明文规定为担保物权的合同，这种合同设立的担保物权，就是非典型担保物权。依照《最高人民法院关于适用〈中华人民共和国民法典〉有关担保制度的解释》的规定，所有权保留合同、让与担保、保理合同、融资租赁合同等，都属于其他具有担保功能的合同，产生的非典型担保物权如所有权保留、让与担保物权、优先权、保证金等，保理合同、融资租赁合同中的权利人取得的具有担保性质的权利，也具有担保物权的性质。

第二节　抵押权

一、抵押权的概念和特征

（一）抵押权的概念

抵押权是指债权人对于债务人或者第三人不转移占有而为债权提供担保的抵押财产，于债务人不履行债务时，或者发生当事人约定的实现抵押权的情形，依法享有的就该物变价并优先受偿的担保物权。《民法典》第 394 条第 1 款规定：“为担保债务的履行，债务人或者第三人不转移财产的占有，将该财产抵押给债权人的，债务人不履行到期债务或者发生当事人约定的实现抵押权的情形，债权人有权就该财产优先受偿。”

在抵押权法律关系中，提供担保财产的债务人或者第三人为抵押人；享有抵押权的债权人为抵押权人；抵押人提供的担保财产为抵押财产，也叫做抵押物。

（二）抵押权的特征

（1）抵押权的性质属于担保物权，用以担保债权的实现，权利人对抵押财产具有支配效力与优先效力。

（2）抵押权的标的物是债务人或者第三人的不动产、动产或者权利。这些动产、不动产或者权利的提供者，可以是债务人，也可以是债权关系以外的第三人。

（3）抵押权的标的物不需要移转占有，抵押人仍然可以占有标的物而予以使用、收益、处分，抵押权人也不负保存标的物的义务，并能取得完全的担保权。

（4）抵押权的价值功能在于就抵押财产所卖得的价金优先受偿。抵押权人优先受偿的范围，以抵押财产的变价款为限，如果抵押财产的变价款不足以清偿所担保的债权，则债权人就未清偿的部分对于债务人的其他财产无优先受偿的效力，与其他债权一起平均受偿。

参考案例 10-1

林某准备外出做生意，向宋某借款20万元，期限一年。宋某要求林某提供担保，林某遂请其表弟张某出面做担保，张某决定将自己的一套房屋抵押给宋某，双方订立了抵押合同。一年后，林某做生意亏损，无力还债。宋某起诉到法院，请求以张某的房屋变价款清偿债务。法院判决支持其诉讼请求。

二、抵押财产的范围和抵押权的取得

（一）抵押财产的范围

抵押财产也称为抵押权的标的物或者抵押物，是指被设置了抵押权的不动产、动产或者权利。《民法典》第395条和第399条详细规定了允许抵押的财产范围与禁止抵押的财产范围。

允许抵押的财产范围是：（1）建筑物和其他土地附着物；（2）建设用地使用权；（3）海域使用权；（4）生产设备、原材料、半成品、产品；（5）正在建造的建筑物、船舶、航空器；（6）交通运输工具；（7）法律、行政法规未禁止抵押的其他财产。

禁止抵押的财产范围是：（1）土地所有权；（2）宅基地、自留地、自留山等集体所有土地的使用权，但是法律规定可以抵押的除外；（3）学校、幼儿园、医疗机构等为公益目的成立的非营利法人的教育设施、医疗卫生设施和其他公益设施；（4）所有权、使用权不明或者有争议的财产；（5）依法被查封、扣押、监管的财产；（6）法律、行政法规规定不得抵押的其他财产。

《民法典》对抵押财产还有以下特别规定：第一，建筑物与其建设用地使用权一并抵押。这一规定的目的在于体现和维护“房随地走”和“地随房走”的原则，以避免出现纠纷。第二，乡镇、村企业的建设用地使用权不得单独抵押；以乡镇、村企业的厂房等建筑物抵押的，其占用范围内的建设用地使用权一并抵押。

（二）抵押权的取得

抵押权的取得可以分为基于法律行为取得和非基于法律行为取得两种。

1. 基于法律行为取得

基于法律行为取得抵押权又分为抵押权设立与抵押权转让两种。

抵押权设立是取得抵押权最为常见的方式，即债权人与债务人之间通过抵押合同或者遗嘱设定抵押权。基于抵押合同取得的抵押权也叫做约定抵押或意定抵押。

抵押权转让，受让人取得抵押权。当债权人向他人转让债权时，该债权的抵押权随同该债权一并转让，受让人因此而同时取得抵押权。

2. 非基于法律行为取得

非基于法律行为取得抵押权包括两种：(1) 基于法律的规定而取得抵押权，即法定抵押权；(2) 通过继承而取得抵押权。

（三）抵押权登记

设定抵押权应当进行物权登记。

我国《民法典》将当事人不办理抵押权登记的法律后果区分为以下两种不同的情形：

(1) 不办理登记，则抵押合同无法产生抵押权设定的法律效果。

依据《民法典》第402条的规定，以建筑物和其他土地附着物，建设用地使用权，海域使用权，正在建造的建筑物抵押的，应当办理抵押登记，抵押权自登记时设立。

(2) 不办理登记，抵押权依然成立，但不能对抗第三人。

依据《民法典》第403条的规定，以动产抵押的，抵押权自抵押合同生效时设立；未经登记，不得对抗善意第三人。浮动抵押权自抵押合同生效时发生效力，未经登记，不得对抗善意第三人。办理登记的，也不得对抗正常经营活动中已支付合理价款并取得抵押财产的买受人。

三、抵押权的效力

（一）抵押权对担保债权的效力

抵押权担保的范围包括主债权及其利息、违约金、损害赔偿金、实现抵押权的费用。当事人另有约定的，按照约定。

（二）抵押权对抵押财产的效力

抵押权对抵押财产的效力，就是抵押权效力所及标的物的范围，是指当抵押权人实现抵押权时可以就哪些财产进行折价或拍卖、变卖，并优先受偿。为了维护抵押权标的物的经济效用和交换价值，同时兼顾双方当事人的利益，对标的物以外的其他物或权利，在一定条件下也应纳入抵押权标的物的范围。

（三）抵押权对抵押权人的效力

1. 保全抵押权的权利

依据《民法典》第408条的规定，抵押人的行为足以使抵押财产价值减少的，抵押权人有权请求抵押人停止其行为；抵押财产价值减少的，抵押权人有权请求恢复抵押财产的价值，或者提供与减少的价值相应的担保。

2. 抵押权人的处分权

抵押权人有权对其享有的抵押权进行处分。这种处分包括抵押权的转让、用作债权的担保、抛弃等。

3. 抵押权人的顺位权

抵押权的顺位也叫做抵押权的次序、顺序，是指抵押人因担保两个或两个以上债权，就同一财产设定两个或两个以上的抵押权时，各抵押权之间优先受偿的先后次序。通俗地说，就是同一抵押财产上多个抵押权之间的顺位关系。

（四）抵押权对抵押人的效力

1. 出租抵押财产的权利

在抵押关系存续期间，抵押人可以出租抵押财产。在抵押权人实现抵押权时，该租赁关系不得对抗已登记的抵押权。

2. 转让抵押财产的权利

依照《民法典》第 406 条的规定，抵押期间，抵押人可以转让抵押财产。当事人另有约定的，按照其约定。抵押财产转让的，抵押权不受影响。抵押人转让抵押财产的，应当及时通知抵押权人。抵押权人能够证明抵押财产转让可能损害抵押权的，可以请求抵押人将转让所得的价款向抵押权人提前清偿债务或者提存。转让的价款超过债权数额的部分归抵押人所有，不足部分由债务人清偿。

3. 在抵押财产上多次设定抵押权的权利

财产抵押后，该财产的价值大于所担保债权的余额部分，可以再次抵押。这种抵押也叫做再抵押。再抵押的限制是：数个抵押权所担保的债权总额不超出抵押财产的总价值，这就是禁止超额抵押规则。违反超额抵押规则的后果是超出的部分不具有优先受偿的效力。所以，在实现抵押权时，被担保的债权超出抵押财产价值的部分只能作为一般债权，不具有优先受偿的效力。

四、特殊抵押权

（一）共同抵押权

共同抵押权也叫做总括抵押权或聚合抵押权，是指为担保同一个债权而在数项不动产、动产或权利上设定的抵押权。这数个不动产、动产或权利可以属于同一个人，也可以分别属于不同人。例如，债务人甲为担保所欠乙的 300 万元债务，提供丙、丁各价值 200 万元的两宗土地的建设用地使用权设定抵押权。《民法典》第 395 条第 2 款规定：“抵押人可以将前款所列财产一并抵押。”

（二）浮动抵押权

浮动抵押，是指抵押人以其所有的财产包括现有的以及将有的财产为标的而设立的抵押权。《民法典》第 396 条规定：“企业、个体工商户、农业生产经营者可以将现有的以及将有的生产设备、原材料、半成品、产品抵押，债务人不履行到期债务或者发生当事人约定的实现抵押权的情形，债权人有权就抵押财产确定时的动产优先受偿。”

浮动抵押权的特点就是其担保物的不特定性，因此，在抵押权实现时，应当按照《民法典》第 411 条的规定将其确定，才能够保障抵押权的实现。浮动抵押权在以下情形时确定：（1）债务履行期限届满，债权未实现；（2）抵押人被宣告破产或者解散；（3）发生当事人约定的实现抵押权的情形；（4）严重影响债权实现的其他情形。

在浮动抵押中，应当特别注意《民法典》第 416 条规定的中间价款超级优先权，内容是：“动产抵押担保的主债权是抵押物的价款，标的物交付后十日内办理抵押登记的，该抵押权人优先于抵押物买受人的其他担保物权人受偿，但是留置权人除外。”在动产抵押特别是浮动抵押中，抵押财产在抵押过程中，只要是没有被确定，都可以增加或者减少，无须经过任何附加手续。在抵押的动产中，“流入”抵押财产的特定动产将成为抵押财产，

“流出”的动产将移出抵押财产。流入抵押财产的特定动产如果是设有抵押权的，流入抵押财产是有自动负担浮动抵押权的，会产生在同一个物上有两个并存的抵押权，因而产生两个抵押权的受偿顺序问题。流出抵押财产的特定动产，尽管负担浮动抵押权，但是由于担保的债权没有确定，因而“逃离”了浮动抵押的担保财产。流入浮动抵押财产的特定动产在其流入前设有抵押，流入后负担浮动抵押权，而发生同一物上存在两个抵押权受偿顺序问题的规则，即中间价款超级优先权，其规则：一是动产抵押担保的主债权是抵押物的价款，即流入的特定动产已经设定的抵押权，担保的是该主债权，其担保数额是该抵押物的价款。二是如果该标的物在交付后十日内办理了抵押登记的，该抵押权就具有了超级优先权，即使其设立时间在后，也享有最优先的顺位。三是该超级优先权优先顺位对抗的是原来存在的浮动抵押权人的抵押权，即具有超级优先权的抵押权的抵押财产，尽管也负担了浮动抵押权，但是由于其享有超级优先权，因而享有该超级优先权的抵押权人优先于抵押物买受人的其他担保物权，包括浮动抵押权，所以能够最优先受偿。四是留置权人除外。

（三）最高额抵押权

最高额抵押权，是指为担保债务的履行，债务人或者第三人对一定期间内将要发生的债权提供担保财产的，债务人不履行到期债务或者发生当事人约定的实现抵押权的情形，抵押权人有权在最高债权额限度内就该担保财产优先受偿的特殊抵押权。《民法典》第420条第1款规定的就是最高额抵押权。

最高额抵押权担保债权的确定，是指最高额抵押权所担保的一定范围内的不特定债权，因一定事由的发生而归于具体特定。下列情形出现时，抵押权人的债权确定：（1）约定的债权确定期间届满；（2）没有约定债权确定期间或者约定不明确，抵押权人或者抵押人自最高额抵押权设立之日起满两年后请求确定债权；（3）新的债权不可能发生；（4）抵押权人知道或者应当知道抵押财产被查封、扣押；（5）债务人、抵押人被宣告破产或者解散；（6）法律规定债权确定的其他情形。

最高额抵押权担保的债权确定之后，效力的发生有下述两种情况：第一，只有在确定时已经发生的主债权属于抵押权担保的范围，确定之后产生的债权即使来源于基础法律关系，也不属于担保的范围。第二，最高额抵押权担保的债权一经确定，无论出于何种原因，担保债权的流动性随之丧失，该抵押权所担保的不特定债权变为特定债权，这时，最高额抵押权的从属性与普通抵押权完全相同。

五、抵押权的实现

（一）抵押权实现的条件

抵押权实现是指债务履行期限届满，债务人未履行债务，通过依法处理抵押财产而使债权获得清偿。

抵押权实现的条件是：（1）抵押权有效存在；（2）债务人不履行到期债务，或者发生当事人约定的实现抵押权的情形；（3）债权人的债权未受清偿。具备以上三个条件，抵押权人可以实现其抵押权。

（二）抵押权实现的程序

1. 协议实现

具备抵押权实现的条件，抵押权人可以与抵押人通过协议，以抵押财产折价或者以拍卖、变卖该抵押财产所得的价款优先清偿债务。

2. 诉讼实现

抵押权人和抵押人协议实现抵押权不成的，抵押权人可以向人民法院提起诉讼，由人民法院判决或者调解拍卖、变卖抵押财产，实现抵押权。

（三）禁止流押

流押也叫做流押契约、抵押财产代偿条款或流抵契约，是指抵押权人与抵押人约定，当债务人届期不履行债务时，抵押权人有权直接取得抵押财产的所有权。抵押权人和抵押人订立流押契约的，一律无效。

（四）抵押权实现的方法

抵押权实现的具体方法包括对抵押财产进行折价、拍卖、变卖。

1. 抵押财产折价

抵押权人与抵押人协议，或者协议不成经由人民法院判决，按照抵押财产自身的品质、参考市场价格折算为价款，把抵押财产所有权转移给抵押权人，从而实现抵押权。

2. 抵押财产拍卖

抵押权人与抵押人就抵押财产拍卖协商一致，可以自行委托拍卖机构进行拍卖。如果当事人就抵押财产拍卖没有达成一致，则只能通过人民法院强制拍卖。

3. 抵押财产变卖

当事人可以通过协商方式将抵押财产变卖。协商不成的，抵押权人可以向法院起诉，在胜诉判决后通过法院的强制执行程序将抵押财产拍卖或变卖。人民法院一般是以拍卖为原则，以变卖为例外。

（五）抵押财产折价或拍卖、变卖后价款的清偿顺序

抵押财产折价或者拍卖、变卖后，其价款超过债权数额的部分归抵押人所有，不足部分由债务人清偿。抵押权人与抵押人之间可以就该抵押财产折价、拍卖或变卖后所得价款的清偿顺序问题作出约定。如果当事人没有约定，则应按照下列顺序清偿：首先，抵偿实现抵押权的费用，即将抵押财产折价或拍卖、变卖抵押财产的花费，包括诉讼费、保全费、鉴定费、评估费、拍卖费等；其次，抵偿主债权的利息；最后，抵偿主债权。

（六）物上保证人的代位追偿权

提供担保的第三人，在承担担保责任后，有权向债务人追偿。这种追偿权，就是物上保证人的代位追偿权。

第三节 质权

一、质权概述

（一）质权的概念和特征

1. 质权的概念

质权是指债务人或第三人将特定的财产交由债权人占有，或者以财产权利为标的，作为债权的担保，在债务人不履行债务时，或者发生当事人约定的实现质权的情形，债权人有权以该财产或者财产权利折价或以拍卖、变卖所得价款优先受偿的权利。

债务人或者第三人交由债权人占有的特定财产叫做质押财产，也叫做质押物；债权人叫做质权人，提供质押财产的人叫做出质人。

2. 质权的特征

（1）质权是为了担保债权的实现而设立的担保物权，因而质权具有从属性。

（2）质权的标的物是动产或者权利，只能在债务人或者第三人提供的特定财产或者权利上设定。

（3）动产质权必须转移标的物的占有，即由质权人占有质押财产。即使是权利质权，也需要交付权利凭证或者进行登记才能成立。

（4）质权人在债务人履行债务前对质押财产享有留置的权利，债务人不履行债务时，或者发生当事人约定的实现质权的情形，质权人有权以质押财产的变价款享有优先受偿的权利。

（二）质权的种类

依照质权标的物的性质不同，质权可分为动产质权与权利质权。动产质权，是指债务人或者第三人以动产为标的物设立的质权；权利质权，是指债务人或者第三人以可让与的债权或其他权利为标的所设定的质权。

参考案例 10-2

2018 年 10 月 5 日某甲向银行贷款 5 000 元，借款期限为 6 个月。甲以一张 1 万元的 3 年定期存款单向银行提供质押，存款于 2019 年 10 月到期。甲未能按期清偿贷款。银行向法院起诉，请求以其质押的存款清偿债务。法院支持银行的诉讼请求。

二、动产质权

（一）动产质权的概念

动产质权是以动产设立的质权。《民法典》第 425 条第 1 款规定："为担保债务的履行，债务人或者第三人将其动产出质给债权人占有的，债务人不履行到期债务或者发生当事人约定的实现质权的情形，债权人有权就该动产优先受偿。"

（二）动产质权的取得

动产质权，当事人应通过质权合同或者遗嘱而设立。在实践中最为常见的是通过质权合同设定动产质权。质权合同为要式合同。质权合同不得约定流质。

关于质押财产，《民法典》第 426 条仅规定"法律、行政法规禁止转让的动产不得出质"。在实际适用时，质押财产应符合以下条件：（1）该动产须为特定物；（2）该动产须为独立物；（3）该动产必须是法律允许流通或者允许让与的物。

质权自出质人交付质押财产时设立。交付包括现实交付、简易交付和指示交付，但不包括占有改定。出质人代质权人占有质押财产的，质权合同不生效。如果债务人或者第三人未按质权合同约定的时间移交质押财产，因此给质权人造成损失的，出质人应当根据其过错承担赔偿责任。

（三）动产质权的效力

1. 动产质权对所担保的债权的效力

质权担保的范围包括主债权及其利息、违约金、损害赔偿金、保管担保财产和实现担保物权的费用。质权合同另有约定的，按照约定。

2. 动产质权对质权标的物的效力

作为质押财产的动产为质权的效力所及。对质押财产以外的其他物或权利，在一定条件下也纳入质权效力所及的标的物范围。

3. 动产质权对出质人的效力

出质人的权利包括：质押财产的收益权；质押财产的处分权；物上保证人的代位权；保全质押财产的权利。

出质人的义务是：因质押财产存在隐蔽瑕疵而致质权人遭受损害时，应由出质人承担赔偿责任，但质权人在质押财产移交时明知质押财产有瑕疵而予以接受的除外。

4. 动产质权对质权人的效力

质权人的权利有：(1) 留置质押财产的权利。出质人或者质押财产的第三取得人请求质权人交付质押财产，质权人都可以拒绝。(2) 优先受偿的权利。(3) 收取孳息的权利。(4) 转质权。转质是指质权人为了担保自己的或者他人的债务，将质押财产向第三人再度设定新的质权。转质的后果是：第一，转质权担保的债权范围，应当在原质权所担保的债权范围之内，超过的部分不具有优先受偿的效力。第二，转质权的效力优于原质权。(5) 因质权受侵害的请求权。(6) 质权保全权。

质权人的义务有：(1) 质押财产的保管义务。因保管不善致使质押财产毁损、灭失的，应当承担赔偿责任。(2) 返还质押财产的义务。债务人履行债务或者出质人提前清偿所担保的债权的，质权人应当返还质押财产。

(四) 动产质权的实现

动产质权的实现是指质权所担保的债权已届清偿期，债务人未履行债务，质权人与出质人协议以质押财产折价，或依法拍卖、变卖质押财产，并就所得的价款优先受偿的行为。

动产质权实现的条件有：(1) 动产质权有效存在；(2) 债务人不履行到期债务，或者发生当事人约定的实现质权的情形；(3) 作为质权人的主债权人未受清偿。

出质人请求质权人及时行使质权，而质权人怠于行使权利，致使质押财产受到损害的，依照《民法典》第 437 条第 2 款的规定，质权人就由此造成的损失应当承担赔偿责任。

动产质权实现的方法有折价、拍卖和变卖三种，其中拍卖是主要方法。质押财产拍卖、变卖的变价款，质权人有权优先受偿。质押财产折价或者拍卖、变卖后，其价款超过债权数额的部分归出质人所有，不足部分由债务人清偿。

(五) 动产质权的消灭

除担保物权的共同消灭原因，如混同、抛弃、没收等，会导致动产质权消灭之外，以下几项原因也会导致动产质权的消灭：(1) 质押财产返还；(2) 质押财产灭失；(3) 质权人丧失质押财产的占有，无法请求返还。

(六) 最高额质权

《民法典》第 439 条规定："出质人与质权人可以协议设立最高额质权。最高额质权除适用本节有关规定外，参照适用本编第十七章第二节的有关规定。"设立最高额质权，可在质押财产的价值范围内，对一定时期发生的连续性交易关系进行担保。具体的规则应当参照关于质权的规定和最高额抵押权的规定。

三、权利质权

（一）权利质权的概念

权利质权是指以依法可转让的债权或者其他财产权利为标的物而设定的质权。

（二）权利质权的设定

由于权利质权准用动产质权的规定，因此其取得方式大体与动产质权相同，即包括基于法律行为（如质权合同或遗嘱）而取得、基于法律行为以外的事实而取得（如善意取得）等。通过质权合同设定权利质权，是最常见、最重要的方式。

1. 有价证券质权

依照《民法典》第440条和第441条的规定，能够作为权利质权标的物的有价证券包括下述五类：

（1）票据。汇票、本票和支票都可以设立质权。以汇票、本票、支票出质的，出质人和质权人应当以书面形式订立质权合同，出质人应当在合同约定的期限内将权利凭证交付质权人。质权自权利凭证交付之日起设立；没有权利凭证的，质权自办理出质登记时设立。法律另有规定的，依照其规定。

（2）债券。以债券出质的，出质人和质权人应当以书面形式订立质权合同，出质人应当在合同约定的期限内将权利凭证交付质权人。债券质权自权利凭证交付之日起设立。

（3）存款单。以存款单出质的，出质人和质权人应当以书面形式订立质权合同，出质人应当在合同约定的期限内将权利凭证交付质权人。质权自权利凭证交付之日起设立。

（4）仓单。以仓单为标的物设定质权的，出质人与质权人应当订立书面质权合同，出质人应当在合同约定的期限内将权利凭证交付质权人。质权自权利凭证交付之日起设立。

（5）提单。以提单为标的物设定质权的，出质人与质权人应当订立书面质权合同，出质人应当在合同约定的期限内将权利凭证交付质权人。质权自权利凭证交付之日起设立。

2. 基金份额、股权质权

基金份额、上市公司股票质权的设立，须经登记后生效。原《物权法》规定的登记部门是证券登记结算机构。证券登记结算机构是为证券交易提供集中的登记、托管与结算服务的机构，是不以营利为目的的法人。目前，我国的证券登记结算机构是中国证券登记结算有限责任公司，下设深圳分公司和上海分公司。基金份额的登记结算适用《证券登记结算管理办法》的规定。

以非上市公司的股权出质的，或者以有限责任公司的股份出质的，质权自办理登记时设立。原《物权法》规定的登记部门是市场监督管理部门。

3. 知识产权质权

以注册商标专用权、专利权、著作权等知识产权中的财产权出质的，当事人应当订立书面合同，质权自办理出质登记时设立。知识产权中的财产权出质后，出质人不得转让或者许可他人使用，但经出质人与质权人协商同意的除外。出质人转让或者许可他人使用出质的知识产权所得的价款，应当向质权人提前清偿债权或者提存。

4. 应收账款质权

应收账款质权也叫做不动产收益权质权，是以不动产的收益权作为质押的标的物所设立的质权。当事人应当订立书面合同，质权自办理出质登记时设立。应收账款出质后，不得转让，但经出质人与质权人协商同意的除外。出质人转让应收账款所得的价款，应当向质权人提前清偿债权或者提存。

5. 依法可以质押的其他权利

《民法典》第 440 条第 7 项“法律、行政法规规定可以出质的其他财产权利”的规定，是对权利质权标的物范围的兜底性规定。其中最重要的就是一般债权可以作为质权的标的，设立权利质权。

（三）权利质权的效力

1. 权利质权对担保的债权和质押财产的效力

权利质权对担保的债权的担保范围包括主债权、利息、违约金、损害赔偿金以及实现质权的费用。

2. 权利质权对出质人的效力

出质人的权利是：（1）质权人不能尽善良管理人的义务保管质押的权利凭证而可能致其灭失或毁损的，出质人有权要求质权人将该权利凭证提存，也有权提前清偿债权而消灭权利质权，以取回设质的权利凭证。（2）权利质权设定后，不论质押财产是否有灭失或毁损的危险，出质人均有权提前清偿所担保的债权以消灭权利质权，权利质权因出质人提前清偿债权而消灭的，出质人有权取回质押的权利凭证或者注销权利质权的登记。

出质人在将其享有的权利出质之后，并未丧失对该权利的处分权。由于权利质权的标的物是权利，出质人完全可以通过法律行为使该权利消灭，所以，在权利质权中对出质人处分权的限制应当加强，即出质人应承担以下义务：（1）股权出质后，不得转让，但经出质人与质权人协商同意的，可以转让。出质人转让股票所得的价款应当向质权人提前清偿或者提存。（2）以依法可以转让的商标专用权或者专利权、著作权中的财产权出质的，出质人不得转让或者许可他人使用，但经出质人与质权人协商同意的，可以转让或者许可他人使用。出质人所得的转让费、许可费，应当向质权人提前清偿或者提存。如果出质人未经质权人同意而转让或者许可他人使用已出质权利的，为无效，因此给质权人或者第三人造成损失的，由出质人承担民事责任。

3. 权利质权对质权人的效力

依据《民法典》第 446 条的规定，权利质权准用动产质权的有关规定。因此权利质权人的权利义务基本上与动产质权人相同，不同之处在于：（1）股票质权人保全股票价值的权利；（2）禁止质权人转让标的物；（3）禁止质权人转质。

（四）权利质权的实现

权利质权的实现是指质权所担保的主债权已届清偿期而债务人不履行债务时，或者发生当事人约定的实现质权的情形，质权人依法以质押的权利变价，并就其价款优先受偿的行为。

质权实现的一般方法有三种，即协议以质押的权利折价、拍卖或变卖。

第四节 留置权

一、留置权概述

（一）留置权的概念

留置权是指债权人依法律规定可以留置的债权占有属于债务人的动产，债务人不按照约定的期限履行债务时，债权人有权依法留置该财产，以该财产折价或者拍卖、变卖该财产的价款优先受偿的担保物权。《民法典》第 447 条第 1 款规定："债务人不履行到期债务，债权人可以留置已经合法占有的债务人的动产，并有权就该动产优先受偿。"

在留置权法律关系中，留置债务人财产的债权人叫做留置权人，被留置财产的债务人叫做被留置人，被留置的财产叫做留置财产，也叫做留置物。

（二）留置权的特征

（1）留置权的性质为他物权。留置权是以他人之物而发生的物权，因而是限制性物权。

（2）留置权是法定担保物权。当事人自己不能约定留置权，当法律规定的条件具备时，留置权自行产生；留置权的适用范围由法律规定。

（3）留置权是两次发生效力的物权：第一次效力发生在留置权产生之时，债权人即留置权人于其债权未受清偿前可以留置债务人的财产，促使债务人履行其义务，留置权人对留置财产享有继续占有的权利，并享有物上请求权，至债务人履行债务时，该效力终止。第二次效力发生在第一次效力发生之后，留置权人于债务人超过规定的宽限期仍不履行其义务时，得依法以留置财产折价或拍卖、变卖的价款优先受偿。

（4）留置权是不可分性物权，其效力就债权的全部及于留置财产的全部。

（5）留置权为从权利，依主权利的存在而存在，依主权利的消灭而消灭。

（三）留置权的作用

留置权的作用就是担保债权，具体表现在：留置权是被动发生的，仅具有债权担保一项作用，不能起到融通资金的作用。

二、留置权的成立

留置权成立要件分为积极要件和消极要件。

（一）留置权成立的积极要件

留置权成立的积极要件是留置权成立所应具备的事实，为以下三项：

（1）债权人合法占有债务人的动产。债权人占有债务人的动产，必须依自己的意思对某物予以控制。债权人持有某物，不能成立留置权。

（2）债权的发生与该动产有牵连关系。债权人所占有的债务人的动产必须与其债权的发生有牵连关系，才可成立留置权。《民法典》第 448 条规定："债权人留置的动产，应当与债权属于同一法律关系，但是企业之间留置的除外。"因此，当债权与债务都是因债权人取得占有的债权发生的，即债权人的权利与债务人的请求交付标的物的权利是基于同一法律事实发生的，认为债权的发生与该动产有牵连关系。

（3）债权已届清偿期且债务人未履行债务。只有在债权已届清偿期，债务人仍不履行义务时，债权人才可以留置债务人的动产。在债务人无支付能力时，如果债务人的债务未到履行期，成立紧急留置权。

（二）留置权成立的消极要件

留置权成立的消极要件，是留置权成立的否定条件，即虽然具备留置权成立的上述积极要件，但因消极要件的存在，而使留置权仍不能成立。留置权成立的消极要件虽然有多项，但只要具备其中之一，即发生否定留置权的效果。

留置权成立的消极要件通常有以下五项：

（1）当事人事先无不得留置的约定。

（2）留置债务人的财产不违反公序良俗。

（3）留置财产与债权人所承担的义务不相抵触。

（4）留置财产与对方交付财产前或交付财产时所为的指示不相抵触。

（5）对动产的占有非因侵权行为而取得。

参考案例 10－3

城郊农民李某有一辆跑短途运输的三轮小货车，于 2019 年 5 月送到宋某的机动车修理部修理。修好后，李某要求先不付款，跑几趟运输后再付修理费，宋某不同意，便将该小货车留置，申明不付修理费就不能取回该车。李某因与货主已协商好运输业务，故于夜晚到宋某的修理部将该小货车开走装货。李某在运货回来途中，小货车撞在山崖上导致车严重受损，李某无力清偿债务。宋某以李某侵害其留置权为由，要求李某将撞坏的小货车拍卖，用变价款清偿修理费。法院支持宋某的诉讼请求。

三、留置权的效力

（一）留置权的一般效力范围

1. 留置权所担保的债权范围

留置权所担保的债权范围，原则上应与担保物权所担保的债权范围相同，是与留置财产有牵连的一切债权，包括原债权、债权的利息、迟延的利息、实现留置权的费用、留置财产保管费以及因留置财产瑕疵而产生的损害赔偿等。

2. 留置权标的物的范围

留置权的标的物就是留置财产。留置权对留置财产所及的效力范围，法律无明文规定，在解释上认为包括主物、从物、孳息和代位物。

（二）留置权对留置权人的效力

1. 留置权人的权利

（1）留置财产的占有权。留置财产占有权的内容包括两个方面，一方面对抗债务人即留置财产的所有人或原占有人，另一方面对抗该合同关系以外的第三人。

（2）留置财产的孳息收取权。《民法典》第 452 条规定：“留置权人有权收取留置财产的孳息。前款规定的孳息应当先充抵收取孳息的费用。”

（3）留置财产必要的使用权。在下述两种情况下，留置权人有对留置财产使用的权利：第一，为留置财产保管上所必要的使用。如适当使用留置的车、船、机械，为防止锈蚀而进行适度运转。第二，经债务人同意而为的使用。

（4）必要费用偿还请求权。必要费用是指保存、管理所不可缺的费用，包括保管费、维修费、养护费、搬运费等。

（5）留置财产变价权。该变价权并不产生于留置权产生之时，而是产生于留置权实行之时，即留置权的第二次效力发生之时。关于留置财产变价权的行使，《民法典》第 453 条第 1 款后段及第 2 款规定："债务人逾期未履行的，留置权人可以与债务人协议以留置财产折价，也可以就拍卖、变卖留置财产所得的价款优先受偿。留置财产折价或者变卖的，应当参照市场价格。"

（6）优先受偿权。优先受偿权是留置权第二次效力中的最后一个权利，是保障留置权人债权的根本手段。

2. 留置权人的义务

（1）留置财产的保管义务。《民法典》第 451 条规定："留置权人负有妥善保管留置财产的义务；因保管不善致使留置财产毁损、灭失的，应当承担赔偿责任。"

（2）不得擅自使用、利用留置财产的义务。留置权人未经债务人同意而擅自使用、利用留置财产，构成对应负义务的违反，导致发生损害时，留置权人应负损害赔偿责任。

（3）返还留置财产的义务。留置权消灭时，留置权人丧失对留置财产的占有权，应将留置财产返还于债务人。违背这一义务，债权人为非法占有，应负民事责任。

（三）留置权对债务人的效力

在留置权法律关系中，债务人是被留置人，他可以是留置财产的所有人，也可以是对留置财产享有合法占有权的人。留置权产生以后，除对留置权人发生法律效力以外，还对债务人发生法律效力。

1. 债务人仍享有留置财产的原有权利

留置财产被留置以后，留置财产的所有人仍对留置财产享有所有权，留置财产合法占有人仍对留置财产享有相应的权利。债务人在其权限范围内可以处分留置财产，但受让人成为新的债务人，成为留置权关系的当事人。

2. 债务人行使留置财产的权利受到限制

债务人丧失对留置财产的占有，也无法使用，收益的权能则部分受限制，债务人的出质权受到限制，租赁权也受到限制。

3. 不得干扰、阻碍留置权人行使留置权

留置财产被留置以后，债务人必须尊重留置权人行使留置权的事实，不得干扰、阻碍留置权人行使权利，必要时还须予以协助。

4. 偿付因留置财产而支出的必要费用

留置财产被留置以后，由于其所有权等权属未变，因而对于留置权人保管、维护留置财产而发生的一切费用均应承担。

四、留置权的实现

留置权的实现也叫留置权的实行，是指留置权的第二次效力的实现。债务人于债权人留置标的物后一定的期限内仍不履行其债务，留置权人得以留置财产的变价款优先受偿。

（一）留置权实现的程序和条件

留置权的实现必须经过一定的程序和具备一定的条件。

1. 确定留置财产后的履行债务宽限期

债权人一经留置依债权占有的债务人的财产，应当立即确定宽限期。宽限期的确定有两种办法：一是由当事人双方事先在合同中约定，约定的期限不得少于两个月；二是如果当事人双方在合同中没有事先约定宽限期，债权人在留置财产后应自行确定一个宽限期，但最短亦不得少于两个月。

2. 对债务人的通知义务

债权人留置合同标的物以后，应当立即通知债务人。通知的内容：一是告知已将合同标的物留置；二是告知债务人宽限期；三是催告债务人在宽限期内履行债务。债权人未经通知债务人上述内容，不得实现留置权。宽限期应于债权人通知留置之日起计算。

3. 留置财产变价、取偿

债务人在宽限期届满仍不履行债务，也不另行提供担保的，留置权人可以对留置财产变价、取偿。如果债务人在宽限期届满前履行了债务，或者另行提供了担保，则留置权消灭。

（二）留置权实现的方式

依照我国《民法典》的规定，留置权的实现方式有两种：一是当事人协商一致折价的，可依约定办理；二是当事人约定折价不成，则须依变价方式。当事人约定变价的，也应准许。

留置权人最终实现留置权，是以处分留置财产的变价款和留置财产的折价款额，优先受偿。按照《民法典》第455条的规定，留置财产折价或者拍卖、变卖后，其价款超过债权数额的部分归债务人所有，不足部分由债务人清偿。但剩余债权因已无担保，成为普通债权，并无优先受偿权。

五、留置权的消灭

（一）留置权消灭的概念和类型

留置权的消灭，是指留置权成立以后至留置权实现之前，留置权因一定原因的出现而不复存在。

留置权的消灭分两种：一是永久消灭，即一经消灭，永不再产生；二是相对消灭，即留置权消灭后还会依法再生。

（二）留置权消灭的效力

留置权消灭的效力是消灭留置权法律关系，留置权人和债务人丧失这种法律身份，仍为债权人和债务人。留置权消灭不发生返还留置财产的后果，而是承担原债的给付标的物的后果。留置权消灭以后，还产生其他具体的法律后果。

（三）留置权消灭的原因

1. 留置权因物权消灭的共同原因而消灭

留置权是物权，当物权消灭的共同原因出现时，留置权因此而消灭。这些原因是：（1）标的物灭失；（2）标的物被征用；（3）留置权与所有权混同。

2. 留置权因担保物权消灭的共同原因而消灭

《民法典》第 393 条规定的担保物权消灭的共同原因，都适用于留置权的消灭。这些原因是：(1) 主债权消灭；(2) 担保物权实现；(3) 债权人放弃担保物权；(4) 法律规定担保物权消灭的其他情形。

3. 留置权消灭的特别原因

留置权消灭的特别原因是只能引起留置权消灭的特殊事实，既不可适用于其他担保物权，更不能适用于其他物权。这些原因是：(1) 债务人另行提供担保；(2) 留置权人对留置财产丧失占有；(3) 债权清偿期的延缓。

第五节　非典型担保物权

一、优先权

（一）优先权的概念和性质

优先权也称先取特权，是指特定的债权人依据法律规定而享有的，就债务人的总财产或特定财产优先于其他债权人而受清偿的权利。优先权是独立的法定担保物权，它既不是优先受偿效力或特殊债权的清偿顺序，也与抵押权等担保物权具有明显区别。

例如，《民法典》第 807 条规定了建设工程价款债权的优先权。在审理房地产纠纷案件和办理执行案件中，应当依此规定，认定建筑工程承包人的优先受偿权优于抵押权和其他债权。

（二）优先权担保的债权范围

优先权担保的债权范围主要包括：主债权及其利息、违约金、损害赔偿金以及优先权人因保全和实现优先权所支出的费用。对此，应当原则上适用《民法典》第 389 条规定的担保物权所担保的一般范围的规定。

二、所有权保留

（一）所有权保留的概念和性质

所有权保留是指在转移财产所有权的商品交易中，根据法律规定或者当事人约定，财产所有权人转移财产占有于对方当事人，而保留其对该财产的所有权，待对方当事人交付价金或者完成特定条件时，所有权才发生转移的担保物权。《民法典》第 642 条、第 643 条规定的就是所有权保留规则。

所有权保留担保的内容虽然不是物而是权利，但是这种权利是所有权，其实质还是物的担保，是物的所有权的担保。

（二）所有权保留的成立

所有权保留的成立，是通过当事人在合同中约定所有权保留条款进行的。当事人可以在买卖合同中约定或者另行订立所有权保留合同，约定交付标的物而不交付标的物的所有权。所有权保留担保形式的最大缺陷在于缺乏公示性，第三人难以知悉标的物的权属状态，因而所有权保留成立后应当进行登记。

（三）所有权保留的效力及实现

所有权保留成立后的法律效力，表现为出卖人的取回权和买受人的期待权。

1. 出卖人的取回权

出卖人的取回权是指在所有权保留中，出卖人享有的在买受人有特定违约行为，损害出卖人的合法权益时，从买受人处取回标的物的权利。

出卖人行使取回权的条件是：(1) 买受人未按约定支付价款，经催告后在合理期限仍未支付的；(2) 买受人未按约定完成特定条件的；(3) 买受人将标的物出卖、出质或者作出其他不当处分的。不过，买受人已经支付标的物总价款的75%以上，或者符合第三人善意取得条件的，出卖人不得行使取回权。出卖人行使取回权之后，并未发生合同解除的法律后果，买受人可以在法律规定的回赎期内，履行价金的偿付义务，或者完成特定条件或者停止对标的物的处分，可以重新占有标的物，回到双方当事人的交易上来。

2. 买受人的期待权

买受人的期待权是指买受人在未取得出卖标的物的所有权前，享有期待实现买卖标的物所有权的权利。

法律对买受人的期待权予以保护：(1) 买受人完成了约定的条件，就享有取得标的物的所有权的权利，任何人不得剥夺这一权利；(2) 经过登记的所有权保留买卖中，买受人的期待权具有对抗第三人的效力，出卖人将标的物让与第三人的行为，并不妨碍买受人于条件完成时取得标的物的所有权，因此造成损失的，出卖人承担赔偿责任；(3) 当第三人非法侵夺买受人占有的标的物或者第三人的侵害致标的物毁损或者灭失的，买受人可以基于其从所有权保留买卖合同中取得的直接占有人的身份，请求侵权人承担侵权民事责任。

三、让与担保

(一) 让与担保的概念

让与担保是指债务人或者第三人为担保债权人的债权，将担保标的的所有权等权利转移于债权人，于债务清偿后，担保标的的物权应返还于债务人或者第三人，于债务不履行时，债权人得就该标的的物权优先受偿的担保物权。《全国法院民商事审判工作会议纪要》第71条，确认让与担保为合法的担保形式：债务人或者第三人与债权人订立合同，约定将财产形式上转让至债权人名下，债务人到期清偿债务，债权人将该财产返还给债务人或第三人，债务人到期没有清偿债务，债权人可以对财产拍卖、变卖、折价偿还债权的，人民法院应当认定合同有效。

在让与担保中，提供担保权利的一方当事人为设定人，接受让与担保权利的债权人为担保权人，设定让与担保的财产为担保物。

(二) 让与担保的设定

设定让与担保应当采用法律行为的方式，即通过订立让与担保合同的方式，确定让与担保的法律关系。债权人依照法律行为取得让与担保权，就应当同让与担保标的物或者权利的所有人、权利人（即设定人）订立书面让与担保合同，确立债权人与设定人之间让与担保的权利和义务。

下列财产可以设定让与担保：(1) 设定人的动产、不动产；(2) 设定人的用益物权；(3) 设定人依法拥有的汇票、支票、本票、债券、存款单、仓单、提单，依法可以转让的股权、股票，依法可以转让的知识产权中的财产权利；(4) 计算机软件的财产权等。在司法实践中，股权让与担保适用比较普遍。

让与担保是以转移担保标的的权利于债权人的方式实现对债权担保的职能的，因此，让与担保的设定人应当转移担保标的的物权给债权人，否则不发生让与担保的效力。

（三）让与担保的效力

让与担保设定之后，不论担保物是否由设定人占有，其所有权等权利都应移转于担保权人，发生让与担保的效力。其基本效力就是担保债务的清偿，保证债权实现。

让与担保的目的在于担保债权。当债务人的债务已届清偿期，债务人已经清偿债务时，让与担保的作用就完成了，没有继续存在的必要，担保权人应当将担保物的所有权及其他权利返还设定人。对此，设定人可以请求返还担保物的所有权或者其他权利，恢复自己对担保物或者权利的支配。

对于股权让与担保，受让股权的担保物权人往往被作为实际的股权人，主张其承担股东责任。《最高人民法院关于适用〈中华人民共和国民法典〉有关担保制度的解释》第69条规定：股东以将其股权转移至债权人名下的方式为债务履行提供担保，公司或者公司的债权人以股东未履行或者未全面履行出资义务、抽逃出资等为由，请求作为名义股东的债权人与股东承担连带责任的，人民法院不予支持。

（四）民间借贷中的后让与担保

《最高人民法院关于审理民间借贷案件适用法律若干问题的规定》第23条规定了民间借贷合同与买卖合同混合的情形，学理解释为后让与担保。民间借贷合同与买卖合同混合纠纷的真实法律关系，是买卖合同为民间借贷合同担保，以买卖合同的标的作为借贷合同债权提供后让与所有权的物的担保。

该司法解释第23条尽管没有明确规定这种买卖合同就是借贷合同的担保，但也属于其他具有担保功能的合同，确认这种担保形式。在法律适用上，对民间借贷与买卖合同混合的纠纷案件，应当适用《民法典》物权编关于担保物权的一般规定。对这类案件适用法律，应当特别注意以下三个规则：第一，借款人不履行生效判决确定的金钱债务，出借人可以申请拍卖买卖合同标的物，以偿还债务，实现物权担保的作用。第二，就拍卖所得的价款与应偿还借款本息之间的差额，借款人或者出借人有权主张返还或补偿，而不能出现"流押"即以买卖合同的权属直接抵债的情形。第三，买卖合同是设置的习惯法的担保物权，因而被担保的借贷债权就是有担保的债权，应当遵守担保物权实现的一般性规则，具有优先受偿性，而不能作为一般债权处理。

【引例评析】

在本章引例中，杨某以动产出质，设立的权利属于动产质权。杨某与徐某虽然约定设定质权担保，但是由于质押财产未交给质权人占有，因而质权关系没有发生法律效力。杨某与孙某的质权合同虽然约定在后，但是质权人已经占有了质押财产，按照法律规定，质权成立。因而，法院判决后一个质权关系有效，前一个质权关系无效，是正确的。

【本章小结】

1. 担保物权是指以确保债权的实现为目的而设定的，以直接取得或支配特定财产的交换价值为内容的他物权。以担保物权发生的原因为标准，担保物权可以分为法定担保物权和约定担保物权；以担保物权具有的主要效力为标准，担保物权可以分为留置性担保物权和优先受偿性担保物权；依据担保财产是否转移占有，担保物权可以分为占有担保物权与非占有担保物权。

2. 我国担保物权包括抵押权、质权和留置权。

3. 非典型担保物权包括优先权、所有权保留和让与担保。

【练习题】

1. 名词解释

（1）抵押权

（2）质权

（3）留置权

2. 思考题

（1）担保物权的概念及特征是什么?

（2）我国《民法典》物权编规定哪些财产不可以设定抵押?

（3）质权与抵押权相比，其特征是什么?

（4）留置权人的权利和义务是什么?

3. 案例分析题

五福房地产开发公司在某市郊区购买了一块建设用地的使用权用于写字楼开发。2002年5月，该公司以该土地使用权作抵押，向该市建设银行借款1 000万元，该块土地经评估为1 200万元，双方在登记机关办理了抵押权登记手续。在登记时，注明抵押期限为2年。2004年3月，因五福房地产开发公司拖欠债务，被债权人建设银行起诉，要求实现抵押权。

问题：

（1）建设银行对于五福房地产开发公司的土地使用权享有何种物权?

（2）抵押权的作用是什么?

（3）建设银行请求法院实现其抵押权是否能得到支持?

分析要点提示：

（1）由于五福房地产开发公司的土地使用权已经设置了抵押，建设银行已经取得了该土地的抵押权。该权利的性质是担保物权。

（2）抵押权的作用在于保障债权人的债权实现，当债务人不履行债务的时候，以抵押物的变现优先予以清偿，实现债权。

（3）本案的原告建设银行请求法院实现其抵押权，法院应当予以支持，因为该抵押权的实现条件已经具备。

在线练习

民法（第八版）

第三编

债与合同

第十一章　债法总则

【本章引例】

周某到某信用社取存款 1 000 元，出纳员李某误将一捆 100 元的钞票当做 10 元的钞票给了周某。周某收到后即离开信用社。随后，李某发现库存短款 9 000 元，即追回周某，周某否认。经查验，周某携带的钞票捆扎纸条上有该信用社出纳员的印章。后信用社起诉，法院判决周某返还 9 000 元不当得利。

【本章学习目标】

通过学习本章，你应该能够：

1. 掌握债权及其特征；
2. 掌握债法的概念及债法在民法中的地位。

第一节　债权

一、债权的概念

债是按照合同约定或者依照法律的规定，在当事人之间产生的特定的权利和义务关系。在债的关系中，享有权利的人为债权人，负有义务的人为债务人。债权人享有的权利为债权，债务人承担的义务为债务。

《民法典》第 118 条第 2 款规定："债权是因合同、侵权行为、无因管理、不当得利以及法律的其他规定，权利人请求特定义务人为或者不为一定行为的权利。"故债权就是在债的关系中，一方（债权人）请求另一方（债务人）为一定行为或者不为一定行为的权利。

二、债权的法律特征

（一）债权是相对权

债是特定主体之间的民事法律关系。债的主体是债权人和债务人，不仅债权人是特定的，而且债务人也是特定的。在债的关系中，债权人只能向负有债务的特定的人主张权利，不能向不是债务人的不特定人主张权利。这种只能向特定的人主张的权利称为相对权。主体的特定性使债权与物权区别开来。

（二）债权是请求权

债以给付为内容。在债的关系中，债权的实现有赖于债务人为一定行为或者不为一定行为，即债权人只能请求债务人为一定行为或者不为一定行为。而在物权中，物权人可以通过直接支配物而实现权利，物权人以外的人只要不妨碍物权的行使就可以了。因此，债权被称为请求权，物权被称为支配权。

（三）债权具有期限性

债权是有期限的权利，原则上不能永久存在。期限届满，债权即消灭。这些期限包括合同约定的期限、法律规定的期限和时效期限。所有权就不存在期限性，可以永久存续。

（四）债权具有相容性

相容性是指针对同一标的物可以成立内容相同的数个债权，其相互之间并不排斥，即每个债权都不具有排他性。所有权就不具有相容性。

（五）债权具有平等性

债权具有平等性是指数个债权人对同一债务人先后发生数个普通债权时，其效力一律平等，不因为成立先后的不同而有效力上的差别。例如，在债务人破产时，各个债权人按照各自债权的比例分配财产。

（六）债权的客体具有多样性

债权的客体不是单一的，涉及物、行为和智力成果。尽管理论上存在争议，一般认为债权的客体就是债的标的，即债权和债务指向的对象。物权的客体是单一的，即只有物。

（七）债权的设定多是任意的

在法律并不禁止的情况下，经过当事人自由协商，就可以任意创设债权。例如，法律没有规定的无名合同，同样受法律保护。物权都是法定的，当事人不得随意设定物权。

参考案例 11-1

甲、乙双方当事人在合伙关系解除之后，协商将原来合伙共有的货车作价归甲所有，甲退还乙一半的货车价款。这既是一种解除合伙关系的协议，也是当事人之间的一种债的关系，符合债权的所有特征。对于这种债的关系，法律予以保护。

第二节　债法

一、债法的概念

债法是调整特定当事人之间的民事法律关系即债权债务关系的法律规范的总称。债法有形式债法和实质债法之分。形式债法又称为狭义债法，一般仅指民法债编；实质债法又称为广义债法，其内容不仅包括民法债编，而且包括民法债编以外的有关债的其他规定。我国《民法典》未设立债编，债编的基本规则规定在合同编之中。

二、债法的特征

（一）债法是调整财产关系的法律

债法调整的合同关系和损害赔偿关系等，都属于财产关系。因此，债法也属于财产法。

（二）债法调整的是财产流转关系

债法和物权法都是调整财产关系的，但两者的侧重点并不相同。债法调整的是动态的财产关系，反映的是财产的转让等流转关系；物权法调整的是物的归属关系，反映的是静态的财产关系。

（三）债法为任意法

债法充分保护和体现当事人的自由意思，允许当事人自由商定债权债务的内容和形式。除违反为数不多的强制性规定或者公序良俗之外，当事人设立、变更或者终止债权债务关系的自由意思都受到保护。

参考案例 11－2

2017 年 8 月，黄某因急需筹集学费，向蒋某借了 6 000 元钱，约定借款期限为 1 年。2018 年 8 月，蒋某要求黄某归还借款。蒋某在出示借据时，却发现借据上还款日期当时竟写成了 20018 年 8 月，形成了要等 18 000 年之后才到债务清偿期的债务。黄某见此，竟然以没到还款期限和没钱还款为由拒绝还款。蒋某只好将黄某告到法院。法院确认借据上签署的“20018 年 8 月”为清偿期是当事人的笔误，不是客观事实，遂判决黄某必须在法院限定的期限内全部清偿蒋某的借款。

债法是任意法，当事人可以自由约定，但是，万年以后还款的约定不是自由约定，而是笔误，因此应当根据当事人的真实意思确定还款期限。

三、债法的地位和主要内容

（一）债法在民法中的地位

债法是民法的重要组成部分。例如，近现代大陆法系国家《民法典》在内容上一般分为总则、物权法、债权（债务）法、亲属法、继承法等。其中，总则规定民事主体、民事法律行为、时效等通用性规范；物权法主要规定物的享有和支配；亲属法主要规定人在婚姻家庭关系中的地位及相互关系；继承法规定人死亡后其财产的处理；债法主要规定财产的交易与民事主体的财产和人身受到侵害时的救济。有的民事主体通过债的关系维系其生活和生产经营，债是民事主体在家庭和社会中安身立命的重要手段；物权是发生债的前提和结果，债权通过维护“静的安全”而确保物的流转。因此，债权和债法在民法中具有非常重要的地位。

（二）债法的主要内容

债法的主要内容包括：债法的原则、债的发生根据、债的种类、债的履行和不履行的责任、债的转移、债的担保和保全、债的终止等。通过规定这些内容，债法督促债务人履行债务，保障债权人的债权实现，推动民事流转，促进经济发展。

第三节　债的发生和分类

一、债的发生根据

（一）债的发生根据的概念

债的发生根据是指产生债权债务关系的法律事实，或者说引起债发生的法律事实。

债的发生根据是多种多样的。在罗马法上，契约和私犯是最初规定的债的两大发生根据，后来又将准契约（包括无因管理、不当得利等）、准私犯（包括法官渎职行为，家奴、家畜加害于他人等）列为债的发生根据。法国《民法典》规定了四种债的发生根据：契约、准契约、侵权行为、准侵权行为。德国《民法典》将契约规定为债的主要发生根据，并将其规定于总则，而将无因管理、不当得利、不法行为规定于各个债务关系章。

（二）我国债的发生根据

按照《民法典》总则编的规定和民法理论，我国债的发生根据分为下列类型。

1. 合同

合同是平等主体的自然人、法人、非法人组织之间设立、变更、终止民事权利义务关系的协议。合同是人们满足物质文化生活需要，满足生产经营和日常生活需要必不可少的手段。因此，合同是引起债的发生的最主要、最普遍的根据。

2. 侵权行为

侵权行为是行为人不法侵害他人的财产或者人身权利的行为。因侵权行为发生的债，被称为“侵权之债”“致人损害之债”“损害赔偿”。侵权行为也是社会生活中多发的非法行为，因而也是比较普遍的债的发生根据。

3. 不当得利

不当得利是指没有法律或者契约上的依据而取得的利益。在不当得利发生后，不当得利人与受害者之间就产生了债权债务关系。

4. 无因管理

无因管理是没有法定的和约定的义务而为他人管理事务。无因管理可以请求受益人支付由此而付出的合理费用，或者赔偿直接损失。

5. 单方允诺

单方允诺，也是债的发生依据。《民法典》第 118 条关于“以及法律的其他规定”产生的债，主要是这一类型的债。

二、债的分类

（一）合同之债与非合同之债

这是根据债的发生依据的不同而进行的分类。合同之债是因订立合同而产生的债。非合同之债是指合同之债以外的由法律直接规定所产生的债，因而又称为法定之债。侵权之债、不当得利之债、无因管理之债等都是非合同之债，是法定之债。

这种区分的意义是，它们的发生根据不同，所适用的法律也不同。

（二）特定物之债与种类物之债

这是根据债的标的物属性的不同而进行的分类。以特定物为标的物的，为特定物之债；以种类物为标的物的，为种类物之债。特定物之债在其发生之时，标的物已经存在并特定化；种类物之债在发生时，标的物尚未特定化，甚至还不存在，但当事人双方必须就标的物的种类、数量、质量、规格或者型号等达成协议。

这种区分的意义如下：首先，在履行特定物之债时，除非债权人同意，债务人不得以其他标的物代为履行；而种类物之债不存在这种问题。其次，在法律规定或者当事人约定的情况下，特定物之债的标的物所有权可以自债成立时发生转移，其意外风险也随之转移；而种类物所有权只能在交付时发生转移，其意外风险也在交付时转移。

参考案例 11-3

某甲是文物商，某乙选中一个清代瓷瓶，交付定金后，回家取款。某乙返回某甲处，发现某甲已经将他选中的瓷瓶卖给别人，欲把另一个瓷瓶卖给他。某乙向法院起诉，请求履行合同，交付该瓷瓶。法院判决某甲违约，承担违约责任。

（三）单一之债与多数人之债

这是根据债的主体数量多少而进行的分类。

单一之债是债权人和债务人各为一人的债。例如，买方和卖方均为一人的买卖合同，就产生了单一之债。

多数人之债是债的主体为多数人的债。其中，有的是债权人为多数人，有的是债务人为多数人，有的是双方都是多数人。多数人之债不仅可以在债权人与债务人作为整体之间产生权利义务关系，而且会发生一方个别主体与对方整体以及一方内部的多数人之间的权利义务关系。多数人之债又分为按份之债、连带之债和不真正连带之债。

1. 按份之债

按份之债是债的主体各自按一定份额享有权利或者承担义务的债。依照《民法典》第517条的规定，债权人为二人以上，标的可分，按照份额各自享有债权的，为按份债权；债务人为二人以上，标的可分，按照份额各自负担债务的，为按份债务。按份债权人或者按份债务人的份额难以确定的，视为份额相同。可分之债，是指在债的关系中，债权或者债务是可以分割的债。债权或者债务是否可以分割的标准：一是债权或者债务的分割是否损害债的目的。分割不损害债的目的的，为可分给付；否则为不可分给付。二是债权或者债务的分割是否在约定中予以禁止。三是债权或者债务的分割是否符合交易习惯和标的物的用途。比如钥匙与锁的关系，不能仅交付其一。可分之债的效力是：(1) 对于可分之债，能够形成为按份之债。债务人可以依其份额向债权人分别作出履行。(2) 可分之债可以实行部分免除、抵销等。

2. 连带之债

《民法典》第518条至第521条对连带之债作出了规定。

连带之债，是指在一个债的关系中，债权人或者债务人有数人时，各个债权人均可以请求债务人履行全部债务，各个债务人均负有履行全部债务的义务，且全部债务因一次全部履行而归于消灭的债。其中，具有连带关系的数个债权人为连带债权人，享有的债权为连带债权；具有连带关系的数个债务人为连带债务人，所负的债务为连带债务。

连带之债产生于两种原因：一是法定连带之债。例如合伙债务、代理上的连带债务、共同侵权行为的损害赔偿责任为连带之债，以及法律规定的其他连带之债。二是意定连带之债。当事人通过协议，约定为连带债权或者连带债务，如数个借款合同债务人就同一借贷，约定各负清偿全部债务的义务。

《民法典》第519条规定："连带债务人之间的份额难以确定的，视为份额相同。实际承担债务超过自己份额的连带债务人，有权就超出部分在其他连带债务人未履行的份额范围内向其追偿，并相应地享有债权人的权利，但是不得损害债权人的利益。其他连带债务人对债权人的抗辩，可以向该债务人主张。被追偿的连带债务人不能履行其应分担份额的，其他连带债务人应当在相应范围内按比例分担。”

《民法典》第520条规定：“部分连带债务人履行、抵销债务或者提存标的物的，其他债务人对债权人的债务在相应范围内消灭；该债务人可以依据前条规定向其他债务人追偿。部分连带债务人的债务被债权人免除的，在该连带债务人应当承担的份额范围内，其他债务人对债权人的债务消灭。部分连带债务人的债务与债权人的债权同归于一人的，在扣除该债务人应当承担的份额后，债权人对其他债务人的债权继续存在。债权人对部分连带债务人的给付受领迟延的，对其他连带债务人发生效力。”

《民法典》第521条规定：“连带债权人之间的份额难以确定的，视为份额相同。实际受领债权的连带债权人，应当按比例向其他连带债权人返还。连带债权参照适用本章连带债务的有关规定。”

3. 不真正连带之债

不真正连带之债主要是不真正连带债务，是指多数债务人就基于不同发生原因而偶然产生的同一内容的给付，各负全部履行之义务，并因债务人之一的履行而使全体债务人的债务均归于消灭的债务。不真正连带债务与连带债务是完全不同的债务，二者最基本的区别在于，连带债务最终分担在数个连带债务人之间，各自按照应当承担的内部份额，分担责任，因此每一个连带债务人都是最终债务人；而不真正连带债务的债务人分为中间债务人和最终债务人，履行债务的最终结果是最终债务人承担全部债务，中间债务人即使承担了债务清偿义务，也对最终债务人享有追偿权。例如，在连带责任保证之债中，很多人认为是连带债务，其实是不真正连带债务。原因在于，保证合同中的保证人负有清偿债务的保证责任，但其仅仅是中间债务人，而主债务人才是最终债务人，连带保证人承担了保证责任之后，产生对主债务人的求偿权，有权就其全部履行进行追偿。因此，所谓的连带保证之债实际上是不真正连带保证之债。不真正连带债务的效力分为对外效力和对内效力两个方面：对外效力是指债务人之一承担了全部清偿责任，其效力及于其他不真正连带债务人；对内效力是指承担了全部债务的中间债务人，可以向最终债务人进行追偿。

参考案例 11－4

甲、乙、丙三人合伙做服装生意，向丁借款10万元。借款清偿期届满，丁向甲、乙二人请求清偿债务。甲、乙二人认为，借款是三个人合伙所借，应当用三个人的合伙财产来清偿，现在合伙亏损，只能盈利之后再予以清偿。丁向法院起诉，法院判决甲、乙承担全部清偿责任。

（四）简单之债与选择之债

这是根据债权人、债务人可以进行的选择性而进行的分类。

简单之债是债权人对债务人的给付没有选择余地，而债务人只为一种给付的债。例如，在买卖合同中当事人约定只能采取空运方式，就是不能选择的简单之债。

选择之债是在债的内容中当事人可以在两种以上的选择中选择一种的债。依照《民法典》第515条的规定，债务标的有多项而债务人只需履行其中一项的，就是选择之债，债务人享有选择权；但是，法律另有规定、当事人另有约定或者另有交易习惯的除外。选择之债的选择权可以转移，条件是，享有选择权的当事人在约定期限内或者履行期限届满未作选择，经催告后在合理期限内仍未选择的，选择权转移至对方。

依照《民法典》第 516 条的规定，当事人行使选择权的方式是通知。选择权人行使选择权，应当及时通知对方，通知到达对方时，标的确定。确定的标的不得变更，但是，经对方同意的除外。可选择的债务标的发生不能履行情形的，享有选择权的当事人不得选择不能履行的标的，但是该不能履行的情形是由对方造成的除外。

（五）附条件之债和附期限之债

1. 附条件之债

附条件之债是指债的效力的开始或者终止取决于将来不确定事实的发生或者不发生的债。

参考案例 11－5

某甲和某乙双方约定，如某甲的儿子考上大学，他就将其儿子上学使用的自行车卖给某乙。某甲的儿子考上大学之后，某甲反悔，不想将这辆自行车按照原价卖给某乙。发生争议后，双方通过村里的调解委员会进行调解，履行了原来的合同。

在本案中，某甲的儿子考上大学，就是限制某甲和某乙之间的买卖合同之债生效的条件。

附条件之债所附的条件必须是将来的事实，并且为是否发生具有不确定性的事实。已经发生的事实或者确定发生的事实都不能作为条件。该条件又分为延缓条件和解除条件。延缓条件是指债的生效以条件发生为开始之日。解除条件是指条件发生后债的关系解除。

2. 附期限之债

附期限之债是指以一定期限的到来作为债的效力开始或者终止的原因的债。

期限是确定发生的事实。它又分为延缓期限和解除期限。延缓期限是指债在成立和有效之后并不生效，需待一定的期限到来才开始生效。解除期限是指一定的期限到来后就解除债的关系。

第四节　无因管理和不当得利

《民法典》合同编第三分编将无因管理之债和不当得利之债称为“准合同”，这是因为《民法典》未设置债法编，只能将无因管理之债和不当得利之债放在合同编中规定，才得此命名。

一、无因管理

（一）无因管理的概念

无因管理是指没有法定义务或者约定的义务，为避免他人利益受到损失而进行管理或者服务的行为。管理他人事务的人称为管理人，其事务被他人管理的人称为本人或者受益人。例如，收留迷路的儿童，雨夜为不在家的邻居抢修房屋。《民法典》第 121 条规定：

“没有法定的或者约定的义务，为避免他人利益受损失而进行管理的人，有权请求受益人偿还由此支出的必要费用。”

无因管理是一种事实行为，是债的发生原因之一。

（二）无因管理的构成要件

无因管理之债的成立必须具备下列要件。

1. 必须是管理他人事务

他人的事务是指与生活有关的事项，既可能是纯财产意义上的事项，也可能是与财产利益毫不相关的事项。这种事务必须是他人的，并且能够发生债权债务关系，是合法事项。

管理是实现事务内容的行为。它不仅包括看管、保管、保养等一般管理行为，而且包括提供服务等行为。

2. 必须有为他人谋利益的意思

管理人确有为他人谋取利益或者避免损失的动机。从动机上看，管理人应当有为他人利益而管理的动因；从效果上看，管理人取得的利益最终归本人享有。

3. 必须没有法定的或者约定的义务

无因管理中的“无因”，就是指“没有法定的或者约定的义务”。如果有法定的义务或者约定的义务，就不存在无因管理问题。

参考案例 11－6

某甲在上班路上被某乙骑自行车撞倒昏迷，某乙跑掉，某丙恰好路过，见状即将某甲送往医院治疗，某丙交付给医院各种费用共计 1 000 元。某甲经治疗清醒后，某丙让某甲将他垫付的款项还给自己，某甲向某丙表示感谢，但提出自己没钱返还给某丙，某丙应向某乙要钱，因为该费用是因某乙的行为造成的损失。某丙无奈，诉至法院，请求某甲偿还 1 000 元。法院支持某丙的诉讼请求。

（三）无因管理的权利义务

1. 管理人的义务

管理人在实施无因管理行为时，承担管理义务与通知和返还的义务。

管理人的管理义务涉及管理方法和注意程度。管理人应当按照有利于本人的方法为本人管理事务，并且原则上应与一般债务人负同等的注意义务，如同管理自己的事务那样管理本人的事务。

管理人在能够通知本人的情况下，应当及时通知本人其管理事务的事项，将因处理事务收取的金钱、财物及孳息等返还本人。

2. 本人的义务

管理人为本人管理事务是出于义举，不得要求本人支付报酬，但有权要求本人偿付由此而支出的必要费用。换言之，本人负有偿付管理人因管理事务而支出的必要费用的义务。必要费用是指必不可少的费用。

《民法典》第 979 条规定：“管理人没有法定的或者约定的义务，为避免他人利益受损失而管理他人事务，可以请求受益人偿还因管理事务而支出的必要费用；管理人因管理事务受到损失的，可以请求受益人给予适当补偿。管理事务不符合受益人真实意思的，管理人不享有前款规定的权利；但是，受益人的真实意思违反法律或者违背公序良俗的除外。”

二、不当得利

（一）不当得利的概念

不当得利是指没有合法根据而通过造成他人损失所取得的不当利益。当事人之间因不当得利所发生的债权债务关系，称为不当得利之债。获得利益的一方为受益人，受到损失的一方为受损方。《民法典》第 122 条规定：“因他人没有法律根据，取得不当利益，受损失的人有权请求其返还不当利益。”

不当得利是日常生活中经常发生的现象。例如，取存款时银行工作人员多付了现金，甲的鱼塘里的鱼游到了乙的鱼塘，都会发生不当得利。

（二）不当得利的构成要件

不当得利或者不当得利之债的构成必须具备下列条件。

1. 取得利益

取得利益是指财产利益，是因一定的事实而使得受益人的财产增加，包括积极增加和消极增加。积极增加是指受益人的财产因得利而直接增多；消极增加是指受益人的财产本应减少而没有减少，如少支付了应当支付的价款。

2. 他人受到了损失

一方受益而他人并未受损，并不构成不当得利。例如，拣别人废弃的物品而出售，就不构成不当得利。构成不当得利必须有一方受到了损失。受到损失是指财产减少，包括积极减少和消极减少。积极减少是指财产的直接减少，消极减少是指应当增加的财产没有增加。

3. 一方受益与他方受损之间有因果关系

这种因果关系是指一方的受益是由于他方的受损而产生的，如果没有这种因果关系，受益人就没有义务返还利益。

4. 受益没有合法根据

这是指一方受益缺乏合法的原因。如果有合法的原因，就不再是不当得利。

（三）不当得利之债的履行

依照《民法典》第 985 条的规定，得利人没有法律根据取得不当利益的，受损失的人可以请求得利人返还取得的利益，但是有下列情形之一的除外：一是为履行道德义务进行的给付；二是债务到期之前的清偿；三是明知无给付义务而进行的债务清偿。

依据《民法典》第 986 条至第 988 条的规定，得利人不知道且不应当知道取得的利益没有法律根据的，是善意得利人，取得的利益已经不存在的，不承担返还该利益的义务。得利人知道或者应当知道获得的利益没有法律根据的，是恶意得利人，受损失的人可以请求得利人返还其取得的利益并依法赔偿损失。得利人已经将取得的利益无偿转让给第三人的，受损失的人可以请求第三人在相应范围内承担返还义务。如果第三人取得的利益并非无偿，而为支付合理对价的，则构成善意取得，受损人不得向其主张返还利益，而应当向得利人主张承担损害赔偿责任。

第五节　单方允诺

一、单方允诺的概念和构成

（一）单方允诺的概念

单方允诺是指表意人向相对人作出的为自己设定某种义务，使相对人取得某种权利的意思表示。单方允诺是债的发生原因之一，民事主体自愿通过单方允诺设定发生债的后果，法律予以认可。

（二）单方允诺的构成要件

1. 表意人须作出单方意思表示

单方法律行为不需要相对人对表意人的意思表示作出承诺即可成立，因而区别于合同行为。单方法律行为的意思表示可以由表意人自己作出，也可以由其代理人作出，其后果都由表意人自己承担。

2. 表意人须承诺对方并不付出对价

单方法律行为的基本内容是为自己设定债务，而使相对人取得权利。表意人在作出允诺时，必须明确承诺相对人在取得承诺的权利时并不承担支付对价的义务，也不承担实施某种特定行为的义务。

3. 表意人的允诺须向社会上不特定的人发出

单方法律行为应当向社会上不特定的人发出，凡是符合表意人在单方法律行为中所列条件的人，都可成为表意人的相对人，取得表意人所允诺的权利。

4. 表意人的相对人应当特定或者能够特定

表意人在意思表示中允诺只对符合特定条件的人承担义务的，唯有符合该特定条件的人才能取得该项权利。

二、单方允诺的发生和类型

（一）单方允诺的发生

单方允诺发生债的效果，须单方允诺的相对人已经特定。相对人特定，往往通过完成一定的条件或者程序。这是因为，单方允诺的表意人往往在其意思表示中附有一定的条件或者程序，在这种情况下，只有当表意人提出的条件或者程序完成，相对人才能特定。只有在相对人特定之后，单方允诺之债才在表意人和特定的相对人之间发生。

（二）单方允诺的类型

1. 设定幸运奖

设定幸运奖是单方允诺的一种类型。设定幸运奖是指民事主体出于某种目的，设定幸运奖项，向随机选取的人给付一定物质利益的允诺。幸运奖的获得者被选定之后，即在设奖者与获奖者之间发生以给付奖品或者奖金为内容的债权债务关系，获奖者取得幸运奖债权的请求权，有权请求取得设定的奖品或奖金。

2. 其他允诺

其他符合单方允诺要件的行为，都产生债的法律关系。如运送人允诺盲人可以免费乘车，则发生盲人搭乘运送人的车辆予以免费的权利；公园允诺老年人持老年证免费游园，也构成单方允诺法律行为，发生老年人持老年证免费游园的债的关系。

【引例评析】

在本章引例中，周某无法律上和契约上的依据而取得 9 000 元利益，其原因是信用社的出纳员由于疏忽，误将 10 000 元当成 1 000 元付给周某，因而构成不当得利之债，不当得利人负有返还不当利益的义务，本人享有返还不当利益的请求权。在这种债权债务关系中，当事人永远是相对的，具有相对性的特点；权利的性质是请求权，而不是形成权；当事人的地位平等，具有平等性。这种债权债务关系受债法的保护。法院判决周某返还不当得利是正确的。

【本章小结】

1. 债是按照合同约定或者依照法律的规定，在当事人之间产生的特定权利义务关系。在债的关系中，享有权利的人为债权人，负有义务的人为债务人。债权人享有的权利为债权，债务人承担的义务为债务。

2. 债权是在债的关系中，一方（债权人）请求另一方（债务人）为一定行为或者不为一定行为的权利。

3. 债法是调整特定当事人之间的民事法律关系即债权债务关系的法律规范的总称。债法有形式债法和实质债法之分。形式债法又称为狭义债法，一般仅指民法债编；实质债法又称为广义债法，其内容不仅包括民法债编，而且包括民法债编以外的有关债的其他规定。

4. 债的发生根据是指产生债权债务关系的法律事实，或者说引起债发生的法律事实。主要的债的发生根据有合同行为、侵权行为、不当得利和无因管理。

5. 附条件之债是指债的效力的开始或者终止取决于将来不确定事实的发生或者不发生的债。附期限之债是指以一定期限的到来作为债的效力开始或者终止的原因的债。

6. 无因管理是指没有法定义务或者约定的义务，为避免他人利益受到损失而进行管理或者服务的行为。管理他人事务的人称为管理人，其事务被他人管理的人称为本人或者受益人。

7. 不当得利是指没有合法根据而通过造成他人损失所取得的不当利益。当事人之间因不当得利所发生的债权债务关系，称为不当得利之债。获得利益的一方为受益人，受到损失的一方为受损方。

8. 单方允诺是指表意人向相对人作出的为自己设定某种义务，使相对人取得某种权利的意思表示。

【练习题】

1. 名词解释

（1）债

（2）债权

（3）债法

（4）按份之债

（5）连带之债

（6）无因管理

（7）不当得利

2. 思考题

（1）什么是债权？债权具有哪些特征？

（2）什么是债法？债法在民法中的地位如何？

（3）债的发生根据有哪些？

（4）什么是无因管理？其构成要件和法律后果是什么？

（5）什么是不当得利？其构成要件和法律后果是什么？

3. 案例分析题

杨女士向信用社借款一笔，到期后，她准备通过自残食指来赖账。原来，当时借款手续不规范，她在向信用社借款的时候，由他人代签借款合同，自己在合同上加盖指印确认。她认为有机可乘，可以赖账，以此逃避债务。因此，在诉讼期间，她故意烫伤手指，毁坏食指的指纹，借以否认签订过借款合同。对此，法院认为，被告在诉讼期间故意烫伤手指，毁坏指纹，致使无法对指纹作鉴定的责任在于被告自身，举证责任应转移由被告承担。然而杨女士无法提供证据，证实其是因不可抗力的原因致指纹受损，应承担举证不能的法律后果，故判决被告承担债务清偿责任。

问题：

（1）杨女士与信用社之间是否构成债的关系？

（2）杨女士通过自残食指的行为赖账，能够逃避债务吗？

分析要点提示：

（1）杨女士与信用社之间就借款的行为达成了一致的意思表示，已经构成了债的关系，信用社享有债权，杨女士负有债务。

（2）债的关系被称为“法锁”，能够拘束债权债务关系的当事人。故意赖账是违约行为，杨女士不能逃避债务，应当承担违约责任。

在线练习

第十二章　合同及其流转

【本章引例】

河北毛纺厂与山东制衣厂签订了购买洗净改良羊毛合同的意向书，其中规定："制衣厂向毛纺厂购买60支洗净改良羊毛95吨，由制衣厂到毛纺厂验货并带款提货，提货时有关价格问题面议。"该意向书签订以后，毛纺厂多次去电催告制衣厂提货，制衣厂一直以资金短缺为由未提货。该年12月底，毛纺厂将95吨羊毛送往山东，制衣厂提出原先签订的协议只是一份意向性的合同，且该货物存在质量问题，拒绝收货。制衣厂将货物暂时存放在仓库，10天后毛纺厂来检查货物时，发现货少了10吨，制衣厂承认其因急需原料已用了10吨，另外85吨拒绝接受。毛纺厂认为制衣厂已经构成违约，向法院提起诉讼，要求制衣厂支付全部95吨羊毛的货款，并承担违约责任。

【本章学习目标】

通过学习本章，你应该能够：

1. 掌握合同的概念和特征；
2. 掌握有名合同和无名合同的概念，以及有名合同的种类；
3. 掌握合同的订立规则；
4. 掌握合同生效的规则和合同效力状况；
5. 掌握合同履行的规则；
6. 掌握合同消灭的事由。

第一节　合同及其类型

一、合同的概念和特征

（一）合同的概念

《民法典》第464条第1款规定："合同是民事主体之间设立、变更、终止民事法律关系的协议。"

（二）合同的特征

1. 合同由双方当事人的法律行为而引起

合同必须是由双方当事人的法律行为引起的，合同的缔结必须由双方当事人构成，须由双方当事人的协商一致才能发生；合同发生的行为还必须由当事人的合法行为所发生。因此，合同是一种民事法律行为，是平等主体的自然人、法人和非法人组织实施的民事法律行为。

2. 合同因双方当事人的意思表示一致而成立

合同法律行为的特点是一种合意，是双方当事人必须就双方协商的标的取得一致的意见，意思表示完全一致。

3. 合同的债权债务必须相互对应

在一个合同中，必须有相应的债权和债务，债权和债务相互对应，债权和债务在当事人之间是对应的，一方享有的债权，必然是另一方当事人的债务。在当事人之间，利益总是处于对立的状态，债权和债务相互对应。

4. 合同的缔结由当事人的自由意志支配

当事人缔结合同应当遵循合同自由原则，由当事人自主决定，任何人不得强制和干预。只要当事人之间订立的合同不违反法律的强制性规定和公序良俗，合同的内容完全依据当事人的自主意志决定。

二、合同的类型

以法律是否设有规范并赋予一个特定名称为标准，合同分为典型合同与无名合同。

（一）典型合同

1. 典型合同的概念

典型合同也叫做有名合同，是指法律设有规范，并赋予其一定名称的合同。例如买卖合同、赠与合同、借款合同等，都是有名合同。

2. 典型合同的法律适用

典型合同的法律适用规则是：

（1）应当适用《民法典》合同编第二分编“典型合同”关于该种有名合同的具体规范，因为这是法律对于这种合同的专门规定。

（2）《民法典》合同编第一分编“通则”规定的一般原则和民法基本原则，对于各种典型合同的法律适用具有指导意义，应当遵守这些基本原则，如果适用具体规范出现极不适当的结果时，应当适用基本原则的规定。

（3）关于基准性合同的法律规定，例如买卖合同和委托合同，对于其他典型合同具有准用性。例如具有委托因素的合同关系，如中介合同、行纪合同、承揽合同、建设工程合同和技术开发合同等，优先适用这些合同的法律规范，如果没有相应规定的，则可以适用委托合同的法律规定。

3. 典型合同的种类

（1）买卖合同，是指出卖人转移标的物的所有权于买受人，买受人支付相应价款的合同。买卖合同的效力分为两种：广义的买卖合同效力包括对外和对内效力，对外效力的核心是合同债权的不可侵犯性，买卖合同的对内效力也就是狭义效力，是以合同内容为核心，表现为出卖人和买受人双方所享有的权利和所承担的义务。

（2）供用电、水、气、热力合同，是指一方提供电、水、气、热力供另一方利用，另一方支付报酬的合同。

（3）赠与合同，是指赠与人将自己的财产无偿给予受赠人，受赠人表示接受赠与的合同。

（4）借款合同，是指借款人向贷款人借款，到期返还借款并支付利息的合同。

（5）保证合同，是指为保障债权的实现，保证人和债权人约定，当债务人不履行到期债务或者发生当事人约定的情形时，保证人履行债务或者承担责任的合同。

（6）租赁合同，是指出租人将租赁物交付承租人使用、收益，承租人支付租金的合同。出租人是将租赁物交付对方使用、收益的一方当事人。

（7）融资租赁合同，是指出租人根据承租人对出卖人、租赁物的选择，向出卖人购买租赁物，提供给承租人使用，承租人支付租金的合同。

（8）保理合同，是指应收账款债权人将现有的或者将有的应收账款转让给保理人，保理人提供资金融通、应收账款管理或者催收、应收账款债务人付款担保等服务的合同。

（9）承揽合同，是指承揽人按照定作人的要求完成工作，交付工作成果，定作人支付报酬的合同。

（10）建设工程合同，是指承包人进行工程建设，发包人支付价款的合同。它包括工程勘察合同、设计合同、施工合同。

（11）运输合同，是指承运人将旅客或者货物从起运点运输到约定地点，旅客、托运人或者收货人支付票款或者运输费用的合同。它包括客运合同、货运合同和多式联运合同。

（12）技术合同，是指当事人就技术开发、转让、许可、咨询或者服务订立的确立相互之间权利和义务的合同。它包括技术开发合同、技术转让合同、技术许可合同、技术咨询合同、技术服务合同。

（13）保管合同又称寄托合同、寄存合同，是指保管人保管寄存人交付的保管物，并返还该物的合同。

（14）仓储合同又称仓储保管合同，是指保管人储存存货人交付的仓储物，存货人支付仓储费的合同。

（15）委托合同又称委任合同，是指委托人和受托人约定，由受托人处理委托人事务的合同。

（16）物业服务合同，是指物业服务人在物业服务区域内，为业主提供建筑物及其附属设施的维修养护、环境卫生和相关秩序的管理维护等物业服务，业主支付物业费的合同。

（17）行纪合同又称信托合同，是指行纪人以自己的名义为委托人从事贸易活动，委托人支付报酬的合同。

（18）中介合同，是指中介人向委托人报告订立合同的机会或者提供订立合同的媒介服务，委托人支付报酬的合同。

（19）合伙合同，是指两个以上的合伙人为了共同的事业目的，订立的共享利益、共担风险的合同。

（二）无名合同

无名合同又叫做非典型合同，是指《民法典》合同编未明确规定，也未赋予其一定名称的合同。

现实社会的实际生活多姿多彩，合同法无法预见生活中出现的所有合同关系，无法对所有的合同都作出规范。因此，出现无名合同是客观必然的。即使是法律将现在社会生活中的所有合同关系都予以规范，也还会出现新的合同关系，超出现行法律规定的有名合同的范围，而为无名合同。当然，无名合同产生之后，经过一定的发展阶段，待其成熟之后，法律对其予以规范，无名合同也就变为有名合同。

对于无名合同，应当按照当事人的约定确定双方当事人的权利义务，约定不明确的，应当参照《民法典》合同编规定的合同规则以及最相类似的有名合同的规则确定。

第二节　合同订立

一、合同订立概述

（一）合同订立的概念

合同的订立是指缔约人为意思表示并达成合意的状态。

合同的订立是一个动态的过程，是当事人为实现预期目的，为意思表示并达成合意的过程，是动态行为和静态协议的统一体。其动态行为包括缔约人的接触、洽商以至于达成协议前的整个还价的过程。静态协议是指缔约达成合意，合同条款至少是合同的主要条款已经固定，各方当事人所享有的权利和负担的义务已经确定。

（二）合同成立的方式

合同成立是指当事人对合同的标的、数量等内容协商一致。合同成立是当事人对合同的主要条款达成一致，是当事人的意思表示一致。

合同成立的方式，按照《民法典》第471条的规定，采取要约、承诺方式。在订立合同中，一方当事人提出要约，另一方当事人予以承诺，合同就告成立。因此，要约和承诺既是合同成立的方式，也是合同订立的两个阶段。

（三）合同成立的条件

1. 在主体上须有双方或多方当事人

合同成立必须有利益相互对立又相互联系的双方或多方当事人。该双方或多方当事人一般既是订约主体，又是合同主体；也可以由合同当事人委托代理人，代理自己一方订立合同。

2. 当事人对合同的主要条款达成合意

合意是指双方或多方经协商达成一致意见。合意的内容是合同的主要条款。合同的标的和数量是合同的主要条款，只要当事人就合同的主要条款达成一致，就应当认为合同成立。

二、要约

（一）要约的概念和条件

要约是指一方当事人以缔结合同为目的，向对方当事人提出合同条件，希望对方当事人接受的意思表示。在商业活动中，要约也叫做发价、发盘、出盘、报价。

要约发生法律效力，应当符合下列构成要件：一是要约必须是特定人所为的意思表示；二是要约的内容须具体、确定；三是要约必须具有缔结合同的目的；四是要约必须发给要约人希望与其订立合同的受要约人；五是经受要约人承诺后要约人即受该意思表示约束。

（二）要约的效力

要约在被承诺后即产生合同的法律效力。只要当事人发出要约，就意味着自己愿意接受要约意思表示的约束。只要依据要约的条文能够合理分析出要约人在要约中含有已经承诺即受拘束的意思，或者通过要约人明确的订立合同的意图，可以合理推断该要约包含了要约人愿意接受承诺后果的意思表示，即可认为符合该要件。

三、承诺

（一）承诺的概念及条件

承诺是指受要约人同意要约的意思表示。换言之，按照这一规定，承诺是指受要约人同意接受要约的条件以缔结合同的意思表示。因此，承诺以接受要约的全部条件为内容，其目的在于同意与要约人订立合同。

承诺应当符合下列条件：一是承诺须由受要约人或者其代理人向要约人作出；二是承诺是受要约人同意要约的意思表示；三是承诺必须在规定的期限内到达要约人；四是承诺的方式必须符合要约的要求。

（二）承诺生效的时间

承诺生效时间是指承诺何时发生法律拘束力。承诺通知到达要约人时生效；承诺不需要通知的，根据交易习惯或者要约的要求作出承诺的行为时生效。

承诺生效时间的意义是：(1) 由于承诺的时间就是合同成立的时间，因而承诺在什么时间生效，就直接决定了合同在什么时间成立。承诺一旦生效，要约人和受要约人之间的权利义务关系就予以确定。(2) 由于合同的成立时间和生效时间的一致性，因而承诺生效之时又是合同生效之日，是双方享有合同权利、承担合同义务之日。(3) 合同的生效时间可能涉及诉讼时效、履行期限利益等问题。(4) 合同的成立涉及合同签订地，以至法院管辖权、准据法的确定等问题。

（三）承诺的效力

承诺生效，就意味着受要约人完全接受要约的意思表示，订约过程结束，要约、承诺的内容对要约人和受要约人产生法律拘束力。《民法典》第 483 条规定：“承诺生效时合同成立，但是法律另有规定或者当事人另有约定的除外。”合同成立是承诺生效的直接结果。

四、合同条款

（一）合同条款的概念和内容

合同条款是指合同内容的表现形式，是合同内容的载体。

合同的内容由当事人约定，一般包括以下条款：(1) 当事人的姓名或者名称和住所；

（2）标的；（3）数量；（4）质量；（5）价款或者报酬；（6）履行期限、地点和方式；（7）违约责任；（8）解决争议的办法。

上述各项条款是合同在一般情况下所应当具备的条款，并不都是必备条款。

（二）主要条款和非主要条款

合同的主要条款是指合同必须具备的最一般条款，欠缺主要条款合同就不成立。它决定着合同的类型，确定着当事人各方的权利义务的质和量。其意义在于，合同的主要条款具备了，就可以认定合同已经成立，其他的条款可以在合同的履行过程中完善。我国《民法典》没有规定主要条款，但在实践操作中必须确定合同的主要条款。合同的标的、数量，是合同的主要条款，价款一般不是主要条款。不过，在不同性质的合同中，主要条款会有所变化，但都是上述两个条款的变化形式。

合同的非主要条款是合同主要条款以外的其他条款。这些条款不能说不重要，但都属于可以在主要条款达成合意后，继续完善的合同内容。

五、合同形式和格式条款

（一）合同形式

合同形式又称为合同的方式，是当事人合意的表现形式，是合同内容的外在表现，是合同内容的载体。

按照《民法典》第469条的规定，当事人订立合同，可以采用书面形式、口头形式或者其他形式。书面形式是合同书、信件、电报、电传、传真等可以有形地表现所载内容的形式。以电子数据交换、电子邮件等方式能够有形地表现所载内容，并可以随时调取查用的数据电文，视为书面形式。

法律、行政法规没有规定特别的合同形式的，为非要式合同。

（二）格式条款

格式条款是指合同条款由当事人一方为了重复使用而预先拟订，相对方只能对该拟订好的合同条款概括地表示全部同意接受或者全部不予接受，而不能讨价还价的合同条款。

正是基于格式条款的上述特点，采用格式条款订立合同的，提供格式条款的一方应当遵循公平原则确定当事人之间的权利和义务，并采取合理的方式提请对方注意免除或者限制其责任的条款，按照对方的要求，对该条款予以说明。

第三节　合同生效

一、合同效力的概念

合同效力就是合同的法律约束力，是指合同由法律赋予的并受法律保护的法律效力。依法成立的合同，对当事人具有法律约束力。当事人应当按照约定履行自己的义务，不得擅自变更或者解除合同。依法成立的合同受法律保护。

法律强调合同效力的目的，在于强调合同在当事人之间的效力是依照法律的规定产生的，任何合同当事人都必须接受合同效力的约束，违反者需要承担法律责任。

二、合同生效时间

合同生效是指已经成立的合同在当事人之间产生了法律拘束力。合同生效的时间，就是合同在何种时间标志发生法律约束力。原则是，依法成立的合同，自成立时生效；法律、行政法规规定应当办理批准、登记等手续生效的，自批准、登记时生效。

合同生效与合同成立是两个不同的概念。区别合同成立和合同生效的意义在于：(1) 规定合同生效的消极条件，只要已经成立的合同没有法律规定的合同生效的消极条件，合同就在成立时生效。(2) 将合同成立和合同生效严格区分开来，是为了进一步鼓励交易，缺少合同成立条件的合同，当事人可以采取完善条件的办法，使合同成立，并使其生效；合同不具备生效条件的，则使合同归于无效，不会因为补充条件而使其生效。

三、合同生效条件

合同生效的条件是指合同具备什么样的条件才能生效。法律规定的合同生效条件是消极条件，而不是积极条件，是规定若合同不具有什么样的情形，合同在成立时生效。

合同生效的要件包括下述几种。

(一) 合同的内容确定

合同内容是当事人因合同所欲使其发生的事项，也称为合同的标的。无确定意义的意思表示，除依据法律，或依当事人所定的确定方法，或依习惯，或依其他情势，可以将其确定以外，均为无效。

(二) 合同的内容为可能

合同的内容应当是可能的，以实现不可能的事项为标的的合同，为无效合同。合同内容的不能，包括客观不能和主观不能，事实上的不能和法律上的不能。不能须是确定的不能，如果是一时不能，而有成为可能希望的，不能视为不能。使合同无效的不能，应当是自始不能，嗣后不能不发生合同无效的问题。全部不能使合同全部无效，一部分不能只使合同一部分无效，其余部分仍然有效。

(三) 合同内容的合法性

合同违反强制或禁止性法律规定的无效，不问当事人的意思如何，必须适用法律规定。强行法必须遵照执行，合同内容违反强行法为不合法，使合同无效。

(四) 合同内容的社会妥当性

合同的内容必须具备社会的妥当性，违反社会公共利益的合同不具有社会妥当性，为无效合同。

具备以上合同生效的要件，合同自成立时发生效力，在当事人之间发生权利义务关系。

参考案例 12-1

某镇市场监督管理所欲另建办公楼，因此出售自己的一栋办公楼，面积为 1 000 平方米，估价在 20 万元左右。该所没有经过评估，也没有经过国有资产管理部门的批准，由所长刘某擅自做主，以 8 万余元的价格将办公楼卖给自己的表弟谢某。检察机关发现后，以该买卖合同违反国家强制性法律，造成国有资产流失为由，向法院起诉，请求法院宣告该合同无效。法院支持了检察机关的诉讼请求。

四、合同效力的基本形态

合同效力的基本形态，是合同效力所表现的具体情形。对合同效力的法律适用规则，是《民法典》总则编规定的民事法律行为效力的规则，《民法典》合同编第502条至第507条规定的合同效力规则是以下几种情况：

第一，合同的生效时间。依法成立的合同，自成立时生效，但是法律另有规定或者当事人另有约定的除外。法律、行政法规规定应当办理批准等手续的，依照其规定。未办理批准等手续的，该合同不生效，但是不影响合同中履行报批等义务条款以及相关条款的效力。应当办理申请批准等手续的当事人未履行义务的，对方可以请求其承担违反该义务的责任。

第二，无权代理人订立的合同效力。无权代理人以被代理人的名义订立合同，被代理人已经开始履行合同义务或者接受相对人履行的，视为对合同的追认。

第三，法定代表人或者负责人超越权限订立合同的效力。法人的法定代表人或者非法人组织的负责人超越权限订立的合同，除相对人知道或者应当知道其超越权限外，该代表行为有效，订立的合同对法人或者非法人组织发生效力。

第四，超越经营范围订立合同的效力。当事人超越经营范围订立的合同的效力，应当依照《民法典》总则编第六章第三节和合同编的有关规定确定，不得仅以超越经营范围确认合同无效。

第五，合同事先免责条款无效原则。合同中的下列免责条款无效：一是造成对方人身损害的；二是因故意或者重大过失造成对方财产损失的。

第六，合同解决争议条款的效力。合同不生效、无效、被撤销或者终止的，不影响合同中有关解决争议方法的条款的效力。

五、合同无效的后果

（一）合同无效溯及既往

合同被确认为无效或者被撤销以后，其结果是该合同自始无效，无效的效力溯及既往。无论是绝对无效的合同还是相对无效的合同都是如此。

绝对无效的合同，由于合同内容违反法律或公序良俗，合同在订立之始就没有效力。这种无效是绝对的无效，不仅自始无效，而且不准当事人予以追认。

相对无效的合同，在经过当事人请求，依法对合同予以撤销之后，该合同虽然在撤销前曾经有过一段效力，但是，合同一经撤销，就自始无效，其无效的后果溯及既往，前面曾经发生过的效力亦一并消灭，回归到没有合同的状态。

（二）合同部分内容无效不影响其他部分内容的效力

在实践中，合同的效力并不是全部无效，而是合同的部分内容违反法律或公序良俗，其他部分并不存在这样的内容。对这种合同，无效条款并不影响其他条款的效力，有效的条款可继续履行。如果合同无效部分的内容影响到其他部分内容的效力，则合同全部无效。

（三）合同无效不影响解决争议方法条款的效力

合同无效、被撤销、变更或者终止的，不影响合同中独立存在的有关解决争议方法的条款的效力。这是为了保持对无效、被撤销、变更或者终止的合同的争议有一个可行的解决办法。

第四节　合同的履行

一、合同履行的概念和原则

（一）合同履行的概念

合同的履行是指合同债务人全面地、适当地完成其合同义务，债权人的合同债权得到完全实现。合同的履行是依法成立的合同必然发生的法律效果，并构成合同法律效力的主要内容。

（二）合同履行的原则

合同履行的原则是指当事人在履行合同时所应遵循的基本准则。

1. 遵守约定原则

遵守约定原则亦称约定必须信守原则。双方当事人的履行过程要服从于约定，信守约定，一切违反约定的履行行为都属于对该原则的违背。遵守约定原则包括两个方面：（1）适当履行原则，即合同当事人按照合同约定的履行主体、标的、时间、地点以及方式等履行，且均须适当，完全符合合同约定的要求。（2）全面履行原则，要求合同当事人按照合同所约定的各项条款，全部而完整地完成合同义务。

2. 诚实信用原则

合同关系依其性质，要求双方当事人讲究诚实信用，不容许欺诈、蒙骗、任意毁约等行为。具体表现是：（1）协作履行原则，要求对对方当事人的履行债务行为给予协助，使对方当事人能够更好地、更方便地履行合同。（2）经济合理原则，当事人在履行合同时应当讲求经济效益，付出最小的成本，取得最佳的合同利益。

3. 避免浪费资源、污染环境、破坏生态原则

依据《民法典》第509条第3款的规定，当事人在履行合同过程中，应当避免浪费资源、污染环境和破坏生态，遵守绿色原则。

二、合同内容的确定

合同内容的确定是指当事人订立的合同条款不明确，或者没有约定的，通过法律规定的原则，对这些不明确或者没有规定的内容赋予确定的内容，以使合同能够适当、全面履行。合同内容的确定也叫做合同漏洞填补。合同条款不明确或者没有约定，叫做合同漏洞，对这些合同漏洞的确定，就是对合同漏洞的填补。

合同内容确定的规则是：合同生效后，当事人就质量、价款或者报酬、履行地点等内容没有约定或者约定不明确的，可以协议补充；不能达成补充协议的，按照合同有关条款、合同性质、合同目的或者交易习惯确定。

根据《民法典》第511条的规定，当事人就有关合同内容约定不明确，依据《民法典》第510条规定仍不能确定的，适用下列规定：（1）质量要求不明确的，按照强制性国家标准履行；没有强制性国家标准的，按照推荐性国家标准履行；没有推荐性国家标准的，按照行业标准履行；没有国家标准、行业标准的，按照通常标准或者符合合同目的的特定标准履行。（2）价款或者报酬不明确的，按照订立合同时履行地的市场价格履行；依

法应当执行政府定价或者政府指导价的，依照规定履行。(3) 履行地点不明确，给付货币的，在接受货币一方所在地履行；交付不动产的，在不动产所在地履行；其他标的，在履行义务一方所在地履行。(4) 履行期限不明确的，债务人可以随时履行，债权人也可以随时请求履行，但是应当给对方必要的准备时间。(5) 履行方式不明确的，按照有利于实现合同目的的方式履行。(6) 履行费用的负担不明确的，由履行义务一方负担；因债权人原因增加的履行费用，由债权人负担。

三、双务合同履行的抗辩权

(一) 同时履行抗辩权

双务合同的同时履行抗辩权是指互负债务，没有先后履行顺序的双务合同，一方当事人在对方未为对待给付以前，可以拒绝其履行请求的权利。同时履行抗辩权的行使结果，并不使对方当事人的履行请求权归于消灭，而仅阻碍其效力的发生，因此在性质上属于延期的抗辩权，不是消灭的抗辩权。

依照《民法典》第525条的规定，行使同时履行抗辩权的条件是：(1) 须依据同一双务合同双方当事人互负债务、互享债权；(2) 须双方当事人互负的债务均已届清偿期；(3) 须对方当事人未履行债务；(4) 须对方的对待给付是可能履行的。

(二) 后履行抗辩权

后履行抗辩权是指在双务合同中，约定有先后履行顺序的，负有先履行义务的一方当事人未依照合同约定履行债务，后履行债务的一方当事人可以依据对方的不履行行为，拒绝对方当事人请求履行的抗辩权。

依照《民法典》第526条的规定，后履行抗辩权的行使规则是：(1) 先履行的当事人对合同义务全部不履行的，后履行的当事人对全部的履行义务都可以拒绝履行，以此进行抗辩。(2) 先履行的当事人履行债务不符合合同约定的，后履行的当事人的抗辩只能与对方当事人相应的履行请求进行抗辩，不得对其他的履行请求进行抗辩。(3) 后履行抗辩权依存于合同的履行效力，不可能永久存续，当先违约人纠正违约，使合同的履行趋于正常，满足或基本满足另一方的履行利益时，后履行抗辩权消灭。

后履行抗辩权的成立和行使，发生履行一方可一时中止履行自己的债务的效力，对抗先履行一方的履行请求，以此保护自己的期限利益。在先履行一方采取了补救措施，变违约为适当履行的情况下，后履行抗辩权消灭，后履行一方须履行自己的债务。同时，后履行抗辩权的行使并不影响后履行一方向违约方主张违约责任。

(三) 不安抗辩权

不安抗辩权是指在双务合同中有先履行义务的一方当事人，在有确切证据证明对方当事人有丧失或者可能丧失履行能力因而不能履行合同义务时，享有的暂时中止履行的抗辩权。

依照《民法典》第527条的规定，后履行义务的当事人有下述情形之一的，先履行义务的当事人可以行使不安抗辩权：(1) 经营状况严重恶化；(2) 转移财产、抽逃资金，以逃避债务；(3) 丧失商业信誉；(4) 有丧失或者可能丧失履行债务能力的其他情形。

当事人行使不安抗辩权，应当及时通知对方。对方提供适当担保时，应当恢复履行。中止履行后，对方在合理期限内未恢复履行能力，也未提供适当担保的，视为以自己的行为表明不履行主要债务，中止履行的一方可以解除合同并可以请求对方承担违约责任。

第五节　合同的保全

一、合同的保全概念

合同的保全，也叫债的保全，是指为防止合同债务人的财产不当减少给债权人的债权带来损害而设置的债的保障制度。合同的保全包括债权人代位权和债权人撤销权。

二、债权人代位权

债权人代位权，是指债权人依法享有的为保全其债权，以自己的名义行使属于债权人权利的实体权利。因债务人怠于行使其权利以及与该债权有关的从权利，影响债权人的到期债权实现的，债权人可以向人民法院请求以自己的名义代位行使债务人对相对人的权利，但是该权利专属于债务人自身的除外。代位权的行使范围以债权人的到期债权为限。债权人行使代位权的必要费用，由债务人负担。相对人对债务人的抗辩，可以向债权人主张。

人民法院认定代位权成立的，由债务人的相对人向债权人履行义务，债权人接受履行后，债权人与债务人、债务人与其相对人之间相应的权利义务终止。债务人对相对人的权利被采取保全、执行措施，或者债务人破产的，依照相关法律的规定处理。

三、债权人撤销权

债权人撤销权是指债权人依法享有的为保全其债权，对债务人处分作为债务履行资力的现有财产，以及放弃到期债权，请求法院予以撤销的实体权利。债务人以放弃其债权、放弃债权担保、无偿转让财产等方式处分财产权益，或者恶意延长其到期债权的履行期限，影响债权人的债权实现的，债权人可以请求人民法院撤销债务人的行为。债务人以明显不合理的低价转让财产、以明显不合理的高价受让他人财产或者为他人的债务提供担保，影响债权人的债权实现，债务人的相对人知道或者应当知道该情形的，债权人可以请求人民法院撤销债务人的行为。

撤销权的行使范围以债权人的债权为限。债权人行使撤销权的必要费用，由债务人负担。

撤销权自债权人知道或者应当知道撤销事由之日起一年内行使。自债务人的行为发生之日起五年内没有行使撤销权的，该撤销权消灭。

第六节　合同的变更和转移

一、合同变更

（一）合同变更的概念

合同变更分为广义的合同变更和狭义的合同变更。广义的合同变更是指合同的内容和主体的变化，而合同的主体变更实际上是合同的权利义务转让，与合同的内容变更有所不同。狭义的合同变更仅指合同内容的变化，不包括合同主体的变化。

合同法所说的合同变更是指狭义变更，是指在合同成立后，尚未履行或者尚未完全履行之前，当事人就合同的内容达成修改和补充的协议所带来的变化。

当事人在合同订立并生效后，至合同履行完毕之前，可以通过协商的方式对合同的内容进行变更。变更合同一般只要有当事人的合意即可发生法律效力，但有些特殊的合同的变更，依照法律、行政法规的规定，当事人应当办理必要的批准、登记手续，始为生效。未经批准、登记的，当事人变更合同的协议不产生法律上的效力，即为无效变更。

（二）合同变更的要件

合同变更的要件包括以下几个方面。

1. 原合同关系的存在

合同的变更是对已有的合同内容的改变，因此原有合同关系的存在是合同变更的首要条件，没有合同关系的存在，则不发生合同变更问题。合同变更的时间，以原合同关系仍然有效存在为必要，在合同有效成立以后至合同履行完毕之前，当事人均可对合同的内容进行变更。

2. 合同变更须有当事人的变更协议

《民法典》将合同变更界定为协议变更，合同当事人双方达成变更合同的协议是变更合同的唯一方式。当事人达成的变更合同的协议也是一种民事合同，因此应当符合《民法典》有关合同成立和生效的一般规定。

3. 必须有合同内容的变化

合同变更必须发生使合同的内容发生改变的效果，否则不能认为是合同的变更。

4. 合同变更必须遵循法定的形式

当事人协议变更合同内容，应遵循自愿互利原则，协议不能违背法律。

（三）合同变更的效力

合同变更的法律效力包括：(1) 仅对变更部分发生效力，原有的这一部分内容失去效力，当事人应按照变更后的合同内容履行。(2) 仅对未履行的部分合同内容发生效力，不得以合同发生了变更而要求已履行的部分归于无效。(3) 合同的变更不影响当事人请求损害赔偿的权利，合同的变更本身给一方当事人造成损害的，另一方当事人也应对此承担赔偿责任。

二、合同转移

合同转移也叫做合同债权债务转移，包括债权转让、债务转移和债权债务概括转移。

（一）合同债权转让

合同债权转让是指合同的债权人通过协议将其享有的债权全部或者部分转让给第三人的行为。

合同债权转让是合同主体变更的一种形式，它是在不改变合同内容的情况下，通过协议变更合同的债权人。根据合同性质不得转让的、按照当事人约定不得转让的、依照法律的规定不得转让的合同，合同债权不得转让。

合同债权转让的条件包括：(1) 须有有效的合同债权存在；(2) 合同债权的转让人与受让人应达成转让协议；(3) 转让的合同债权必须是依法可以转让的债权；(4) 合同债权

的转让协议须通知债务人。

合同债权转让的效力包括对内效力和对外效力。合同债权转让的对内效力，是指合同债权转让在转让双方即让与人（原债权人）和受让人（新债权人）之间发生的法律效力。具体包括：（1）合同债权由让与人转让给受让人；（2）从属于主权利的从权利一并转移；（3）债权人应当保证其转让的权利有效并不存在权利瑕疵；（4）让与人应当承担合同债权转让的必要义务。合同债权转让的对外效力，是指合同债权转让对债务人所具有的法律效力。具体包括：（1）债务人不得再向让与人即原债权人履行债务；（2）债务人负有向受让人即新债权人作出履行的义务；（3）债务人基于原合同所享有的抗辩权仍然存在并可以对抗新债权人；（4）债务人的抵销权仍然有效。

（二）合同债务转移

合同债务转移是指债务人将其在合同中的义务转移给第三人，由第三人取代债务人的地位，对债权人负责履行债务。

合同债务转移分为全部转移和部分转移。债务的全部转移，是指债务人与第三人达成协议，将其在合同中的全部义务一并转移给第三人。债务的全部转移，是由新的债务人取代原债务人的地位成为合同的当事人，承担合同中的原债务人的义务。债务的部分转移，是指债务人将合同义务的一部分转移给第三人，由第三人对债权人承担一部分债务。这样，合同的原债务人并没有退出合同关系，而又加入一个新的债务人，原债务人与新的债务人共同对债权人承担履行合同的义务。

合同债务转移的构成要件是：（1）须有有效的债务存在；（2）转让的债务应具有可转让性；（3）须有合同义务转移的内容；（4）须经债权人的同意。

合同债务转移的效力是：（1）债务受让人代替原债务人地位成为新债务人；（2）债务人抗辩权的转移；（3）合同债务的从债务一并转移。

参考案例 12-2

原告某食品贸易公司与被告某粮油公司签订了一份大米购销合同，合同规定：原告向被告出售 1 500 吨大米，每吨单价 1 100 元，在 2019 年 3 月底于某火车站交货，货到三天后付款。几天后，原告又与第三人签订了一份同样的大米购销合同，第三人在合同订立后，立即向原告汇出 500 吨大米的货款，原告在收到该款后，先向第三人通过火车发送了 500 吨大米。十天后，又向被告发送了 1 000 吨大米。至 2 月中旬，原告不能收集到余下 500 吨大米给被告。被告遂多次发函催要，原告遂商请第三人暂时拨出 500 吨大米给被告，以后再由原告向第三人补齐。第三人表示同意，但由于一部分大米已售出，仅剩下 400 吨尚未销售，第三人遂向被告发函，称愿帮助原告交付大米 400 吨，货款由第三人与原告结清。被告表示同意。但在收到货物以后，以“尚欠 100 吨大米”为由，要求第三人补足，同时拒绝向原告支付 1 500 吨的全部货款。原告多次催讨未果，遂向法院起诉，要求被告支付 1 400 吨大米的货款，同时原告、被告要求追加第三人。

（三）合同债权债务概括转移

合同债权债务概括转移，是指原合同的当事人一方将其债权与债务一并转移给第三人，由第三人概括地继受这些权利和义务的合同转让形态。可以进行合同债权债务概括转移的，只能是双务合同。单务合同不适用合同债权债务概括转移。

合同债权债务概括转移，一般由合同的一方当事人与合同之外的第三人通过签订转让协议的方式，约定由第三人取代合同转让人的地位，享有合同中转让人的一切权利并承担转让人在合同中的一切义务。

由于合同债权债务概括转移是同时转移债权和债务，因此，必须符合债权转让和债务转移的法律要求，同时发生债权转让和债务转移的法律后果。

第七节　合同消灭

一、合同消灭的概念和效力

（一）合同消灭的概念

合同消灭也叫做合同终止，或者合同的权利义务终止，是指合同当事人之间的合同关系在客观上已经不复存在，合同的债权与债务归于消灭。

（二）合同消灭的效力

合同消灭所发生的效力表现在以下几个方面：

（1）合同当事人之间的权利义务消灭，债权人不再享有债权，债务人不再负担债务。

（2）债权的担保及其他从属的权利义务消灭。例如，担保物权、保证债权、违约金债权、利息债权等，在合同关系消灭时，当然一并消灭。

（3）负债字据的返还。有负债字据的合同关系消灭的，债务人可以请求返还或者涂销负债字据；合同关系部分消灭的，或者负债字据上载有债权人其他权利的，债务人可以请求将合同消灭的事由记入负债字据。债权人主张不能返还或者不能记入的，债务人可以请求债权人出具合同消灭的证书。

（4）合同消灭后的附随义务履行。合同的权利义务终止后，当事人应当遵循诚实信用原则，根据交易习惯履行通知、协助、保密等义务。

（5）合同消灭不影响合同中结算和清理条款的效力。

二、合同消灭的原因

（一）清偿

清偿又称为履行，是指债务人按照合同的约定向债权人履行义务，实现债权目的的行为。我国《民法典》第557条使用的“债务已经履行”的概念，就是清偿的概念。

清偿的主体就是清偿的当事人，包括清偿人与清偿受领人。清偿的标的，就是债务的履行标的，或者债务给付的内容。清偿标的应当是全面清偿，即按照合同的约定债务全面履行。只有在特殊情况下，才可以部分清偿和代物清偿。债务人清偿债务应当在当事人约定的履行地点、履行期限之内为之。当事人没有约定的，按照法律规定的补缺性规定予以确定。清偿费用，按照法律规定或者当事人约定处理，法律没有规定，当事人也没有约定的，按照合同的有关条款或者交易习惯确定，据此仍不能确定的，清偿费用由债务人负担。

（二）解除

合同解除有两种含义：狭义的合同解除是指合同有效成立以后，在具备解除条件时，因当事人一方基于法律规定或双方的意思表示而使合同关系归于消灭的一种法律行为；广义的合同解除，除了包括狭义的合同解除以外，还包括合同的协议解除。

协议解除也叫做合意解除、解除契约或反对契约，是指在合同有效成立后尚未履行完毕之前，当事人双方通过协商而使合同效力消灭的双方法律行为。

约定解除，是指在原合同中通过解除权条款，或另外签订一个合同赋予一方或双方当事人在一定条件下享有解除权，当事人行使解除权解除合同。约定解除的基本特点是，它是通过原有合同或者新订立的合同约定解除合同的条件，当约定的条件出现时，当事人即可行使解除权而解除合同。约定解除是单方解除合同。

法定解除，是指合同在有效成立后尚未履行或未完全履行完毕前，基于法律规定的事由行使解除权而使合同归于消灭的行为。

合同解除效力，是指合同解除后所产生的法律后果，主要涉及合同解除的溯及力和合同解除与损害赔偿责任的关系问题。

（三）抵销

抵销是指当事人互负给付债务，各以其债权充当债务的清偿，而使其债务与对方的债务在对等额内相互消灭的合同消灭制度。为抵销的债权即债务人的债权，称为自动债权、抵销债权或反对债权；被抵销的债权即债权人的债权，称为被动债权、受动债权或主债权。

法定抵销是指由法律规定两债权得以抵销的条件，当条件具备时，依当事人一方的意思表示即可发生抵销效力的抵销。

合意抵销也叫做约定抵销、意定抵销，是指当事人双方基于协议而实行的抵销。合意抵销重视的是债权人之间的意思自由，因而可以不受法律所规定的构成要件的限制，当事人只要达成抵销合意，即可发生抵销的效力。

（四）提存

提存是指债务人于债务已届履行期时，将无法给付的标的物提交给提存机关，以消灭合同债务的合同消灭方式。

提存可使债务人将无法交付给债权人的标的物交付给提存机关，消灭债权债务关系，从而免除债务人为债务履行的困扰，为保护债务人的利益提供了一项行之有效的措施。

（五）免除

免除是指债权人抛弃债权，从而全部或者部分消灭合同关系的单方法律行为。

免除是法律行为，应当具备法律行为成立的一般条件。免除的效力是使合同关系消灭。债务全部免除的，合同债务全部消灭；债务部分免除的，合同关系于免除的范围内部分消灭。主债务因免除而消灭的，从债务随之消灭。但从债务免除的，不影响主债务的存在。

（六）混同

混同是指债权和债务同归于一人，而使合同关系消灭的事实。混同以债权与债务归属于一人而成立，与人的意志无关，因而属于事件。

混同的效力是导致合同关系的绝对消灭，主债务消灭，从债务也随之消灭，如保证债务因主债务人与债权人混同而消灭。

【引例评析】

在本章引例中，毛纺厂和制衣厂之间签订的协议并不是正式合同，而是购买羊毛合同的意向书。既然双方明示是合同意向书，合同当然没有成立，对双方当事人不发生合同约束力。据此，毛纺厂给制衣厂送货，制衣厂拒收是有道理的。双方协商后，将95吨羊毛存放在制衣厂仓库，也说明该合同并未成立。制衣厂在原料紧缺时，擅自使用10吨羊毛，究竟应当看做制衣厂愿意全部接受合同内容，还是仅就已经使用的10吨羊毛成立合同，是发生争议的焦点。对此，由于双方已经对合同的成立和生效有确定的共识，因此，不能基于制衣厂擅自使用部分货物而推定合同成立并生效，应当认为就已经使用的10吨羊毛成立合同并已经实际履行比较稳妥。对于其他的85吨羊毛，不能认为合同已经成立并生效，进而据此追究制衣厂的违约责任。

【本章小结】

1. 合同是平等主体的自然人、法人、非法人组织之间设立、变更、终止民事权利义务关系的协议。

2. 以法律是否设有规范并赋予一个特定名称为标准，合同分为有名合同与无名合同。

3. 合同的订立是指缔约人为意思表示并达成合意的状态。合同订立分为要约和承诺。要约，是指一方当事人以缔结合同为目的，向对方当事人提出合同条件，希望对方当事人接受的意思表示。承诺，是指受要约人同意要约的意思表示，是受要约人同意接受要约的条件以缔结合同的意思表示。承诺以接受要约的全部条件为内容，其目的在于同意与要约人订立合同。

4. 合同的效力就是合同的法律约束力，是指合同由法律赋予的并受法律保护的法律效力。依法成立的合同，对当事人具有法律约束力。当事人应当按照约定履行自己的义务，不得擅自变更或者解除合同。依法成立的合同受法律保护。

5. 合同的履行指合同债务人全面地、适当地完成其合同义务，债权人的合同债权得到完全实现。合同的履行是依法成立的合同必然发生的法律效果，并构成合同法律效力的主要内容。

6. 合同消灭也叫做合同终止，或者合同的权利义务终止，是指合同当事人之间的合同关系在客观上已经不复存在，合同的债权与债务归于消灭。

【练习题】

1. 名词解释

（1）有名合同

（2）无名合同

（3）合同成立

（4）合同的主要条款

（5）合同变更

（6）合同内容的确定

（7）清偿

2. 思考题

（1）合同成立的过程是什么？

（2）合同的效力有哪些状态？其后果有哪些不同？

（3）双务合同履行的抗辩权有哪些？具备哪些条件才可以行使？

（4）合同消灭的原因有哪些？

3. 案例分析题

孙某为与他人合伙经营服装生意，向许某借款 1.5 万元，约定借期 6 个月，月息为银行利息的 2.5 倍，到期本息一起付清。孙某为许某出具了欠条。孙某用此款与他人合伙倒卖服装旧货，被市场监督管理部门查获，将旧货全部没收，并每人罚款 1 万元。孙某为弥补亏损，拿出所有财产再次经营服装生意，再次亏损，至还款期届满，已经无支付能力。许某多次催要，孙某无法清偿欠款。某日，许某又向孙某催债，恰有姜某找孙某还款，孙某将话岔开，进行掩饰。许某经了解得知，孙某数年前曾借给姜某 1 万元作经营资金，现在本息已达 2 万余元。孙某认为收回这 2 万余元也得还债，故放弃这一债权，给姜某作经营资金，日后自己入股共同经营。许某向法院起诉，请求孙某以此款清偿债务。孙某辩称该债权已经放弃，无法清偿债务。

问题：

（1）孙某与许某之间的借款是否为有效合同？

（2）孙某在没有还清许某的借款的情况下，放弃对姜某的 2 万元债权，属于何种行为？

（3）许某应采用何种方法来保全和实现自己的债权？

分析要点提示：

（1）孙某和许某之间借款合同意思表示一致，并且已经实际发生，没有违反国家强制性法律，为有效合同。

（2）孙某一方面欠许某借款未还，一方面放弃对姜某的债权，是对许某债权的实现基础的财产的损害，具备了债权人撤销权的行使要件。

（3）许某可以适用《民法典》合同编关于债权人撤销权的规定，行使债权人撤销权，撤销孙某放弃债权的行为，主张用该财产实现自己的债权。

在线练习

第十三章　合同责任

【本章引例】

某个周五下午，在郊外工作的仇某等 4 人回城与亲人团聚，持前一天预购的客运班车票赶往车站。车票标明发车时间为该日下午 4:00，仇某等提前 15 分钟赶到车站时，该班车已于下午 3:35 提前发车。仇某等找到车站交涉，工作人员声称司机有急事提前发车，没有别的办法。仇某等要求车站另行派车，车站称没车可派，同意帮助安排住宿、吃饭，费用自理，签字确认后可改乘次日班车。仇某等不同意，遂乘出租车返回城里。嗣后，仇某等 4 人持出租车车票到该车站要求赔偿损失，车站以未经车站同意而乘出租车为由拒不予以赔偿。仇某等 4 人向法院起诉，要求车站赔偿损失。

【本章学习目标】

通过学习本章，你应该能够：

1. 掌握合同责任的概念；
2. 了解合同责任的种类；
3. 掌握合同责任的归责原则和调整范围；
4. 掌握合同责任方式和承担方法。

第一节　合同责任概述

一、合同责任的概念和特征

合同责任是指在合同履行过程中，合同当事人或者缔约人违反合同义务以及先契约义务或者后契约义务，依照约定或者法定，所应当承担的法律后果。

合同责任的概念有广义和狭义之分。上述界定的合同责任，是广义的合同责任概念。狭义的合同责任概念仅指合同的违约责任。

合同责任的法律特征是：(1) 合同责任是违反合同义务的法律后果；(2) 合同责任违反的义务包括合同主义务以及先契约义务或者后契约义务；(3) 合同责任的责任人既有合

同当事人也有缔约人；（4）合同责任既包括合同当事人事先约定的责任，又包括法定的责任。

二、我国合同责任的种类

我国《民法典》合同编规定的合同责任包括下述六种。

（一）缔约过失责任

缔约过失责任，按其原本意义，叫做“契约缔结之际的过失”责任，也称为先契约责任或者缔约过失中的损害赔偿责任，是指在合同缔结过程中，当事人因自己的过失，致使合同不能成立，对相信该合同为成立的相对人，为基于此项信赖而造成的损失所应承担的损害赔偿责任。

构成缔约过失责任的主要行为有以下几种：（1）恶意磋商；（2）缔约欺诈；（3）泄密或者不正当使用商业秘密；（4）其他违背诚信原则的行为。缔约人实施上述行为，造成对方当事人信赖利益损害的，构成缔约过失责任。

参考案例 13－1

某甲为一私营砖瓦厂的法定代表人，已将其砖瓦厂以每年8万元租赁承包给某丙经营近一年。某甲见砖瓦行情上涨，遂隐瞒已与某丙的合同真情，又与外地商人某乙商谈每年40万元的租赁承包意向，并要求某乙做好生产准备，某乙遂组织工人40人到某甲处。某甲即告知某乙其准备与某丙解除合同，保证两个月内将砖瓦厂交某乙租赁经营。但由于某丙不同意解除合同，某甲也不愿意向某丙支付违约金，因此无法将砖瓦厂交给某乙经营。某乙要求某甲赔偿损失，某甲辩称双方未签订合同，拒不赔偿，某乙遂起诉。

（二）合同无效责任

合同无效责任是合同成立之后，由于欠缺合同生效要件，致使合同无效或者被撤销，使合同在其成立时起即为无效，对合同无效或者被撤销负有责任的一方或者双方当事人所应当承担的责任。

依照《民法典》第157条的规定，合同无效、被撤销或者确定不发生效力后，行为人应当承担的合同无效责任是：（1）因该行为取得的财产，应当予以返还；（2）不能返还或者没有必要返还的，应当折价补偿；（3）有过错的一方应当赔偿对方由此所受到的损失；（4）各方都有过错的，应当各自承担相应的责任。如果法律另有规定，则应当依照其规定承担责任。

（三）预期违约责任

预期违约责任是广义违约责任中的一种特殊形式，也叫做先期违约责任，是指在合同履行期届满之前，一方当事人无正当理由而明确表示其在履行期届满之前将不履行合同，或者以其行为表明其在履行期届满以后也不可能履行合同所应当承担的合同责任。

预期违约分为明示的预期违约和默示的预期违约，其后果是，当事人一方明确表示或者以自己的行为表明不履行合同的，对方可以在履行期限届满之前，要求其承担违约责任。

（四）加害给付责任

加害给付责任亦称为积极侵害债权，是指债务人履行给付不符合债务本质，除发生债务不履行的损害之外，更发生履行利益之外的固有利益损害，债务人应当对履行利益之外的固有利益予以损害赔偿的违约责任制度。

这种合同责任也是违约责任，但是又与实际违约责任不同。在通常情况下，债务人履行债务所交付的标的物或者其他履行行为存在瑕疵或者缺陷，造成债权人履行利益之外的人身或者财产损害的，债务人所应当向债权人承担的赔偿责任，就是加害给付责任。它是违约责任的一个特别的表现形式。

（五）实际违约责任

实际违约责任是指合同履行期限届满，债务人不履行或者不完全履行合同约定的义务时所应当承担的合同责任。

实际违约责任是广义违约责任三种责任形态（即实际违约、加害给付和预期违约）中的核心部分，是最重要、最常见的合同违约责任形式。这是合同责任的基干，是合同责任的基本形态，是债务人不履行或者不适当履行合同债务所应当承担的民事责任。

（六）后契约责任

后契约责任是合同当事人在合同关系消灭之后，对于法定的或者约定的后契约义务不履行或者不适当履行，给对方当事人造成损害时所应当承担的合同责任。

《民法典》规定了合同当事人的后契约义务，但是没有规定相应的违反后契约义务的责任条款，而是统一适用《民法典》关于违约责任的一般规定。

第二节　合同责任的归责原则

一、合同责任归责原则的概念和体系

（一）合同责任归责原则的概念

合同责任归责原则，是指确定违反约定义务和法定义务的行为人合同责任的一般准则。它是在违反约定义务或者法定义务的事实已经发生的情况下，确定责任人对自己的行为所造成的后果是否需要承担合同责任的原则。

（二）合同责任归责原则体系

我国合同责任的归责原则体系是由三个归责原则构成的，即过错责任原则、过错推定原则和无过错责任原则。首先，我国的合同责任归责原则是三元化的体系，过错责任原则、过错推定原则和无过错责任原则并存，各自调整不同的合同责任。其次，无过错责任原则是调整合同责任的归责原则，但这个归责原则的调整范围并不像有些学者主张的适用范围那样广泛，并不是调整违约责任的唯一归责原则。再次，过错推定原则也是合同责任的归责原则，特别是在违约损害赔偿责任的确定中，经常适用过错推定原则。最后，在缔约过失责任、预期违约责任中，尤其是商品欺诈、服务欺诈惩罚性赔偿金责任中，应当适用的是过错责任原则，对于违约一方的过错，应当由主张权利的人承担举证责任。对于合同无效的损害赔偿责任，对造成合同无效的一方的过错，也应当由主张权利的一方举证，这样更为合理、科学。如果实行过错推定，让被告一方承担举证责任，则对被告一方所加的责任过重。

二、不同的归责原则的调整范围

（一）过错责任原则

过错责任原则调整的范围是：（1）缔约过失责任；（2）合同无效责任中的损害赔偿责任和收归国家或集体所有、返还个人责任；（3）预期违约责任；（4）加害给付责任；（5）实际违约责任中的惩罚性赔偿责任。

（二）过错推定原则

过错推定原则调整的范围是：（1）违约损害赔偿责任；（2）后契约责任。实行过错推定的合同责任，应当注意其范围限制，同时要注意举证责任的特殊情况。

（三）无过错责任原则

无过错责任原则调整的范围是：（1）违约责任中的继续履行责任，采取补救措施责任，以及违约金责任；（2）合同无效责任中的返还财产和适当补偿责任。对于其他种类的合同责任不能适用严格责任。

第三节　合同责任构成和抗辩事由

一、合同责任构成要件

合同责任构成要件是指具备何种条件构成合同责任。由于合同责任适用不同的归责原则，因此合同责任的构成要件有共同要件和非共同要件之分。共同要件是所有的合同责任构成都必须具备的要件；非共同要件是适用过错责任原则的合同责任构成除了须具备共同要件之外还须具备的要件。

（一）合同责任构成的共同要件

1. 违反约定或者法定义务的行为

在各种合同责任构成中，都必须具备违反约定或者法定义务的行为的要件。这一要件的要求，一是须具备行为的要素，二是须具备违反约定或者法定义务的要素。

构成合同责任的行为必须是违反义务的行为，包括违反约定义务和违反法定义务的行为。违反合同约定义务的行为是合同责任中行为要件的主流和主体部分，但违反合同法定义务的行为也构成合同责任。例如，先契约责任中的法定义务，合同履行中的法定义务，后契约责任中的法定义务，都是法律规定的义务。这些法定义务的不履行同样构成合同责任。

2. 合同债权不能实现或者不能完全实现以及损害事实等后果

合同债权不能实现、不能完全实现以及损害事实等后果，是构成合同责任的事实要件。不同的合同责任形态的后果要件各有不同，在合同责任中，这些后果主要有以下几种：

（1）损害事实。在所有的合同责任中，都有可能造成财产的或者人身的损害后果。这种财产损害事实分为三种：一是信赖利益的损失，是指合同未成立、无效或者可撤销，相对人信赖其为成立或有效，却因为未成立或者无效、被撤销的结果所蒙受的利益损失。信赖利益又叫做消极利益或者消极合同利益。信赖利益赔偿的标准，是如同合同未曾发生一样，但是其最高赔偿额不得超过预期利益。这种利益的损失只存在缔约过失责任和合同无效责任（包括被撤销的合同无效后果）之中。二是预期利益的损失，也叫做履行利益损失，是指合同有效成立，但因债务不履行或者不适当履行而发生的，债权人基于合同履行所能获得的财产利益损失。预期利益损失是合同责任构成中的消极利益损失，是可得利益的损失。三是固有利益的损失，是指合同预期利益以外的合同当事人的其他人身和财产利益的损失。这样的损失包括合同预期利益之外的债权人的财产利益的损失和人身利益的损失。例如，在高速公路使用中，管理者一方未尽善良管理人的注意，在公路上留有遗失物，致使用高速公路的车辆躲避不及，导致车毁人亡，既有财产损失，又有人身损害。

（2）财产被对方当事人占有。在缔约的过程中，在合同成立但尚未生效的过程中，以及在其他一些合同场合，当事人依据约定可能占有对方的财产。但是，在合同没有成立，或者合同虽然成立但是却被宣告无效或被撤销，占有对方的财产就成为非法占有。

（3）财产利益损害之虞。在预期违约中，客观的损害后果不是期待履行利益的损失，而是这种财产利益损失的可能。这种损害事实的可能应当具有高度盖然性，因为明示和默示的毁约均已为债务人所确认，只是由于债务履行期限还没有到。

（4）合同债权未能实现或者不能实现之虞。在实际违约责任中，客观后果主要是合同债权不能实现或者不能完全实现，这就是合同履行期限将至，债务人不履行债务，使债权人所期待的履行利益不能实现或者不能完全实现。债权不能实现，就是一种财产损失，因此也可以称之为债权期待利益的财产损失。债权的期待利益不能实现的可能，也是一种合同责任构成后果要件。

3. 因果关系

合同责任构成中的因果关系，是指违反义务的行为与损害等后果之间的引起与被引起的客观联系。有因果关系就构成合同责任，没有因果关系就不构成合同责任。

判断合同责任的因果关系，不能依据直接因果关系理论，而是应当依据相当因果关系理论。这就是在确定行为与结果之间有无因果关系，要依行为时的一般社会经验和知识水平作为判断标准，认为该行为有引起该损害结果的可能性，而在事实上该行为又确实引起该损害结果，就应当认为该行为与该损害结果之间具有因果关系。

（二）合同责任构成的非共同要件：过错

在适用无过错责任原则归责的合同责任中，具备上述三项要件即为构成，行为人应当承担合同责任。在适用过错责任原则或者过错推定原则归责的合同责任构成中，除了应当具备上述三项要件以外，还应当具备非共同要件，即过错要件。行为人在主观上必须具备故意或者过失的主观要件。

参考案例 13-2

某行政村原村委会干部朱某等擅自以村委会名义，在村民不知情的情况下与第三人曹某签订了该行政村 21 亩林场地的承包合同。双方就承包期限、承包费数额、承包地、承包款交付期限及违约责任作出了明确约定，并对该合同进行了公证。嗣后，朱某为曹某出具收到林场地承包款的收据，把林场地交曹某承包。该村村民集体起诉，请求确认该合同无效。法院认为，村委会与第三人曹某签订的合同虽然形式完备，双方意思表示真实，且经过公证，但该合同签订未经本行政村村民三分之二以上的成员或三分之二以上的村民代表同意，亦未报镇人民政府批准，违反了我国《民法典》和《农村土地承包法》的强制性规定，因此宣告该合同无效，朱某等应当承担合同无效责任。

故意欺诈、故意隐瞒、故意毁约，以及其他一切故意借合同行为或者违约行为等使对方当事人受到损害，或者使自己得到利益的主观心理，都是合同责任中的故意。违反善良管理人的注意，违反与处理自己的事务为同一的注意，以及违反一般人的注意，都是合同责任中的过失。凡是具有上述故意或者过失的行为人，都具备合同责任构成中的主观要件。

二、合同责任的抗辩事由

抗辩事由是指被告针对原告的诉讼请求而提出的证明原告的诉讼请求不成立或不完全成立的事实。在合同法中，抗辩事由是被告针对原告提出的承担合同责任的请求而提出来的对抗其合同责任承担的法定事由，又称为免责事由。

在合同法中，法律规定的唯一的抗辩事由是不可抗力。

不可抗力是指人力所不可抗拒的力量，包括自然原因如地震、台风、洪水、海啸等，以及社会原因如战争等。不可抗力，是独立于人的行为之外，并且不受当事人的意志所支配的现象。

确定不可抗力，应采取主客观相结合的标准，凡属基于外来因素而发生的，当事人以最大谨慎和最大努力仍不能防止的事件为不可抗力。

因不可抗力造成损害，当事人免除合同责任。但不可抗力导致免责，必须是不可抗力是损害发生的唯一原因，当事人对违反义务行为造成的损害的发生和扩大不能产生任何作用。因此，在发生不可抗力的时候，应当查清不可抗力与造成的后果之间的关系，并确定当事人的活动在发生不可抗力的条件下对所造成的损害后果的作用。

在法律有特别规定的情况下，不可抗力不作为免责事由。例如《中华人民共和国邮政法》规定，保价的给据邮件的损失即使是不可抗力造成的，邮政企业也不得免除赔偿责任。

第四节　合同责任方式及其应用

一、合同责任方式

（一）合同责任方式的概念

合同责任方式，是指违反约定或者法定合同义务的行为人应当承担民事责任的具体方式。

（二）合同责任方式的种类

《民法典》第179条规定的民事责任方式可以适用于合同责任的有下述几种。

1. 继续履行

继续履行的适用范围是违约责任。继续履行不仅适用于实际违约，还适用于预期违约和加害给付，是适用于一切生效合同没有实际履行或者没有完全履行的情形，并且该合同能够履行、也有继续履行的必要。在后契约责任中，约定的后契约义务不履行，也可以采取继续履行的责任方式。

2. 采取补救措施

采取补救措施是一个概括性的民事责任方式，具体包括很多方式，如修理、重作、更换、退货、减少价款或者报酬。上述这些责任方式，在违约责任包括实际违约、预期违约和加害给付中，都可以适用。

3. 返还财产或折价补偿

返还财产或折价补偿是两种责任方式。在适用中，应当注意适用的顺序，首先应当适用的是返还财产，在返还财产不能或者返还财产没有必要的时候，才考虑适用折价补偿的责任方式。

4. 支付违约金

违约金是当事人双方约定的救济违约的一种责任方式，实际上，这种合同责任方式具有担保的作用。适用违约金责任方式，当事人在合同中应当事先约定，按照约定，在一方当事人违约的时候，对方按照约定支付违约金。在实际违约、预期违约和加害给付中都可以根据约定适用违约金责任。约定违约金的高低，法律没有限制，但是，应当受到实际损失的限制。

5. 赔偿损失

这种合同责任方式是应用最为广泛的一种，在所有的合同责任中，都可以适用赔偿损失的责任方式。换言之，在一切造成损失的合同领域中，都可以适用赔偿损失责任。

赔偿损失责任方式有两种：一是一般的损害赔偿，即补偿性的损害赔偿；二是惩罚性损害赔偿。在一般的合同责任中，适用的是补偿性的损害赔偿，不得适用惩罚性损害赔偿。惩罚性损害赔偿只有在商品欺诈和服务欺诈中才可以适用。

在补偿性赔偿金中，确定赔偿范围的依据是《民法典》第 584 条，即“损失赔偿额应当相当于因违约所造成的损失，包括合同履行后可以获得的利益”。在这一规定中，重要的不是前一句所表述的内容，而是后一句对可得利益赔偿的表述，这是对间接损失赔偿的最准确表述。在合同责任中，既要赔偿直接损失，又要赔偿间接损失。

关于违约惩罚性赔偿责任的规定，一是《消费者权益保护法》第 55 条第 1 款：经营者提供商品或者服务有欺诈行为的，应当按照消费者的要求增加赔偿其受到的损失，增加赔偿的金额为消费者购买商品的价款或者接受服务的费用的 3 倍；增加赔偿的金额不足 500 元的，为 500 元。二是《食品安全法》第 148 条规定的，赔偿价款 10 倍或者损失 3 倍的赔偿金；增加赔偿的金额不足 1 000 元的，赔偿 1 000 元。

对违约损害赔偿的最高限额问题，《民法典》第 584 条后段规定：赔偿数额“不得超过违约一方订立合同时预见到或者应当预见到的因违约可能造成的损失”。掌握这个限额，可以按照合同当事人订立合同时的预期利益考虑。除了违约责任以外，其他的损害赔偿不考虑这样的限额。

《民法典》第 592 条规定了两个违约责任的特殊规则：一是双方违约，当事人各自承担相应的责任；二是一方违约，对损失的发生有过错的，可以减少相应的损失赔偿额。例如，对方当事人没有采取适当措施致使损失扩大的，不得就扩大的损失要求赔偿。

《民法典》第 593 条规定了第三人的原因造成违约的处理原则，即先由违约的当事人承担责任；在违约的当事人承担了责任后，由该方当事人与第三人另行处理。

二、合同责任方式的综合运用

在一个合同纠纷中，往往要同时运用几种合同责任方式。综合运用合同责任方式应当注意如下问题。

（一）违约金与定金的竞合

《民法典》第 588 条第 1 款规定：“当事人既约定违约金，又约定定金的，一方违约时，对方可以选择适用违约金或者定金条款。”按照这一规定，同时约定定金和违约金，只能请求违约方承担这两种责任中的一种违约责任，或者是支付违约金，或者是执行定金条款，不能合并适用违约金和定金条款。选择权在未违约的一方。

（二）违约金与损害赔偿的竞合

违约金具有多种性质，但其最主要的性质是违约赔偿金的性质。这样，违约金的适用就可能与违约损害赔偿的适用发生冲突。按照原理，违约金与违约损害赔偿是一致的，适用违约金，在没有造成损害的时候，就是惩罚性违约金，造成损害，就是赔偿性违约金；既然是赔偿性违约金，就应当与违约的损失相结合。《民法典》第 585 条确定的原则是：（1）约定违约金的，应当按照违约金的约定执行；（2）约定的违约金低于造成的损失的，可以请求增加，就是俗称的“找齐”，这是因为违约金具有损害赔偿性质，只要是低于实际损失，就应当找齐；（3）约定的违约金过分高于造成的损失的，可以请求适当减少，“过分高于”的标准，就是达到显失公平的程度。

【引例评析】

在本章引例中，客运站提前发班车，显然构成违约。当客运合同的债权人主张派车履行债务时，债务人即车站不同意，仅同意安排食宿且需债权人自己负担费用。在此情况下，4 名债权人采用乘出租车的形式赶回家中，是实现自己债权的一种方法，并非过分要求。因此，客运站应当对因其造成的损失承担赔偿责任。

【本章小结】

1. 合同责任是指在合同履行过程中，合同当事人或者缔约人违反合同义务以及先契约义务或者后契约义务，依照约定或者法定，所应当承担的法律后果。

2. 我国《民法典》合同编规定的合同责任包括六种：缔约过失责任、合同无效责任、预期违约责任、加害给付责任、实际违约责任和后契约责任。

3. 合同责任归责原则是指确定违反约定义务和法定义务的行为人合同责任的一般准则。它是在违反约定义务或者法定义务的事实已经发生的情况下，确定责任人对自己的行为所造成的后果是否需要承担合同责任的原则。我国合同责任的归责原则包括过错责任原则、过错推定原则和无过错责任原则。

4. 合同责任构成要件是指具备何种条件构成合同责任。共同要件是所有的合同责任构成都必须具备的要件；非共同要件是适用过错责任原则或过错推定原则归责的合同责任构成除了须具备共同要件之外还须具备的要件。

5. 合同责任抗辩事由是被告针对原告提出的承担合同责任的请求而提出来的对抗其合同责任承担的法定事由，又称为免责事由。在合同法中，法律规定的唯一的抗辩事由是不可抗力。

【练习题】

1. 名词解释

（1）缔约过失责任

（2）合同无效责任

（3）预期违约责任

（4）加害给付责任

（5）实际违约责任

（6）后契约责任

2. 思考题

（1）合同责任有哪些类型？

（2）我国合同责任的归责原则有哪些？各自调整哪些合同责任？

（3）构成合同责任应当具备哪些要件？

3. 案例分析题

王先生为装修新房，向某地板销售部购买了120平方米水曲柳实木地板。装修竣工后不久，王先生发现所铺地板上有虫蛀痕迹，并有蛀虫在室内飞舞。王先生要求销售方赔偿，销售方辩称其产品经过高温高压消毒，不会出现蛀虫，拒绝赔偿，引起讼争。经过鉴定，王先生家的飞虫确由该水曲柳地板所生，名字叫“家茸天牛”。经查实，该地板无生产厂家名称、生产日期、检验合格证明，为不合格产品。王先生向法院起诉，追究地板销售部的违约责任。

问题：

（1）地板销售部是否构成违约责任？

（2）确定地板销售部违约责任应当适用何种归责原则？

（3）王先生提出哪些违约诉讼请求才能够得到法院的支持？

分析要点提示：

（1）地板销售部销售的地板是“三无”产品，不符合合同约定，构成违约责任。

（2）确定违约损害赔偿责任的归责原则是过错推定原则。

（3）王先生追究地板销售部的违约责任，其方式应当是损害赔偿。

在线练习

第四编

人格权

第十四章 人格权概述

【本章引例】

原告王某英因揭发单位领导的不正之风受到打击，得到了中央媒体的支持。作家刘某根据一些人的反映，认为中央媒体的文章内容失实，遂撰写“纪实小说”《好一朵“蔷薇花”》，声称“为正视听”，“要展览一下王某英”，在文中使用了“小妖精”“大妖怪”“流氓”“江西出产的特号产品”“南方怪味鸡”“专门的营私者”等 14 种侮辱性的语言。文章在《女子文学》《文学月刊》《法制文学选刊》等刊物上发表，侵害了王某英的名誉权。原告诉至法院，请求精神损害赔偿。

【本章学习目标】

通过学习本章，你应该能够：

1. 掌握人格权的概念和特征；
2. 掌握人格权法律关系的要素；
3. 掌握人格权的权能。

第一节 人格权的概念和人格权法律关系

一、人格权的概念和特征

（一）人格权的概念

人格权是指民事主体专属享有，以人格利益为客体，为维护其独立人格所必备的固有权利。《民法典》第 109 条规定：“自然人的人身自由、人格尊严受法律保护。”第 110 条规定：“自然人享有生命权、身体权、健康权、姓名权、肖像权、名誉权、荣誉权、隐私权、婚姻自主权等权利。法人、非法人组织享有名称权、名誉权和荣誉权。”第 111 条规定：“自然人的个人信息受法律保护。任何组织或者个人需要获取他人个人信息的，应当依法取得并确保信息安全，不得非法收集、使用、加工、传输他人个人信息，不得非法买卖、提供或者公开他人个人信息。”此外，《民法典》第四编“人格权”，对人格权作了详细规定。

（二）人格权的法律特征

1. 人格权是民事主体的固有权利

人格权的固有性表现在人格权是绝对权，人格权的获得是依人的出生，一旦自然人出生、法人成立，就依法享有这种固有的人格权；人格权与民事主体的存在共始终，自然人、法人和非法人组织只要具有法律上的人格，只要还在社会上存在，就享有人格权，既不能因某种事实而丧失，也不能基于某种原因而被剥夺。

2. 人格权是民事主体的专属权

人格权专属于民事主体，具有专属性。一方面，人格权由民事主体专属享有，非为其他组织所享有。另一方面，人格权由民事主体专属享有，只能由每个民事主体单独享有，不得转让、抛弃、继承，也不受他人非法限制，不可与民事主体的人身相分离。

3. 人格权是维护民事主体独立人格的必备权利

民事主体享有人格权的目的，就是要维护其作为法律上的人，包括自然人、法人和非法人组织所必须具有的资格，保障民事主体在人格上的依法独立。

4. 人格权是以人格利益为客体的民事权利

人格利益体现的是人身利益和精神利益，但并不排除包含于这种人格利益中的物质利益因素。物质利益包括：当身体权、健康权、生命权受到损害时，自然人为医治创伤、处理丧葬所造成的财产损失；肖像权、名称权等人格权在客观上可能转化成的物质利益；所有人格权造成损害而为恢复权利所支出的必要费用。

二、人格权法律关系

（一）人格权的主体

人格权的主体，就是人格权法律关系的主体，是指在人格权民事法律关系中享有权利和承担义务的自然人、法人和非法人组织。

在人格权法律关系中，一方为权利主体，即人格权的权利人；另一方为义务主体，即人格权的义务人。

人格权的权利主体为全部具有民事权利能力的自然人、法人和非法人组织，任何自然人、法人和非法人组织只要具有民事权利能力，就是人格权的权利主体。

（二）人格权的内容

人格权的内容就是人格权法律关系的内容，是指人格权法律关系主体享有的权利和负有的义务。

人格权的权利主体所享有的权利，是指人格权的权利主体，根据法律规定，依据自己的意愿，为实现自己的人格利益，为某种行为或不为某种行为的可能性。通过某种行为而实现自己的人格利益，就是行使人格权利。人格权利的行使，受权利人意志的支配。但是，为维护社会公共利益，维护个人利益，协调个人权利与社会利益的冲突、个人权利之间的冲突，增强人与人之间的和睦友善关系，权利主体行使人格权，应当受到某些适当的限制。

参考案例 14-1

在非典型肺炎和新型冠状病毒肺炎防疫期间，为了防止非典型肺炎和新型冠状病毒肺炎的传播，将某些疫区封闭，不让疫区居民外出，也不让他人进入。这种对人身自由的拘束，是合法的拘束，是为了公共利益的需要，因此并不违法。

人格权的义务是人格权法律关系中的义务主体为了满足权利主体实现其人格利益和身份利益，而不为一定行为的必要性。人格权法律关系中的义务，是不作为的义务。人格权的义务包含三层意思：一是义务人必须根据法律的规定不为一定行为，以便实现权利主体的人格利益；二是义务人负有义务在一定范围内不为一定行为，这个范围一般是由法律直接规定的；三是人格权关系中的义务是一种法定义务，受国家强制力的约束，义务人不履行自己的义务就要承担相应的民事责任。

（三）人格权的客体

民事法律关系的客体，是指民事法律关系中的权利、义务所共同指向的对象。因而，人格权的客体，也就是人格权民事法律关系中的权利、义务所共同指向的对象。

人格权的客体就是人格利益。第一，人格利益不像财产利益那样表现为财富的形态，人格利益中的身体、健康、生命的安全，精神活动的自由与完整，及其作为人的尊严、独立、自由，都是如此。第二，人格利益只属于民事主体享有的利益，团体、组织中的领导与被领导关系，团体、组织间的隶属与被隶属关系，有的也具有某种人格上的意义，但它不属于民法上的人格利益，因而不能成为人格权的客体。第三，作为人格权客体的人格利益有适当的范围，自然人享有人身自由权，但其吸毒，就要受到法律限制，人身自由权的客体中不包括吸毒的自由；性自主权的主体享有承诺权，通过承诺，自己与异性发生性行为而使自己获得肉体上的快感和精神上的愉悦，但依此进行淫乱活动，法律不予保护，并且予以制裁。

第二节　人格权的权能

一、控制权

控制权，是指人格权所含有的民事主体以自己的意思对自身的人格利益进行控制的权能。这种权能的行使，以将自己的人格权由自己的意志支配为内容。控制权既是人格权的权利主体积极行使其权利的表现，又是权利主体行使人格权其他权能的基础。权利主体行使控制权，以维护其人格利益，使自己的意志支配于这些利益，同时，也只有行使控制权，才能行使其他权能。

二、利用权

利用权，是指人格权所含有的权利主体以自己的意志去利用人格权的客体即人格利益，从事各种活动，以满足自身需要的权能。

利用权首先表现为利用自己人格权的客体，体现个体活动的特征、特点以区别于他人，体现个人存在的价值。利用权还表现为利用人格权的客体，以满足自身的需要。如自然人享有隐私权，任何人不得侵害。

三、有限转让权

人格权的转让权是利用权部分的、有限制的延伸，是权利主体对其部分权利客体的利用适当转让于他人。人格权的转让权并非普遍的权能，而受权利客体性质的限制。人身自由权、姓名权、名誉权、荣誉权等专属于个人的权利，不能转让，而肖像权、名称权等则可以转让。即使是可以转让的权利客体，除名称权以外，其转移的也只能是部分权能；且只能部分转让而不得全部转让。《民法典》第993条规定："民事主体可以将自己的姓名、名称、肖像等许可他人使用，但是依照法律规定或者根据其性质不得许可的除外。"这规定的就是人格权的权利人对其人格利益的适当转让权。

四、适当处分权

适当处分权，是人格权所包含的权利人对于自己享有的人身利益进行适当的、自主支配的权能。很多学者反对人格权具有处分的权能，而认为其有活动自由权的权能。这两种提法，内容有相同之处，但亦有不同之处。活动自由权是讲人格权利人在权利范围内的自由活动，适当处分权实际上是支配权，是指权利人在权利范围内不仅有自由活动的权利，而且具有对某些人格利益的支配权利，可以进行适当的处分。

参考案例 14-2

某甲的父亲某乙20年前患有绝症，请求安乐死，医院的医生经过研究予以同意，为其注射药品死亡，因此该医生被关押一年，后无罪释放。2019年，某甲也患有绝症，极度痛苦，亦要求医院实施安乐死，医生无人敢做。无奈，某甲决定出院，在家静等死亡来临，实行了"自然安乐死"。这里表现的，就是人对自己生命权利的适当处分。

对人格利益的处分权能并不是绝对的，表现在：一是处分的人格利益范围的有限性。并不是所有的人格利益都可以自由处分，如自由权、名誉权等不得抛弃、转让。二是处分内容的有限性。例如，对于生命利益的支配，为了正义、事业而献身，贡献生命，处分自己的生命利益，是合法行使处分权的行为；自杀，则是法律所禁止，为违法行为，并非合法处分生命利益的正当行为。

第三节　有关人格权保护的其他问题

一、对死者人格利益的保护

对于死者的人格利益，法律应当予以保护。死者的姓名、肖像、名誉、荣誉、隐私、遗体等，受到侵害的，其近亲属有权进行保护。首先是其配偶、子女、父母进行保护，死者没有配偶、子女并且父母已经死亡的，其他近亲属有权依法请求行为人承担民事责任。

二、对胎儿人格利益的保护

对于胎儿的人格利益也应当予以保护。对此，应当适用《民法典》第16条的规定，虽然其中没有明确规定胎儿的人格利益保护的内容，但是，在该条的"等"字中包含对胎儿人格利益的保护。胎儿在母体中受到侵权行为的侵害，造成身体、健康的损害，其出生后，有权以自己的名义，由其法定代理人代理，请求侵权人承担人身损害赔偿责任。

三、人格权请求权

人格权请求权，是人格权受到侵害后，受害人依法享有的请求侵害人承担民事责任，救济自己损害的固有请求权。《民法典》第995条前段规定："人格权受到侵害的，受害人有权依照本法和其他法律的规定请求行为人承担民事责任。"为了保护权利人的人格权，《民法典》第995条后段规定："受害人的停止侵害、排除妨碍、消除危险、消除影响、恢复名誉、赔礼道歉请求权，不适用诉讼时效的规定。"

在合同领域，因当事人一方的违约行为，损害对方人格权并造成严重精神损害，受损害方选择请求其承担违约责任的，不影响受损害方请求精神损害赔偿，使权利人的人格权得到更好的保护。

四、人格权保护的禁令

为了更好地保护人格权，《民法典》第997条规定了保护人格权的禁令制度，即："民事主体有证据证明行为人正在实施或者即将实施侵害其人格权的违法行为，不及时制止将使其合法权益受到难以弥补的损害的，有权依法向人民法院申请采取责令行为人停止有关行为的措施。"禁令就是禁止实施某种行为的命令。侵害人格权的禁令，是人民法院发出的禁止行为人实施有可能侵害他人人格权的行为的命令。这种命令有强制性，受禁令禁止的行为人，必须遵从禁令的要求，不得实施被禁令禁止的行为。违反者应当承担民事责任。

【引例评析】

在本章引例中，被告并非有侵害原告名誉权的直接故意，但是她在文章中所使用的语言，是对人格的诽谤，使原告的名誉受到损害，构成侵害名誉权。这种权利的性质是人格权，是自然人的固有权、专属权、必备权。权利人对这种权利享有控制权、利用权、有限转让权和适当处分权，权利人可以按照自己的意志，对上述权利进行支配。由于人格权具有上述特征，因而是民事主体不可须臾缺少的，也是不得进行侵害的，法律予以严格保护。任何人侵害他人人格权包括名誉权在内，都要受到法律的制裁。法院确认被告的行为构成侵权，判决被告承担精神损害赔偿的责任，正是体现了法律对人格权的保护。

【本章小结】

1. 人格权是指民事主体专属享有，以人格利益为客体，为维护其独立人格所必备的固有权利。

2. 人格权的主体，就是人格权法律关系的主体，是指在人格权民事法律关系中享有权利和承担义务的自然人、法人和非法人组织。人格权法律关系的内容，是指人格权法律关系中的权利和义务。人格权法律关系的客体，是指人格权法律关系中的权利、义务所共同指向的对象，即人格利益。

3. 人格权的权能包括控制权、利用权、有限转让权和适当处分权。

4. 人格权保护的方法包括：对死者人格利益的保护、人格权请求权以及人格权保护的禁令。

【练习题】

1. 名词解释

（1）人格权控制权

（2）人格权利用权

（3）人格权转让权

（4）人格权适当处分权

2. 思考题

（1）人格权具有哪些权能？

（2）人格权法律关系具有哪些要素？

（3）安乐死如何体现生命权的适当处分权？

（4）《民法典》对保护人格权规定了哪些方法？

3. 案例分析题

2003 年中国男篮签约赞助商可口可乐公司，在其饮料瓶上使用了姚明占突出位置的 3 名国家队队员形象。而姚明作为百事可乐的形象代言人，并未授予可口可乐使用其个人肖像的权利。于是，姚明认为可口可乐公司的行为侵害其肖像权，委托律师向人民法院提起诉讼，请求法院判令可口可乐公司“停止将原告的肖像及姓名用于产品外包装的行为；在全国性新闻媒体上公开承认侵权行为，向原告赔礼道歉，消除影响；同时判令可口可乐公司赔偿原告精神损害抚慰金及经济损失人民币 1 元”。

问题：

（1）肖像权的性质是不是人格权？

（2）肖像权法律关系的要素是什么？

（3）姚明的诉讼主张应否得到法院的支持？

分析要点提示：

（1）肖像权具有人格权的所有特征，因此其性质是人格权。

（2）肖像权法律关系的要素包括：肖像权的权利主体和义务主体，肖像权的权利义务内容，以及肖像权的肖像利益客体。

（3）姚明的诉讼主张应当得到法院的支持，因为未经肖像权人本人即姚明的同意，可口可乐公司无权使用姚明的肖像。

在线练习

第十五章　一般人格权

【本章引例】

原告王某、倪某于某日下午到被告国际贸易中心开设的惠康超级市场购物，购物后正要离开，被超市的两名员工叫住，并质问其是否拿了超市的东西。原告告知其所购之物均已交款。但是两名员工不信，声称要进行检查，于是先检查了两名原告的手袋，又将两名原告带到办公室强令其摘下帽子、解开衣服进行检查。两名原告受到侮辱，伤心落泪。经检查，证明两名原告确实没有拿超市的东西。两名原告向法院起诉，要求法院确认被告侵害其人格权。

【本章学习目标】

通过学习本章，你应该能够：

1. 掌握一般人格权的概念和特征；
2. 了解一般人格权的内容；
3. 了解一般人格权的功能。

第一节　一般人格权概述

一、一般人格权的性质

一般人格权是以民事主体全部人格利益为标的的基本权利。[①] 一般人格权相对于具体人格权而言，是基本权利。一般人格权虽然对具体人格权有概括的作用，但它也是一个独立的民事权利，是人格权中的基本权利。一方面，它决定和派生着各种具体人格权；另一方面，它更为抽象和具有概括性，成为人身权中最具有抽象意义和典型性的基本人格权。《民法典》第990条第2款关于“自然人享有基于人身自由、人格尊严产生的其他人格权

① 王利明，杨立新，姚辉. 人格权法. 北京：法律出版社，1997：26.

益”的规定，就是规定了一般人格权。

二、一般人格权的概念和特征

（一）一般人格权的概念

一般人格权是自然人享有的，与具体人格权相对而言，概括人格独立、人格自由、人格尊严全部内容的一般人格利益，并由此产生和规定具体人格权的基本权利。

（二）一般人格权的特征

一般人格权与具体人格权相比较，具有以下法律特征：

1. 一般人格权的主体具有普遍性的特征

一般人格权的主体是自然人，自然人和自然人之间一律平等。任何人不论其在社会中有何政治地位、身份和能力，其在经济能力上有何不同，都平等地、普遍地享有一般人格权，并与个人的属性终生相随，直至其死亡。

2. 一般人格权的客体具有高度概括性的特征

一般人格权的客体是一般人格利益，具有高度的概括性。这种概括性包括两个方面的意义：第一，一般人格利益本身具有概括性。人格独立、人格自由、人格尊严都不能化成具体的人格利益，也不能成为具体人格权的客体。第二，一般人格利益是对所有具体人格权的客体的概括，任何一种具体人格权的客体都可以概括在一般人格利益之中。因此，一般人格权才成为具体人格权的渊源，由此产生并规定具体人格权。

3. 一般人格权的内容具有广泛性的特征

一般人格权的内容不仅包括具体人格权的内容，而且包括具体人格权所不能包含的人格利益。因而一般人格权的内容极为广泛，是不可能列举穷尽的。

4. 一般人格权具有明确的目的性特征

一般人格权集中体现了法律保护人格权的目的，即尊重人的独立、平等地位，尊重人的自由和尊严，从而使人获得全面发展。

第二节　一般人格权的内容和功能

一、一般人格权的内容

（一）人格独立

人格独立的实质内容，是民事主体对人格独立地享有，表现为：民事主体在人格上一律平等，在法律面前，任何民事主体都享有平等的主体资格，享有独立人格，不受他人的支配、干涉和控制。

《民法典》第 4 条规定：“民事主体在民事活动中的法律地位一律平等。”这赋予了民事主体在人格上的独立和平等。人格独立表明，人人都有平等的权利，人人都有保护个人人格的权利，人人都有捍卫个人独立性的权利。

人格独立包括的内容如下：第一，民事主体的人格不受他人支配。第二，民事主体的人格不受他人的干涉。第三，民事主体的人格不受他人控制。

（二）人格自由

作为一般人格权的内容，人格自由是私法上抽象的自由，既不是人身自由，也不是政治自由。它是对所有的民事自由权利的抽象和概括，既是指人格的自由地位，也是指人格的自由权利，是权利主体自主参加社会活动、享有权利、行使权利的基础和前提。

人格自由包括以下两个方面的内容：第一，保持人格的自由，就是保持自己做人的自由。第二，发展人格的自由。人格为与生俱来的资格，主体在其生存期间可以采取各种方法来发展自己的人格，完善自己的人格，使自己成为更完美、更完善的人。

（三）人格尊严

人格尊严是一般人格权的基本内容，是一般人格权的代名词，是指民事主体作为一个人所应有的最起码的社会地位，以及应受到社会和他人最起码尊重的资格。换言之，人格尊严，即把人真正当成人。人格尊严主要有以下三个特点：

（1）人格尊严是一种人的观念，是自然人、法人、非法人组织对自身价值的认识。这种认识基于自己的社会地位和自身价值，它来源于自身的本质属性，并表现为自己的观念认识。

（2）人格尊严具有客观的因素，这种客观的因素是他人、社会对特定主体作为人的尊重。这种客观因素是一种对人的价值的评价，是对人的最起码的做人资格的评价，不是对人的褒贬，而是对人的尊重，是把人真正作为一个人所应予以的尊重。

（3）人格尊严是人的主观认识和客观评价的结合。它既包括自我认识的主观因素，也包括社会和他人的客观评价和尊重，这两种因素结合在一起，才构成完整的人格尊严。

人格尊严是一般人格权客体即一般人格利益的基础。“人的尊严是宪法体系的核心。”[①]

参考案例 15－1

秦女士到某餐厅用餐。正在吃饭时，有一位女士牵着一条狗走进餐厅，坐在秦女士对面，点了两个菜，放在桌子上，让狗趴在桌子上吃，之后扬长而去。秦女士感到受到了侮辱，找餐厅老板交涉，认为餐厅准许狗与自己同桌用餐，侵害了自己的人格尊严，故应当承担侵害自己一般人格权的责任。

二、一般人格权的基本功能

一般人格权的基本功能，就是指一般人格权在保护人的价值和权利中的主要作用。一般人格权作为一项个人的基本权利，具有下述的基本功能。

（一）解释功能

一般人格权的高度概括性和抽象性，使它成为具体人格权的母权，成为对各项具体人格权具有指导意义的基本权利，并决定各项具体人格权的基本性质、具体内容以及与其他具体人格权的区分界限。一般人格权对于具体人格权而言，具有解释的功能。当对具体人格权进行解释的时候，应当以一般人格权的基本原则和基本特征为标准，有悖于一般人格权基本原理的解释应属无效。

① 王泽鉴．人格权、慰抚金和法院造法．法令月刊，1993，44（12）．

参考案例 15-2

朱某幼年患重症肌无力疾病，眼睑下垂。按照医生的要求，在治疗前和治疗后分别留下了两张照片，作为医疗资料保存。后来，为了介绍治疗成果，该医生在报纸上公开使用了这两张照片，朱某认为侵害了其肖像权。法院认为，该使用行为没有营利目的，因而不构成侵权。学者认为，将营利目的认定为侵害肖像权侵权责任的构成要件，不符合一般人格权的基本原则，因此是无效解释。

（二）创造功能

一般人格权是具体人格权的渊源权。其含义在于，基于一般人格权才创造出了众多的具体人格权，因而一般人格权具有创造功能。

人格权是一个不断发展的概念，是一个从弱到强、从少到多、逐渐壮大的权利组合。在近现代民事立法上，创造了大量的人格权，使具体人格权达到了十几种，其种类之多，其他权利无法相比。这些权利的产生，无一不是依据一般人格权的渊源而创造出来的。正确地运用一般人格权的创造功能，可依靠一般人格权创造具体人格权，并在实务中予以适用。

（三）补充功能

一般人格权也是一种弹性的权利，具有高度的包容性，既可以概括现有的具体人格权，又可以创造新的人格权，还可以对尚未被具体人格权确认保护的其他人格利益发挥其补充的功能，将这些人格利益概括在一般人格利益之中，以一般人格权进行法律保护。当这些没有被具体人格权所概括的人格利益受到侵害时，即可依侵害一般人格权确认其为侵权行为，追究行为人的侵权责任，救济其人格利益损害。《民法典》第 990 条第 2 款规定的人格权，就是从这个角度规定的。

一般人格权的这种补充功能，与其解释功能和创造功能相比较，具有更强的实用性。人民法院可以据此直接作出侵害一般人格权的行为为侵权行为的判决，保护一般人格权。对于那些侵害了民事主体的一般人格利益，没有具体的人格权可以援引，又确实需要保护的时候，就可以发挥一般人格权的补充功能，按照最高人民法院的司法解释，认定为侵害其他人格利益，作出判决，就能够使人格利益受到一般人格权的法律保护。

参考案例 15-3

左某一家是山西人，嗜醋。一次，左某买了一瓶老陈醋，快要用完的时候，发现在瓶底竟有一只幼年的小白鼠尸体，这引起左家人生理上和心理上的反感，导致左家人再也不敢吃醋了。左某向消费者协会投诉，消协裁定醋厂应对左某一家人的损害予以赔偿。

左某一家人的这种损害，就是一般人格利益的损害，构成对一般人格权的损害。

三、侵害一般人格利益的精神损害赔偿责任

一般人格权的补充功能，就是对其他具体人格权所未包含进去的一般人权利益进行法律保护的功能。对于侵害人格独立、人格自由、人格尊严的行为，不能以侵害其他具体人格权进行法律保护的，应当认定其为侵害一般人格权的侵权行为，用精神损害赔偿的方法进行法律救济。

【引例评析】

在本章引例中，对被告到底侵害了原告的什么权利，争议很大。一种意见认为是侵害名誉权，另一种意见认为是侵害人格权。应当明确，被告侵害的是一般人格权。首先，侵害名誉权所造成的损害事实是民事主体的社会评价降低，因而侵害的事实应当被第三者知悉，本案不具有这样的情节。其次，被告实施的行为是使原告的人格尊严受到损害，这是其他的具体人格权所不能概括的，而人格尊严正是一般人格权的核心内容。因此，本案被告的行为构成侵害一般人格权，应当承担损害赔偿等民事责任。

【本章小结】

1. 一般人格权的性质是相对于具体人格权而言的，以民事主体全部人格利益为标的的基本权利。一般人格权相对于具体人格权而言，是基本权利。一般人格权虽然对具体人格权有概括的作用，但它也是一个独立的民事权利，是人格权中的基本权利。

2. 一般人格权的基本内容是：人格独立、人格自由和人格尊严。

3. 一般人格权的基本功能是：解释功能、创造功能和补充功能。

【练习题】

1. 名词解释

（1）人格独立

（2）人格自由

（3）人格尊严

2. 思考题

（1）什么是一般人格权？其具体内容是什么？

（2）一般人格权具有哪些功能？在实践中怎样运用一般人格权保护自然人的合法权益？

3. 案例分析题

上海女大学生钱某逛屈臣氏超市，因出门时警报器响了，被保安带到地下室检查、搜身长达2小时之久。钱某向法院起诉，以侵害人格尊严为由，请求精神损害赔偿50万元。一审法院认为构成侵权，判决赔偿20万元；屈臣氏超市不服判决上诉，二审法院改判为赔偿1万元。

问题：

（1）因怀疑在超市窃取财物而对顾客进行搜身，是否构成侵害顾客的人格尊严？

（2）人格尊严与一般人格权是何种关系？

（3）侵害一般人格权的救济方法是什么？

分析要点提示：

（1）已经构成了侵害顾客的人格尊严，因为人格尊严是人的做人的尊严，未经司法程序即对他人的人身进行搜查，就是使人的做人的尊严受到了侵害。

（2）人格尊严是一般人格权的核心内容，因此，人格尊严也就成了一般人格权的代名词。

（3）侵害一般人格权的最基本的救济方法，就是精神损害赔偿，即对受害人赔偿精神损害抚慰金。

在线练习

第十六章　具体人格权

【本章引例】

贾某与家人及邻居在春海餐厅聚餐。春海餐厅在提供服务时，餐桌上正在使用的卡式炉和燃气罐发生爆炸，致使贾某面部、双手烧伤，经治疗，面部及双手有片状疤痕，对其容貌有较为明显的影响，并导致其劳动能力受限，丧失率为30%。法院判决被告北京国际气雾剂有限公司、龙口市厨房配套设备用具厂连带赔偿贾某治疗费等273 257.83元，其中残疾赔偿金10万元。

【本章学习目标】

通过学习本章，你应该能够：

1. 掌握生命权、健康权、身体权的内容和保护方法；
2. 掌握姓名权、名称权、肖像权、声音权的内容和保护方法；
3. 掌握名誉权、信用权、荣誉权的内容和保护方法；
4. 掌握人身自由权、隐私权、性自主权的内容和保护方法；
5. 掌握个人信息权的内容和保护方法。

第一节　生命权、身体权和健康权

一、生命权

（一）生命的意义

生命，是人体维持其生存的基本的物质活动能力。人的生命是人的最高的人格利益，具有至高无上的人格价值，是人的第一尊严。

生命之于人的最高价值在于：第一，生命是人具有民事权利能力的基础；第二，生命具有不可替代性；第三，生命不仅对于人的本身具有价值，而且对于整个社会具有价值。

（二）生命权的概念和特征

生命权是以自然人的生命安全和生命尊严的利益为内容的、独立的具体人格权。《民

法典》第1002条规定的是生命权。生命权的法律特征是:

(1)生命权以民事主体的生命安全和生命尊严为客体。

(2)生命权以维护人的生命活动延续为其基本内容,防止人为地将其终止。

(3)生命权的保护对象是人的生命活动能力。

(三)生命权的内容

1. 维护生命安全

维护生命安全是生命权的最主要内容,一是维护生命延续。法律保护人的生命延续,不是通过提高健康程度来延长生命,而是保护人的生命不因受外来非法侵害而丧失,保护的是人的生命安全利益。生命安全维护权的实质是禁止他人非法剥夺生命,而使人的生命按照自然界的客观规律延续。二是当非法侵害生命的行为和危害生命的危险发生时,为防止生命危害发生,可以采取相应的措施,保护自己,排除危害。其中最基本的措施,就是正当防卫和紧急避险。三是改变生命危险环境。当环境对生命构成危险,但该危害尚未发生时,生命权人有权要求改变环境,消除危险。

2. 维护生命尊严

生命尊严是生命权的重要内容之一,维护生命尊严,是维护人格尊严的组成部分。人格尊严主要维护的是自然人在主体资格存续期间的尊严,包括生的尊严和死的尊严。生的尊严和死的尊严就是生命尊严,其中最重要的是维护死的尊严,包括选择尊严死、生前预嘱和临终关怀等内容。当自然人的生命濒临终结,不可治愈,且采取延命措施会有巨大痛苦时,权利人有权以生前预嘱等方式,选择尊严死,实行临终关怀,给予减轻痛苦的医疗措施。

二、身体权

(一)身体

身体是指一个人或一个动物的生理组织的整体。法律意义上的身体,专指自然人的身体,是指自然人的生理组织的整体,即躯体。

身体包括主体部分和附属部分。主体部分是人的头颅、躯干、肢体的总体构成,包括肢体、器官和其他组织。附属部分,如毛发、指(趾)甲等附着于身体的其他人体组织。移植的器官和其他组织与受移植人成为一体的,即成功的移植,应为受移植人身体的组成部分,他人不能再主张这些器官、组织的身体权。镶装、配置的人工制作的残缺身体部分的代替物,如假肢、假牙、义眼、人工心脏瓣膜、助听器等,已构成躯体不可分离的一部分的,应属于身体,可以自由装卸的则不属于身体。

(二)身体权的概念和特征

身体权是自然人维护其身体完全并支配其肢体、器官和其他组织的具体人格权。《民法典》第1003条规定的是身体权。身体权的内容是维护身体组成部分的完整性,即身体完整的维护权。

身体权的法律特征是:

(1)身体权以自然人的身体及其利益为客体。

(2)身体权还表现为对自己身体组成部分的肢体、器官和其他组织的支配权。

(3)身体权是自然人的基本人格权。

参考案例 16-1

某小学老师在上第一节课的时候，让全班同学罚站。第二节课开始后，该老师拿出小刀，在每个同学的手上划一刀，有的被划出血，有的被划出轻微伤痕。学生家长认为，这是侵害学生身体权的侵权行为。

三、健康权

（一）健康

健康作为健康权的客体，是指生理健康，即维持人体生命活动的生理机能的正常运作和功能的完善发挥。健康有两个要素：一是生理机能的正常运作；二是生理功能的完善发挥。通过这两个要素的协调一致发挥作用，达到维持人体生命活动的最终目的。

（二）健康权的概念和特征

健康权是指自然人以其机体的生理机能正常运作和功能完善发挥，因而维持人体生命活动的利益为内容的具体人格权。《民法典》第1004条规定的是健康权，其法律特征如下所述：

（1）健康权以人体的生理机能正常运作和功能的正常发挥为具体内容，不是以人体的整体构造为客体。

（2）健康权以维持人体的正常生命活动为根本利益。

（3）健康权保护的是自然人身体功能的正常发挥，使其运作、运动自主。

（三）健康权的内容

健康权包括两项最基本的内容，即健康维护权和劳动能力。

1. 健康维护权

健康维护权是健康权的基本内容之一。健康维护权是自然人保护自己、造福人类的重要权利，包括两方面内容：一是自然人保持自己健康的权利；二是当健康权受到不法侵害时，享有法律保护的请求权。

2. 劳动能力

劳动能力是自然人从事创造物质财富和精神财富活动的脑力和体力的总和，是自然人健康权的一项基本人格利益。劳动能力是创造物质财富和精神财富的能力。自然人享有劳动能力这种人格利益，主要体现在四个方面：一是有权保有这种利益；二是有权利用这种劳动能力以满足自己及社会的需要；三是有权发展这种利益；四是当这种利益受到损害时有权要求加害人损害赔偿。

本章引例中，侵权人侵害的就是自然人的健康权，造成毁容和部分劳动能力丧失的后果，构成侵害健康权的行为，因此提供卡式炉和燃气罐的被告应承担民事责任。

第二节 姓名权、名称权、肖像权和声音权

一、姓名权

（一）姓名和姓名权

姓名是用以确定和代表个体自然人并与其他自然人相区别的文字符号和标记。其意义

在于：姓名在法律上使某一个自然人与其他自然人区别开来，便于其参加社会活动，行使法律赋予的各种权利和承担相应义务。

姓名权，就是自然人享有的依法决定、使用、变更和许可他人使用自己的姓名的权利。《民法典》第1012条规定的是姓名权。

（二）姓名权的内容

1. 自我命名权

自然人有权决定自己的姓名，任何人无权干涉。自然人的姓，原则上无选择权，或者随父姓，或者随母姓。自然人的名，一般都是自然人出生前或出生后其父母给起的，但这不是对自我命名权的否定，实际上是父母亲权的表现，是父母实施亲权的代理行为。

2. 姓名使用权

自然人在民事活动中，除法律另有规定之外，可以使用本名，也可以使用自己的笔名、艺名或化名等。

3. 改名权

自然人可以按照自己的意愿、依照规定改变自己的姓名，不受其他限制。按照现行规定，自然人改名应当经公安机关登记，否则不发生变更姓名的效力。

4. 许可使用权

自然人有权许可他人使用自己的姓名。由于姓名具有专属性，准许他人使用须为正当，如委托代理、法定代理等对本人姓名的使用是正当的许可使用。

二、名称权

（一）名称与名称权

名称是指法人及非法人组织在社会活动中，用以确定和代表自身，并区别于他人的文字符号和标记。名称的基本作用，在于使主体在社会活动中确定自身的称呼，以其代表自身，并区别于其他法人和非法人组织。

字号，是指商店、个体工商户、个人合伙所使用的名称。商号，是商业主体依法申请登记，用以表示自己营业的名称，亦即商业主体在营业上所使用的名称。字号和商号均为名称之一种，并不是名称的全部。

名称权是指法人及非法人组织享有的依法决定、使用、变更、转让或者许可他人使用自己的名称，并排除他人非法干涉、盗用或冒用的人格权。《民法典》第1013条规定的是名称权。

（二）名称权的内容

1. 名称设定权

法人及非法人组织享有名称权的最基本内容，是为自己设定名称的权利，他人不得强制干预。对法人尤其是企业法人，须设定名称，非经依法登记，不发生效力。对于个体工商户、个人合伙等，依其自愿，可以设定名称，也可以不设定名称。

2. 名称使用权

名称权主体对其名称享有独占使用的权利，排除他人非法干涉和非法使用。名称经依法登记，即产生名称权主体的独占使用效力，法律予以保护，在登记的地区内，他人不得再予登记经营同一营业性质的该名称。

3. 名称变更权

名称权主体在使用其名称的过程中，可以依法变更自己登记使用的名称。名称变更，可以部分变更，也可以全部变更。变更名称必须依法进行变更登记，其程序与设定名称相同。

4. 名称转让权

《民法典》第1013条规定："法人、非法人组织享有名称权，有权依法决定、使用、变更、转让或者许可他人使用自己的名称。"名称可以部分转让于他人使用，也可以全部转让，将名称权全部转让于他人享有。部分转让的，就是许可他人使用，名称权人仍享有名称权，仍得自行使用其名称，同时名称使用人依其使用权的转让而依约定使用该名称。全部转让的，原名称权人丧失名称权，不得继续使用；受让人成为该名称的权利人，享有专有使用权及名称权的一切权利。

三、肖像权

（一）肖像

肖像，是通过影像、雕塑、绘画等方式在一定载体上所反映的特定自然人可以被识别的外部形象。肖像的法律特征是：

（1）肖像是自然人的外部形象。法律意义上的形象，是指自然人所具有的客观的、实在的物质实体的外在形态，因而只有自然人才会有肖像。

（2）肖像是自然人外部形象所再现的视觉形象。自然人的外貌形象只有经过再现，即经过一种转换而得到的视觉形象，才是肖像。

（3）肖像须通过影像、雕塑、绘画等形式将自然人外部形象固定在物质载体上。

（4）肖像固定在物质载体之上，与肖像人在客观上相脱离，能够为人力所支配，具有一定的财产价值。

（二）肖像权的概念和特征

肖像权，是以自然人对在自己的肖像上所体现的利益为内容的具体人格权。《民法典》第1018条第1款规定的是肖像权。其法律特征是：

（1）肖像权所体现的基本利益是精神利益。法律保护自然人的肖像权，最首要的就是保障自然人的人格尊严，保护肖像权所体现的这种精神权利。

（2）肖像权所具有的物质利益，是肖像权所体现的一项重要内容。自然人的肖像作为艺术品，具有美学价值。在市场经济条件下，这种美学价值能够转化为财产上的利益，享有肖像权就可以获得财产上的利益。

（3）肖像权是自然人专有的民事权利，体现为形象再现的专有性，以及肖像使用的处分性。

（4）肖像权的主体只是特定的自然人，且须由特定的自然人所享有。

（三）肖像权的内容

肖像权的基本内容包括以下几个方面：

（1）制作专有权。肖像权人有权根据自己的需要和他人、社会的需要，通过任何形式由自己或由他人制作自己的肖像，他人不得干涉；有权禁止他人非法制作自己的肖像。

（2）使用专有权。肖像使用专有权的实质，就是肖像权人对于自己的肖像利用价值的专有支配权。肖像权人对自己肖像有权以任何方式进行自我使用。肖像权人有权禁止他人非法使用自己的肖像。任何人未经本人同意而使用肖像权人的肖像，都是对肖像使用专有权的侵害。肖像使用专有权可以部分地转让他人。

（3）利益维护权。受到侵害时，肖像权人有权维护自己的肖像利益，对于恶意毁损、玷污、丑化自然人肖像的行为，肖像权人有权请求行为人停止侵害；任何人以营利为目的使用他人肖像，肖像权人都有权要求赔偿其财产利益的损失。

参考案例 16－2

某甲长相酷似老寿星。某乳品厂设计奶粉装潢，使用了某甲端坐竹椅喝奶的肖像。事后厂长将一箱奶粉送给某甲，某甲主张应当给予报酬。双方发生争议，诉至法院，法院判决某乳品厂应当支付使用某甲肖像的报酬。

四、声音权

（一）声音权的概念

声音权是指自然人自主支配自己的声音利益，决定对自己的声音进行使用和许可他人使用的具体人格权。《民法典》第 1023 条第 2 款规定："对自然人声音的保护，参照适用肖像权保护的有关规定。"自然人的声音是声音权的客体。

（二）声音权的主要内容

1. 录制专有权

未获允许，不得滥行录制他人声音。

2. 自我使用权

声音权人对自己的声音可以进行使用，利用声音表达自己的意志，也可以利用自己的声音创造财产利益，由权利人本人自主决定。一是精神利益的使用权，权利人对自己的声音如何使用具有支配权。二是财产利益的使用权，权利人可以将自己的声音进行商业化的利用，并因此而获得收益。

3. 许可他人使用权

声音权人可以将自己的声音许可他人使用，并从中获得利益或者不获得利益。许可他人使用就是行使公开权。在声音财产利益的许可使用上，许可使用有排他性许可使用和非排他性许可使用之分。

第三节　名誉权、信用权和荣誉权

一、名誉权

（一）名誉

名誉是指对民事主体的品德、声望、才能、信用等的社会评价。

名誉包括两方面内容，即内部名誉和外部名誉。外部名誉是第三人对于特定的民事主体存在价值的评价，这种评价是由他人作出的，存在于客观社会之中，具有客观的属性，有判断其损益的尺度，因而能为他人所感知，故又称为客观名誉。内部名誉是特定的民事主体对自己内在价值的感受，是自己对自己的评价，存在于该民事主体的主观世界，为自己所感知，因而是主观上的名誉。

名誉权的客体，是指外部名誉而不是内部名誉。

（二）名誉权的概念和特征

名誉权是指自然人、法人和非法人组织就其自身属性和价值所获得的社会评价，享有的保有和维护的具体人格权。《民法典》第1024条规定了名誉权。名誉权具有以下法律特征：

（1）名誉权的主体包括自然人、法人和非法人组织。名誉权是具体人格权，在人格权中，只有少数权利的主体包括自然人、法人和非法人组织，名誉权是其中之一。

（2）名誉权的客体是名誉及其利益。名誉利益是自然人、法人和非法人组织就其自身属性和价值所获得的社会评价。自身属性包括自然人的品德、才能和其他素质，包括法人的经营能力、履约能力、经济效益等状况。

（3）名誉权的基本内容是保有和维护自己的社会评价，重点在于保有自己的名声，维护其名声不受侵害。

（4）名誉不具有财产性，但与一定的财产利益相关联。名誉权不具有直接的财产价值，也不能产生直接的经济利益。但是其所包含的财产利益因素较为明显。这不仅表现在名誉权受损害以后主体会因补救损害而受到一定的经济损失，同时还表现在可能导致自然人招聘、晋级、提薪受到影响，导致法人和非法人组织社会信誉的降低、利润减少，从而使其财产受到损害。

参考案例16－3

某学校某班级的一位同学丢了100元，有人怀疑是本班同学所为。在班长的建议下，由班主任组织，在班上进行了一场荒唐的选举，通过“公投”方式，投票选举决定谁是偷钱的“贼”。经过“选举”，选出来了两个“贼”。这两位同学辩驳自己没有偷钱，班主任竟说：你们有什么证据证明你们没有拿同学的钱呢？这里两位同学即是名誉权受到侵害。

（三）名誉权的内容

1. 名誉保有权

名誉保有权包括两方面：一是保持自己的名誉不降低、不丧失；二是在知悉自己的名誉处于不佳状态时，可以自己的实际行动改进它。

2. 名誉维护权

名誉维护权也包括两方面：一是对于其他任何人有不得侵害的不作为请求权，任何其他人都负有不得侵害名誉权的法定义务；二是对于侵害名誉权的行为人，名誉权人基于维护权，可以寻求司法保护，对自己遭受损害的权利进行救济。

3. 名誉利益支配权

名誉权人对于名誉权所体现的利益能够进行支配。自然人、法人、非法人组织可以利用自己良好的名誉，与他人进行广泛的政治、经济交往，使自己获得更好的社会效益和财产效益。

二、信用权

（一）信用

信用是指民事主体所具有的经济能力在社会上获得的相应的信赖与评价。

信用的基本特征是：

(1) 信用的主体是自然人、法人和非法人组织，包括个体自然人及个体工商户、承包户和合伙。信用不独为法人、非法人组织所享有，自然人亦有信用。

(2) 信用的主观因素是民事主体的经济能力。经济能力包括经济状况、生产能力、产品质量、偿付债务能力、履约态度、诚实守信的程度等，概言之，经济能力是经济方面的综合能力，不涉及政治态度和一般的道德品质。

(3) 信用的客观因素是社会的信赖和评价。信用的客观表现是一种评价，这种评价是社会的评价，而不是自己的评价。信用是关于经济信赖的社会评价。

(4) 信用是民事主体主观能力与客观评价的结合。关于经济信赖的社会客观评价不会凭空产生，民事主体的主观经济能力是该种客观评价的基础和根据。主观因素和客观因素紧密结合，才产生信用。

（二）信用权的概念和特征

信用权是民事主体就其所具有的经济能力在社会上获得的相应信赖与评价所享有的保有和维护的人格权。虽然《民法典》人格权编没有专门规定信用权，将其包含在名誉权的内容之中，但是，信用权是有独立保护的必要的。

信用权与名誉权有很多相似之处，如权利性质、权利主体、权利客体的客观属性等，都是一致的。但信用权也有自己的特点：第一，信用权的客体具有单一性。第二，信用权包括信赖的因素和社会评价，而名誉权则只包括社会评价。第三，信用权包含明显的财产利益因素。

（三）信用权的内容

1. 信用保有权

信用权的基本内容，是民事主体对于自己的信用享有保有的权利。信用是民事主体因自身主观能力与客观的社会信赖及评价结合的产物，虽然不能以自己的力量去强迫社会改变评价、增进信赖，但却可以通过自身的努力影响社会，保持社会对自己经济能力的信赖，扩大自己的经济影响力，使社会对自己的经济评价获得改进。

2. 信用维护权

信用维护权则是民事主体就自身信用对他人的要求和态度，维护自己的信用不受外来侵害。信用维护权包括两重含义：其一，信用权的绝对权属性要求其他任何人都对自己的信用负有不可侵害的不作为义务，权利主体对自身以外的任何人都享有不得侵害的不作为请求权。其二，对于违反法定义务而侵害信用权的行为人，权利人基于其信用维护权，可以寻求司法保护，要求司法机关对侵害自己信用权的加害人进行制裁，救济自己的信用权损害。

3. 信用利益支配权

权利主体就其信用利益，可以进行支配。如利用自己良好的信用，扩大经济交往，开展经济活动，以获得更好的社会经济效益，创造更多的社会财富，满足自身的经济、文化需要，同时也满足社会的需要。这是信用权主观能动作用的体现。

三、荣誉权

（一）荣誉和荣誉权

荣誉是因特定民事主体在社会生产、社会活动中有突出表现或突出贡献，政府、单位、团体或其他组织所给予的积极的正式评价。

荣誉权是指民事主体对其所获得的荣誉及其利益所享有的保持、支配的人格权。《民法典》第1031条规定了荣誉权及其保护方法。

荣誉权的性质，是兼有身份权性质的人格权，既有维护权利人荣誉身份的身份权性质，又有保护权利人的人格利益的人格权性质，在人格权体系中是一个较为特殊的权利。

（二）荣誉权的内容

1. 荣誉保持权

荣誉保持权的客体，是荣誉本身，而不是荣誉利益。荣誉的本身，包括各种荣誉称号，如劳动模范、战斗英雄、先进企业、文明商店等，以及各种奖励、表彰，如通报表扬、通令嘉奖等。

2. 精神利益支配权

对精神利益的自主支配，是荣誉权的具体权利内容，权利人无须经他人同意或允许。

3. 物质利益获得权

当荣誉的本身带有物质利益时，权利人对此物质利益享有获得权。物质利益获得权，就是权利人对于荣誉附随的物质利益所享有的法定取得的权利。

4. 物质利益支配权

荣誉权人对于已经获得的物质利益，享有支配权。对于荣誉的一般物质利益的支配权，是完整支配权，它的性质属于财产所有权，即自物权。对于流动奖杯、奖旗等流动性奖品，则只是在一定的时期内享有占有权，不具有所有权。

参考案例 16-4

五名职工组成参赛小组参加法律知识竞赛，获得奖励，小组成员郭某没有将荣誉证书和奖金分给其他四名职工，而是自己独占。荣誉应当由参赛小组全体成员享有，对于该荣誉所附随的物质利益即奖金，也应当归该小组成员共同享有。郭某一人独占荣誉及其奖金，侵害了其他四名小组成员的荣誉权，构成侵权。

第四节　人身自由权、隐私权和性自主权

一、人身自由权

（一）自由和自由权

自由的原意是从被束缚中解放出来，其本义是不受限制、不受约束的一种状态。自由作为严格的法律概念，是指在法律规定的范围内，自然人按照自己的意志和利益进行行动和思维，不受约束、不受控制、不受妨碍的状态。自由体现国家的意志，以法律为其保障，在现实生活中总是要受到一定的限制。

自由权是指自然人在法律规定的范围内，按照自己的意志和利益进行行动和思维，不

受约束、控制或妨碍的权利。

（二）人身自由权

作为具体人格权的自由权，人身自由权包括身体自由权和精神自由权。《民法典》第990条将人身自由规定在一般人格权中，不够妥当，《民法典》第1011条才是对人身自由权的规定。

身体自由权也称作行动自由、运动自由权，是指自然人按照自己的意志和利益，在法律规定的范围内作为和不作为的权利。身体自由权所包含的，是自然人自由支配自己外在身体运动的权利。以非法拘禁等方式剥夺、限制他人的行动自由，或者非法搜查他人身体的，是侵害身体自由权的行为，受害人有权依法请求行为人承担民事责任。

精神自由权也称作决定意思的自由权。自然人按照自己的意志和利益从事正当的思维活动，观察社会现象，是进行正确的民事活动的前提，法律应当予以保障。因而，精神自由权是自然人按照自己的意志和利益，在法律规定的范围内自主思维的权利，是自然人自由支配自己内在思维活动的权利。

参考案例16－5

矿工医院医生张某在工作中经常发表一些与常人见解不同的意见，该院领导认为其精神不正常，依据精神病医院个别医生出具的精神分裂症的“门诊印象”和“初步诊断”，认定张某不具备自主行为能力，并为其指定监护人。张某不服，该院在未经张某本人及其家属同意的情况下，派人强行将张某用汽车送到精神病医院强制住院治疗30天，精神病医院没有发现张某有精神病症状。张某以侵害人身自由权起诉矿工医院，法院判决构成侵害名誉权，责令矿工医院承担民事责任。

该案例中，被告侵害的不是受害人的名誉，而是身体的自由，使原告不能按照自己的意志和利益支配自己外在的身体运动，因而侵害的是人身自由权。法院认定被告侵害原告的名誉权，是不正确的。

二、隐私权

（一）隐私

隐私，是自然人的私人生活安宁和不愿为他人知晓的私密空间、私密活动、私密信息。

（二）隐私权的概念和特征

隐私权是自然人享有的对其个人隐私进行支配的具体人格权。《民法典》第1032条规定的是隐私权。其法律特征是：

（1）隐私权的主体只能是自然人。隐私权是自然人个人的私权利，不包括法人和非法人组织。

（2）隐私权的客体包括私人生活安宁和私密空间、私密活动、私密信息。私人生活安宁，是指自然人可以排除他人对自己生活安定和宁静的不当打扰，包括日常生活安宁、住宅安宁以及通信安宁。私密空间，是指个人的隐秘范围。私密活动，是一切个人的与公共利益无关的活动。私密信息，也称为个人情报资料、个人资讯，包括所有的个人情况、资料。

(3) 隐私权的保护范围受公共利益的限制。当隐私权与公共利益发生冲突时，应当依公共利益的要求进行调整。

参考案例 16-6

22 岁的张某未婚先孕，与男友商量以后，决定到某医学院第一附属医院做人工流产。在男友去买病历本还没有回来的期间，医院的孙医生就对张某进行妇科检查，并组织 20 多名实习医生进行观摩，介绍下身各部位的名称以及早孕的各种症状，有的实习生还在偷笑。张某认为自己的隐私权受到了侵害，向法院起诉，要求追究该医院的民事责任。

(三) 隐私权的内容

1. 隐私隐瞒权

权利主体对于自己的隐私有权进行隐瞒，使之不为人所知。这种隐瞒，不是不诚实的表现，而是维护自己的人格利益的需要，因为自己的隐私不经隐瞒，一旦泄露出去，将有损于自己的人格尊严，难以保护自己的人格利益。

2. 隐私利用权

自然人对于自己的个人资讯可以积极利用，以满足自己精神、物质等方面需要。这种利用是自我利用，而不是他人利用。

3. 隐私维护权

隐私维护权是指隐私权主体对于自己的隐私所享有的维护其不可侵犯性，在受到非法侵害时可以寻求司法保护的权利。

4. 隐私支配权

自然人对于自己的隐私有权按照自己的意愿进行支配，可以公开部分隐私，准许对私密活动和私密空间进行察知，准许他人利用自己的隐私。

三、性自主权

(一) 性利益和性自主权

性利益是指自然人性纯洁的良好品行。人依照社会高尚道德的要求，保持自己性的纯洁，使其具有高尚的道德品行，是性利益的基本内涵。

性自主权是指自然人保持其性纯洁的良好品行，享有所体现的性利益的人格权。《民法典》没有明确规定性自主权，在第 1010 条关于实施性骚扰行为应当承担民事责任的规定中，体现了性自主权及其保护。其特征是：

(1) 性自主权是一种以性为特定内容的具体人格权。性自主权以此与其他所有的人格权相区别，为一种独立的以性为特定内容的人格权。

(2) 性自主权以人的性利益为客体。性自主权虽然是以人的性为特定内容的权利，但并非所有有关性的利益均构成性自主权的客体，而只有保持或维持性纯洁操守，才是性自主权的客体。

(3) 性自主权以人的性所体现的利益为具体内容。体现为保持自己性器官不被他人非法接触，保持自己不为违背自己意志的性交行为，以自己性纯洁为内容的精神满足感，以及社会和他人对权利人性纯洁的某种评价。

（4）性自主权是权利人享有适当自由的人格权。性自主权是关于性的权利，权利人可以在法律允许的范围内依自己的意愿而行使。但是，性自主权要受法律、道德的约束，不得违反公共利益和善良风俗，尤其在已婚男女之间，还要互负贞操义务。

（5）性自主权的主体是所有自然人。无论是男子还是女子，都享有独立、完整的人格，在法律上都应当平等地享有性自主权。

（二）性自主权的内容

1. 保持权

性自主权人以真实意思保持自己性的纯洁，不为他人所侵害，保持自己坚贞不移的性品格，保持自己精神上的满足和充实，获取社会或他人对自己的相应评价，从而享受人身安全及其他社会活动自由。任何性自主权人都享有对他人向自己提出善意的、恶意的进行性器官接触和发生性交要求的拒绝权，可以拒绝任何试图与自己为性方面行为的请求。

2. 反抗权

权利人的贞操受到侵害时，享有反抗权，有权实施正当防卫和紧急避险，以成功地制止侵害、防止受到侵害为适度。

3. 承诺权

性自主权人在对自己的性问题上受自己意志支配，因而享有承诺权。经承诺而为性行为者，不为侵害性自主权。承诺权并非人人均可享有，而应达到一定的认识水平才可享有。承诺权应当受到一定的限制，主要有三：一是法律的约束；二是公共利益和善良风俗的约束；三是已婚男女的忠实义务的约束。

第五节 个人信息权

一、个人信息权的概念和特征

个人信息权，是指自然人依法对其本人的个人资料信息所享有的支配并排除他人侵害的人格权。《民法典》第111条规定："自然人的个人信息受法律保护。任何组织或者个人需要获取他人个人信息的，应当依法取得并确保信息安全，不得非法收集、使用、加工、传输他人个人信息，不得非法买卖、提供或者公开他人个人信息。"《民法典》第1034条至第1039条对个人信息权作了详细规定。

个人信息权的特征是：

（1）个人信息权是具体人格权，是以个人的信息资料作为人格要素。

（2）个人信息权的客体是个人的资料信息等人格要素。

（3）个人信息权的主体是自然人个人，不包括法人和非法人组织。

（4）个人信息权的权利要求是，以自我决定权作为其权利基础，自然人对于自己的个人信息，由自我掌握、自我支配，他人不得非法干涉，他人不得非法侵害。

二、个人信息权的内容

个人信息权的内容包括：

（1）占有权。即个人信息完全由权利人自己占有，他人不得非法占有。

（2）决定权。权利人对于个人信息是否使用，是否可以由他人收集、利用，都属于权利人自己的权利，他人无权决定。

（3）保护权。不仅是自己可以保护自己的个人信息，而且自己的个人信息被他人依法收集、掌握后，仍然享有依法保护的权利，对非法侵害自己的个人信息仍然有权提出保护的请求。

（4）知情权。对于任何组织和个人掌握的自己的个人信息，权利人有权查询个人信息以及有关的处理情况，并有要求答复的权利，主要是有哪些个人信息被收集、处理与利用。

（5）更正权。权利人有权请求信息处理主体对所掌握的有关自己不正确、不全面、不时新的个人信息进行更正。

（6）锁定权。在必要时，权利人有权请求信息处理主体以一定的方式，暂停信息处理。

（7）被遗忘权。权利人对已被发布在网络上的，有关自身的不恰当的、过时的、继续保留会导致其社会评价降低的信息，要求信息控制者予以删除的权利。

三、个人信息权的义务

一般义务人的一般义务，是个人信息权所有的义务主体都不得侵犯权利人的个人信息。

特殊义务人的特别义务，是任何组织和个人需要获取他人个人信息的，应当依法取得并确保信息安全，不得非法收集、使用、加工、传输他人个人信息，不得非法买卖、提供或者公开他人个人信息。

【引例评析】

在本章引例中，春海餐厅在提供服务的过程中，由于自己的疏忽，致使卡式炉燃气罐爆炸，导致贾某受到伤害，侵害的是自然人的健康权，造成毁容和部分劳动能力丧失的后果，构成侵害健康权的行为，应当承担赔偿损失的民事责任。但造成损害的直接原因，不是春海餐厅的服务，而是提供卡式炉和燃气罐的被告产品质量有缺陷，因此，直接侵害贾某健康权的不是春海餐厅，是提供上述产品的两名被告。因此法院没有判决春海餐厅承担民事责任，而是判决两名生产上述产品的被告承担民事责任，是正确的。

【本章小结】

1. 生命权、健康权和身体权是人的物质性人格权，都是以自己的物质性的人身为客体的人格权。这些人格权对于人的存在具有极为重要的意义。这些权利受到损害的基本救济方法，是人身损害赔偿和精神损害抚慰金赔偿。

2. 姓名权、名称权、肖像权、声音权、名誉权、信用权、荣誉权、人身自由权、隐私权、性自主权和个人信息权，都是人的精神性人格权。其中姓名权、名称权、肖像权和声音权是标表型的人格权，名誉权、信用权和荣誉权是评价型的人格权，人身自由权、隐私权和性自主权是自由型的人格权。这些人格权的客体，都是精神性的人格利益，受到损害的救济方法是精神损害赔偿。

【练习题】

1. 名词解释

（1）身体权

（2）姓名权

（3）信用权

（4）荣誉权

（5）人身自由权

（6）性自主权

（7）个人信息权

2. 思考题

（1）生命权有哪些法律特征？

（2）健康权与身体权的联系和区别是什么？

（3）内部名誉与外部名誉有什么区别？名誉权的客体是什么？

（4）隐私权所保护的范围是什么？

（5）双方当事人约定肖像使用，是一种什么性质的行为？

3. 案例分析题

陈某是某银行的职工，某日，两名歹徒闯入银行，陈某想要报警，但是银行没有安装报警器。她想启动“110”报警开关，但是报警开关没有任何信号反应。她又用电话拨“110”，电话打不通。一名歹徒冲到柜台，用刀逼迫陈某，要她打开保险箱，陈某被迫打开箱子，拿出 13 568.46 元，交给了歹徒，将另外 25 万元保护了下来。第二天，陈某认为这是自己的过失造成的损失，于是从家拿出同样数额的钱，补给单位。银行宣布对陈某予以开除党籍、开除公职的处分。陈某认为不公，遂向劳动仲裁机关申请仲裁，仲裁结果是撤销银行的处分决定。银行不服，向法院起诉，被法院驳回诉讼请求。法院判决之后，银行仍然坚持陈某的行为是失职行为，给予陈某党内严重警告、行政记大过的处分，并将陈某的事件拍成录像，教育职工，要求银行职工“必须与犯罪分子进行殊死斗争”。

问题：

（1）结合本案，分析为什么说生命权对于自然人具有最高的人格利益价值。

（2）当生命权和财产权发生冲突时，应当怎样进行选择？

（3）陈某的行为是不是正当行为？

分析要点提示：

（1）生命既是生命权的客体，也是其他所有人格权乃至于其他所有的民事权利的基础，因此，生命权对于自然人而言，具有最高的人格利益价值。

（2）生命权和财产权发生冲突时，除非自己有职务的或者法定义务的特别要求，应当首先保护生命权。

（3）陈某以小的财产损失（并且自己已经赔偿了该损失），保护了更多的财产利益，应当认为是正当行为，不是失职行为。

在线练习

第五编

婚姻家庭

第十七章 一般规定

【本章引例】

张某某（男）、闫某某（女）经他人介绍相识、恋爱。结束恋爱关系后，张某某多次给闫某某发短信，就闫某某曾同意与其结婚，后又反悔，其失去了与他人恋爱的机会，致使其现在还单身，要求闫某某赔偿其损失。闫某某未予理睬，张某某便向法院诉请闫某某赔偿其损失。法院认为，我国实行婚姻自由、一夫一妻、男女平等的婚姻制度，结婚必须男女双方完全自愿，不许任何一方对他方加以强迫或任何第三者加以干涉，故闫某某与张某某恋爱后拒绝登记结婚，系法律赋予闫某某对自己婚姻的自由权利，不应认定为对张某某的侵权行为。

【本章学习目标】

通过学习本章，你应该能够：

1. 掌握婚姻家庭法的调整范围和亲属法实质；
2. 掌握婚姻家庭法的基本原则；
3. 掌握亲属的概念和种类。

第一节 婚姻家庭法的调整范围和亲属法实质

一、婚姻家庭法的调整范围

《民法典》婚姻家庭编调整的范围，是因婚姻家庭产生的民事法律关系，规定的是亲属身份关系的发生、变更和消灭，以及配偶、父母子女和其他一定范围的亲属之间的身份地位和权利义务关系。

婚姻家庭法调整的民事法律关系的属性是：

（1）婚姻家庭法调整的亲属法律关系是民事法律关系。亲属法律关系是作为亲属的民事主体之间的权利义务关系，具有民事法律关系的一切特征。

（2）婚姻家庭法调整的亲属身份关系是人身法律关系。民法分为人法和财产法，亲属身份关系属于人身关系，因而亲属身份关系是人法的范畴。

（3）婚姻家庭法调整的亲属法律关系是身份法律关系，而不是人格法律关系，是不同的亲属之间形成的权利义务关系，属于人法中的亲属身份法律关系。

二、婚姻家庭法就是亲属法

婚姻家庭法的实质是亲属法，是指规定亲属身份关系的发生、变更和消灭，规定配偶、父母、子女以及其他一定范围内的亲属之间的身份地位、权利义务的法律规范的总和。

婚姻家庭法作为亲属法的特征是：

（1）亲属法是规范亲属之间身份关系的法律。

（2）亲属法是具有习俗性和伦理性的法律。

（3）亲属法是具有亲属团体性的法律。

（4）亲属法是强行法、普通法。

第二节 婚姻家庭法的基本原则

一、基本原则

（一）婚姻自由原则

婚姻自由原则，是指自然人享有依照法律规定结婚或者离婚不受拘束、不受控制、不受非法干预的权利。婚姻自由是近现代婚姻家庭立法努力推进的一项基本原则，以人格的独立、平等、自由、尊严为基础，是自然人的一项基本权利，是亲属法的基本原则。婚姻自由包括结婚自由和离婚自由。

（二）一夫一妻原则

一夫一妻原则，是一男一女结为夫妻的婚姻制度，也是我国亲属法规定婚姻关系的基本原则。任何人，无论居于何种社会地位，拥有多少钱财，都不得同时有两个以上的配偶；任何人在结婚后、配偶死亡或者离婚之前，不得再行结婚；一切公开的、隐蔽的一夫多妻或者一妻多夫的两性关系，都是非法的。

（三）男女平等原则

男女平等，是现代社会的一项基本人权，该原则表现为在亲属身份关系中，无论男女，都享有一样的权利、承担一样的义务，要求在婚姻关系中的男女平等，家庭成员的地位平等，所有的近亲属之间的地位平等。

（四）保护妇女、未成年人、老年人和残疾人的合法权益原则

保护妇女、未成年人、老年人和残疾人的合法权益原则，是社会公德的要求，婚姻家庭法特别强调对妇女、未成年人、老年人和残疾人合法权益的保护，将其作为亲属法的基本原则，以更好地保护亲属中的弱势群体，防止他们的合法权益受到侵害。

（五）收养原则

收养应当遵循最有利于被收养人的原则，保障被收养人和收养人的合法权益。禁止借收养名义买卖未成年人。

二、禁止性规定

（1）法律禁止包办、买卖婚姻和其他干涉婚姻自由的行为。这些违反婚姻自由的行为是侵害婚姻自主权的侵权行为，应当承担民事责任，受害人可以请求侵权人承担民事责任，保护自己的权利。借婚姻索取财物，也是侵害婚姻自由原则的行为，也在禁止之列。

（2）法律禁止重婚，禁止有配偶者与他人同居。这都是为了维护一夫一妻原则。法律保障一夫一妻制的实现，对重婚、有配偶者而姘居、卖淫等行为予以法律制裁。

（3）法律禁止家庭暴力，禁止家庭成员间的虐待和遗弃。家庭暴力是发生在家庭成员之间的造成身体、精神、性或者财产上损害的行为。

三、家庭建设

《民法典》重视家庭建设，作出倡导性规定，要求家庭树立优良家风，弘扬家庭美德，重视家庭文明建设，把家庭建设好，使之成为社会和谐稳定的基础。

夫妻应当互相忠实。忠实义务，是指配偶的专一性生活义务，也称不为婚外性生活的义务。广义解释，还包括不得恶意遗弃配偶以及不得为第三人的利益而牺牲、损害配偶的利益。忠实义务要求配偶之间相互负不为婚外性交的不作为义务，是为保持爱情专一、感情忠诚而负担的义务，目的是忠实于配偶的对方当事人，不仅约束配偶双方当事人，而且也约束配偶权的义务人。配偶权的权利主体以外的其他任何人，负有对配偶权的不可侵害义务，与配偶一方通奸，破坏配偶一方的忠实义务，构成对配偶权的侵害。确立配偶互负忠实义务的重要意义：一是体现婚姻的本质要求，保持一夫一妻制的实质；二是体现婚姻道德的要求，以性爱为基础的婚姻具有排他性和专一性；三是夫妻相互忠实，可以保证子女血缘纯正，避免乱伦，防止造成血缘混乱；四是对夫妻行为的评断提供标准，有评断是非的标准。

同时，夫妻还要互相尊重、互相关爱，建立家庭和睦的基础。

家庭成员应当敬老爱幼，互相帮助，维护平等、和睦、文明的婚姻家庭关系。

参考案例 17-1

修某、张某原系合法的夫妻关系，婚后育有一女。双方婚姻关系存续期间，张某与范某有不正当男女关系，并生育一子。修某与张某诉讼离婚后，修某向法院诉请张某赔偿其精神损害 80 000 元。法院判决支持修某的诉讼请求。

第三节　亲属

一、亲属的概念和种类

（一）亲属的概念和特征

亲属，是指因婚姻、血缘和法律拟制而产生的人与人之间的特定身份关系，以及具有这种特定身份关系的人相互之间的称谓。

亲属的法律特征是：（1）亲属是以婚姻和血缘、法律拟制为基础产生的社会关系；

(2) 亲属是有固定身份和称谓的社会关系；(3) 一定范围内的亲属有法律上的权利义务关系。

(二) 亲属的种类

1. 配偶

配偶，是关系最为密切的亲属，是因男女双方结婚而产生的亲属，是血亲的源泉、姻亲的基础。配偶的亲属身份始于结婚，终于配偶一方死亡或离婚。

2. 血亲

血亲，是指有血缘联系的亲属，是亲属中的主要部分。血亲分为自然血亲和拟制血亲。自然血亲是指出于同一祖先、有血缘联系的亲属，如父母与子女、祖父母与孙子女、外祖父母与外孙子女、兄弟姐妹等。拟制血亲是指本无血缘联系或者没有直接的血缘联系，但法律确认与自然血亲有同等权利义务的亲属。拟制血亲一般因收养而产生，在养父母与养子女之间产生父母与子女的权利义务关系。血亲还可分为直系血亲和旁系血亲。直系血亲是指有直接血缘关系的亲属，包括生育自己和自己所生育的上下各代的亲属。旁系血亲是指有间接血缘关系的亲属，即与自己同出一源的亲属。

3. 姻亲

姻亲，是指以婚姻为中介而产生的亲属。配偶一方与另一方的血亲之间为姻亲关系，如公婆与儿媳、岳父母与女婿等。我国的姻亲分为三类：一是血亲的配偶，是指己身的血亲（包括直系血亲和旁系血亲）的配偶；二是配偶的血亲，是指配偶的直系血亲和旁系血亲；三是配偶的血亲的配偶，是指自己配偶的血亲的夫或者妻。

二、近亲属

亲属之间存在亲疏远近的区别，国外通常用亲等表示。我国不使用这样的概念，而是使用近亲属的概念，确认配偶、父母、子女、兄弟姐妹、祖父母、外祖父母、孙子女、外孙子女为近亲属，在他们之间发生权利义务关系。超出这个范围的亲属，不发生权利义务关系，不受婚姻家庭法的调整。

三、家庭成员

《民法典》没有规定家制，有家庭的概念，但没有作出界定，仅规定了家庭成员的概念。配偶、父母、子女和其他共同生活的近亲属，是家庭成员，是家庭的组成部分。

【引例评析】

婚姻自由是《民法典》婚姻家庭编的首项原则，婚姻当事人可以自主自愿地决定自己的婚姻问题，不容许任何人进行强制、欺骗、乘人之危、包办及非法干涉。本案中，张某某、闫某某自由恋爱后，结束了双方的恋爱关系。闫某某尽管曾经同意与张某某结婚，但这是法律赋予闫某某婚姻自由的权利，继而闫某某有权拒绝与张某某结婚，故张某某无权向其主张精神损害赔偿。

【本章小结】

1.《民法典》婚姻家庭编调整的范围，是因婚姻家庭产生的民事法律关系。婚姻家庭法的实质是亲属法。

2. 婚姻家庭法的基本原则有：婚姻自由原则，一夫一妻原则，男女平等原则，保护妇女、未成年人、老年人和残疾人的合法权益原则，收养原则。

3. 亲属包括配偶、血亲、姻亲。近亲属包括配偶、父母、子女、兄弟姐妹、祖父母、外祖父母、孙子女、外孙子女。家庭成员包括配偶、父母、子女和其他共同生活的近亲属。

【练习题】

1. 名词解释

（1）亲属法

（2）婚姻自由原则

（3）亲属

2. 思考题

（1）婚姻家庭法的调整范围及实质是什么？

（2）婚姻家庭法的基本原则有哪些？

（3）亲属的种类有哪些？

3. 案例分析题

赵某是迎恩村六社赵某军之女，户口在该村社。赵某与陈某登记结婚并生育陈某某。婚后，陈某将户口迁入该村社，但该村社拒绝给陈某某入户，也拒绝给赵某、陈某和陈某某分配集体经济收益。赵某、陈某和陈某某主张迎恩村六社应当向三人分配集体经济收益。

问题：

（1）本案中，赵某的家庭成员有哪些人？

（2）本案中，陈某和陈某某能否取得农村集体经济组织成员资格？

（3）迎恩村六社是否应当给赵某、陈某和陈某某分配集体经济收益？

分析要点提示：

（1）本案中，赵某的家庭成员有赵某军、陈某、陈某某。

（2）农村集体经济组织成员资格具有很强的身份性质，它可以依法定事件如出生而取得，也可以依合法行为如婚姻而取得。因此，陈某和陈某某有权取得农村集体经济组织成员资格。

（3）迎恩村六社应当给赵某、陈某和陈某某分配集体经济收益。

在线练习

第十八章 结　　婚

【本章引例】

李某某与向某某系表兄妹关系，李某某生母杨某甲与向某某生母杨某乙系同父同母的姐妹。某日，李某某与向某某办理了结婚登记。嗣后，李某某以其婚姻属于法律禁止结婚的情形为由向法院起诉，要求判决确认双方婚姻关系无效。法院认为，李某某与向某某系表兄妹关系，属于三代以内的旁系血亲关系，是法律规定的禁止结婚对象，故双方的婚姻关系无效。

【本章学习目标】

通过学习本章，你应该能够：

1. 掌握结婚的条件；
2. 掌握婚姻关系无效和可撤销。

第一节　结婚的条件与程序

一、婚姻

婚姻，是指男女双方以共同生活为目的，以产生配偶之间的权利义务为内容的两性结合。婚姻是最重要的身份关系，创设婚姻的行为是结婚的身份行为。

结婚是男女双方依照法律规定的条件和程序缔结配偶关系，并由此产生相应的民事权利、义务和责任的身份法律行为。按照我国法律规定，结婚须得到法律的确认，即结婚行为再加上婚姻登记，就构成婚姻关系，双方产生配偶权。

二、结婚的条件

（一）结婚的必备要件

结婚的必备要件也称结婚的积极要件，是当事人结婚时必须具备的法定条件。结婚须具备结婚合意、符合法定婚龄和不违反一夫一妻制这三个必备要件。

结婚的双方当事人必须具有结婚合意，是结婚的必备要件之一。这是因为，结婚是婚姻当事人双方的法律行为，双方自愿是婚姻结合的基础。结婚合意是结婚的首要条件，是保障结婚自由的前提，是结婚自主权在亲属法中的体现。其要求是当事人双方确立夫妻关系的意思表示真实、一致，男女双方完全自愿，具体表现：一是双方自愿而不是单方自愿；二是双方本人自愿而不是父母或者第三者自愿；三是完全自愿而不是勉强同意。法律禁止当事人的父母或者第三人对婚姻进行包办、强迫或者执意干预，排斥当事人非自愿的被迫同意。

参考案例 18－1

陈某某与冯某办理了离婚手续并签订了《离婚协议》。《离婚协议》载明："如今后陈某某要求复婚，冯某须无条件答应。"陈某某请求法院确认该协议无效。法院判决支持陈某某的诉讼请求。

《民法典》第 1047 条规定：结婚年龄，男不得早于 22 周岁，女不得早于 20 周岁。

（二）结婚的禁止条件

禁婚亲是禁止结婚的血亲，是指法律规定的禁止结婚的亲属范围。

我国禁婚亲是：直系血亲或三代以内的旁系血亲为禁婚亲。具体的禁婚亲是：（1）依照世代计算法规定，凡是出自同一祖父母、外祖父母的血亲，都是禁婚亲。（2）三代以内的旁系血亲：一是兄弟姐妹；二是伯、叔、姑与侄、侄女，舅、姨与外甥、外甥女；三是堂兄弟姐妹和表兄弟姐妹。

三、结婚的程序

要求结婚的男女双方应当亲自到婚姻登记机关申请结婚登记。符合《民法典》规定的，予以登记，发给结婚证。完成结婚登记，即确立婚姻关系。未办理结婚登记的，应当补办登记。

未办理结婚登记的男女如果想得到法律的保护，即使在一起同居甚至形成事实婚姻关系，也应当补办结婚登记。

四、结婚的后果

男女双方进行了登记结婚后，就成为配偶，成为一个家庭的实体成员。究竟成为哪一方家庭的成员，应当按照男女双方的约定确定。在现实生活中，通常情况下是女方成为男方家庭的成员，但是也不妨碍约定男方成为女方家庭的成员，后者通常叫做"入赘"。根据男女平等原则，男方成为女方家庭成员并不应当受到歧视，是双方的共同选择，符合法律规定。

第二节 婚姻关系无效和可撤销

一、婚姻无效

无效婚姻，是指男女因违反法律规定的结婚要件而不具有法律效力的两性违法结合。

无效婚姻是违反婚姻成立要件的违法婚姻，不具有婚姻的法律效力。结婚是确立夫妻关系的法律行为，必须符合法律规定的各项条件，只有具备法定实质要件和通过法定程序确立的男女结合，方为合法婚姻，发生婚姻的法律效力。无效婚姻不符合这样的要件，属于无效的婚姻关系。

婚姻无效的法定事由：一是重婚；二是当事人为禁婚亲；三是当事人一方或双方未到法定婚龄。当事人未到法定婚龄而登记的，一方申请宣告婚姻无效，应当依法获准。

有权依据《民法典》第 1051 条的规定向人民法院就已办理结婚登记的婚姻请求确认婚姻无效的主体，包括婚姻当事人及利害关系人。按照《最高人民法院关于适用〈中华人民共和国民法典〉婚姻家庭编的解释（一）》第 9 条的规定，其中的利害关系人包括：(1) 以重婚为由的，为当事人的近亲属及基层组织；(2) 以未到法定婚龄为由的，为未到法定婚龄者的近亲属；(3) 以有禁止结婚的亲属关系为由的，为当事人的近亲属。

二、婚姻的可撤销

（一）可撤销婚姻的概念

可撤销婚姻亦称可撤销婚，是指已经成立的婚姻关系因欠缺婚姻合意，一方当事人可向婚姻登记机关或者人民法院申请撤销的违法两性结合。可撤销婚姻是婚姻的基础合意没有达成，在结婚的法律强制性规定方面则没有违反而构成的违法两性结合。可撤销婚姻的法理基础，在于尊重当事人的意思基础，确定相对性的无效状况，赋予当事人撤销婚姻关系的权利或者维持婚姻关系的权利，让其根据自己的意愿自由选择，有利于保护婚姻当事人的利益，有利于维护婚姻家庭的稳定，而不至于将更多的违法婚姻推入绝对无效的范围，造成社会的不稳定，损害妇女、未成年人的权利。

（二）可撤销婚姻的事由

1. 胁迫

胁迫，是可撤销婚姻的法定事由。婚姻胁迫是指行为人以给另一方当事人或者其近亲属在生命、健康、身体、名誉、财产等方面造成损害为要挟，迫使另一方当事人违背自己的真实意愿而结婚的行为。撤销婚姻的请求权受除斥期间的约束，除斥期间为一年，申请人应当自胁迫行为终止之日起一年内提出撤销婚姻的请求。被非法限制人身自由的当事人请求撤销婚姻的，应当自恢复人身自由之日起一年内提出。超过除斥期间的，撤销权消灭，不得再提出撤销婚姻的请求。

参考案例 18－2

戚某与李某建立恋爱关系后李某怀孕，之后双方依法登记结婚。婚后，戚某与李某商谈离婚及孩子的事，因未谈成功，夫妻二人发生拉扯，致李某身体不适。李某以受胁迫结婚为由，向法院请求撤销婚姻。法院判决不支持李某的诉讼请求。

2. 一方婚前隐瞒重大疾病

在缔结婚姻关系时，如果一方患有重大疾病，虽然不属于禁止结婚的疾病，但是对对方当事人负有告知义务，应当在结婚登记前如实告知另一方。患病一方当事人不尽告知义务，或者不如实告知的，另一方当事人享有撤销权，可以向人民法院请求撤销婚姻。因重大疾病未告知而提出撤销婚姻请求的撤销权，除斥期间为一年，权利人自知道或者应当知道撤销事由之日起一年内提出。超过除斥期间，撤销权消灭，不得再提出撤销婚姻的请求。

三、婚姻无效或者被撤销的法律后果

无效的或者被撤销的婚姻自始没有法律约束力，当事人不具有夫妻的权利和义务。同居期间所得的财产，由当事人协议处理；协议不成的，由人民法院根据照顾无过错方的原则判决。对重婚导致的无效婚姻的财产处理，不得侵害合法婚姻当事人的财产权益。当事人所生的子女，适用《民法典》关于父母子女的规定。

婚姻无效或者被撤销的，无过错方有权向人民法院起诉请求损害赔偿。

【引例评析】

我国禁止结婚的亲属范围是直系血亲或者三代以内的旁系血亲。具体的禁婚亲是：(1) 依照世代计算法规定，凡是出自同一祖父母、外祖父母的血亲，都是禁婚亲。(2) 三代以内的旁系血亲：一是兄弟姐妹；二是伯、叔、姑与侄、侄女，舅、姨与外甥、外甥女；三是堂兄弟姐妹和表兄弟姐妹。本案中，李某某生母杨某甲与向某某生母杨某乙系同父同母的姐妹，李某某与向某某系表兄妹关系，是三代以内的旁系血亲关系，属于我国禁止结婚的亲属关系。因此，李某某与向某某即使办理了结婚登记，双方的婚姻关系也是无效的。

【本章小结】

1. 结婚的必备要件是当事人须具备结婚合意、符合法定婚龄和不违反一夫一妻制。结婚的禁止条件是男女双方不是直系血亲或三代以内的旁系血亲的关系。

2. 婚姻无效的法定事由有：重婚、当事人为禁婚亲、当事人一方或双方未到法定婚龄。可撤销婚姻的事由有：胁迫、一方婚前隐瞒重大疾病。婚姻无效或者被撤销的法律后果是婚姻自始没有法律约束力。

【练习题】

1. 名词解释

(1) 结婚

(2) 无效婚姻

(3) 可撤销婚姻

2. 思考题

(1) 结婚的必备要件和禁止条件是什么？

(2) 婚姻无效和可撤销的法定事由有哪些？

(3) 婚姻无效或者被撤销的法律后果是什么？

3. 案例分析题

博某 2 系博某 1 与马某 3 的儿子，马某 2 系马某 1 与阿某的女儿，马某 3 与马某 1 系兄妹关系。博某 2 与马某 2 举行了婚礼，结婚时博某 2 家给马某 2 家彩礼钱 90 000 元，至今未办理结婚登记。博某 2 向法院诉请确认其与马某 2 婚姻关系不成立，并要求马某 2 等三人连带一次性退还彩礼钱。

问题：

（1）博某 2 与马某 2 能否成立婚姻关系？

（2）马某 2 家是否应向博某 2 返还彩礼钱？

分析要点提示：

（1）马某 2 与博某 2 是三代以内表亲关系，属于婚姻法禁止结婚的对象，且双方未办理结婚登记，因此，双方未成立婚姻关系。

（2）博某 2 与马某 2 未办理结婚登记手续，马某 2 家应向博某 2 返还彩礼钱。

在线练习

第十九章　家庭关系

【本章引例】

吴某与周某补办结婚登记后，吴某患情感性精神病，鉴定确认为限制民事行为能力，监护人为其父亲吴某某。吴某患病近十年，周某常年在外务工，对吴某的生活、就医照顾严重缺失，故吴某向法院诉请周某每月给付扶养费 2 000 元。法院认为，周某常年在外务工，对吴某应尽一定的扶助义务，考虑到吴某的实际状况，及当地的实际生活水平，结合周某需独自抚养婚生子的情况，酌定周某每月支付吴某扶养费 1 500 元。

【本章学习目标】

通过学习本章，你应该能够：

1. 掌握夫妻人身关系和夫妻财产关系；
2. 掌握父母子女关系和其他近亲属关系。

第一节　夫妻关系

一、夫妻人身关系

（一）夫妻地位平等

夫妻在婚姻家庭中地位平等，是婚姻家庭领域男女平等原则的主要内容，是一切自然人在法律面前人人平等基本原则在婚姻关系中的体现，体现的是两性平等的基本人权。这对保护妇女合法权益、实现妇女在婚姻家庭方面的平等地位有重要意义：一是男女在缔结婚姻关系中权利平等，条件平等；二是在结婚后处理家庭事务中，夫妻双方的地位平等，权利义务平等；三是在对待各自的亲属有平等的权利和义务，平等地尊重对方的亲属；四是在对待自己的子女、孙子女的关系上，地位平等，权利平等。

（二）夫妻姓氏权

夫妻姓氏权也叫夫妻称姓，是指夫妻缔结婚姻关系后，妻是否有独立姓氏的权利，也包括赘夫是否有独立姓氏的权利。

配偶各自有无独立的姓氏权，是配偶有无独立人格的标志之一。夫妻之间的形式平等应与实质平等相统一，没有形式平等，实质平等亦难保障。为保障配偶各自的人格独立，尤其是保障妻的独立人格，夫妻应有独立的姓氏权，不能使妻从夫姓（同姓说）或妻冠夫姓（冠姓说）而实行夫妻一体主义，避免妻对夫的人身依附关系。

（三）职业、学习和社会活动自由权

职业、学习和社会活动自由权，亦称从业自由权或平等从业权，是指已婚者以独立身份，按本人意愿决定社会职业、参加学习和社会活动，不受对方约束的权利。这既是配偶法律地位平等的标志，又是配偶平等行使权利和承担义务的法律保障。

（四）共同亲权原则

亲权，是指父母对未成年子女在人身和财产方面的管教和保护的权利和义务。亲属法的亲权是父母共同亲权。

共同亲权，是指亲权的共同行使，即亲权内容的行使均应由父母共同的意思决定，并对外共同代理子女。共同亲权的内容是：（1）亲权为父母共同的权利，是一个整体的权利。父和母是共同亲权人，而不是将亲权分割，由父和母分别享有。（2）亲权的行使由父母共同为之。行使亲权时，应由父母共同的意思来决定，单独行使亲权符合配偶权的相互代理权的，认定其有效。

父母共同行使亲权，当意思表示不一致时的规则：（1）一般事务，父母的意思表示不一致，或者一方违反另一方的意思，虽有争议，但不致引起法律上的问题。（2）重要事项，如果父母意思表示不一致，无法共同行使亲权时，必须采取妥善的对策解决。在实务中，首先应当坚持父母协商原则，对于重大问题父母争议无法统一时，应当准许亲权人一方向法院起诉，法院依子女利益原则作出判决。

（五）相互扶养权

夫妻之间的扶养，是指夫妻在物质上和生活上互相扶助、互相供养。这种权利和义务夫妻双方完全平等，有扶养能力的一方必须自觉承担这一义务，尤其是在一方丧失劳动能力时，更应当履行这一义务。一方违反这一义务，另一方有权要求其履行，可以请求有关组织调解，也可以向人民法院提起请求给付之诉，要求对方给付扶养费。

（六）日常事务代理权

日常事务代理权，亦称家事代理权，是指配偶一方在与第三人就家庭日常事务为一定法律行为时，享有代理对方权利行使的权利。日常事务代理权行使的法律后果是，配偶一方代表家庭所为的行为，另一方配偶须承担后果责任，配偶双方对其行为应当承担连带责任。家事代理权与表见代理相似，适用表见代理的原理，其目的在于保护无过失第三人的利益，有利于保障交易的动态安全。家事代理权的行使规则是：（1）代理的事务限于家庭日常事务。（2）紧迫情形的处理，代理权的范围可以适当扩张，推定有代理权。（3）超出上述范围的婚姻家庭事务，应当由夫妻双方共同决定，一方不得擅自决定。（4）配偶中一方实施的行为为个人责任，无法使第三人辨别是否已经超越日常事务代理权的，另一方配偶应当承担连带责任。

（七）相互享有继承权

依照《民法典》继承编的规定，夫妻之间互为配偶，相互享有继承权。

二、夫妻财产关系

（一）夫妻共同财产

夫妻共同财产，是指夫妻在婚姻关系存续期间，一方或双方取得，依法由夫妻双方共同享有所有权的共有关系。它是一种夫妻财产制度，以及在该种财产制度下财产所有人的权利义务关系。

夫妻共同财产分为五个部分，只要是夫妻双方在夫妻关系存续期间所得，即成为夫妻共同财产：（1）工资、奖金和劳务报酬。（2）生产、经营、投资的收益。（3）知识产权的收益。（4）继承或受赠的财产。但是，按照《民法典》第1063条第3项的规定，遗嘱或赠与合同中确定只归夫或妻一方的财产除外。（5）其他应当归夫妻共同所有的财产。例如一方或双方取得的债权，一方或者双方获得的资助、捐助等，都为夫妻共同财产。

（二）夫妻个人财产

法律保护的夫妻个人财产，是配偶一方自己的财产，属于个人财产，不认为是夫妻共同财产。下列财产为夫妻一方的个人财产：（1）一方的婚前财产；（2）一方因受到人身损害获得的赔偿或者补偿；（3）遗嘱或者赠与合同中确定只归一方的财产；（4）一方专用的生活用品；（5）其他应当归一方的财产。

（三）夫妻共同债务

夫妻共同债务，是以夫妻共同财产作为一般财产担保，在夫妻共同财产的基础上设定的债务。包括夫妻在婚姻关系存续期间为解决共同生活所需的衣、食、住、行、医，履行法定扶养义务，必要的交往应酬，因共同生产经营活动等所负之债，以及为抚育子女、赡养老人，夫妻双方同意而资助亲朋所负债务。夫妻共同债务与夫妻个人债务相对应。

夫妻共同债务的认定方法是，夫妻双方共同签名或者夫妻一方事后追认等共同意思表示所负的债务，以及夫妻一方在婚姻关系存续期间以个人名义为家庭日常生活需要所负的债务，属于夫妻共同债务。

夫妻一方在婚姻关系存续期间以个人名义超出家庭日常生活需要所负的债务，不属于夫妻共同债务；但是，债权人能够证明该债务用于夫妻共同生活、共同生产经营或者基于夫妻双方共同意思表示的除外。例如，一方未经对方同意擅自资助与其没有扶养义务的亲朋所负的债务，一方未经对方同意独自筹资从事经营活动，其收入确未用于共同生活所负的债务，以及因个人实施违法行为所欠债务，婚前一方所欠债务，婚后一方为满足个人欲望确系与共同生活无关而负的债务等。为保护债权人的合法权益，债权人能够证明该债务用于夫妻共同生活、共同生产经营或者基于夫妻双方共同意思表示的，认定为夫妻共同债务。

（四）夫妻约定财产

夫妻约定财产，是指夫妻以协议形式决定婚姻关系存续期间所得财产以及婚前财产所有关系的夫妻财产制度，是夫妻法定财产的对称。夫妻财产约定的要件：一是婚姻关系当事人须有订约能力；二是订立夫妻财产协议须具备形式要件。约定应当采用书面形式。

夫妻财产约定的效力是，对双方具有约束力，第三人知道该约定的，可以对抗该第三人。

（五）婚姻关系存续期间分割共同财产请求权

夫妻共同财产是夫妻共同共有的财产。在共同共有关系发生的原因没有消灭前，共同共有财产不能分割，以保持共有关系的稳定性和基础，保护共有人的合法权益。在坚持夫妻共同财产不能分割原则，婚姻关系存续期间夫妻一方请求分割共同财产原则上不予支持的基础上，对于特别情形作为例外，准许在婚姻关系存续期间分割夫妻共同财产，以保护婚姻当事人的合法权益。《民法典》第 1066 条规定有下列情形之一的，夫妻一方可以请求人民法院分割夫妻共有财产：(1) 一方有隐藏、转移、变卖、毁损、挥霍夫妻共同财产或者伪造夫妻共同债务等严重损害夫妻共同财产利益的行为；(2) 一方负有法定扶养义务的人患重大疾病需要医治，另一方不同意支付相关医疗费用。

夫妻共同财产经过婚内分割之后，分割出来的财产成为个人财产，主张分割的一方对分割所得的部分享有所有权，可以依照自己的意志处分该财产。

参考案例 19-1

王某某与李某某登记结婚，婚后购买了一套房屋，登记在李某某名下。在婚姻关系存续期间，李某某与其父亲李某就该房屋签订了买卖合同，并办理了过户手续。王某某诉请法院依法分割房屋出售款。法院判决支持王某某的诉讼请求。

第二节 父母子女关系和其他近亲属关系

一、父母子女之间的关系

(一) 抚养和赡养义务

父母对未成年子女的抚养义务是亲权的内容，是法定义务，是无条件的义务，不能以任何借口而免除。从子女出生开始直到能够独立生活止，都必须承担，即使父母离婚后也不能免除。未成年子女作为权利人，有权要求父母履行抚养义务。亲权人拒绝履行抚养义务，权利人依法享有抚养费给付请求权。对于不能独立生活的成年子女，父母也应负担上述义务。

成年子女对父母的赡养义务是亲属权的内容，是法定义务，是成年子女必须履行的义务，特别是对缺乏劳动能力或者生活困难的父母，成年子女必须承担赡养义务。成年子女不履行赡养义务的，缺乏劳动能力或者生活困难的父母，有要求成年子女给付赡养费的权利，可以向法院起诉，请求判令成年子女强制赡养父母。

(二) 父母对子女的保护和教育义务

父母对未成年子女的保护和教育义务，通常称为管教权，既是父母对未成年子女负有必要保护和教育的义务，也是权利，是基于教养、保护的人身照顾权，特别是基于教育权而产生的权利。父母行使管教权的目的，是保护和教育子女。未成年子女不听从管教，犯有劣迹时，亲权人在必要范围内采取适当措施，教育子女改恶从善。

父母未尽对未成年子女的保护和教育义务，致使未成年子女侵害他人合法权益造成损害的，应当承担赔偿责任。这种赔偿责任的承担原则，应当依照《民法典》第 1188 条的规定进行。

(三) 子女尊重父母婚姻权利的义务

子女尊重父母婚姻权利的义务是亲属权的内容，对父母离婚、再婚以及婚后的生活，子女负有尊重义务，不得干涉。子女干涉父母的婚姻权利，也构成侵权行为。父母选择离婚和再婚，不是成年子女拒绝履行对父母的赡养义务的理由，子女对父母的赡养义务不得因父母的婚姻关系变化而改变，更不能终止赡养义务。

（四）相互享有继承权

父母和子女都享有相互继承遗产的权利。不仅如此，《民法典》第 1127 条还规定，父母和子女都是第一顺序法定继承人，是最有保障的第一顺序法定继承人，在法定继承中，能够最先获得继承。

（五）非婚生子女的权利和地位

非婚生子女，是指没有婚姻关系的男女所生的子女。非婚生子女与婚生子女享有同等的法律地位。子女无法选择自己的出身和身份，如果因为出生而为非婚生子女受到歧视，就等于人是生而不平等的，这与现代人权观念完全不相符。要根除对非婚生子女的歧视，保障他们享有正常的法律地位，享有同等的人格，其合法权利不受任何侵犯。不直接抚养非婚生子女的生父或者生母，应当负担未成年子女或者不能独立生活的成年子女的抚养费，尽到其亲权和亲属权上的法定义务。

（六）继父母子女关系

继父母子女关系是指因父母一方死亡、他方带子女再行结婚，或者因父母离婚，抚养子女的一方或双方再行结婚，在继父母与继子女间形成的亲属身份关系。

在继父母与继子女关系中，首要的义务是相互之间不得虐待或者歧视，特别是继父母不得对继子女虐待和歧视。

拟制直系血亲关系的继父母子女关系，要具备继父母和继子女之间有抚养的事实行为发生。在这种情况下，继父母与继子女关系在法律上的后果和养父母与子女关系相同，其相互之间的权利义务关系，适用婚生子女与父母之间权利义务关系的规定。

（七）亲子关系确认和否认

1. 否认亲子关系

否认亲子关系也称为婚生子女否认，是父或者母对推定为婚生子女的婚生性提供否定性证据，推翻婚生性推定的证明，否定其为婚生子女的制度。否认亲子关系的前提是婚生子女推定，即子女系生母在婚姻关系存续期间受胎或出生，该子女被法律推定为生母和生母之夫的子女。即凡是在婚姻关系存续期间女方分娩的子女，就直接认定为婚生子女。婚生子女推定实际上是在用婚姻关系的存续期间来推定子女的父亲，确定婚生子女身份，而不是靠血缘关系，因此有可能出现错误，可以被客观事实所推翻。法律允许利害关系人提出婚生子女否认之诉，推翻婚生子女推定。父或者母如果确有证据证明婚生子女的非婚生性，即可提出证据，向法院主张否定亲子关系。

2. 确认亲子关系

确认亲子关系也称为非婚生子女认领，是指生父对于非婚生子女承认为其父而领为自己子女的行为。一是任意认领，也称为自愿认领，是生父的单独行为，无须非婚生子女或母之同意，以父的意思表示为足。认领权可直接行使，亦可经法院判决确认其父子关系的存在。二是强制认领，也称亲之寻认，是指应被认领人对于应认领而不为认领的生父，向法院请求确定生父关系存在的行为。强制认领适用于生父逃避认领责任，而母及子女要求认领的场合，以国家进行干预，体现了国家的强制力。父不为任意认领时，非婚生子女及其他法定代理人得据事实，诉请其父认领。非婚生子女一经认领，即视为婚生子女，产生父亲与子女间的权利义务关系。

参考案例 19-2

稽某乙与沈小方是合法夫妻。稽某乙与稽某甲在各自婚姻存续期间生育了沈某。司法鉴定结果显示稽某甲与沈某之间存在亲生血缘关系，沈小方与沈某之间不存在亲生血缘关系。沈某向法院诉请确认其与稽某甲之间的亲子关系。法院判决支持沈某的诉讼请求。

二、其他近亲属关系

（一）祖父母、外祖父母与孙子女、外孙子女

有负担能力的祖父母、外祖父母，对于父母已经死亡或者父母无力抚养的未成年孙子女、外孙子女，有抚养的义务。

有负担能力的孙子女、外孙子女，对于子女已经死亡或者子女无力赡养的祖父母、外祖父母，有赡养的义务。

（二）兄弟姐妹

有负担能力的兄、姐，对于父母已经死亡或者父母无力抚养的未成年弟、妹，有扶养的义务。

由兄、姐扶养长大的有负担能力的弟、妹，对于缺乏劳动能力又缺乏生活来源的兄、姐，有扶养的义务。

【引例评析】

在我国，不论婚姻的实际情况如何，也不论当事人双方的感情状况怎样，夫妻相互之间的扶养，既是双方的权利，也是双方的义务，因而不履行义务的行为，必然是一种侵权行为。本案的焦点是周某是否应当向吴某支付扶养费。吴某与周某补办结婚登记后成为合法的夫妻，双方有互相扶养的义务，而这一义务不管周某常年在外地工作，夫妻感情欠佳，也不管吴某之父吴某某担任吴某的监护人，负责照顾患病的吴某。周某应当履行扶养吴某的义务。

【本章小结】

1. 在人身关系方面，夫妻地位平等，夫妻享有姓氏权，职业、学习和社会活动自由权，相互扶养权，日常事务代理权，相互继承权以及共同亲权；在财产关系方面，夫妻可以实行法定财产制或约定财产制。

2. 父母对未成年子女有抚养、教育、保护的义务；成年子女对父母有赡养义务，子女还有尊重父母婚姻权利的义务。父母子女相互享有继承权。

3. 祖父母、外祖父母与孙子女、外孙子女之间，在一定条件下，有抚养和赡养义务；兄姐与弟妹之间，在一定条件下，有扶养义务。

【练习题】

1. 名词解释

(1) 夫妻姓氏权

(2) 共同亲权

(3) 日常事务代理权

(4) 夫妻共同财产

(5) 夫妻约定财产

2. 思考题

(1) 夫妻在人身和财产方面享有哪些权利和义务?

(2) 夫妻个人财产的范围是什么?

(3) 在哪种情况下，夫妻一方在婚姻关系存续期间可以请求分割共同财产?

(4) 父母和子女之间有哪些权利和义务?

(5) 非婚生子女的地位如何?

3. 案例分析题

倪某某与李某某登记结婚前，倪某某与开发公司签订了两套房屋拆迁安置补偿协议。婚后，依法办理该两套房屋产权登记时，载明：产权人为倪某某，共有人为李某某。嗣后，在双方主张离婚时，倪某某认为涉案两套房屋是其通过拆迁所得的婚前个人财产，应归其一人所有。李某某认为，两套房屋属于双方的共同财产，应当平均分割。

问题：

(1) 本案的两套房屋是属于倪某某的婚前财产，还是婚后财产?

(2) 本案的两套房屋应当归倪某某单独所有，还是倪某某与李某某共同所有?

分析要点提示：

(1) 本案的两套房屋为倪某某婚前拆迁所得，属于倪某某的婚前财产。

(2) 婚前财产是夫妻的个人财产，不因结婚转化为夫妻共同财产，因而，本案的两套房屋应当归倪某某单独所有。

在线练习

第二十章　离　婚

【本章引例】

王某与陈某经人介绍相识，十几天后就办理了结婚登记手续。两人结婚登记后不久，就没有在一起生活。婚姻期间未生育子女，也没有夫妻共同财产。两年后，王某以夫妻感情确已破裂为由诉至法院，请求判决离婚，并分割共同财产。法院认为，王某与陈某结婚时间短，婚后因双方性格不合而没有建立真正的夫妻感情，双方之间夫妻感情确已破裂，法院判决准予王某与陈某离婚。

【本章学习目标】

通过学习本章，你应该能够：

1. 掌握离婚的形式；
2. 掌握离婚的程序和条件；
3. 掌握离婚的法律后果。

第一节　离婚的条件和程序

一、登记离婚

（一）登记离婚及其条件

离婚，也称为婚姻解除，是指夫妻双方生存期间依照法律规定解除婚姻关系的身份法律行为。离婚的意义，在于夫妻双方在其生存期间通过法律行为消灭既存的婚姻关系。

登记离婚，也叫两愿离婚、协议离婚、自愿离婚，是指婚姻关系因双方当事人的合意，并经过登记程序而解除。

登记离婚的实质性要件是：（1）登记离婚的男女双方必须具有合法的夫妻身份。（2）离婚当事人必须是完全民事行为能力人。（3）双方当事人必须达成离婚的合意，有真实的、意思表示一致的离婚合意。（4）对离婚后子女抚养已经作出适当处理。（5）对夫妻共同财产作出适当处理。符合这些条件要求的，双方应当订立书面离婚协议，亲自到婚姻登记机关申请离婚登记。

离婚协议，是婚姻关系当事人表明离婚意愿和具体内容的文书。协议中，应当载明双方自愿离婚的意思表示，以及对子女抚养、财产和债务处理等事项协商一致的意见。

（二）登记离婚的冷静期

离婚冷静期是指登记离婚时，尽管符合离婚的条件要求，但是仍然留出一段时间供当事人冷静考虑是否离婚的制度。规则是：（1）双方自愿离婚，到婚姻登记机关申请离婚登记，符合离婚条件的，暂时不发给离婚证。（2）离婚冷静期是 30 天。自婚姻登记机关收到离婚登记申请之日起 30 日内，任何一方不愿意离婚的，可以向婚姻登记机关撤回离婚登记申请。（3）30 天的冷静期届满后，双方应当在 30 日内亲自到婚姻登记机关申请发给离婚证。婚姻登记机关应当发给离婚证，即解除婚姻关系。（4）30 天的冷静期届满后，当事人未在 30 日内到婚姻登记机关申请离婚证的，视为撤回离婚登记申请，不发生离婚的后果。

（三）登记离婚的具体程序

依照《民政部关于贯彻落实〈中华人民共和国民法典〉中有关婚姻登记规定的通知》第 2 条的规定，离婚登记的程序是：

1. 申请

夫妻双方自愿离婚的，应当签订书面离婚协议，共同到有管辖权的婚姻登记机关提出申请，并提供有关证件和证明材料。

2. 受理

婚姻登记机关按照《婚姻登记工作规范》有关规定对当事人提交的材料进行初审。婚姻登记机关对当事人提交的证件和证明材料初审无误后，发给《离婚登记申请受理回执单》。不符合离婚登记申请条件的，不予受理。当事人要求出具《不予受理离婚登记申请告知书》的，应当出具。

3. 冷静期

自婚姻登记机关收到离婚登记申请并向当事人发放《离婚登记申请受理回执单》之日起三十日内（自婚姻登记机关收到离婚登记申请之日的次日开始计算期间，期间的最后一日是法定休假日的，以法定休假日结束的次日为期间的最后一日），任何一方不愿意离婚的，可以持本人有效身份证件和《离婚登记申请受理回执单》（遗失的可不提供，但需书面说明情况），向受理离婚登记申请的婚姻登记机关撤回离婚登记申请，并亲自填写《撤回离婚登记申请书》。经婚姻登记机关核实无误后，发给《撤回离婚登记申请确认单》。

自离婚冷静期届满后三十日内（自冷静期届满日的次日开始计算期间，期间的最后一日是法定休假日的，以法定休假日结束的次日为期间的最后一日），双方未共同到婚姻登记机关申请发给离婚证的，视为撤回离婚登记申请。

4. 审查

自离婚冷静期届满后三十日内，双方当事人应当持《婚姻登记工作规范》第 55 条第 4 至 7 项规定的证件和材料，共同到婚姻登记机关申请发给离婚证。婚姻登记机关按照《婚姻登记工作规范》第 56 条和第 57 条规定的程序和条件执行和审查。婚姻登记机关对不符合离婚登记条件的，不予办理。当事人要求出具《不予办理离婚登记告知书》的，应当出具。

5. 登记（发证）

婚姻登记机关按照《婚姻登记工作规范》第 58 条至 60 条规定，予以登记，发给离婚证。

二、诉讼离婚

（一）诉讼离婚的调解和裁判

1. 有关组织的调解权

夫妻一方坚持离婚，另一方不同意离婚的，《民法典》第 1079 条规定，有关组织可以进行调解。例如，居民委员会、村民委员会都可以对双方进行调解。

2. 诉讼离婚的概念和特点

诉讼离婚也叫裁判离婚，是指夫妻一方当事人基于法定离婚原因，向人民法院提起离婚诉讼，人民法院依法通过调解或判决而解除当事人之间的婚姻关系的离婚方式。

诉讼离婚的特点是：第一，诉讼离婚是对双方有争议的离婚案件进行裁判，确认双方解除婚姻关系。第二，诉讼离婚是典型的合并之诉。离婚诉讼绝不是仅仅对离婚进行审理，还要对由于离婚而引起的其他法律后果进行审理，例如子女抚养、财产分割、经济扶助、子女探望，甚至还有离婚损害赔偿问题等。第三，诉讼离婚实行调解先置程序。法官在审理离婚案件时，须依照职权进行调解，在审理中也更多地实行职权主义，这样才能够适应离婚诉讼的特殊性。

3. 离婚诉讼的适用范围

（1）夫妻一方要求离婚，另一方不同意离婚的。

（2）夫妻双方都愿意离婚，但在子女抚养、财产分割等离婚后果问题上不能达成协议的。

（3）夫妻双方都愿意离婚，并对子女抚养、财产分割等离婚后果达成协议，但未依法办理结婚登记手续而以夫妻名义共同生活且为法律所承认的事实婚姻，请求解除事实婚姻关系的。

4. 离婚法定事由的基本事由和具体事由

判决离婚的基本事由是夫妻感情确已破裂，其含义是：夫妻之间感情已不复存在，已经不能期待夫妻双方有和好的可能。

离婚的具体事由是：（1）重婚或与他人同居。（2）实施家庭暴力或虐待、遗弃家庭成员。（3）有赌博、吸毒等恶习屡教不改。（4）因感情不和分居满二年的。（5）其他导致夫妻感情破裂的情形。例如，一方被宣告失踪，另一方提起离婚诉讼的，应当准予离婚；或者经人民法院判决不准离婚后，双方又分居满一年，一方再次提起离婚诉讼的，应当准予离婚。

（二）对诉讼离婚的特别规定

1. 军婚离婚

现役军人的配偶要求离婚，应当征得军人同意，但是军人一方有重大过错的除外。军人的范围，是指正在人民解放军和人民武装警察部队服现役，具有军籍的干部和士兵。军人一方的重大过错包括：重婚或者与他人同居的；实施家庭暴力或虐待、遗弃家庭成员的；有赌博、吸毒等恶习屡教不改的；其他重大过错，如强奸妇女、奸淫幼女、嫖娼等违法犯罪行为的。

参考案例 20-1

张某某与现役军人罗某某登记结婚。婚后，张某某因生活琐事与罗某某的母亲发生矛盾，向法院请求解除其与罗某某的婚姻关系。法院判决不支持张某某的诉讼请求。

2. 女方怀孕期间

女方在怀孕期间、分娩后一年内或者终止妊娠后六个月内，男方不得提出离婚；但是，女方提出离婚或者人民法院认为确有必要受理男方离婚请求的除外。

第二节 离婚的法律后果

一、离婚生效的时间

离婚的法律后果是解除当事人之间现存的婚姻关系。在离婚过程中，确定婚姻关系解除的时间分为两种情形：（1）登记离婚，是完成离婚登记，即离婚的请求登记在婚姻登记机关的登记簿上，发生解除婚姻关系的效果。（2）诉讼离婚，是在法院作出判决书或者调解书，且在判决书或者调解书发生法律效力时，婚姻关系正式解除，双方不再存在配偶关系。

二、离婚后的复婚登记

婚姻关系当事人在离婚后，自愿恢复婚姻关系的，应当向婚姻登记机关提出申请。结婚登记机关依照有关结婚登记的程序进行登记，重新进行结婚登记后，发给结婚证。

三、离婚后的父母子女关系

（一）父母对子女的抚养、教育、保护

父母与子女间的关系，不因父母离婚而消除。离婚后，子女无论由父或者母直接抚养，仍是父母双方的子女。

在抚养义务上，离婚后，父母对子女的权利和义务也没有改变，对于子女仍有抚养、教育和保护的权利和义务。

离婚后，对不满两周岁的子女，仍在哺乳期内，以由母亲直接抚养为原则。已满两周岁的子女，不再受上述原则的限制，父或者母都可以直接抚养。父母双方因抚养问题协议不成的，由人民法院根据双方的具体情况，按照最有利于未成年子女的原则判决。子女已满八周岁的，应当尊重其真实意愿。

（二）不直接抚养未成年子女一方的抚养费义务

离婚后，子女由一方直接抚养的，另一方应当负担部分或者全部抚养费。负担费用的多少和期限的长短，由双方协议；协议不成的，由人民法院判决。

通过协议或者判决确定了抚养费数额，并不妨碍子女在必要时向父母任何一方提出超过协议或者判决原定数额的合理要求。只要是合理的要求，都应当予以支持。

（三）探望权

探望权，是指夫妻离婚后，不直接抚养子女的父或母对子女进行探望的权利。直接抚养子女的一方有协助非直接抚养的一方行使探望权的义务。

行使探望权，涉及直接抚养一方和子女的利益，确定探望的时间、方式，由当事人协议；协议不成的，由人民法院判决。探望权人按照协议或法院判决实施探望时，如果子女对约定或判决的探望时间不同意，探望权人不得强行探望。

探望权中止，是指探望人具有探望权中止的法定事由时，由法院判决探望权人在一定时间内中止行使探望权的制度。探望权中止的事由是：行使探望权不利于子女的身心健康，包括子女的身体、精神、道德或感情的健康。探望权中止的事由消失后，应当恢复探望。

四、离婚时的财产关系

（一）夫妻共同财产分割

1. 分割方法

离婚时，夫妻双方应当对其享有权利的共同财产进行处理。处理的方法是：（1）由双方协议处理，达成协议的，写在离婚协议中，经过婚姻登记机关确认生效。（2）协议不成的，由人民法院根据财产的具体情况，按照照顾子女、女方和无过错方权益的原则判决。因而判决分割时并不是平均分配，应当照顾子女、女方和无过错方。

分割夫妻共同财产，要保护好土地承包经营权的个人权益。由于农村承包土地是以家庭为单位进行承包的，夫妻离婚后，不会因为离婚而再给其分配承包地，因此，夫或者妻在家庭土地承包经营中享有的权益等，在分割共同财产中应当依法予以保护，不能使在家庭关系中分离出去的一方受到损害。

2. 补偿请求权

夫妻一方因抚育子女、照料老年人、协助另一方工作等负担较多义务的，离婚时有权向另一方请求补偿，另一方应当予以补偿。具体办法由双方协议；协议不成的，由人民法院判决。人民法院应考虑请求权人付出义务的大小，请求权人因此受到的损失和另一方从中受益的情况，综合确定。

参考案例 20-2

尹某某与张某某自愿登记结婚。婚后生育两个孩子。双方在婚姻存续期间有两处房产，无共同债权、债务、现金及存款。尹某某起诉离婚，要求分割共同财产。张某某认为其在家依靠耕作农业，操持家务，抚育子女成人，付出较多义务，尹某某应当补偿其生活费。法院判决支持张某某的诉讼请求。

（二）夫妻共同债务清偿

离婚时，夫妻共同债务清偿的方法是：

（1）夫妻共同债务应由夫妻共同清偿，即以共同财产清偿。一是先清偿、后分割，即从夫妻共有财产中先清偿夫妻共同债务，然后再对剩余的夫妻共有财产进行分割的办法；二是先分割、后清偿，即先分割共同财产和共同债务，然后各自以分得的财产清偿分得的债务。

(2) 共同财产不足清偿或者财产归各自所有的，由双方协议，按照协议约定的方法进行清偿；双方协议不成的，向法院起诉，由人民法院依法判决。

(三) 适当帮助义务

离婚时，如果一方生活困难，有负担能力的另一方应当给予适当帮助。具体办法由双方协议；协议不成的，由人民法院判决。

(四) 离婚过错损害赔偿

离婚过错损害赔偿，是指夫妻一方因为过错实施法律规定的违法行为，妨害婚姻关系和家庭关系，导致夫妻离婚，过错方应当承担的侵权损害赔偿责任。

无过错方可以请求离婚损害赔偿的违法行为：一是重婚；二是与他人同居；三是实施家庭暴力；四是虐待、遗弃家庭成员；五是有其他重大过错。实施上述违法行为的主体是有过错的配偶。这些行为侵害他人的权利，行为人违反了这些权利中的法定义务，构成违法性。

离婚损害赔偿责任的过错，包括故意或者过失。规定“有其他重大过错”的违法行为，扩大了离婚过错损害赔偿责任的适用范围，增加了适用的弹性，有利于救济受到损害一方的合法权益，是一个正确的决策。

离婚损害赔偿的责任方式包括两种，即人身损害赔偿和精神损害赔偿。

(五) 对非法处置夫妻共同财产的制裁

在离婚期间，如果夫妻一方实施隐藏、转移、变卖、毁损、挥霍夫妻共同财产，或者伪造夫妻共同债务企图侵占另一方财产的，在离婚分割夫妻共同财产时，对该方可以少分或者不分。

在离婚以后，如果一方发现另一方有上述行为的，可以向人民法院提起诉讼，请求再次分割夫妻共同财产。人民法院应当按照查清的事实，对属于夫妻共同财产的部分进行再次分割。

【引例评析】

我国判决离婚的基本事由是夫妻感情确已破裂，其含义是：夫妻之间感情已不复存在，已经不能期待夫妻双方有和好的可能。本案的焦点在于当事人双方感情是否破裂。感情破裂是人的内心感受，他人无法知晓，只能通过外在表征予以判断。本案中判断王某与陈某感情确已破裂的理由有三：一是双方当事人经人介绍，相识十几天就匆匆结婚，在短短的时间内，双方很难做到完全了解对方并适应有对方的生活，婚姻的感情基础十分不稳固；二是婚后不久即分居，表明了当事人之间缺乏情感沟通；三是一审法院的调解并没有缓和夫妻关系。

【本章小结】

1. 登记离婚，是指婚姻关系因双方当事人的合意，并经过登记程序而解除。

2. 诉讼离婚，是指夫妻一方当事人基于法定离婚原因，向人民法院提起离婚诉讼，人民法院依法通过调解或判决而解除当事人之间的婚姻关系的离婚方式。

3. 离婚的法律后果是解除当事人之间现存的婚姻关系。父母子女间的身份关系，不因父母离婚而消除。

【练习题】

1. 名词解释

（1）离婚

（2）离婚冷静期

（3）离婚过错损害赔偿

2. 思考题

（1）登记离婚的实质性要件有哪些？

（2）离婚冷静期的具体规则是什么？

（3）离婚诉讼的适用范围是什么？

（4）离婚时，如何清偿夫妻共同债务？

（5）可以请求离婚过错损害赔偿的情形有哪些？

3. 案例分析题

周某与耿某原系夫妻，生育一女，法院审理双方离婚诉讼的判决书于2015年8月13日发生法律效力。周某在离婚诉讼中未涉及损害赔偿的主张。离婚后，周某发现耿某在离婚前与案外第三人登记结婚，并育有一子。因此，周某诉请耿某支付精神损害赔偿金。

问题：

（1）耿某的行为是否构成重婚？

（2）周某是否有权请求耿某支付精神损害赔偿金？

分析要点提示：

（1）耿某在与周某离婚前与案外第三人登记结婚，并育有一子，构成重婚。

（2）损害赔偿通常应当在离婚时提出，除非在离婚时无过错方尚未知晓过错事实的发生或放弃损害赔偿请求。周某在离婚后才发现耿某重婚，因此，周某有权请求耿某支付精神损害赔偿金。

在线练习

第二十一章　收　养

【本章引例】

刘某、王某系夫妻关系，生育了苏某2。某日，刘某之父刘某权将苏某2送给未满30周岁的苏某1、周某1领养。苏某1、周某1在未依法办理收养登记的情况下为苏某2办理了户口登记。刘某、王某向法院诉请确认苏某1、周某1收养苏某2的行为无效。法院认为，苏某2的生父母刘某、王某尚在，不存在有特殊困难无力抚养的情况，刘某权无权送养苏某2；苏某1、周某1当时的年龄均未达到法定的收养人的年龄；送养人与收养人未办理收养登记，因此，双方的收养关系无效。

【本章学习目标】

通过学习本章，你应该能够：

1. 掌握收养关系的成立；
2. 掌握收养的效力；
3. 掌握收养关系的解除。

第一节　收养关系的成立

一、收养行为及收养原则

（一）收养行为

收养，是指自然人领养他人的子女为自己的子女，依法创设拟制血亲亲子关系的身份法律行为。依收养身份法律行为创设的收养关系，就是拟制血亲的亲子关系，是基于收养行为的法律效力而发生的身份法律关系。这种拟制血亲的亲子关系，具有与自然血亲同样内容的权利义务关系。

（二）收养行为的特征

（1）收养是身份法律行为，是要式行为；

（2）收养行为人应是具有特定法律身份的人；

（3）收养行为是产生法律拟制血亲关系的行为；

（4）收养行为消灭养子女的自然血亲关系，但自然血缘关系仍然存在。

（三）收养的原则

（1）最有利于被收养的未成年人的抚养、成长原则；

（2）保证被收养人和收养人的合法权益原则；

（3）收养关系主体平等自愿原则；

（4）收养不得违背公序良俗原则。

二、收养关系的主体

在收养的身份法律行为中，当事人分别是被收养人、送养人和收养人。被收养人为养子或养女，送养人是抚养被收养人的生父母或者其他人，收养人为养父或养母。

（一）被收养人

法律规定，只有下列未成年人具备被收养人的条件：

（1）丧失父母的孤儿。孤儿，是指其父母死亡或者人民法院宣告其父母死亡的未成年人。

（2）查找不到生父母的未成年人。

（3）生父母有特殊困难无力抚养的未成年子女。具体判断生父母是否有特殊困难，应当依据当事人的具体情况。

（二）送养人

送养人的适格条件是：

（1）孤儿的监护人。孤儿是未成年人，其监护人可以送养，但须符合法律规定的条件。

（2）儿童福利机构。我国的儿童福利机构是指各地民政部门主管的收容、养育孤儿和查找不到生父母的弃婴、儿童的社会福利院。对于儿童福利机构养育的孤儿、查找不到生父母的弃婴和儿童，可以送养。

（3）有特殊困难无力抚养子女的生父母。

未成年人的父母均不具备完全民事行为能力且可能严重危害该未成年人的，该未成年人的监护人可以将其送养。监护人送养孤儿的，应当征得有抚养义务的人同意。有抚养义务的人不同意送养、监护人不愿意继续履行监护职责的，应当依照《民法典》总则编的规定另行确定监护人。

生父母送养子女，应当双方共同送养。生父母一方不明或者查找不到的，可以单方送养。

（三）收养人

收养人应当同时具备下列条件：

（1）无子女或者只有一名子女；

（2）有抚养、教育和保护被收养人的能力；

（3）未患有在医学上认为不应当收养子女的疾病；

（4）无不利于被收养人健康成长的违法犯罪记录；

（5）年满三十周岁。

三、收养的要求

（一）收养三代以内旁系同辈血亲的子女

收养三代以内旁系同辈血亲的子女，称为“过继”，多是本家族内的近亲属照顾无子女近亲属的一种举措，可以不受《民法典》第1093条第3项即被送养人是“生父母有特殊困难无力抚养的子女”、第1094条第3项关于送养人为“有特殊困难无力抚养子女的生父母”和第1102条关于“无配偶者收养异性子女的，收养人与被收养人的年龄应当相差四十周岁以上”规定的限制。华侨收养三代以内旁系同辈血亲的子女，不仅不受上述三个规定的限制，而且还可以不受《民法典》第1098条第1项关于收养人“无子女或者只有一名子女”规定的限制。

（二）收养子女的数量限制

无子女的收养人可以收养两名子女；有子女的收养人只能收养一名子女。

收养孤儿、残疾未成年人或者儿童福利机构抚养的查找不到生父母的未成年人，可以不受“无子女的收养人可以收养两名子女；有子女的收养人只能收养一名子女”的限制，也不受《民法典》第1098条第1项关于收养人“无子女或者只有一名子女”规定的限制。

（三）收养的具体要求

有配偶者收养子女，应当夫妻共同收养。

无配偶者收养异性子女的，收养人与被收养人的年龄应当相差40周岁以上。

继父或者继母经继子女的生父母同意，可以收养继子女，收养的条件适当放宽：（1）其生父母无特殊困难、有抚养能力的子女有被收养人的资格，也可以被送养；（2）无特殊困难、有抚养能力的生父母有送养人的资格，可以送养自己的子女；（3）不受无子女、有抚养教育养子女的能力、疾病以及年满30周岁的被收养人条件的限制；（4）不受只能收养两名子女的限制。

参考案例21-1

方某某1的生父母因家庭困难无力抚养，将出生不久的女婴方某某1送养给未满30周岁的未婚男性方某某。方某某1向法院诉请方某某的收养行为无效。法院判决支持方某某1的诉讼请求。

四、收养关系缔结和登记

（一）合意收养

收养行为是民事法律行为，必须具备当事人收养合意这一必要条件。构成收养合意，应当具备以下条件：

（1）双方自愿。收养人收养与送养人送养须双方自愿，意思表示一致。收养与送养，是民法上的身份协议，收养合意应当按照合同成立的条件要求。

（2）须经8周岁以上的被送养人同意。收养未满8周岁的未成年人，不必经过本人的同意。收养8周岁以上的未成年人，应当征得被收养人的同意。

（二）收养登记

收养应当向县级以上人民政府民政部门登记。收养关系自登记之日起成立。未办理收养登记的，应当补办登记。

收养查找不到生父母的未成年人的，办理登记的民政部门应当在登记前予以公告。

收养关系当事人愿意签订收养协议的，可以签订收养协议。

收养关系当事人各方或者一方要求办理收养公证的，应当办理收养公证。

县级以上人民政府民政部门应当依法进行收养评估。

收养关系成立后，公安机关应当按照国家有关规定为被收养人办理户口登记。

第二节　收养的效力

一、收养成立发生父母子女关系

收养的法律效力，是指法律赋予收养行为发生的强制性法律后果。这种法律后果表现为收养的拟制效力和解销效力。

拟制效力，是指收养依法创设新的亲属身份关系及其权利义务的效力。自收养关系成立之日起，养父母与养子女间的权利义务关系，适用《民法典》关于父母子女关系的规定；养子女与养父母的近亲属间的权利义务关系，适用《民法典》关于子女与父母的近亲属关系的规定。

解销效力，是指收养依法消灭原有的亲属身份关系及其权利义务的效力。养子女与生父母及其他近亲属间的权利义务关系，因收养关系的成立而消除。

养子女被收养后，可以随养父或者养母的姓氏，生父母不得反对。如果经当事人协商一致，也可以保留原姓氏，不随养父或者养母的姓氏。

二、收养行为无效及其后果

无效收养行为，是指欠缺收养成立的法定有效要件，不能发生收养法律后果的收养行为。无效收养行为就是无效的民事法律行为。发生无效收养行为的原因是：

（1）欠缺收养关系成立的实质要件；

（2）欠缺收养关系成立的形式要件；

（3）违反法律、行政法规强制性规定或者违背公序良俗。例如，借收养之名拐卖儿童或者出卖亲生子女等。

收养无效的法律后果是，自始无效。与收养关系解除的区别是：收养无效的效力溯及既往，而解除收养关系仅仅是在收养关系解除之时消灭养父母和养子女之间的权利义务关系。

第三节　收养关系的解除

一、解除收养的程序

收养关系解除，是指收养的法律效力发生后，因出现一定的法定事由，无法继续维持收养亲子关系，通过解除的法定程序将其人为消灭。法律禁止收养人在被收养人未成年时解除收养关系，以保护未成年被收养人的权益。

（一）收养未成年子女的收养关系解除

1. 协议解除

收养人在被收养人成年以前，不得解除收养关系，但是收养人、送养人双方协议解除的除外。养子女 8 周岁以上的，应当征得本人同意。

2. 诉讼解除

收养人不履行抚养义务，有虐待、遗弃等侵害未成年养子女合法权益行为的，送养人有权要求解除养父母与养子女间的收养关系。送养人、收养人不能达成解除收养关系协议的，可以向人民法院提起诉讼。

参考案例 21-2

张某某与丁某乙夫妻将共同的儿子丁某丙送给丁某甲收养。丁某甲收养丁某丙后，有虐待丁某丙的行为。某日，在丁某丙的同意下，张某某与丁某甲、丁某丙三方签订了《解除收养关系协议》，约定解除丁某甲与丁某丙的收养关系。协议签订后丁某甲反悔，不配合履行。张某某诉至法院，请求解除收养关系。法院判决支持张某某的诉讼请求。

（二）成年养子女的收养关系解除

养父母与成年养子女关系恶化、无法共同生活的，可以协议解除收养关系。不能达成协议的，可以向人民法院提起诉讼。

（三）解除收养登记

当事人协议解除收养关系的，应当到民政部门办理解除收养关系登记。

二、解除收养的法律后果

收养关系解除后，养子女与养父母及其他近亲属间的权利义务关系即行消除，与生父母及其他近亲属间的权利义务关系自行恢复。但是，成年养子女与生父母及其他近亲属间的权利义务关系是否恢复，可以协商确定。

收养关系解除后，经养父母抚养的成年养子女，对缺乏劳动能力又缺乏生活来源的养父母，应当给付生活费。因养子女成年后虐待、遗弃养父母而解除收养关系的，养父母可以要求养子女补偿收养期间支出的抚养费。

生父母要求解除收养关系的，养父母可以要求生父母适当补偿收养期间支出的抚养费；但是，因养父母虐待、遗弃养子女而解除收养关系的，不必补偿抚养费。

【引例评析】

在我国，适格的送养人只有孤儿的监护人、儿童福利机构以及有特殊困难无力抚养子女的生父母，除此之外，任何人或组织均无权送养适格的被送养人。适格的收养人必须年满 30 周岁。收养应当向县级以上人民政府民政部门登记。收养关系自登记之日起成立。向本案中，刘某之父刘某权将苏某 2 送给苏某 1、周某 1 领养。苏某 2 不是孤儿，刘某权也不是苏某 2 的监护人，且苏某 2 的生父母尚在，不存在有特殊困难无力抚养苏某 2 的情况，故刘某权无权送养苏某2。收养人苏某1、周某1收养苏某2时的年龄均未达到法定的收养人的年龄。此外，双方也未依法办理收养登记。因此，刘某、王某有权请求确认苏某1、周某1与苏某2收养关系无效。

【本章小结】

1. 收养，是指自然人领养他人的子女为自己的子女，依法创设拟制血亲亲子关系的身份法律行为。收养关系的主体是被收养人、送养人和收养人。

2. 收养行为是民事法律行为，必须具备当事人收养合意这一必要条件。收养关系自登记之日起成立。

3. 收养行为有效时，收养人和被收养人之间发生父母子女关系；收养行为无效时，收养关系自始无效。

4. 收养关系可以通过协议或诉讼予以解除。收养关系解除后，养子女与养父母及其他近亲属间的权利义务关系即行消除，不再有养父母子女关系。

【练习题】

1. 名词解释

（1）收养的拟制效力

（2）收养的解销效力

（3）无效收养行为

2. 思考题

（1）收养的原则有哪些？

（2）被收养人、送养人、收养人应当具备哪些条件？

（3）收养的效力如何？

（4）解除收养的法律后果是什么？

3. 案例分析题

徐某与柳某原系夫妻，婚姻存续期间徐某怀孕，后因双方感情不和协议离婚，离婚时徐某告知柳某孩子已经通过手术流产，柳某信以为真。徐某生下柳某甲后，因经济能力较差，抚养孩子有困难，故将柳某甲送养于周某、王某，未办理收养登记。后徐某向法院诉请周某、王某与柳某甲之间的收养关系无效。

问题：

（1）徐某的送养行为是否有效？

（2）周某、王某与柳某甲之间的收养关系是否合法、有效？

分析要点提示：

（1）生父母送养子女，应当双方共同送养。徐某因未经柳某同意，其单独送养的行为无效。

（2）双方当事人未办理合法的收养登记，收养关系无效。

在线练习

第六编

继　承

第二十二章　继承与继承权

【本章引例】

某县小王庄村农民王某在实行农业承包经营责任制时，承包了该村的 20 亩水浇地。在承包期内，由于王某精心管理，获得了很大收益。1992 年王某病故，村里拟将这 20 亩水浇地转给本村种田能手刘某承包。王某的儿子王强主张这 20 亩地是他父亲的遗产，应由他来继承，并起诉到法院。法院认为王某承包的土地不属于他个人的合法财产，不能作为遗产继承。

【本章学习目标】

通过学习本章，你应该能够：

1. 掌握继承权及其法律特征；
2. 掌握我国《民法典》继承编规定的遗产范围；
3. 掌握我国继承制度的基本原则。

第一节　继承概述

一、继承

（一）继承的概念

民法中的继承概念有广义与狭义之分。广义的继承是指对死者生前权利义务的承受，不仅包括财产继承，还包括身份继承；狭义的继承是指对死者生前的财产权利义务的承受，又称为财产继承。继承法使用的继承概念是狭义概念，即财产继承，是指自然人死亡时，其遗留的个人合法财产归死者生前在法定范围内指定的或者法定的亲属依法承受的法律制度。

《民法典》第 124 条规定："自然人依法享有继承权。自然人合法的私有财产，可以依法继承。"第 1120 条规定："国家保护自然人的继承权。"

（二）继承的法律特征

1. 继承因自然人死亡而发生

继承是因自然人死亡而发生的法律制度。生存的自然人对自己所享有的财产自主地享有权利和承担义务，其死亡后，不再具有民事权利能力，原享有的财产权利和负担的财产义务需要有人承受，因而产生继承问题。

2. 继承中的继承人与被继承人存在特定亲属身份关系

被继承人死亡后，只有与被继承人存在一定亲属身份关系的人才可以作为继承人参加继承。按照《民法典》继承编的规定，继承人都是与被继承人有密切关系的近亲属，无亲属身份关系的人不能作为继承人，只能作为受遗赠人。

3. 继承是处理死者遗产的法律制度

继承的标的只能是财产，而不能是其他标的。继承的发生须以死者财产的存在为前提。继承以私有财产的存在为前提，在没有任何私有财产存在的社会，不会有也不可能存在继承制度。

4. 继承是继承人概括承受被继承人财产权利和义务的法律制度

自然人死亡，其财产权的主体必定发生变更。因此，继承是财产所有权转移的一种基本方式，但与一般的财产转移不同，它是被继承人财产权利和义务的整体概括转移。只有依法由继承人概括地承继被继承人在财产关系中的法律地位的法律现象，才属于继承。

（三）继承的本质

继承的本质也称为继承的根据，是指继承人基于何种原因承受被继承人的遗产。现代法的继承根据有两个：一是继承人生活保障。继承即因家族共同生活体内的成员死亡，为避免其他成员的生活陷入困境，而使与其共同生活并有关系的特定生存人，承继该死亡人的遗产。二是社会交易安全保护。被继承人死亡后，如果其债务亦归于消灭，则无从保护被继承人的债权人，不能保护交易安全。故被继承人所遗留的债权、债务，均为继承的标的，而由继承人继承，这样才能够保证社会交易安全。

二、继承权的概念和法律特征

（一）继承权的概念

继承权是指自然人依法承受死者个人所遗留的合法财产的权利。

在继承中，遗留财产的死者称为被继承人；死者的财产称为遗产；取得遗产的人称为继承人；继承人继承遗产的权利称为继承权。调整财产继承关系的法律规范的总和，称为继承法。继承法是民法的重要组成部分。

继承与继承权是两个既有联系又有区别的概念。继承主要是指自然人的遗产依法转移给他人所有；继承权则是指继承人继承遗产的权利。

（二）继承权的法律特征

1. 继承权与财产所有权相联系

继承权是一种财产权。如果被继承人生前对财产没有所有权，就不会发生继承权。继承权的实现就是财产所有权的转移。因此，财产所有权是继承权的基础和前提，继承权是财产所有权的延伸和继续。

2. 继承权与特定的身份相联系

继承权是以一定的人身关系为前提，即与血亲关系（包括拟制血亲关系）、婚姻关系密切联系在一起。只有那些与被继承人有血亲关系和婚姻关系的人，才可能成为法定继承人或遗嘱继承人。

3. 继承权的实现与一定的法律事实相联系

继承权的实现必须具有引起继承法律关系产生的法律事实。即继承权的实现以被继承人死亡和死者留有遗产的法律事实的存在为前提。在这些事实出现以前，法律规定的继承权只是继承人享有的一种期待权，只有当一定的法律事实发生后，继承权才成为一种既得权，才能开始继承遗产。在采取遗嘱继承方式时，继承权成为既得权，除被继承人死亡和留有遗产之外，还须具有被继承人立有遗嘱的法律事实。

三、我国继承制度的基本原则

（一）保护自然人合法财产继承权的原则

保护自然人个人的合法财产的继承权，是我国继承立法的基础和根据。我国《民法典》继承编自始至终贯穿了保护自然人个人合法财产所有权这一宪法规定的原则，主要包含两方面的意思：一是法律保护自然人依法继承遗产的权利，任何人不得干涉；二是自然人的继承权受到他人非法侵害时，有权依照法律的规定请求人民法院给予保护。

（二）继承权男女平等的原则

《民法典》根据宪法规定的精神，确立了继承权男女平等的原则。继承权男女平等原则在我国继承法律制度中得到了充分的体现，主要表现在以下几个方面：

（1）自然人财产继承权的有无，与男女性别没有关系，妇女与男子享有平等的继承权。

（2）同一继承顺序中的继承人，不论男女都享有平等的继承权。在遗产分配时，男女的份额一般应当均等。

（3）代位继承权男女平等。即无论先于被继承人死亡的是儿子还是女儿，他们的晚辈直系血亲或者子女都享有同等的代位继承的权利。

（4）遗嘱处分遗产的权利、遗嘱继承权、受遗赠权男女平等。

参考案例 22-1

谢甲有四个儿子、一个女儿。其依法享有所有权的湖南省某市燕山街42号房屋系土砖结构，建筑面积为223.61平方米，共12间。谢甲逝世后，他的四个儿子将其所遗房屋分割继承，每人3间，没有分给妹妹遗产。妹妹主张继承，发生争议，诉至法院，法院判决五个子女有同等的继承权。

（三）养老育幼、互谅互让的原则

养老育幼、互谅互让的原则在我国《民法典》继承编中得到了充分的体现，主要表现在：

（1）在法定继承中，规定对生活有特殊困难又缺乏劳动能力的继承人，分配遗产时，应当予以照顾。

（2）在遗嘱继承中，要求遗嘱应给缺乏劳动能力又没有生活来源的继承人保留必要的遗产份额。

（3）在遗产分割时，应当保留胎儿的继承份额。对继承人以外的依靠被继承人扶养的人，或者继承人以外的对被继承人扶养较多的人可以分给他们适当的遗产。

（4）继承人如果故意杀害被继承人、遗弃被继承人或者虐待被继承人情节严重的，丧失继承权。

（四）权利义务相一致的原则

权利义务相一致是民法的一贯精神。权利义务相一致原则在我国《民法典》继承编主要表现在以下规定中：

（1）丧偶儿媳对公婆、丧偶女婿对岳父母，尽了主要赡养义务的，作为第一顺序继承人。丧偶儿媳和丧偶女婿本不在继承顺序之中，但因为他们对公婆、岳父母尽了主要赡养义务，因而法律规定他们享有继承权，而且是作为第一顺序的继承人。

（2）同一顺序继承人，继承遗产份额一般应当均等，但对被继承人尽了主要扶养义务的继承人，分配遗产时，可以多分；有扶养能力和有扶养条件的继承人，不尽扶养义务的，分配遗产时，应当不分或者少分。

（3）继承人在接受遗产的同时，必须在所继承的遗产实际价值的限度内，对被继承人依法应当缴纳的税款和债务负担清偿的责任。

（4）在有遗赠扶养协议时，只有扶养人按照扶养协议尽了扶养义务，才有权取得遗赠。

（5）遗嘱继承或遗赠附有义务的，继承人或受遗赠人应当履行义务，没有正当理由不履行义务的，经利害关系人和有关组织请求，人民法院可以取消其接受附义务部分遗产的权利。

第二节　遗产范围

一、遗产的概念和范围

（一）遗产的概念

遗产是指自然人死亡时遗留的个人合法财产。它是财产继承权的客体。

对遗产的概念要明确三点：第一，遗产是被继承人死亡时遗留的财产。没有死亡事实的发生，自然人的财产不能作为遗产。第二，遗产必须是自然人个人的合法财产。第三，遗产包括财产和财产权利。房屋、文物是财产，可属于遗产；著作权中的财产权利也可属于遗产。

（二）遗产的范围

依照《民法典》第1122条的规定，遗产是自然人死亡时遗留的个人合法财产，但是依照法律规定或者根据其性质不得继承的遗产，不得继承。按照这一规定，自然人死亡时遗留的个人合法财产，都属于遗产。但是，有两种遗产不得继承：一是依照法律规定不能继承的财产，如国有资源的使用权，自然人可以依法取得和享有，但不得作为遗产继承，继承人要从事被继承人原来从事的事业，须取得国有资源使用权的，应当重新申请并经主管部门核准，不能基于继承权而当然取得。二是根据其性质不得继承的财产，如与自然人人身不可分离的具有抚恤、救济性质的财产权利，如抚恤金、补助金、残疾补助金、救济金、最低生活保障金等，专属于自然人个人，不能作为遗产由其继承人继承。

依照《最高人民法院关于适用〈中华人民共和国民法典〉继承编的解释（一）》第2条的规定，承包人死亡时尚未取得承包收益的，可以将死者生前对承包所投入的资金和所付出的劳动及其增值和孳息，由发包单位或者接续承包合同的人合理折价、补偿。其价额作为遗产。

参考案例22-2

继承人李甲系李乙、韩某之子。1985年10月，父子分家析产，李乙和韩某分得房屋3间，李甲分得房屋3.5间，但约定其父母享有其中的1.5间房屋的所有权。李乙去世后，确定李乙的遗产为李乙和韩某分得的3间房屋的一半，以及享有产权的1.5间房屋的一半，共计遗产范围为2.25间，由李甲和韩某分割。

二、认定遗产应注意的几个问题

（一）遗产与共有财产

按照我国现实财产制度，家庭财产、夫妻财产、合伙财产都属于共有财产，当家庭成员中、夫妻关系中或合伙关系中，某位成员死亡，对其财产进行继承时，应首先把死者的个人财产份额与其他共有人的财产区分开。从共有财产中分割出来属于死者应享有的财产部分，是死者的遗产。夫妻双方在婚后所得财产，除双方约定者外，都属于夫妻共有财产，当配偶一方死亡时，只能把其中的一半作为死者的遗产，另外的一半属于在世的配偶一方所有，不能列入死者的遗产范围进行继承。

（二）遗产与承包经营的财产

被继承人生前承包经营的财产，如土地、林地、企业等，不属于遗产，不能被继承，但其承包经营的收益，则是自然人的合法收入，属于遗产。承包人死亡后，依照法律规定，如果可由继承人继续承包的，按照承包合同的有关规定办理。本章引例所述就属于这种情况。

（三）遗产与基于特定身份所享有的财产权和财产

基于特定身份所享有的财产，如革命伤残军人的抚恤金、职工因工伤致残发给的抚恤费，不属于遗产。职工因工死亡、革命军人牺牲或病故，自然人因交通事故或其他事故死亡时，国家机关按照有关法律规定，给予死者家属的抚恤金和其他生活补助费，这是国家对死者家属的关怀和帮助，不是死者的遗产。自然人的人格权如姓名权、荣誉权等，以及著作权中的署名权、发表权等，也不得作为被继承人的遗产进行继承。

死者生前参加人身保险的，当保险事故发生后，造成投保人死亡时，保险公司应按规定给付保险金。保险金能否作为遗产来继承？判断原则是：如果在保险合同中投保人已指定了受益人的，则由保险合同所指定的受益人收取保险金；如果没有指定受益人的，可以作为遗产，列入遗产范围，由死者的继承人继承。

三、继承权丧失与宽宥

（一）继承人丧失继承权及事由

继承权丧失，是指继承人因发生法律规定的事由失去继承被继承人遗产的资格，故继承权的丧失又叫继承权的剥夺。依照《民法典》第 1125 条的规定，继承人有下列行为之一的，丧失继承权：一是故意杀害被继承人；二是为争夺遗产而杀害其他继承人；三是遗弃被继承人的，或者虐待被继承人情节严重；四是伪造、篡改、隐匿或者销毁遗嘱，情节严重；五是以欺诈、胁迫手段迫使或者妨碍被继承人设立、变更或者撤回遗嘱，情节严重。

丧失继承权的后果是，继承人不得继承被继承人的遗产。

（二）被继承人的宽宥权

以法定继承权的丧失为前提，宽宥特指被继承人在情感上对继承人的故意或过失行为的谅解和宽恕，表达被继承人对继承人继承身份或资格的再次认可、肯定与承认，恢复其已丧失的继承权。在继承人丧失继承权后，只要被继承人对继承人予以宽宥，就应当恢复继承人已丧失的继承权。继承人有《民法典》第 1125 条第 1 款规定的第三项至第五项行为，确有悔改表现，被继承人表示宽恕或者事后在遗嘱中将其列为继承人的，该继承人不丧失继承权。

（三）受遗赠人丧失受遗赠权及事由

受遗赠人有《民法典》第 1125 条第 1 款规定的五种行为之一的，丧失受遗赠权。

【引例评析】

在我国，农村的土地属于集体所有，不属于农民个人所有。在继承中，继承的遗产只能是死亡的自然人在其生前个人所有的财产，不属于死者生前个人所有的财产，不发生继承的问题。在本章引例中，王某死亡之后，其子有权继承其遗产，但是，必须准确界定其生前所有的财产的范围，即确定遗产的范围。王某承包经营的水浇地是本村集体所有的土地，不是王某个人所有的财产，王某只享有承包经营权，不享有所有权。因此，当王某死亡后，原来的承包经营关系消灭，所有权人应当收回该土地，而不能作为王某的遗产由其继承人继承。

【本章小结】

1. 继承权是指自然人依法承受死者个人所遗留的合法财产的权利。
2. 遗产是指自然人死亡时遗留的个人合法财产，是继承权的客体。
3. 我国继承法的基本原则是：保护自然人合法继承权的原则，继承权男女平等原则，养老育幼、互谅互让原则，权利义务相一致原则。
4. 继承权丧失，是指继承人因发生法律规定的事由失去继承被继承人遗产的资格，故继承权的丧失又叫继承权的剥夺。
5. 宽宥特指被继承人在情感上对继承人的故意或过失行为的谅解和宽恕，表达被继承人对继承人继承身份或资格的再次认可、肯定与承认，恢复其已丧失的继承权。

【练习题】

1. 名词解释

（1）继承

（2）继承权

（3）遗产

2. 思考题

（1）继承权的概念及法律特征是什么？

（2）我国继承制度的基本原则有哪些？

（3）如何理解我国《民法典》继承编规定的权利与义务相一致原则？

（4）认定遗产范围应注意什么问题？

3. 案例分析题

焦甲、韩某系夫妻，共生育 3 个子女，即长子焦乙、长女焦丙、次女焦丁。焦甲夫妇于 2008 年购买了土瓦结构房屋 5 间。长子焦乙于 2010 年 1 月结婚，并于同年 7 月搬出分家另过。2019 年 9 月，焦甲和韩某相继去世。长女焦丙持有该房屋的产权证，主张母亲曾经说过将房屋全部交给她，因此由自己继承遗产。焦乙和焦丁否认母亲说过此话，主张平均分割遗产。

问题：

（1）本案的合法继承人有哪些人？

（2）本案的遗产范围是什么？

（3）本案的遗产应当怎样继承？

分析要点提示：

（1）本案的合法继承人有焦乙、焦丙、焦丁三人。

（2）本案的遗产范围是争议的房屋 5 间。

（3）本案的遗产应当平均分割继承，焦丙无法证明其母亲的遗嘱的真实性，因此只能按照法定继承的规则，平均继承。

在线练习

第二十三章 法定继承

【本章引例】

王某夫妻无子女，1999 年收养 10 岁的孟某。2007 年王某的妻子死亡。2014 年孟某与张某结婚后另居住在他处，但逢年过节来看望王某。此后王某的侄子王杰、王某的弟弟、王某的妹妹也与王某时有来往。2019 年王某突然病故，王某的弟弟和妹妹继承了王某的遗产。孟某和王某的侄子王杰也提出要求继承王某的遗产，王某的弟弟、妹妹认为孟某不是王某的亲生女儿，并且早已结婚离开另过，因此不能继承王某的财产，而王杰不是法定继承人。孟某和王杰起诉到法院，法院判决孟某是王某遗产的合法继承人，驳回王杰的起诉。

【本章学习目标】

通过学习本章，你应该能够：

1. 掌握法定继承的含义及特征；
2. 掌握法定继承人的范围及继承顺序；
3. 掌握代位继承与转继承的区别。

第一节 法定继承概述

一、法定继承的概念和特征

（一）法定继承的概念

法定继承是指由法律直接规定继承的范围、继承顺序以及遗产分配原则的一种继承方式。由于这种继承只是在被继承人没有遗嘱时才发生法律效力，故又称无遗嘱继承。

法定继承的主要内容是，规定哪些人可以作为死者的法定继承人，各法定继承人应按照什么样的继承顺序来继承被继承人的遗产，以及同一顺序中各个法定继承人应根据什么原则分配、分割被继承人的遗产，等等。

（二）法定继承的特征

（1）法定继承以一定的人身关系为前提，即确定法定继承人的范围、继承顺序和遗产份额的根据，是继承人与被继承人之间存在着血缘关系、婚姻关系和收养关系。

（2）对法定继承人范围、法定继承人顺序、继承份额以及遗产分配原则等，我国《民法典》都作了具体规定，属于强制性法律规范，除法律另有规定外，其他任何组织和自然人个人均无权予以改变。

二、法定继承的适用范围

我国《民法典》第 1123 条规定："继承开始后，按照法定继承办理；有遗嘱的，按照遗嘱继承或者遗赠办理；有遗赠扶养协议的，按照协议办理。"

法定继承具体适用于如下的情况：

（1）在遗产处理中，遗赠扶养协议最为优先，其次是遗嘱继承或者遗赠，最后是法定继承。被继承人生前没有立遗赠扶养协议，也没有立遗嘱的，按照法定继承办理。

（2）被继承人生前虽然立有遗嘱，但在下列情况下，遗产的有关部分要按法定继承方式继承：遗嘱继承人放弃继承或者受遗赠人放弃受遗赠的；遗嘱继承人丧失继承权、受遗赠人丧失受遗赠权的；遗嘱继承人、受遗赠人先于遗嘱人死亡的；遗嘱无效或者部分无效，其无效部分所涉及的遗产；遗嘱只处分了部分遗产，遗嘱未处分的遗产。

第二节 法定继承人的范围和继承顺序

一、法定继承人的范围

法定继承人的范围是指依法享有继承权，列入继承顺序的人的范围。我国《民法典》从实际情况出发，根据婚姻关系、血缘关系以及由此而形成的扶养关系，确定配偶、子女、父母、兄弟姐妹、祖父母、外祖父母作为法定继承人。

（一）配偶

夫妻有相互继承遗产的权利。作为死者遗产继承人的配偶，指的是在被继承人死亡时，与被继承人有合法夫妻关系的人。如果在被继承人死亡时已经离婚，则不能作为被继承人的配偶参与继承关系。

（二）子女

子女是最近的直系血亲。父母和子女有相互继承遗产的权利。我国《民法典》第 1127 条第 3 款规定："本编所称子女，包括婚生子女、非婚生子女、养子女和有扶养关系的继子女。"

1. 婚生子女

具有合法婚姻关系的男女结合所出生的子女，为婚生子女。在家庭成员中，婚生子女与父母具有最直接的血缘关系与身份关系，经济与生活关系也最密切。因此，他们享有对父母遗产的继承权。

2. 非婚生子女

没有夫妻关系的男女所出生的子女，称为非婚生子女。我国《民法典》第 1071 条第 1 款规定："非婚生子女享有与婚生子女同等的权利，任何组织或者个人不得加以危害和歧视。”这体现了我国法律所赋予自然人平等的权利能力得到有效的保障，它并不因父母的过错而影响子女的继承权。

3. 养子女

非自己所生，而是根据法律规定的条件和程序收养他人的子女做自己的子女，称为养子女。养子女与养父母是一种拟制血亲关系。养子女同亲生子女一样，有权继承养父母的遗产，他人无权干涉。

4. 继子女

继子女是指后夫后妻与前夫前妻的子女之间形成的父母子女关系。继父母子女间的权利义务关系，既不同于生父母子女关系，也不同于养父母子女关系，生父母子女之间的权利义务是无条件的，养父母子女之间的关系则要看收养关系是否存在，而继父母子女之间的权利义务关系，则要看继子女是否受到继父母的抚养教育。与继父母形成抚养教育关系的子女，既可以继承继父母的遗产，也可以继承生父母的遗产。继子女具有双重继承权，这是其与养子女在继承上的不同。当然，如果继子女与继父母没有形成抚养教育关系，继子女就不能继承继父母的遗产。

（三）父母

父母是被继承人最近的直系长辈亲属。生父母有权继承其子女的遗产，养父母有权继承其养子女的遗产，有抚养关系的继父母也有权继承其继子女的遗产。

（四）兄弟姐妹

从血缘关系上说，兄弟姐妹是被继承人最近的旁系血亲。兄弟姐妹，包括同父母的兄弟姐妹、同父异母或同母异父的兄弟姐妹、养兄弟姐妹、有抚养关系的继兄弟姐妹。兄弟姐妹之间互有继承权。

（五）祖父母和外祖父母

祖父母与孙子女、外祖父母与外孙子女，是仅次于父母子女的血缘最近的直系长辈亲属。因此，我国《民法典》把祖父母、外祖父母列入法定继承人的范围。

（六）其他

此外，还有两种人也可依法取得遗产：

（1）丧偶儿媳和丧偶女婿。丧偶儿媳和公婆之间、丧偶女婿与岳父母之间属姻亲关系，本无继承权。但是，依照我国《民法典》第 1129 条的规定，他们如果尽了主要赡养义务的，可以作为第一顺序继承人。

（2）酌分遗产请求权人。我国《民法典》第 1131 条规定：“对继承人以外的依靠被继承人扶养的人，或者继承人以外的对被继承人扶养较多的人，可以分给适当的遗产。”这样做，符合社会道德要求，有利于提倡自然人之间的团结互助和促进社会主义精神文明的建设。

二、我国法定继承人的继承顺序

继承顺序是指法律规定的各法定继承人继承遗产的先后次序。只有在没有前一顺序继承人或者前一顺序继承人都放弃或丧失继承权的情况下，才由后一顺序继承人继承。

我国《民法典》第 1127 条将继承顺序规定为两个顺序：

第一顺序：配偶、子女、父母。丧偶儿媳对公婆，丧偶女婿对岳父母，尽了主要赡养义务的，作为第一顺序继承人。

第二顺序：兄弟姐妹、祖父母、外祖父母。

参考案例 23－1

杨某无儿无女，从台湾归来，购买房屋一处，并与汪某结婚。婚后一年，杨某不幸病逝，留有遗产商品房一套、人民币 30 余万元以及其他家产。杨某只有一个哥哥，以及侄子、侄女若干人。杨某的哥哥认为弟弟的遗产不能全部都归属于汪某，便编造虚假的“继承意向书”，主张将 30 万元由自己和杨某的侄子、侄女遗嘱继承。汪某诉至法院，主张遗嘱无效。法院确认遗嘱无效，全部遗产应当由唯一的一个第一顺序的继承人即汪某继承。

第三节　代位继承和转继承

一、代位继承

（一）代位继承的概念

代位继承，是指被继承人的继承人先于被继承人死亡时，由被继承人的继承人的晚辈直系血亲代替先亡的被继承人的子女继承被继承人遗产的法定继承制度。《民法典》第 1128 条规定了两种代位继承：一是被继承人的子女的直系晚辈血亲的代位继承；二是被继承人的兄弟姐妹的子女的代位继承。在代位继承中，被继承人的子女或者兄弟姐妹为被代位继承人，承继应继份的被继承人直系晚辈血亲或者兄弟姐妹的子女为代位继承人。

应继份，是指各继承人对遗产上一切权利义务可以继承的成数或比例。

（二）代位继承的要件

代位继承的要件是：

（1）被继承人的子女或者兄弟姐妹在继承开始前已经死亡；

（2）被代位人是被继承人的子女或者兄弟姐妹等直系血亲；

（3）代位继承人必须是被代位人的直系晚辈血亲。

（三）代位继承的效力

代位继承产生的法律效力，主要为代位继承人可以继承被代位继承人的应继份，即被代位继承人有权继承的遗产份额。代位继承人的应继份应根据被代位人的应继份确定，分割遗产。

参考案例 23－2

某甲的儿子某乙于 2019 年 3 月 20 日死亡，某乙有一个女儿某丙。某甲于同年 7 月 30 日也不幸去世。某乙的弟弟某丁主张自己继承某甲的遗产，某丙认为自己可以继承父亲某乙的那一份继承份额，某丁反对。因此发生争议，诉至法院。法院认为，本案适用代位继承规则，判决某甲的遗产应当由某乙和某丁继承，某乙的继承份额由某丙代位继承。

二、转继承

转继承是指继承人在继承开始后、遗产分割之前死亡，其应继承的遗产份额转移他的合法继承人继承的制度。《民法典》第1152条规定：“继承开始后，继承人于遗产分割前死亡，并没有放弃继承的，该继承人应当继承的遗产转给其继承人，但是遗嘱另有安排的除外。”转继承实际是继承遗产权利的转移。

参考案例 23-3

钱甲死后不久，遗产尚未来得及分割，其子钱乙也不幸去世，钱乙有一个女儿钱丙。钱甲的女儿即钱乙的妹妹钱丁主张自己继承钱甲的遗产，阻止钱丙继承。双方发生争议，诉至法院。法院认为钱丙主张继承，构成转继承，钱丙为转继承人，有权继承，故判决钱乙应继承钱甲的份额转由钱丙继承。

三、转继承与代位继承的区别

代位继承与转继承相比较，具有以下不同之处：

（1）转继承与代位继承发生的根据不同。转继承的发生是基于继承人后于被继承人死亡的事实；而代位继承的发生是基于被继承人的子女先于被继承人死亡的事实。

（2）继承人的范围不同。转继承人可以是被继承人的晚辈直系血亲，也可以是被继承人的其他法定继承人；而代位继承中的代位继承人，只能是被代位继承人的晚辈直系血亲。

（3）适用的继承方式不同。代位继承只适用于法定继承；而转继承既适用于法定继承，又适用于遗嘱继承。

第四节　遗产的分配原则

当被继承人死亡时，同一顺序法定继承人为两人以上时，发生遗产分配问题。根据我国《民法典》继承编关于法定继承的规定，遗产分配时应遵守以下原则：

第一，同一顺序继承人继承的遗产份额，一般应当均等。

第二，对生活有特殊困难又缺乏劳动能力的继承人，分配遗产时，应当予以照顾。

第三，对被继承人尽了主要扶养义务或者与被继承人共同生活的继承人，分配遗产时，可以多分。

第四，有扶养能力和扶养条件的继承人，不尽扶养义务的，分配遗产时，应当不分或少分。

第五，法定继承人在分配遗产时，应当本着互谅互让、和睦团结的精神，协商处理继承问题。

对依靠被继承人扶养的或者对被继承人扶养较多的法定继承人以外的人，予以适当照顾。这种分配不具有遗产继承的性质。

【引例评析】

确定法定继承，首先必须确定法定继承人的范围和顺序，只有这样，才能够使继承依照法律的规定进行。在本章引例中，王某夫妻生前未留有遗嘱，因此应当按照法定继承进行。已经继承了遗产的王某的弟弟、妹妹，是第二顺序的继承人。孟某是王某夫妻收养的养女，虽然结婚后与养父母分居另过，但是收养关系并没有解除，因此，孟某是第一顺序的继承人。王杰是王某的侄子，不是法定继承人，无权继承。在本案的合法继承人中，分别有第一顺序的继承人和第二顺序的继承人，按照法律规定，在有第一顺序的法定继承人存在的时候，由第一顺序的法定继承人继承，第二顺序的法定继承人不继承。因此，只有孟某才是王某的合法继承人，有权继承王某的遗产，其他人都无权继承。

【本章小结】

1. 法定继承是指由法律直接规定继承的范围、继承顺序以及遗产分配原则的一种继承方式。由于这种继承只是在被继承人没有遗嘱时才发生法律效力，故又称无遗嘱继承。

2. 法定继承人的范围，是指依法享有继承权，列入继承顺序的人的范围。我国《民法典》从实际情况出发，根据婚姻关系、血缘关系以及由此而形成的扶养关系，确定配偶、子女、父母、兄弟姐妹、祖父母、外祖父母作为法定继承人。其中配偶、子女和父母为第一顺序的继承人，兄弟姐妹、祖父母、外祖父母为第二顺序的继承人。

3. 代位继承与转继承相比较，具有以下不同之处：第一，转继承与代位继承发生的根据不同。第二，继承人的范围不同。第三，适用的继承方式不同。

【练习题】

1. 名词解释

（1）法定继承

（2）代位继承

（3）转继承

2. 思考题

（1）什么是法定继承？它的适用范围是什么？

（2）我国《民法典》继承编关于法定继承人的范围及继承顺序是怎样规定的？

（3）什么是代位继承？代位继承与转继承的区别是什么？

（4）法定继承中遗产应以什么原则进行分配？

3. 案例分析题

被继承人陈次屏与妻子杨树嫒共生育子女 3 人：陈天芬、陈天俊、陈天芳。长女陈天芬与丈夫杨万杰生育子女 5 人：杨世光、杨世辉、杨世跃、杨世照、杨世炎。陈天芬于 2004 年 3 月 8 日去世。长子陈天俊与妻子赵灿君生育子女 3 人：陈建行、陈建功、陈路弥，并收养一女陈路茜。陈天俊于 1998 年 1 月去世。三女陈天芳仍然健在。被继承人陈次屏于 2003 年 9 月 7 日病故，其妻杨树嫒于 2003 年 10 月 6 日病故。被继承人杨树嫒去世后未分割遗产。陈次屏去世后，留下的遗产有：人民币 10 000 元、黄金 10 两、家具（估价 10 000 元）及古瓷器 5 件。上述遗产由陈天芳保管并声称由其独自一人继承，故杨世光、杨世辉向法院起诉要求分割遗产。在审理过程中，法院依法追加了其他原告：杨世跃、杨世照、杨世炎、陈建行、陈建功、陈路弥、陈路茜参加诉讼。

问题：

（1）本案原告和追加原告是否有继承权？

（2）陈天芬的 5 名子女请求继承，基于何种继承规则？

（3）陈天俊的 4 名子女请求继承，基于何种继承规则？

分析要点提示：

（1）本案的 9 名原告均不属于继承人范围，没有继承权，只有通过他们的母亲或者父亲取得的代位继承权或者转继承权。

（2）陈天芬的 5 名子女的继承，应当适用转继承规则。

（3）陈天俊的 4 名子女的继承，应当适用代位继承规则。

在线练习

第二十四章　遗嘱继承和遗赠

【本章引例】

刘某因病全身瘫痪，生活不能自理。开始只有其女儿常来照料，两个儿子对其不管不问。刘某一气之下，经公证机关立下遗嘱，将其全部财产给了女儿。后来两个儿子在朋友的劝说下，主动向刘某赔礼道歉，并争相去服侍他。刘某随后又立了一份自书遗嘱，将其财产分别给予三个孩子。刘某死后，三个孩子对如何分割财产发生了纠纷，并诉讼到法院。

【本章学习目标】

通过学习本章，你应该能够：

1. 掌握遗嘱的有效要件；
2. 掌握遗赠的两种形式；
3. 了解遗嘱继承与遗赠的区别；
4. 了解遗赠扶养协议的法律特征。

第一节　遗嘱继承

一、遗嘱继承的概念和特征

（一）遗嘱继承的概念

遗嘱继承是指继承人按照被继承人生前所立的合法有效的遗嘱进行继承的一种继承制度。在遗嘱继承中，订立遗嘱的人为遗嘱人，遗嘱指定的继承遗产的人为遗嘱继承人。由于在遗嘱中遗嘱人可以指定其继承人及继承遗产的种类、数额等，故遗嘱继承又称为“指定继承”。

我国《民法典》第1133条第1款和第2款规定：“自然人可以依照本法规定立遗嘱处分个人财产，并可以指定遗嘱执行人。自然人可以立遗嘱将个人财产指定由法定继承人中的一人或者数人继承。”这是我国关于遗嘱继承的法律依据。

（二）遗嘱继承的法律特征

（1）遗嘱是被继承人的一种单方法律行为。由于遗嘱直接表示了被继承人的最终意愿，所以遗嘱继承在适用上优先于法定继承。

（2）遗嘱继承的开始，必须有被继承人生前立有有效遗嘱和立遗嘱人死亡两个法律事实构成。这两个法律事实，缺少任何一个都不发生遗嘱继承。例如，所立遗嘱无效或依法被撤销，就不得发生遗嘱继承；或者所立遗嘱有效，但立遗嘱人未死亡，也不得实行遗嘱继承。

（3）遗嘱继承人和法定继承人的范围相同，但遗嘱继承不受法定继承顺序和应继份额的限制。被继承人可以把自己的遗产留给法定继承人中的任何人，还可以按照自己的意思确定给继承人的遗产数额。

二、遗嘱的有效要件

遗嘱继承是根据遗嘱人的个人意志所立的意愿执行的。因此，遗嘱是否有效，有效的遗嘱应具备哪些条件，就成为遗嘱继承首先要解决的问题。遗嘱的有效条件分为形式要件和实质要件。只有这两个要件都具备的遗嘱，才是有效的遗嘱。

（一）遗嘱的形式要件

遗嘱的形式，是指遗嘱人依法进行意思表示，处分遗产的方式。我国《民法典》规定，遗嘱形式包括自书遗嘱、代书遗嘱、打印遗嘱、录音录像遗嘱、口头遗嘱、公证遗嘱六种。现实生活中还有密封遗嘱。

1. 自书遗嘱

自书遗嘱是指由立遗嘱人亲笔书写并签名的遗嘱。自书遗嘱必须符合下列要求：(1) 由遗嘱人亲笔书写遗嘱全文；(2) 由遗嘱人亲笔签名并注明年、月、日。依照《最高人民法院关于适用〈中华人民共和国民法典〉继承编的解释（一）》第 27 条的规定，自然人在遗书中涉及死后个人财产处分的内容，确为死者的真实意思表示，有本人签名并注明了年、月、日，又无相反证据的，可以按自书遗嘱对待。

2. 代书遗嘱

代书遗嘱是指立遗嘱人不能书写或者书写确有困难时，由无利害关系人或者律师代为书写的遗嘱。代书遗嘱必须符合下列要求：(1) 由遗嘱人指定两个以上见证人在场见证；(2) 由见证人中的一人根据遗嘱人授意写成书面遗嘱，由代书人向遗嘱人宣读，经遗嘱人认定无误后，由代书人、其他见证人和遗嘱人签名，注明年、月、日。

3. 打印遗嘱

打印遗嘱是指遗嘱人通过电脑制作，用打印机打印出来的遗嘱。在电脑应用普及之后，已经很少有人用笔写作，通过电脑写作和打印，已经是书写的常态。制作遗嘱是用电脑写作，之后用打印机打印出来，形成打印遗嘱。打印遗嘱应当有两个以上见证人在场见证。遗嘱人和见证人应当在遗嘱每一页签名，注明年、月、日。

4. 录音录像遗嘱

录音录像遗嘱是指立遗嘱人通过录音和录像进行意思表示，处分自己遗产的形式。录音录像遗嘱须有两个以上见证人在场见证，方能具有法律效力。遗嘱人和见证人应当在录音录像中记录其姓名或者肖像，以及年、月、日。

5. 口头遗嘱

口头遗嘱是指遗嘱人在生命处于危急的情况下，用口头表示遗嘱内容的形式。口头遗嘱必须符合下列条件：(1) 立遗嘱人只有在危急情况下才能采用口头遗嘱的形式；(2) 应当有两个以上见证人在场见证；（3）危急情况解除后，立遗嘱人能够采用其他遗嘱形式设立遗嘱时，原先所立口头遗嘱无效。

6. 公证遗嘱

公证遗嘱是指由遗嘱人亲自申请，经公证机构证明的遗嘱。对于公证遗嘱，遗嘱人必须亲自到公证机构或者请公证人员到场办理遗嘱公证，不得委托他人代理。同时，立遗嘱人应在自己所立的遗嘱上签名，并注明年、月、日。

7. 密封遗嘱

密封遗嘱是指遗嘱人秘密作成，加密封后，于见证人前，提经公证人证明的遗嘱。密封遗嘱兼有自书遗嘱和公证遗嘱之长。如果遗嘱人既希望于其生前保守遗嘱内容的秘密，又希望遗嘱具有强有力的证明力，或其不愿自书遗嘱全文，又不愿见证人知悉其遗嘱内容，就可以利用密封遗嘱实现其愿望。[①] 这是密封遗嘱存在的必要性。

为了确保遗嘱的真实性，我国《民法典》第1140条规定，下列人员不能作为遗嘱见证人：（1）无民事行为能力人、限制民事行为能力人以及其他不具有见证能力的人；（2）继承人、受遗赠人；（3）与继承人、受遗赠人有利害关系的人。

（二）遗嘱的实质要件

1. 立遗嘱人必须具有民事行为能力

立遗嘱是一种民事法律行为，民事法律行为以意思表示真实为要素，立遗嘱人必须具有完全的民事行为能力，才能够真实地表达自己的意思，即必须具有遗嘱能力。无行为能力人或者限制行为能力人所立的遗嘱无效。无民事行为能力人和限制民事行为能力人所立的遗嘱，即使其本人后来有了民事行为能力，当时所立遗嘱仍属无效。遗嘱人立遗嘱时有民事行为能力，后来丧失了民事行为能力，其所立遗嘱的效力不受影响。无民事行为能力人或者限制民事行为能力人自己不能立遗嘱，其他任何人包括他们的监护人也不能代他们立遗嘱。无民事行为能力人或者限制民事行为能力人死后所留个人财产，实行法定继承。

2. 遗嘱必须是遗嘱人的真实意思表示

受胁迫、欺骗所立的遗嘱无效；伪造的遗嘱无效；遗嘱被篡改的，篡改的内容无效。

3. 遗嘱内容必须合法

遗嘱内容不得违反法律，不得损害国家和集体的利益。

4. 遗嘱应当为某些继承人保留遗产份额

遗嘱应当为缺乏劳动能力又没有生活来源的继承人保留必要的遗产份额。遗嘱不得处分属于国家、集体和他人所有的财产。

参考案例24-1

陈丙之父陈甲于1999年收养陈乙。2001年陈甲病重期间，考虑到陈丙性格暴躁，害怕自己去世后陈乙不能分得遗产，于是指定两位邻居在场见证，口述并由其中一位邻居张丁代笔写下遗嘱一份："陈乙自幼无父母，由我抚养大，并于1999年正式办理收养手续，考虑到她将来无依靠，并遵照其养母（已于2000年死亡）生前嘱托一定要好好照

① 林秀雄．继承法讲义．台北：元照出版公司，2006：230.

顾她，故我将从我的遗产中支付人民币陆仟元整给她，并送给她红木家具一套。此事由我本人做主，他人无权干涉。”遗嘱后部陈甲注明：“以上属实，因本人写字不便，由我口述，张丁代笔。”并签上陈甲的名字，加盖印章，注明日期。两名见证人都签了名。后经司法鉴定，遗嘱后部确为陈甲所写，签名、印章属实。2002 年 2 月，陈甲病故。清理遗产共有：人民币存款 12 000 元整，红木家具一套、彩电一台、冰箱一台、钢琴一架。在遗产分割时，陈丙以陈乙不是陈甲亲生女儿为由，拒绝陈乙参与分配遗产。后陈乙出示遗嘱，并经居委会调解，陈丙认可遗嘱，同意让陈乙取走遗嘱中所载明的部分遗产。但陈乙坚持认为自己不仅可以取得遗嘱中的财产，还应参与分配遗嘱中未处分的遗产。陈丙坚决不答应。陈乙起诉到法院，要求：(1) 执行遗嘱；(2) 对遗嘱未处分的遗产享有 1/2 的继承权。法院支持了陈乙的诉讼请求。

三、遗嘱的变更、撤回和执行

遗嘱是立遗嘱人关于处分个人遗产的民事法律行为，它可以根据立遗嘱人的真实意思订立，也可以根据其真实意思变更和撤回。

（一）遗嘱的变更

遗嘱的变更是指遗嘱人依法改变原先所立遗嘱的部分内容。遗嘱人变更自书遗嘱、代书遗嘱、打印遗嘱、录音录像遗嘱、口头遗嘱的部分内容，可以另立遗嘱进行。遗嘱人变更公证遗嘱，须经公证程序，否则不发生变更的效力。

（二）遗嘱的撤回

遗嘱的撤回是指遗嘱人取消原先所立遗嘱的全部内容。遗嘱人既可用声明原遗嘱无效的方式撤回原遗嘱，也可用立新遗嘱的方式撤回原遗嘱。

遗嘱人立有数份遗嘱，内容相抵触的，以最后的遗嘱为准。遗嘱人以不同形式立有数份内容相抵触的遗嘱，以最后所立的遗嘱为准。

遗嘱人生前的行为与遗嘱的意思表示相反，而使遗嘱处分的财产在继承开始前灭失、部分灭失或所有权转移、部分转移的，遗嘱视为被撤回或部分被撤回。

（三）遗嘱的执行

遗嘱的执行是指遗嘱执行人按照遗嘱人生前的愿望，实现遗嘱内容的行为。遗嘱一般由遗嘱中指定的遗嘱执行人执行。如果遗嘱人没有指定执行人，则依法由各继承人以平等的地位参与遗嘱的执行。遗嘱执行人应当按遗嘱的内容处理遗嘱人的遗产。

遗嘱执行人必须具有执行能力。遗嘱继承人如果不同意遗嘱执行人对遗产的处理意见，可以提出异议，也可以向人民法院提起诉讼，要求取消遗嘱执行人。

第二节　遗赠

一、遗赠的概念

遗赠是指遗嘱人用遗嘱的方式将其个人财产的一部分或全部，于死后赠给国家、集体或法定继承人以外的人的一种法律制度。立遗嘱将其财产进行遗赠的人，称为遗赠人；接受遗赠的人，称为受遗赠人。

遗赠是遗赠人死亡后生效的单方法律行为，设立遗嘱时无须征得受遗赠人的同意。受遗赠人可以接受遗赠，也可以不接受遗赠。如果受遗赠人先于遗赠人死亡，则遗赠无效。

遗赠分为两种形式：一种是概括遗赠，是指以遗产的全部或者一部分作为遗赠标的的遗赠。这种遗赠的受遗赠人的权利义务与遗嘱继承人相同。另一种是特定继承，是指以某项特定的财产作为标的的遗赠。这种遗赠的效力只是及于遗嘱指定的财产。

参考案例 24－2

蒋某与黄某于 1963 年结婚，婚后感情不和而分居。1996 年，黄某认识了张某，并与张某同居。2001 年 4 月 22 日，黄某患肝癌去世。在办丧事时，张某当众拿出黄某生前的遗嘱，称她与黄某是朋友，黄某对其财产作出了明确的处理，其中一部分指定由蒋某继承，另一部分总价值约 6 万元的遗产遗赠给她，此遗嘱经公证机关于 4 月 20 日公证。遗嘱生效后，蒋某控制了全部遗产。张某认为，蒋某的行为侵害了她的合法权益，按我国有关法律规定，她有权获得黄某遗赠的财产。张某请求法院判令蒋某给付其财产 6 万元。

这个案例是极有争议的，法院判决认为黄某的遗嘱因违反公序良俗而无效，但是多数学者主张该遗赠有效。

二、遗赠与遗嘱继承的异同

遗嘱继承与遗赠，都是自然人用遗嘱处分遗产的单方法律行为，都是遗产所有权转移的方式，遗产都是在遗嘱人死亡时开始转移。但两者也存在下述区别。

（一）主体范围不同

遗嘱继承人只能是法定继承人中的一人或数人，限于自然人；而受遗赠人则是国家、集体或法定继承人以外的人，既不限于自然人，又不限于法定继承人范围以内的人。

（二）主体所承担的义务不同

遗嘱继承人有权继承遗产，同时应当负责清偿被继承人生前所欠的债务；而受遗赠人享有接受遗赠的权利，但一般不承担被继承人生前所欠的债务。不过，受遗赠人必须在遗赠人的债务清偿后，才能接受遗赠人的财产。如果遗赠人的遗产不足以清偿债务，则受遗赠人不得接受遗赠。

（三）取得遗产的方式不同

遗嘱继承人直接参与遗产分配，直接从遗嘱人那里取得财产；受遗赠人不直接参与遗产分配，不直接从遗嘱人那里取得遗产，受遗赠人从遗嘱执行人或法定继承人那里取得遗产。

（四）作出接受表示的要求不同

遗嘱继承人必须在遗产处理前以书面形式作出放弃继承的表示，不表示放弃的，视为接受；而受遗赠人应在知道受遗赠后 60 日内作出接受的表示，到期没有表示接受的，视为放弃受遗赠。

第三节 遗赠扶养协议

一、遗赠扶养协议的概念和法律特征

（一）遗赠扶养协议的概念

遗赠扶养协议是指自然人与继承人以外的个人或者组织订立的有关扶养人或集体所有制组织承担该自然人生养死葬的义务、享有受遗赠的权利的协议。遗赠扶养协议制度是我国民法确立的一项法律制度。

（二）遗赠扶养协议的法律特征

1. 遗赠扶养协议是双方法律行为

缔约双方必须在意思表示一致的基础上签订协议，双方主体必须是具有完全的民事行为能力人。

2. 遗赠扶养协议是双务合同

遗赠扶养协议既要约定遗赠人的权利和义务，又要约定扶养人的权利和义务，双方当事人之间互为权利义务关系。扶养人负有对受扶养人生养死葬的义务，享有接受受扶养人遗赠财产的权利；受扶养人享有接受扶养的权利，负有将其遗产遗赠给扶养人的义务。

3. 遗赠扶养协议自签订时起具有法律效力

虽然遗赠扶养协议一经签订即具有法律约束力，但协议约定的遗赠财产转移，要到遗赠人死亡时才实现。因此，遗赠人对遗赠的财产应妥为保管，不得毁损和破坏遗赠的财产，遗赠人除对遗赠中指定的财产享有占有、使用、收益等权利外，不再享有处分权。遗赠人不得将遗赠的财产出卖或赠与他人，也不得另立遗嘱处分，其法定继承人也无权继承。

4. 遗赠扶养协议在适用上具有优先性

继承开始时，按照法定继承办理；有遗嘱的，按照遗嘱继承或者遗赠办理；有遗赠扶养协议的，按照协议办理。遗嘱与遗赠扶养协议内容相抵触的，遗嘱无效。

5. 遗赠扶养协议是一种要式法律行为

遗赠扶养协议应采用书面形式，并且最好约定办理公证手续，以便于执行。

参考案例 24-3

某甲和某乙都是孤寡老人，共同居住在一套有三间房的城镇住房。某甲的外甥女某丙主动帮助两位老人，两位老人很受感动，便与某丙签订了遗赠扶养协议：两位老人生前由某丙扶养，老人将三间住房赠与某丙。于是两位老人将其三间房屋过户为某丙所有，某丙将老人迁出该房，将房屋翻盖成二层楼房开饭店，从此不再过问老人的生活，使老人流离失所。两位老人起诉，法院判决双方签订的协议为附条件的赠与合同，房屋归某丙所有。老人不服。在检察机关监督下，法院依法改判，确认协议性质为遗赠扶养协议，房屋所有权不应当转移，故房屋归两位老人所有。

二、遗赠扶养协议中途反悔的法律后果

遗赠扶养协议的执行期限一般较长，在这期间如因一方反悔而使协议解除，发生两种

法律后果：一是扶养人无正当理由不履行协议规定的义务，导致协议解除的，不能享受遗赠的权利，其已支付的供养费用，一般也不予补偿。二是受扶养人无正当理由不履行协议，致使协议解除的，则应适当偿还扶养人已支付的供养费用。

三、遗赠扶养协议与遗赠的区别

遗赠扶养协议与遗赠，都是财产所有人对自己的财产在生前作出处分，在死后实现财产所有权转移的行为，但是两者有以下区别：

（1）遗赠扶养协议是双方法律行为，而遗赠是单方法律行为。遗赠扶养协议采用合同形式，而遗赠的意思表示采用遗嘱形式。

（2）遗赠扶养协议是死后生效行为与生前生效行为的结合，而遗赠属于死后生效的行为。

（3）遗赠扶养协议中的扶养人必须是完全民事行为能力人或组织，而遗赠中的受遗赠人可以是有民事行为能力的人，也可以是无民事行为能力人或限制民事行为能力人。

（4）遗赠扶养协议属于有偿的行为，而遗赠是无偿的行为。

【引例评析】

在本章引例中，刘某共立有两份遗嘱，其中前一份为公证遗嘱，后一份为自书遗嘱。这两份遗嘱都是刘某的真实意思表示。按照关于遗嘱变更、撤销的规定，遗嘱人立有数份遗嘱，内容相抵触的，以最后的遗嘱为准；公证遗嘱不具有优先效力。刘某先立一份将财产全部给女儿的公证遗嘱，后又立一份将财产给三个孩子的自书遗嘱。两份遗嘱均是刘某的真实意思表示，具备遗嘱合法有效要件。但两份遗嘱在内容上相互抵触，故应以后一份自书遗嘱为准。

【本章小结】

1. 遗嘱继承是指继承人按照被继承人生前所立的合法有效的遗嘱进行继承的一种继承制度。在遗嘱继承中，订立遗嘱的人为遗嘱人，遗嘱指定的继承遗产的人为遗嘱继承人。

2. 遗赠是指遗嘱人用遗嘱的方式将其个人财产的一部分或全部，于死后赠给国家、集体或法定继承人以外的人的法律制度。立遗嘱将其财产进行遗赠的人，叫遗赠人；接受遗赠的人，称受遗赠人。

3. 遗赠扶养协议是指自然人与扶养人或集体所有制组织订立的有关扶养人或集体所有制组织承担该自然人生养死葬的义务、享有受遗赠的权利的协议。遗赠扶养协议制度是我国民法确立的一项法律制度。

【练习题】

1. 名词解释

（1）遗嘱继承

（2）遗赠

（3）遗赠扶养协议

2. 思考题

（1）遗嘱继承的含义及法律特征是什么？

（2）遗嘱的有效要件是什么？

（3）我国《民法典》继承编对遗嘱的形式是如何规定的？

（4）遗嘱继承与遗赠的区别是什么？

（5）遗赠扶养协议有哪些法律特征？

3. 案例分析题

刘某年仅6岁时父母去世，无人抚养。经有关人士介绍，刘某某、方某某夫妇收养了刘某。刘某上学后，经常逃学，每次被养父严厉批评，便离家出走，夜不归宿。刘某某因病去世后，刘某更加放肆，恶习不改。方某某患高血压入院治疗，刘某不闻不问。邻居孙某某多方照顾方某某，直至去世。方某某去世前立下遗嘱，将其银行存款2万元赠给孙某某，余下遗产现金7 000元、金戒指3枚、家具1套及房屋2间留给刘某。孙某某依据遗嘱要求分得存款2万元，刘某不允，孙某某遂起诉到法院。

问题：

（1）方某某的遗嘱是否有效？

（2）孙某某是否有权取得遗嘱指定的遗产所有权？

（3）本案的性质是遗赠还是遗赠扶养协议？

分析要点提示：

（1）方某某的遗嘱具备遗嘱有效的形式要件和实质要件，是有效的遗嘱。

（2）方某某的遗嘱有效，孙某某有权取得遗嘱指定的遗产所有权。

（3）本案的性质是遗赠，不是遗赠扶养协议。因为遗赠是单方行为，而遗赠扶养协议是双方行为。

在线练习

第二十五章　遗产的处理

【本章引例】

甲早年丧妻，有四子均早已成家并各有子女，他们都与甲分家另过。一日，甲同长子乙乘车外出，因车祸双亡。甲遗有一笔财产共8万元。对此遗产应如何继承，继承人之间产生争议并诉至法院。法院判决甲的四个子女每人2万元。长子乙应继承的份额转归乙的继承人，即乙的配偶和子女继承。

【本章学习目标】

通过学习本章，你应该能够：

1. 掌握继承开始的时间及其法律意义；
2. 掌握继承权的接受和放弃；
3. 掌握遗产分割；
4. 掌握被继承人的债务的清偿。

第一节　继承的开始

一、继承开始的时间

继承是从被继承人死亡时开始。被继承人死亡的时间，就是继承开始的时间，即继承发生效力的时间。

继承开始的时间，在法律上的意义是：

（1）继承开始的时间是继承权从期待权变为既得权的时间界限。继承开始，继承人的继承期待权即变为继承既得权。

（2）继承开始的时间是具体确定遗产内容的时间界限。继承开始前已处分的财产不能作为遗产；继承开始后增加的财产，如活着的夫妻一方的收入，也不能作为遗产。

（3）继承开始的时间是确定继承人范围的时间界限。继承开始前已死亡的继承人不能继承；被继承人的子女在继承开始前死亡的，可发生代位继承；继承人在继承开始后相继死亡的，会发生转继承问题；继承开始前受孕的胎儿活着出生的，有取得遗产的权利；等等。

（4）继承开始的时间是确定遗嘱是否有执行效力的时间界限。继承开始，有效的遗嘱即发生效力。

（5）继承开始的时间是确定保护继承权诉讼时效期间的起算点。继承权的诉讼时效期间为 20 年，从继承开始的时间起，开始计算诉讼时效。

这里要注意继承开始的时间与遗产分割的时间不同。继承开始的时间，是被继承人死亡的时间；遗产分割的时间，是各继承人实际取得遗产的时间。两者不得相混。

二、死亡时间推定

相互有继承关系的数人在同一事件中死亡，难以确定死亡时间的，推定没有其他继承人的人先死亡。都有其他继承人，辈分不同的，推定长辈先死亡；辈分相同的，推定同时死亡，相互不发生继承。

第二节 继承权的接受和放弃

一、继承权的接受和放弃的概念

接受继承，是指继承人同意接受被继承人的遗产。接受遗产的意思表示的方式，可以明示，也可以默示。接受继承是单方法律行为，不需要其他人有相应的意思表示即发生法律效力。

继承权的放弃，是指继承人表示不接受被继承人的遗产。放弃继承遗产的意思表示的方式，只能明示，并且要在遗产分割之前作出。遗产分割后表示放弃的不是继承权，而是所有权。

二、继承权的接受和放弃的确定

继承开始后，继承人放弃继承的，应当在遗产处理前，以书面形式作出放弃继承的表示；没有表示的，视为接受继承。

第三节 遗产分割和被继承人债务的清偿

一、遗产管理人

遗产管理人是继承开始后，受委托管理遗产的人。通常由遗嘱执行人作为遗产管理人；没有遗嘱执行人的，继承人应当及时推选遗产管理人。

对遗产管理人的确定有争议的，利害关系人可以向人民法院申请指定遗产管理人。

遗产管理人的职责是：（1）清理遗产并制作遗产清单；（2）向继承人报告遗产情况；（3）采取必要措施防止遗产毁损、灭失；（4）处理被继承人的债权债务；（5）按照遗嘱或者依照法律规定分割遗产；（6）实施与管理遗产有关的其他必要行为。

遗产管理人应当依法履行职责，因故意或者重大过失造成继承人、受遗赠人、债权人损害的，应当承担民事责任。

遗产管理人可以进行有偿服务，依照法律规定或者按照约定获得报酬。遗产管理人的报酬应当在遗产中支付，享有优先权。

二、遗产分割

遗产分割是指将各继承人应继承的份额从遗产中分出的行为。分割遗产时应注意下述几点。

（一）先析产后继承

夫妻在婚姻关系存续期间所得的财产为夫妻共有财产，除有约定的以外，夫妻一方死亡，继承开始后，应当先将夫妻共有财产的一半分出为其配偶所有，其余的部分作为被继承人的遗产，实行遗产分割。被继承人的财产在家庭共有财产之中的，应当先将他人的财产分出，其余的是被继承人的遗产。

（二）保留胎儿的继承份额

分割遗产时，应当保留胎儿的继承份额。胎儿娩出时是死体的，保留的份额按法定继承办理。

（三）不损害遗产的效用

遗产分割应当有利于生产和生活需要，不损害遗产的效用。不宜分割的遗产，可以采取折价、适当补偿或者共有等方法处理。

参考案例 25-1

张某与周某结婚后不久，在出差中遇车祸死亡。张某的父母主张张某出资购买的100万元的房屋为婚前财产，应当归其所有。周某主张该房产为张某的遗产，应当按份额继承。张某的父母主张分三份，周某主张分四份，因为自己已经怀孕。双方产生争议，诉至法院，法院支持周某的诉讼请求。

三、被继承人的债务的清偿

（一）限定清偿原则

我国《民法典》规定，继承遗产实行限定继承原则，继承人应清偿被继承人依法应当缴纳的税款和债务，但是，缴纳税款和清偿债务以他的遗产实际价值为限。超过遗产实际价值部分，继承人自愿偿还的，不在此限。继承人放弃继承，对被继承人依法应当缴纳的税款和债务，可以不负清偿责任。执行遗赠，不得妨碍清偿遗赠人依法应当缴纳的税款和债务。

（二）清偿债务应当注意的问题

(1) 应当把被继承人的债务与家庭的共同债务区分开，不能把家庭共同债务作为被继承人个人债务，完全用被继承人的遗产偿还。

(2) 遗产不足清偿债务时，应为缺乏劳动能力又无生活来源的继承人保留适当的遗产份额。

（3）遗产已被分割而未清偿债务时，先由法定继承人用其所得遗产清偿债务，不足清偿时，剩余的债务由遗嘱继承人和受遗赠人用所得遗产按比例偿还。

第四节　无人继承又无人受遗赠的遗产处理

一、无人继承又无人受遗赠的遗产

无人继承又无人受遗赠的遗产，也叫继承人旷缺，是指被继承人死亡时，没有法定继承人，又无遗嘱继承人和受遗赠人，或者其全部继承人都表示放弃继承，受遗赠人表示不接受遗赠，死者的遗产即属无人继承又无人受遗赠的遗产。

形成无人继承又无人受遗赠的遗产的原因包括：一是没有法定继承人、遗嘱继承人和受遗赠人；二是法定继承人、遗嘱继承人放弃继承，受遗赠人放弃受遗赠；三是法定继承人、遗嘱继承人丧失继承权，受遗赠人丧失受遗赠权。

二、无人继承又无人受遗赠的遗产处理办法

由于无人继承又无人受遗赠，被继承人的遗产无人承受，因此应当归国家所有，用于公益事业；如果死者生前是集体所有制组织成员的，则归所在集体所有制组织所有。

依照《最高人民法院关于适用〈中华人民共和国民法典〉继承编的解释（一）》第41条的规定，遗产因无人继承又无人受遗赠归国家或者集体所有制组织所有时，按照《民法典》第1131条规定可以分给适当遗产的人提出取得遗产的诉讼请求，人民法院应当视情况适当分给遗产。

【引例评析】

在本章引例中，甲与乙在同一事件中死亡。我国法律规定，相互有继承关系的几个人在同一事件中死亡，又不能确定死亡的先后时间的，一般是推定没有继承人的人先死亡；如几个死亡人辈分不同，推定长辈先死亡；如几个死亡人辈分相同，推定同时死亡，彼此不发生继承，由他们各自的继承人分别继承。甲是长辈尊亲属，推定其先死亡，因而，四名子女均有继承权。继承开始以后，四名子女同时开始继承，由于乙已经死亡，故乙应继承的份额由乙的配偶和子女转继承。

【本章小结】

1. 继承是从被继承人死亡时开始。被继承人死亡的时间，就是继承开始的时间，即继承发生效力的时间。

2. 接受继承是指继承人同意接受被继承人的遗产。接受遗产的意思表示的方式，可以明示，也可以默示。接受继承是单方法律行为，不需要其他人有相应的意思表示即发生法律效力。继承权的放弃，是指继承人表示不接受被继承人的遗产。放弃继承遗产的意思表示的方式，只能明示，并且要在遗产分割之前作出。遗产分割后表示放弃的不是继承权，而是所有权。

3. 无人继承又无人受遗赠的遗产，应当归国家所有，用于公益事业；死者生前是集体所有制组织成员的，则归所在集体所有制组织所有。

【练习题】

1. 名词解释

（1）继承开始的时间

（2）继承权的接受和放弃

（3）死亡时间推定

2. 思考题

（1）什么是继承权的接受和放弃？

（2）被继承人的债务怎样清偿？

3. 案例分析题

吴甲之父与吴甲之母吴杨氏于 1960 年结婚，1961 年生育吴甲，同年修建房屋两间。2002 年 3 月 10 日，吴父去世，吴杨氏由吴甲赡养。2004 年 5 月 3 日，吴杨氏经他人介绍将该两间房屋出卖给张某。吴甲得知后极力反对，但吴杨氏不顾吴甲反对而接受了张某的价款 10 万元，并将房契等产权证书交给了张某。吴甲认为自己也是房屋产权人之一，在没有征得自己同意的情况下，房屋买卖无效，故诉请人民法院依法宣告吴杨氏与张某的房屋买卖合同无效。

问题：

（1）吴父去世后，其遗产应当怎样继承？

（2）吴父去世后至吴杨氏出卖房屋之前，遗产是何种状态？

（3）该房屋买卖合同是否有效？

分析要点提示：

（1）吴父去世之后，吴甲没有放弃继承权的意思表示，应当视为接受遗产。

（2）吴父去世之后至该房屋出卖之前，该房屋处于共同财产状态，其中既有吴杨氏的个人财产，也有吴甲和母亲的共同继承财产。吴杨氏的个人财产为一间，共同财产为一间。

（3）共同继承财产为共有财产，共有财产的共有人之一明确反对出让共有的房屋，其处分行为无效，因此本案的房屋买卖行为无效。

在线练习

民法（第八版）

第七编

侵权责任

第二十六章　侵权行为和侵权责任

【本章引例】

某日下午，陈某在关窗时，因其居住的西宁纸箱厂家属住宅楼玻璃安装质量有问题，致使玻璃脱落，玻璃碎片插入正在楼下打乒乓球的唐某头上，造成唐某开放性颅脑损伤，脑水肿，急性脑膨出，术后继发癫痫，需继续治疗。治疗期间的医疗费共计 6 621.99 元，误工损失 723.90 元。唐某向法院起诉，要求陈某和西宁纸箱厂赔偿其医疗费、护理费、精神损害赔偿费及今后的治疗费、生活费。

【本章学习目标】

通过学习本章，你应该能够：

1. 掌握侵权行为的概念和特征；
2. 掌握侵权责任法的概念和调整功能；
3. 掌握侵权行为责任的归责原则。

第一节　侵权行为与侵权责任法

一、侵权行为

（一）侵权行为的概念和特征

《民法典》第 1165 条规定："行为人因过错侵害他人民事权益造成损害的，应当承担侵权责任。依照法律规定推定行为人有过错，其不能证明自己没有过错的，应当承担侵权责任。"第 1166 条规定："行为人造成他人民事权益损害，不论行为人有无过错，法律规定应当承担侵权责任的，依照其规定。"这两个条文是界定侵权行为的依据。

侵权行为是指行为人由于过错，或者在法律特别规定的场合不论有无过错，违反法律规定的义务，以作为或不作为的方式，侵害他人人身权利和财产权利，依法应当承担损害赔偿等法律后果的行为。

侵权行为的特征是：

（1）侵权行为是一种违法行为。违法是侵权行为的基本性质，只有行为违法才能成为侵权行为的基础。

（2）侵权行为是一种有过错的行为，只在法律有特别规定的情况下，才不论行为人是否有过错，不要求具备过错要件。

（3）侵权行为是包括作为和不作为两种方式的违法行为。侵权行为必须是一种客观的行为，可以是作为的方式，也可以是不作为的方式，其具体方式的形成根源，在于法律赋予行为人法定义务的形式。

（4）侵权行为以承担损害赔偿为主要民事责任方式。

参考案例 26－1

邹某与他人发生合同纠纷，经法院调解后，达成协议，但邹某拒不执行。由于村委会协助法院对邹某强制执行，他酒后闯入村委会办公室，砸坏扩音器、验钞机、电话机等物品。村委会要追究邹某的刑事责任，最后以侵权行为起诉，追究其侵权责任。法院判决邹某赔偿村委会的损失。

（二）侵权责任保护的范围

《民法典》第 1164 条规定："本编调整因侵害民事权益产生的民事关系。"这一规定界定了我国侵权责任保护的范围，是所有的民事权益。《民法典》总则编"民事权利"一章规定的人格权、身份权、物权、债权、知识产权、继承权、股权和其他投资型权利，侵权责任都予以保护；其他人格利益、胎儿的人格利益、死者的人格利益、其他身份利益、其他财产利益，侵权责任也都予以保护。

二、侵权责任法

（一）侵权责任法的概念和特征

侵权责任法是有关侵权行为的定义和种类以及对侵权行为如何制裁、对侵权损害后果如何补救的民事法律规范的总称。狭义的侵权责任法是指《民法典》侵权责任编，广义的侵权责任法是指所有规定侵权责任的法律。

（二）侵权责任法的调整功能

侵权责任法的调整功能是指通过侵权责任法的适用所应达到的目的。侵权责任法有三种功能。

1. 补偿功能

侵权责任法中的补偿，就是对侵权行为的受害人填补损害，即在侵权行为人实施侵权行为，并造成受害人的实际损害以后，须向受害人支付赔偿金，填补受害人所受到的损害。侵权责任法的补偿功能，是指侵权责任法主要适用损害赔偿的手段，责令侵权行为人向受害人支付赔偿金，以填补受害人因侵权行为所受到的损害的法律功能。

2. 惩罚功能

侵权行为具有一定的社会危害性，因此应受到法律的制裁。侵权责任法责令侵权行为人承担民事责任，就体现了侵权责任法对侵权行为的惩罚。制裁不法行为是法律对漠视社会利益和他人利益、违背义务和公共行为准则的行为的谴责和惩戒，它意味着法律依据社会公认的价值准则和行为准则对某种侵权行为所作的否定性评价，也是矫正不法行为的重要措施。

3. 预防功能

侵权责任法的预防功能，是指侵权责任法通过规定侵权行为人应负的民事责任，以及在行为人实施了侵权行为以后，责令其承担损害赔偿等民事责任，进而教育不法行为人，引导人们正确行为、预防各种损害的发生，从而保持社会秩序的稳定和社会生活的和谐。

第二节　侵权责任

一、侵权责任的概念和特征

（一）侵权责任的概念

侵权责任是侵权行为所产生的法律后果，即由民法规定的侵权行为人对其不法行为造成他人人身权利或者财产权利损害所应承担的民事法律责任。

（二）侵权责任的特征

（1）侵权责任是一种强制性的民事责任，不是由当事人约定的责任，是法定的责任。

（2）侵权责任既是一种债，也是一种责任。侵权行为发生以后，首先发生的是债的关系，受害人有权请求损害赔偿，行为人不履行侵权的赔偿义务，即转化为侵权的民事责任。

（3）侵权责任的主体就是侵权人，自然人、法人、非法人组织均可构成，特殊侵权行为责任的主体还可能是与行为人有某种特殊关系的人，甚至是无民事行为能力人。

二、侵权责任方式

侵权责任方式是指侵权行为人依据侵权责任法就自己实施的侵权行为应当承担的具体的民事责任形式。

赔偿损失是侵权责任的基本方式。这是由侵权责任法的基本功能在于补偿受害人的损失所决定的。侵权行为一般都造成了受害人的损失，不管是财产损失还是人身伤害和死亡以及精神损害，依法律规定均可以适用赔偿损失。

恢复原状、赔礼道歉以及部分返还财产也是侵权责任方式。

参考案例26－2

李某以“烟笼鄱湖”为题，创作了一部纪实性章回小说。小说在记叙袁甲的经历时，使用了荒诞、侮辱、诽谤性的语言。该书出版发行了5 000册。袁甲的儿子袁乙认为该小说侵害了其亡父的名誉，起诉要求李某承担精神损害赔偿的责任，同时承担赔礼道歉、恢复名誉、停止发行该书的责任。法院判决支持了袁乙的诉讼请求。

第三节　归责原则

一、归责原则概述

（一）归责的含义

归责是指行为人因其行为和物件致他人损害的事实发生以后，应依何种根据使其负责。此种根据体现了法律的价值判断，即法律应以行为人的过错还是应以已发生的损害结果为价值判断标准，抑或以公平考虑等作为价值判断标准，而使行为人承担侵权责任。

（二）归责原则的概念

归责原则是侵权责任法的统帅和灵魂，是侵权责任法理论的核心。归责原则是确定侵权人侵权损害赔偿责任的一般准则。它是在损害事实已经发生的情况下，为确定侵权行为人对自己的行为所造成的损害是否需要承担民事赔偿责任的原则。

（三）归责原则体系

我国侵权责任法的归责原则体系由过错责任原则、过错推定原则和无过错责任原则构成。在三个归责原则中，基本的归责原则是过错责任原则。

二、具体的归责原则

（一）过错责任原则

过错责任原则是以过错作为价值判断标准，判断行为人对其造成的损害应否承担侵权赔偿责任的归责原则。对于一般侵权责任，应当由主观上有过错的一方承担赔偿责任。主观上的过错是损害赔偿责任构成的基本要件之一，缺少这一要件，即使加害人造成了对方损害，并且加害行为与损害结果之间有因果关系，也不承担民事赔偿责任。

适用过错责任原则的要点是：

（1）过错责任原则的性质是主观归责原则。这一原则要求在确定侵权行为人的责任的时候，要依行为人的主观意思状态来确定，而不是依行为的客观方面来确定。

（2）以过错作为侵权责任的必备构成要件。在适用过错责任原则的场合，行为人的过错是必备要件之一。如果行为人在主观上没有过错，就不能构成侵权责任。

（3）以过错作为责任构成的最终要件。过错责任原则以过错作为法律价值判断标准，就不仅要求将过错作为侵权责任构成的一般要件，而且要求将过错作为决定侵权责任构成的最终的、决定的要件。只有这样，才能彻底贯彻“无过错即无责任”的精神。

（4）过错责任原则的适用。在一般情况下，应当把过错作为行为人承担民事赔偿责任的根据，而不是将其作为确定赔偿范围的根据。赔偿责任的大小，原则上决定于损害的大小，过错并不产生大的影响。

（二）过错推定原则

过错推定原则是过错责任原则的一种特殊表现形式，是指在某些法律规定的特殊场合，可以从损害事实的本身推定加害人有过错，并据此确定过错行为人赔偿责任的归责原则。

推定是指法律或法官从已知的事实推断未知事实而得出的结果，实际上就是根据已知的事实对未知的事实进行推断和认定。过错推定，就是受害人在诉讼中，能够证明损害事实、违法行为和因果关系的情况下，如果加害人不能证明自己对于损害的发生没有过错，那么，就从损害事实的本身推定加害人在致人损害的行为中有过错，并为此承担赔偿责任。

适用过错推定原则的要点是：

（1）适用范围：一是在关于责任主体的特殊规定中，监护人责任、一时性丧失心智致人损害、无民事行为能力人在教育机构受到损害的责任，适用过错推定原则；二是在机动车交通事故责任中，机动车造成非机动车驾驶人或者行人人身损害的，适用过错推定原则；三是在医疗损害责任中，医疗伦理损害责任适用过错推定原则；四是在动物损害责任中，违反管理规定未对动物采取安全措施造成损害，以及动物园的动物造成损害的，适用过错推定原则；五是在物件损害责任中，建筑物、构筑物或者其他设施及其搁置物、悬挂物致人损害，堆放物致人损害，林木致人损害，在公共场所危险施工等，都适用过错推定原则。其他侵权责任不适用过错推定原则。

（2）责任构成要件，仍须具备损害事实、违法行为、因果关系和过错这四个要件。

（3）过错要件的推定和举证责任倒置。首先，原告起诉应当举证证明三个要件：一是违法行为，二是损害事实，三是因果关系。原告承担这三个要件的证明责任。其次，这三个要件的举证责任完成之后，法官直接推定被告具有过错，不要求原告去寻求行为人在主观上存在过错的证明，不必举证，而是从损害事实的客观要件以及它与违法行为之间的因果关系中，推定行为人主观上有过错。最后，在过错的要件上，实行举证责任倒置。如果被告认为自己在主观上没有过错，则须自己举证，实行举证责任倒置，证明自己没有过错；证明成立者，推翻过错推定，否认行为人的侵权责任。被告如果证明不足或者不能证明者，则推定过错成立，行为人应当承担侵权民事责任。

（4）侵权责任形态基本上是替代责任，包括对人的替代责任和对物的替代责任。

（三）无过错责任原则

无过错责任原则是指在法律有特别规定的情况下，以已经发生的损害结果为价值判断标准，由与该损害结果有因果关系的行为人，不论行为人有无过错，承担侵权赔偿责任的归责原则。

适用无过错责任原则的意义在于加重行为人的责任，使受害人的损害赔偿请求权更容易实现，受到损害的权利及时得到救济。

适用无过错责任原则的要点是：

（1）适用无过错责任原则的范围是：产品责任；高度危险责任；环境污染责任；动物损害责任中的部分责任；工伤事故责任。

（2）适用无过错责任原则的侵权责任构成，须具备三个要件：一是违法行为；二是损害事实；三是违法行为与损害事实具有因果关系。

（3）适用无过错责任原则的举证责任，受害人即原告应当证明违法行为、损害事实和因果关系。在受害人证明上述责任构成以后，加害人如果主张免责，应当承担举证责任，所要证明的不是自己无过错，而是受害人的故意是致害原因。行为人如能证明损害是由于受害人的故意所引起的，即免除赔偿责任。

（4）适用无过错责任原则的责任形态，通常是替代责任。

第四节　侵权责任构成要件

在通常情况下，具备违法行为、损害事实、因果关系和过错四个要件，构成侵权责任。

一、违法行为

（一）违法行为的概念

违法行为是指自然人或者法人、非法人组织违反法定义务、违反保护他人的法律或者故意违背善良风俗而实施的作为或不作为。

违法行为作为侵权民事责任构成的客观要件，包括行为和违法两个要素，这两个要素构成违法行为要件的完整结构。

行为是人类或人类团体受其意志支配，并且以其自身或者控制、管领物件或他人的动作、活动，表现为客观上的作为或不作为。

违法是指行为在客观上与法律规定相悖，主要表现为违反法定义务、违反保护他人的法律和故意违背善良风俗致人损害。违反法定义务，是自然人、法人、非法人组织作为他人享有绝对权利的法定义务人时，负有法定的不得侵害的义务，侵害绝对权利，即违反该法定的不可侵害义务，为违法。对于保护他人利益的法律，行为人违反这种义务造成他人损害，也是违反法律。行为虽然不违反法律，但是行为人故意违背善良风俗致人以损害，也构成违法性。

参考案例 26－3

某房产公司负责水电安装的中年男子柴某，见邻居家住着一对年轻的姜某夫妇，其门上方的天窗玻璃有个缺口，用报纸糊着，于是买了个微型监控探头，趁姜某夫妇上班之际，将报纸弄掉一点，用胶带将探头粘在窗角，方向对着姜某夫妇的床，然后用导线连在自家电脑上。此后，柴某经常偷窥姜某夫妇的私生活，并拍摄了 30 多张照片。姜某夫妇发现后，向法院起诉，法院认为被告的行为具有违法性，侵害了原告的隐私权，判决柴某赔偿原告精神损失 1 万元。

（二）违法行为的方式

违法行为依其方式，分为作为和不作为。这两种行为方式，均可构成侵权行为的客观表现方式。

区分行为的作为与不作为，应以法律规定的法定义务为标准。行为人违反法律规定的不作为义务而为之，为作为的违法行为；反之，行为人违反法律规定的作为义务而不履行之，即为不作为的违法行为。

作为的违法行为是侵权行为的主要行为方式。不作为的违法行为亦可构成侵权行为的行为方式。确定不作为违法行为的前提，是行为人负有特定的作为义务，这种特定的作为义务，不是一般的道德义务，而是法律所要求的具体义务。特定的法定作为义务的来源有以下三种：一是来自法律的直接规定；二是来自业务上或职务上的要求；三是来自行为人先前的行为。

（三）违法行为的样态

违法行为分为以下三种样态。

1. 自己的行为

这是直接行为，是一般侵权行为责任构成的违法行为样态。行为人自己实施行为，无论作为还是不作为，均构成一般侵权责任，即直接责任。

2. 自己监护、管理下的人所实施的行为

这是间接行为构成特殊侵权行为。行为人承担的侵权责任称为替代责任。

3. 自己管理物件的不当行为

对于自己管领、控制的物件应妥善处置。管理不当，物件致人损害，虽非自己的直接

行为却为间接行为。

二、损害事实

（一）损害事实的概念

损害事实是指一定的行为致使权利主体的人身权、财产权受到侵害，并造成财产利益和非财产利益的减少或灭失的客观事实。

损害事实作为侵权责任构成要件之一，是由两个要素构成的：一是权利被侵害；二是权利被侵害而造成的利益受到损害的客观结果。确定权利被侵害这一要素的意义，是确定侵权行为的范围，分清侵权行为的不同性质。侵权行为的侵害客体包括：（1）人身权，包括人格权和身份权及利益。（2）财产权益，包括自物权、他物权、债权、无形财产权和其他财产权及利益。确定利益损害这一要素的意义，在于确定是否成立侵权责任，以及如何确定赔偿范围。权利侵害和利益损害结合在一起，构成侵权责任的损害事实要件。这一客观要件的存在，是侵权法律关系赖以产生的根据。侵权责任只有在违法行为侵害了权利，并且造成相应利益损害的条件下才能发生。如果仅有违法行为而无权利侵害和利益损失的损害事实，就不能发生侵权民事责任。

（二）损害事实的种类

1. 人身权益损害事实

侵害人身权的损害事实，最终表现为人格利益损害和身份利益损害这两种损害事实。

（1）人格利益损害。人格利益损害是侵害人格权所造成的损害事实。一是人格利益的有形损害。侵害自然人身体权、健康权、生命权，其人格利益的损害为有形损害。二是人格利益的无形损害。侵害名誉权等其他人格权所造成的人格利益损害，是无形的人格利益损害。

参考案例 26－4

2019 年 4 月 6 日，某超市店长发现存放在四楼的饮料被人偷喝，经询问没有人承认。陈某是该超市保安，当天值班。店长找到陈某，称有人在 4 月 6 日上午看见陈某到过四楼。陈某承认去过四楼，但声明未动过任何商品。5 月 14 日中午，店长召集本店 37 名员工，采用投票的方式确认陈某是否为偷窃者。陈某认为店长投票选“贼”的行为侵害了自己的名誉权，向法院提起民事诉讼。法院认为投票选“贼”的行为造成了受害人的名誉损害，判决店长承担赔偿精神损害抚慰金的侵权责任。

（2）身份利益损害。身份利益损害是侵害身份权所造成的损害事实，是违法行为在侵害基本身份权的同时侵害了派生身份权，造成了派生身份权的客体即派生身份利益的损害，包括亲情关系的损害、财产利益的损失以及精神痛苦和感情创伤。

2. 财产权利损害事实

对财产权利的损害，也称为财产损害事实，主要包括侵占财产、损坏财产和其他财产利益损害。侵占财产是行为人将他人所有或合法占有的财产转为由自己非法占有，使原所有人或合法占有人丧失所有权或者丧失占有。损坏财产是不转移占有，而是破坏所有人或占有人所有或占有之物的价值，使之丧失或者减少。其他财产利益损害，主要是其他财产权利受到侵害造成的财产利益损失。

财产损害表现为财产损失，包括直接损失和间接损失。直接损失是受害人现有财产的减少，也就是加害人不法行为侵害受害人的财产权利，致使受害人现有财产直接受到的损失，如财物被毁损、被侵占而使受害人的财富减少。间接损失是受害人可得利益的丧失，即应当得到的利益因受不法行为的侵害而没有得到。

三、因果关系

（一）因果关系的概念

因果关系是一个哲学概念。引起某一现象产生的现象叫原因，而被某些现象所引起的现象叫结果。客观现象之间的这种引起和被引起的关系，就是事物的因果关系。

侵权责任构成中的因果关系要件，是指违法行为作为原因，损害事实作为结果，在它们之间存在的前者引起后者，后者被前者所引起的客观联系。

民法研究这种因果关系的目的，在于确定侵权责任构成，以及确定只有与违法行为具有因果关系的损害，行为人才承担侵权责任。

（二）确定因果关系的理论

确定违法行为与损害事实之间的因果关系，应当遵循以下因果关系规则：

（1）对于具有直接因果关系的违法行为与损害事实，适用直接因果关系规则确定因果关系。例如，殴打致受害人耳膜穿孔，行为与损害事实之间具有直接因果关系。

（2）违法行为与损害事实之间的因果关系较难判断的，采用相当因果关系规则确定因果关系。适用相当因果关系规则，关键在于掌握违法行为是发生损害事实的适当条件。适当条件是发生该种损害结果的不可缺条件，它不单是在特定情形下偶然地引起损害，而且是一般发生同种结果的有利条件。判断相当因果关系的标准，即确定行为与结果之间有无因果关系，要依据行为时的一般社会经验和知识水平，认为该行为有引起该损害结果的可能性，而在实际上该行为又确实引起了该损害结果，则该行为与该结果之间为有因果关系。

参考案例 26-5

某日晚，郑某、张某与赖某等在酒吧喝酒直到深夜。赖某因饮酒过量无法走动，郑某与张某等丢下赖某不管；酒吧老板刘某将赖某搀扶到店内的沙发上，赖某睡着了。次日上午，有人发现赖某已经死亡，死因是呕吐物进入气管、支气管导致机械性窒息而死。赖某的家属向法院起诉，要求几个劝酒者与酒吧老板共同赔偿死者死亡补偿费、丧葬费等 13 万多元。法院判决认定，赖某大量饮酒是造成自己死亡的主要原因；刘某和劝酒者没有对醉酒者进行必要的救助，不作为行为对于损害的发生有因果关系，也应承担相应的民事责任。

四、过错

（一）过错的概念和形态

过错就是指行为人在实施违法行为时的主观心理状态。过错分为两种基本形态，即故意和过失。

故意是行为人预见到自己行为的结果，仍然希望它发生或者听任它发生的主观心理状态。确定故意的标准在于，行为人应当认识到或者预见到行为的结果，同时又希望或听任其发生，就为具有故意。

过失，是指行为人对受害人应负注意义务的疏忽或懈怠。换言之，过失就是行为人的不注意的心理状态。过失包括疏忽和懈怠。行为人对自己行为的结果，应当预见或者能够预见而没有预见，为疏忽；行为人对自己行为的结果虽然预见了却轻信可以避免，为懈怠。疏忽和懈怠，都是过失，都是行为人对应负的注意义务的违反。

（二）过错与侵权责任的关系

过错程度有轻重之分。在一般情况下，过错的轻重对于确定行为人的民事责任并无实际意义。因为民事责任的承担，完全是根据损害事实决定的，行为人故意造成他人伤害与过失造成他人伤害，在民事责任的承担上是完全一样的。但是在法律有特别规定和共同过错、与有过失及第三人过错的情况下，过错程度的轻重对于决定民事责任具有决定作用。

故意和过失共分四个等级：一是故意；二是重大过失；三是普通过失；四是轻微过失。在过失中，注意义务轻重、过失轻重、责任轻重之间的关系是：注意义务越轻，则过失越重，而责任程度越轻；反之，注意义务越重，则过失越轻，而责任程度越重。

参考案例 26-6

某日午夜，村民沈甲在路过果农沈乙的桃园时，因口渴随手摘了几个桃子吃，觉得味道不错，又摘了些带回家，分给75岁的母亲和2个儿子吃，食后他们均不同程度出现中毒症状，系农药甲胺磷中毒。原因是沈乙对即将成熟的桃子喷洒甲胺磷防虫。沈甲等向法院起诉，要求沈乙赔偿损失。法院认为，甲胺磷属于剧毒农药，沈乙在尚未采摘的桃树上施用且没有设置警示标志，违反了《农药管理条例》关于剧毒、高毒农药不得用于蔬菜、瓜果、茶叶和中草药材的明确规定，对可能造成公众损害的后果持放任的态度，具有过错，因此判决沈乙承担沈甲等人人身损害40%的赔偿责任。

第五节　共同侵权行为及连带责任

一、共同侵权行为

（一）共同侵权行为的概念

共同侵权行为是指两个或两个以上的行为人，基于共同的故意或者过失，侵害他人合法民事权益，应当连带承担民事责任的侵权行为。《民法典》第1168条规定的是共同侵权行为。

（二）共同侵权行为的特征

1. 共同侵权行为的主体须为多个人

共同侵权行为的主体即共同加害人须由两人或两人以上构成，单个的侵权人无论实施何种行为，都不能构成共同侵权行为。

2. 共同侵权行为的行为人之间在主观上具有共同过错

在数个共同行为人之间须有共同致人损害的故意或者过失，基于此，而使数个行为人的行为连结为共同侵权行为。

3. 数个共同加害人的共同行为所造成的损害是同一的、不可分割的

其行为无论是否有分工，都造成一个统一的损害结果。如果没有共同的损害结果，则不构成共同侵权行为。

4. 数个共同加害人的行为与损害结果之间具有因果关系

在共同侵权行为中，各个行为人的行为尽管对共同的损害结果发生的原因力不相同，但必须都与损害结果之间存在因果关系，行为具有原因力。

二、共同危险行为

（一）共同危险行为的概念和特征

共同危险行为又称为准共同侵权行为，是指两人或两人以上共同实施有侵害他人权利危险的行为，并且已造成损害结果，但不能判明其中谁是加害人的侵权行为。《民法典》第 1170 条规定的是共同危险行为。

共同危险行为的特征如下所述。

1. 行为由数人实施

共同危险行为的行为主体必须是两人或两人以上。

2. 行为的性质具有危险性

这种危险性指的是侵害他人人身权利、财产权利的可能性。在主观上，行为人没有致人损害的故意，既没有共同的故意，也没有单独的故意，只存在疏于注意义务的共同过失；在客观上，数人实施的行为有致人损害的现实可能性，这种致害他人的可能性可以从行为本身、周围环境以及行为人对致害可能性的控制条件上加以判断。此外，这一行为没有人为的侵害方向，共同危险行为不针对任何特定的人。

3. 具有危险性的共同行为是致人损害的原因

共同危险行为的危险性虽然是一种可能性，但就共同危险行为的构成而言，这种危险性已经转化为现实的、客观的损害结果，具有危险性的共同行为与损害事实之间具有客观的因果关系。

4. 损害结果不是共同危险行为人全体所致，但不能判明谁是加害人

在共同危险行为中，必须确认，损害结果的发生，不是全体共同危险行为人的行为所致，如果是全体共同危险行为人所致，即为共同侵权行为；但是在全体共同危险行为人之中，又不能判明谁是真正的加害人，如果已经判明谁是加害人，则应由已经判明的加害人来承担赔偿责任。只有损害结果不是全体共同危险行为人所致，又不能判明谁是加害人，才能构成共同危险行为。

（二）共同危险行为人

共同危险行为人是共同危险行为的行为主体，是实施共同危险行为，并造成他人损害的数个行为人。

共同危险行为人一般由自然人构成。数个自然人共同实施共同危险行为，该数个自然人构成共同危险行为主体。在某些情况下，共同危险行为人也可以由法人、非法人组织构成。

参考案例 26-7

某日下午5时许，吴某与曹某、傅某（均为未成年人）一起在住宅15层的电梯走道间玩耍，各拿一个酒瓶，从电梯走道间北面破损的玻璃窗空洞往下投，恰逢马某某怀抱2周岁的儿子马某从该楼房的底层大门往外走，其中一个酒瓶砸在马某的头上，致马某死亡。马某某向法院起诉，要求3名行为人的法定代理人赔偿医药费等损失和精神损害。法院认定本案的性质是共同危险行为，按照共同侵权行为的法律规定适用法律，判决3名行为人的法定代理人承担连带赔偿责任。

三、连带责任

（一）连带责任的概念

连带责任是指受害人有权向共同侵权人或共同危险行为人中的任何一个人或数个人请求赔偿全部损失，而任何一个共同侵权人或共同危险行为人都有义务向受害人负全部的赔偿责任；共同加害人中的一人或数人已全部赔偿了受害人的损失，则免除其他共同加害人向受害人应负的赔偿责任。

共同侵权行为和共同危险行为都适用连带责任。法律规定应当承担连带责任的，也应当承担连带责任。

（二）连带责任的实行

实行连带责任，首先必须确定整体责任。无论受害人请求一人、数人或全体行为人承担侵权责任，都必须确定整体责任。

连带责任分为对外关系和对内关系。对外关系，法律规定承担连带责任的，被侵权人有权请求部分或者全部连带责任人承担责任。对内关系，连带责任人根据各自责任大小确定相应的赔偿数额；难以确定责任大小的，平均承担赔偿责任。支付超出自己赔偿数额的连带责任人，有权向其他连带责任人追偿。

第六节 分别侵权行为及责任

一、分别侵权行为的概念和特征

（一）分别侵权行为的概念

分别侵权行为也叫做无共同过错联系的共同加害行为，是指数个行为人分别实施侵权行为，既没有共同故意，也没有共同过失，只是由于各自行为在客观上的联系，造成同一个损害结果的多数人侵权行为。

（二）分别侵权行为的法律特征

1. 两个以上的行为人分别实施侵权行为

分别侵权行为最基本的特征是行为人为两人以上，因此符合多数人侵权行为的要求，属于多数人侵权行为的范畴。

2. 数个行为人实施的行为在客观上针对同一个侵害目标

分别侵权行为的数个行为人在实施侵权行为时，尽管没有主观上的联系，但在客观上，每一个行为人实施的侵权行为实际上都针对同一个侵害目标。

3. 每一个人的行为都是损害发生的共同原因或者各自原因

分别侵权行为的数个行为人的行为都作用于同一侵害目标，是损害发生的共同原因，或者是损害发生的各自原因。

4. 造成了同一个损害结果且该结果可以分割

分别侵权行为的一个本质特点是虽然造成了一个损害结果，但该结果可以分割。在对物的损害中，这种情形尤为明显。

二、分别侵权行为的类型及责任形态

分别侵权行为分为典型的分别侵权行为和叠加的分别侵权行为两种。

（一）典型的分别侵权行为与按份责任

典型的分别侵权行为是指数个行为人分别实施侵权行为，既没有共同故意，也没有共同过失，只是由于行为人的各自行为在客观上的联系而造成同一个损害结果，应当承担按份责任的分别侵权行为。

典型的分别侵权行为承担的法律后果是按份责任，每一个行为人只对自己的行为引起的损害后果承担按份责任，而不是对整体的行为后果承担连带责任。

（二）叠加的分别侵权行为与连带责任

叠加的分别侵权行为是指数个行为人分别实施侵权行为，既没有共同故意，也没有共同过失，每一个行为都足以引起损害结果，或者部分行为足以引起损害结果，部分行为具有部分原因力，因行为叠加而造成同一个损害结果，应当承担连带责任的分别侵权行为。

叠加的分别侵权行为的数个行为人承担连带责任。

第七节　侵权责任的免责事由

一、免责事由及其分类

免责事由是指被告针对原告的诉讼请求而提出的，证明原告的诉讼请求不成立或不完全成立的事实。在侵权责任中，免责事由是针对承担侵权责任的请求而提出来的，所以，又称免责或减轻责任的事由。

免责事由分为一般免责事由和特殊免责事由两大类。

一般免责事由是指损害确系被告的行为所致，但其行为是正当的、合法的。这种事由与阻却违法行为相同。

特殊免责事由是指损害并不是被告的行为造成的，而是由一个外在于其行为的原因独立造成的。

这两种免责事由的主要区别在于：基于一般免责事由而致人损害，被告已经实施某种行为，但其行为是正当的、合法的，排除了行为人行为的违法性，因而表明行为人是没有过错的，据此，行为人应予免责；在特殊免责事由存在的情况下，被告根本没有实施某种致人损害的行为，或者外来原因作用于行为人，使行为人不可避免地造成了受害人的损害，由此行为人不应当承担民事责任。

二、具体的减责、免责事由

（一）法定减责、免责事由

1. 过失相抵

对于损害的发生，被侵权人也有过失的，构成与有过失，其后果是过失相抵。所谓相抵，是行为人各自对自己的行为造成的后果负责。首先进行比较的是各自的过失程度，其次是比较原因力的大小；如果在无过错责任原则下，无法比较过失，则直接比较行为原因力的大小。根据过失程度和原因力大小的比较确定比例之后，确定侵权人应当承担的责任比例，其他因被侵权人自己的原因造成的损害部分，须自己负担。

2. 受害人过错

受害人过错是指损害的发生或扩大不是由于加害人的过错，而是由于受害人的过错。受害人过错，是否作为免责事由而使加害人免责，应当根据具体情况分析，而不是一律免责。其原则是，如果受害人的过错是损害发生的唯一原因，构成免除责任的免责事由。如果对损害的发生受害人具有故意或者重大过失，而加害人只具有轻微过失，亦构成免除责任的免责事由。如果受害人有故意、过失，加害人亦有过错，则构成与有过失，只可以减轻加害人的责任，而不能作为免除责任的理由。

3. 第三人原因

第三人原因是指除受害人和加害人之外的第三人，对受害人损害的发生或扩大具有过错和原因力。第三人过错的主要特征是主体上的特殊性，其过错形式则没有其他的区别，包括故意和过失。

第三人原因的法律后果是第三人承担赔偿责任，亦即减轻或者免除加害人的赔偿责任。当第三人过错是损害发生的唯一原因的时候，第三人过错是免责的事由。损害纯粹由第三人的过错所致，被告对此没有过错，因此应使被告免责，而由第三人承担责任。

4. 自甘风险

自甘风险，是指受害人自愿参加具有一定风险的文体活动，因其他参加者的行为受到损害的，受害人不得请求其他参加者承担侵权责任。构成自甘风险，受害人不得请求其他参加者承担侵权责任，但是其他参加者对损害的发生有故意或者重大过失的除外。活动组织者的责任，适用《民法典》第1198条至第1201条的规定。

5. 自助行为

自助行为，是指权利人为了保护自己的合法权益，在情况紧迫且不能获得国家机关及时救助的情况下，对他人的财产或者自由在必要范围内采取扣押、拘束或者其他相应措施，为法律或社会公德所认可的行为。自助行为的性质属于自力救济。《民法典》第1177条没有明文规定可以对他人人身自由施加拘束的内容，但是在“等合理措施”中包含这个意思。例如，去饭店吃饭未带钱而不能付费，店主不让其离开，等待他人送钱来结账的拘束自由的行为，就是自助行为。

受害人采取的措施不当造成他人损害的，应当承担侵权责任。

（二）非法定免责事由

1. 职务授权行为

职务授权行为也称为依法执行职务，是指依照法律的授权或者法律的规定，在必要时因行使职权而损害他人的人身和财产的行为。职务授权行为是一种合法行为，对造成的损害不负赔偿责任。但是，如果执行职务不正当而造成损害时，应当负赔偿责任。确定行为人的行为构成职务授权行为，并将其作为免责事由，其构成要件是：(1) 行为须有合法的授权；(2) 执行职务的行为须合法；(3) 执行职务的行为须为必要。

2. 受害人承诺

受害人承诺是指受害人容许他人侵害其权利，自己愿意承担损害结果，且不违背法律和公共道德的一方意思表示。权利人自行侵害自己的权利，只要不违反法律和善良风俗，是行使权利的行为。权利人允许他人侵害自己的权利，在一般情况下，法律并未予以禁止。受害人承诺成立，须具备以下要件：(1) 允许他人侵害权利，必须权利人对于该项权利有处分的能力与权限；(2) 受害人承诺的意思表示应当遵守一般意思表示的限制，即须具备一般意思表示的生效要件；(3) 受害人须承诺；(4) 受害人事前放弃损害赔偿请求权。

3. 意外事件

意外事件是指非因当事人的故意或过失，是由于当事人意志以外的原因而偶然发生的事故。作为免责事由的意外事故，应具备如下条件：(1) 意外事件是不可预见的；(2) 意外事件是归因于行为人自身以外的原因；(3) 意外事件是偶然发生的事件，不包括第三人的行为。

【引例评析】

在本章引例中，陈某和西宁纸箱厂因其对物件的管理养护欠缺，造成唐某的人身损害，构成侵权行为。这种侵权行为是《民法典》侵权责任编第 1253 条规定的责任，按照其性质，应当适用过错推定原则归责，其责任构成应当具备损害事实、违法行为、因果关系和过错四个要件，只是在认定过错的要件上实行推定。在民事责任的方式上，适用损害赔偿的责任，法院应当判决两被告共同赔偿原告的损失。

【本章小结】

1. 侵权行为是指行为人由于过错，或者在法律特别规定的场合不论有无过错，违反法律规定的义务，以作为或不作为的方式，侵害他人人身权利和财产权利，依法应当承担损害赔偿等法律后果的行为。

2. 侵权责任法是有关侵权行为的定义和种类以及对侵权行为如何制裁、对侵权损害后果如何补救的民事法律规范的总称。

3. 侵权责任是侵权行为所产生的法律后果，即由民法规定的侵权行为人对其不法行为造成他人人身权利或者财产权利损害所应承担的民事法律责任。侵权责任方式是侵权行为人所要承担的侵权责任的各种不同形式。

4. 归责原则是确定侵权行为人侵权损害赔偿责任的一般准则。我国侵权责任法的归责原则体系由过错责任原则、过错推定原则和无过错责任原则构成。

5. 构成侵权责任须具备四个要件，即违法行为、损害事实、因果关系和过错。

6. 共同侵权行为是指两个或两个以上的行为人，基于共同的故意或者过失，侵害他人合法民事权益，应当连带承担民事责任的侵权行为。共同危险行为又称为准共同侵权行为，是指两人或两人以上共同实施有侵害他人权利危险的行为，并且已造成损害结果，但不能判明其中谁是加害人的侵权行为。

7. 分别侵权行为也叫做无共同过错联系的共同加害行为，是指数个行为人分别实施侵权行为，既没有共同故意，也没有共同过失，只是由于各自行为在客观上的联系，造成同一个损害结果的多数人侵权行为。

8. 免责事由是指被告针对原告的诉讼请求而提出的，证明原告的诉讼请求不成立或不完全成立的事实。

【练习题】

1. 名词解释

（1）侵权行为

（2）侵权责任

（3）归责原则

（4）违法行为

（5）损害事实

（6）因果关系

（7）过错

2. 思考题

（1）侵权责任法具有哪些法律调整功能？

（2）侵权责任的归责原则体系是由哪些归责原则构成的？

（3）在一般情况下，侵权责任构成须具备哪些要件？

（4）《民法典》规定了哪些侵权责任免责事由？

（5）构成共同侵权行为应当怎样承担侵权责任？

（6）分别侵权行为应当怎样承担侵权责任？

3. 案例分析题

李某骑摩托车上班途中，撞在一根竖在路中间的电线杆上，经抢救无效死亡。酿成这场悲剧的电线杆属该县供电公司所有，原来并没有安装在路中央，但是在镇政府拓宽马路时改路不改线，本来在路边的电线杆竖在了路中央，成了“马路杀手”。李某的近亲属向法院起诉，请求法院判决电线杆的所有者和管理者即供电公司、镇政府承担侵权责任。

问题：

（1）本案被告的行为性质是什么？

（2）造成本案受害人李某死亡有几个原因？有何不同？

（3）对于本案受害人李某的死亡，被告是否有过错？

分析要点提示：

（1）本案被告行为的性质是改路不改线，将原来在路旁的电线杆设在路中央，不予挪走，是不作为的违法行为。

（2）造成李某死亡的原因有两个：一个是不予挪走路中央电线杆的行为；另一个是李某自己的未尽必要注意的行为。前者是主要原因，后者是次要原因。

（3）对于受害人的死亡，被告具有重大过失，对于普通人应当注意的危险，被告竟然没有尽到必要注意，因此有重大过失。

在线练习

第二十七章　损害赔偿

【本章引例】

张宁福购买张明志出售的台安县辽西饲料厂生产的“888猪料精”3袋共60千克，喂养自己的11头猪，造成全部死亡的后果。张宁福共花治疗费3 709元，卖死猪肉得款600元。经鉴定，该饲料为不合格产品。张宁福要求张明志和饲料厂赔偿损失，双方当事人发生争议，诉至法院。

【本章学习目标】

通过学习本章，你应该能够：

1. 掌握侵权损害赔偿规则及其适用；
2. 掌握人身损害赔偿、财产损害赔偿和精神损害赔偿适用的范围；
3. 掌握其他侵权民事责任的适用方法。

第一节　侵权损害赔偿

一、侵权损害赔偿的概念和特征

（一）侵权损害赔偿的概念

侵权损害赔偿是指当事人一方因侵权行为对他方当事人造成损害时，在当事人之间产生请求赔偿权利和承担赔偿责任的债权债务关系。

（二）侵权损害赔偿的特征

（1）侵权损害赔偿的根本目的是救济损害，使受到的损害得到救济，受到侵害的权利得到恢复，同时也有制裁违法行为和抚慰受害人的作用。

（2）侵权损害赔偿是财产性的民事责任。对人身伤害、财产损害，对造成的财产损失必须以财产来赔偿；对精神损害的赔偿，也只能以财产的方式进行。

（3）侵权损害赔偿是相对性的法律关系。损害赔偿发生在相对人之间，受害人只能向特定的行为人请求赔偿，赔偿责任主体也只需向特定的受害人承担赔偿责任。

二、侵权损害赔偿规则

（一）全部赔偿原则

全部赔偿原则是侵权损害赔偿的基本规则，指的是侵权行为加害人承担赔偿责任的大小，应当以行为所造成的实际财产损失的大小为依据，全部予以赔偿。换言之，就是赔偿以所造成的实际损害为限，损失多少，赔偿多少。

适用全部赔偿原则应当特别注意以下几个问题：

（1）确定损害赔偿数额即赔偿责任的大小只能以实际损害作为标准，全部予以赔偿。

（2）全部赔偿包括直接损失和间接损失，均须予以赔偿。

（3）全部赔偿应当包括对受害人为恢复权利、减少损害而支出的必要费用这种损失的赔偿。

（4）全部赔偿所赔偿的只能是合理的损失，不合理的损失不应予以赔偿。受害人借受到伤害而故意扩大赔偿范围请求的，不予支持。

（二）财产赔偿原则

财产赔偿原则是指侵权行为无论是造成财产损害、人身损害还是精神损害，均以财产赔偿作为唯一方法，不能以其他方法为之。确认这一原则的目的在于统一损害赔偿的具体方法，一律适用财产性质方法救济损害，不得适用人身的、肉体的方法。

（三）损益相抵原则

损益相抵原则亦称损益同销原则，是指赔偿权利人基于发生损害的同一原因受有利益者，应从损害额内扣除利益，而由赔偿义务人就差额予以赔偿的确定赔偿责任范围的规则。按照损益相抵原则所确定的赔偿标的，是损害额内扣除因同一原因而产生的利益额之差额，而不是全部损害额。

参考案例 27－1

某甲驾车将某乙的一头黄牛轧死，价值 1 000 元。受害人某乙向法院起诉，请求某甲承担全部赔偿责任。法院认为，由于死亡的牛出售牛肉、牛皮已经获得新生利益 300 元，因此判决某甲赔偿 700 元。

（四）过失相抵原则

过失相抵原则是指在受害人与有过失的情况下，在计算当事人的赔偿责任时，将因受害人的过错所造成的那一部分损失由受害人自己承担的赔偿规则。①

（五）衡平原则

作为赔偿规则的衡平原则，是指在确定侵权损害赔偿范围时，必须考虑诸如当事人的经济状况等因素，使赔偿责任的确定更公正。

① 这一规则已经在本书第二十六章阐释过。

第二节 侵权损害赔偿方法

一、人身损害赔偿

（一）人身损害的类型和赔偿范围

人身损害赔偿，是指民事主体的生命权、健康权、身体权受到不法侵害，造成致伤、致残、致死的后果以及其他损害时，要求侵权人以财产赔偿等方法进行救济和保护的侵权法律制度。

人身伤害所概括的内容：一是侵害身体，这种损害不以受害人感受身体上的痛苦为必要，也不以肉体上的实际损伤为必要；二是人体致伤，以人体造成伤害为起点，以伤害经治愈为临界点，与人体致残相区别；三是人体致残，以造成人体伤害为前提，以经治疗仍留有残疾为必要条件，与致伤、致死相区别；四是致人死亡，以受害人生命丧失为必要条件的人身权侵害，仍以人身伤害为必要前提；五是侵害身体权、健康权、生命权所致的精神损害，其中身体权、健康权受损害的受害人精神损害是自己的损害，侵害生命权则是生命权丧失之人的近亲属所受的精神损害。

对于人身伤害的以上内容，按照《民法典》第1179条和第1180条的规定以及最高人民法院《关于审理人身损害赔偿案件适用法律若干问题的解释》的规定，其赔偿范围：一是人身伤害的常规赔偿；二是劳动能力丧失的赔偿；三是致人死亡的赔偿，这种赔偿，是侵权行为致受害人死亡所应赔偿的项目；四是抚慰金赔偿。

（二）人身损害常规赔偿

1. 医疗费赔偿

医疗费根据医疗机构出具的医药费、住院费等收款凭证，结合病历和诊断证明等相关证据确定。医疗费的赔偿数额，按照一审法庭辩论终结前实际发生的数额确定。器官功能恢复训练所必要的康复费、适当的整容费以及其他后续治疗费，赔偿权利人可以待实际发生后另行起诉。

2. 误工工资赔偿

误工费根据受害人的误工时间和收入状况确定。误工时间根据受害人接受治疗的医疗机构出具的证明确定。受害人因伤致残持续误工的，误工时间可以计算至定残日前一天。受害人有固定收入的，误工费按照实际减少的收入计算。受害人无固定收入的，按照其最近三年的平均收入计算；受害人不能举证证明其最近三年的平均收入状况的，可以参照受诉人民法院所在地相同或者相近行业上一年度职工的平均工资计算。

3. 护理费赔偿

护理费根据护理人员的收入状况和护理人数、护理期限确定。护理人员有收入的，参照误工费的规定计算；护理人员没有收入或者雇用护工的，参照当地护工从事同等级别护理的劳务报酬标准计算。护理人员原则上为一人，但医疗机构或者鉴定机构有明确意见的，可以参照确定护理人员人数。护理期限应计算至受害人恢复生活自理能力时止。受害人因残疾不能恢复生活自理能力的，可以根据其年龄、健康状况等因素确定合理的护理期限，但最长不超过20年。

4. 转院治疗的交通费赔偿

交通费根据受害人及其必要的陪护人员因就医或者转院治疗实际发生的费用计算。交通费应当以正式票据为凭；有关凭据应当与受害人就医地点、时间、人数、次数相符合。

5. 伙食补助费和营养费赔偿

住院伙食补助费可以参照当地国家机关一般工作人员的出差伙食补助标准予以确定。受害人确有必要到外地治疗，因客观原因不能住院，受害人本人及其陪护人员实际发生的住宿费和伙食费，其合理部分应予赔偿。是否赔偿营养费，应当根据受害人伤残情况参照医疗机构的意见确定。

（三）丧失劳动能力的赔偿

劳动能力丧失是受害人健康权遭受侵害所致的严重后果，使其无法继续劳动以维持生计，因而必须予以赔偿。

对于劳动能力丧失的赔偿理论基础，采用“收入丧失说”，赔偿的是受害人因为人身损害而减少的收入。

具体的赔偿范围包括下述几种。

1. 残疾赔偿金

残疾赔偿金根据受害人丧失劳动能力程度或者伤残等级，按照受诉人民法院所在地上一年度城镇居民人均可支配收入或者农村居民人均纯收入标准，自定残之日起按20年计算。但60周岁以上的，年龄每增加一岁减少一年；75周岁以上的，按5年计算。受害人因伤致残但实际收入没有减少，或者虽然伤残等级较轻但造成职业妨害，严重影响其劳动就业的，可以对残疾赔偿金作相应调整。

2. 辅助器具费赔偿

辅助器具费按照普通适用器具的合理费用标准计算。伤情有特殊需要的，可以参照辅助器具配制机构的意见，确定相应的合理费用标准。辅助器具的更换周期和赔偿期限参照配制机构的意见确定。

（四）造成死亡的赔偿

侵害生命权致受害人死亡的，应当赔偿丧葬费以及常规赔偿费用和死亡赔偿金。其中丧葬费和死亡赔偿金的赔偿属于致人死亡的特有赔偿项目。

1. 丧葬费赔偿

丧葬费按照受诉人民法院所在地上一年度职工月平均工资标准，以六个月总额计算。

2. 死亡赔偿金

可以参照受害人的年龄、收入等实际情况确定死亡赔偿金。因同一侵权行为造成多人死亡的，可以以相同的数额确定死亡赔偿金。

（五）人身损害的抚慰金赔偿

人身损害抚慰金赔偿的范围包括：一是侵害身体权。对于侵害身体权的，应当以赔偿抚慰金作为救济的主要方法，辅之以财产损失应予赔偿的方法。二是侵害健康权。造成一般伤害结果或者造成残疾，侵害健康权的，应当赔偿精神损害抚慰金。三是侵害生命权，造成死亡结果的，对遭受精神损害的死者的近亲属应当赔偿精神损害抚慰金。基本的赔偿方法，是由人民法院斟酌案件的全部情况，确定赔偿金额。

二、财产损害赔偿

（一）财产损害的概念和种类

财产损害，是指侵权行为侵害财产权，使财产权的客体遭到破坏，导致其使用价值和价值的贬损、减少或者完全丧失，或者破坏了财产权人对于财产权客体的支配关系，使财产权人的财产利益受到损失，从而导致权利人拥有的财产价值的减少和可得财产利益的丧失。

（二）财产损害的赔偿范围

确定财产损害赔偿范围应当以全部赔偿为原则。即财产损害赔偿数额的确定，以客观的财产、财产利益所损失的价值为客观标准，损失多少就应当赔偿多少。

对财产损害的全部赔偿，包括直接损失和间接损失。加害人既要对现有财产的直接减少进行赔偿，也要对在正常情况下实际上可以得到的利益即间接损失进行赔偿。直接损失是行为人的加害行为所直接造成的受害人的财产减少，如侵犯财产权而造成的财物的损坏、灭失，都属于直接损失，都应当全部赔偿，间接损失原则上也应当全部赔偿，因为在正常情况下，受害人本应当得到这些利益，只是由于加害人的侵害才使这些可得利益没有得到。

（三）财产损害数额的计算

《民法典》第1184条规定："侵害他人财产的，财产损失按照损失发生时的市场价格或者其他合理方式计算。"

1. 直接损失赔偿

直接损失是指现有财产的减少。侵害财产权的直接损失，就是指加害人侵权行为侵占或损坏受害人的财产，致使受害人现在拥有的财产价值量的实际减少。

计算直接损失的赔偿范围，首先必须确定原物的价值。原物价值的确定，必须根据原物的原有价格、可以使用时间、已经使用时间等因素综合判断。

2. 间接损失赔偿

间接损失就是可得利益的减少。财物损害的间接损失，是指加害人侵害受害人所有的财物，致使受害人在一定范围内的未来财产利益的损失，它属于"其他重大损失"的范围。

计算财产损害间接损失的赔偿范围，同样要计算间接损失的价值，以间接损失价值的数额，作为对间接损失的赔偿数额。在间接损失价值的计算中，必须注意两个问题：

（1）财产的损害本身不是间接损失，而是直接损失，不能将财产损害的本身计入间接损失当中。

（2）当侵害的财产是生产、经营资料，受害人因财产被侵害而无法进行生产、经营的时候，不能在计算财产损害的间接损失的同时，再计算受害人停产的误工工资，因为这两项内容是同一性质的损失，是一个损失，不能重复计算。

3. 其他财产利益损失的推算

在其他财产利益的损害赔偿中，绝大部分是赔偿间接损失。这种间接损失主要是预期利益损失。对于预期利益损失的计算，首先必须准确地确定预期利益的数额，在此基础上，减去已得利益额和必要支出的费用，其余额即是预期利益的赔偿数额。

三、精神损害赔偿

（一）精神损害赔偿的概念和结构

精神损害赔偿是民事主体因其人身权利受到不法侵害，使其人格利益和身份利益受到损害或遭受精神痛苦，要求侵权人通过财产赔偿等方法进行救济和保护的民事法律制度。

精神损害是指对民事主体精神活动的损害。侵权行为侵害自然人的民事权利，造成对自然人生理、心理上的精神活动和自然人维护其精神利益的精神活动的破坏，最终导致精神痛苦和精神利益丧失或减损。精神损害的最终表现形式，就是精神痛苦和精神利益的丧失或减损。

与此相适应，精神损害赔偿分为两部分，一是精神利益的损害赔偿，二是精神痛苦的抚慰金赔偿。

精神利益的损害赔偿，主要是对精神性人格权和身份权损害的民事救济手段，保护的对象是名誉权、人身自由权、肖像权、姓名权、隐私权、性自主权以及一般人格权等人格权和身份权。

精神痛苦的抚慰金赔偿，是对人格权、身份权损害造成精神痛苦的民事救济手段，保护的对象是民事主体不受精神创伤的权利。因而它只能对自然人适用，不能对法人适用。当自然人的人格权、身份权受到损害，除应当赔偿其财产上的损害以外，对其本人或亲属造成的精神痛苦，应以一定数额的金钱予以抚慰。抚慰金赔偿制度既包括精神性人格权受侵害的救济，也包括物质性人格权受侵害的救济，同时也包括身份权受侵害的救济。

（二）精神损害赔偿的范围

确定精神损害赔偿的范围包括两个问题：一是适用范围，指受精神损害赔偿制度保护的权利的范围；二是赔偿范围，即精神利益受到损害应当赔偿的范围。

精神损害赔偿的适用范围，包括以下方面：（1）侵害物质性人格权，可以请求精神损害抚慰金赔偿；（2）侵害精神性人格权，可以请求精神损害赔偿；（3）侵害一般人格权或者其他人格利益，可以请求精神损害赔偿；（4）侵害身份权，可以请求精神损害赔偿；（5）因故意或者重大过失侵害自然人具有人身意义的特定物造成严重精神损害的，可以请求精神损害赔偿。

从损害利益的角度研究精神损害赔偿，可以确定精神损害的赔偿范围。

（三）计算精神损害赔偿金的基本方法

1. 法官自由酌量原则

这是确定精神损害赔偿金的基本原则，它赋予法官在处理精神损害赔偿案件时，依自由裁量权，确定精神损害赔偿金的具体数额。自由裁量权不是无限制的权力，并不意味着法官在确定精神损害赔偿金数额时可以随心所欲、主观臆断，必须遵循一定的规则和办法。

2. 区别对待原则

在实行法官自由酌量原则的基础上，在具体确定精神损害赔偿金的时候，必须对精神损害中不同利益因素的损害予以区别对待，根据不同特点，依据不同的规则，分别计算出应赔偿的数额，最后酌定总的赔偿金数额。

3. 适当限制原则

在实行法官自由酌量原则的基础上，实行适当限制原则，目的是克服自由酌量原则的不利因素，防止误导人们盲目追求高额赔偿的倾向。

（四）算定精神损害赔偿金的具体规则

1. 概算规则

对于纯精神利益损害的赔偿和精神痛苦的抚慰金赔偿的算定，适用概算规则。适用概算规则时，法官应分析案件情况，依据加害人过错程度的轻重、受害人被侵害的精神利益损害后果及所受精神痛苦程度、双方的经济负担能力、受害人的资力这四种因素，确定具体的数额。

2. 比照规则

现行立法对于精神损害赔偿金算定已有明确规定的，应当比照该规定算定赔偿数额。目前立法中，只有我国《国家赔偿法》对由国家行为造成的人身自由权侵害、生命权侵害和扶养请求权侵害有具体的赔偿规定。

3. 参照规则

当确定精神利益中财产利益损失的数额时，可以参照其他标准确定赔偿金数额。

4. 全部赔偿规则

对于因侵害精神性人格权和身份权而造成的财产直接损失，应当比照侵害财产权的全部赔偿原则，以全部财产损失作为赔偿金数额。应注意的是，其财产损失应是合理的、必要的费用支出。不合理、不必要的支出，不应计算在内。

参考案例 27-2

张某的网名叫做“红颜静”，俞某的网名叫做“大跃进”，二者都在西祠网站上网活动。某日，张某、俞某等网友在南京聚会交流，回家之后，张某发现刚刚还在一起玩的“大跃进”竟在公开版块上发出侮辱她的帖子，称“红颜静”是网上的“交际花”，并使用了一些不堪入目的言语，内容极为低俗。此后的几个月时间里，“大跃进”毫无收敛之心，继续发表大量帖子，侮辱“红颜静”，声称“我和‘红颜静’有一腿”，对“红颜静”进行侮辱和诽谤。张某向法院起诉俞某。法庭查证被告的身份和行为属实，经过合议认定，被告在明知原告网名和真实身份的前提下，在网站的公开版块发帖，对原告进行人格侮辱和诽谤，侵权事实成立。判决被告在西祠网站上向原告赔礼道歉，并赔偿其精神损害赔偿金 1 000 元。

四、惩罚性赔偿

（一）惩罚性赔偿的概念

惩罚性赔偿是指超过了赔偿原告的必需部分而给付的赔偿。[①] 它起源于 18 世纪 60 年代的英格兰，本是英美法系国家的赔偿制度。《民法典》第 179 条第 2 款规定：“法律规定惩罚性赔偿的，依照其规定。”

（二）惩罚性赔偿的类型

1. 恶意致人死亡或者健康严重损害的惩罚性赔偿

这是经营者明知商品或者服务存在缺陷，仍然向消费者提供，造成消费者或者其他受害人死亡或者健康严重损害的侵权行为，应当承担的超过实际损失的赔偿责任。我国目前侵权责任中的惩罚性赔偿，分为恶意商品致害的惩罚性赔偿和恶意服务致害的惩罚性赔偿。恶意商品致害责任属于产品责任，包含在《民法典》第 1207 条中。恶意服务致害责

① 赫尔穆特·考茨欧，瓦尔萨·韦尔科克斯. 惩罚性赔偿金：普通法与大陆法的视角. 窦海洋，译. 北京：中国法制出版社，2012：3.

任的规定见于《消费者权益保护法》第 55 条第 2 款和《食品安全法》第 128 条。

2. 故意侵害知识产权的惩罚性赔偿

这是《民法典》第 1185 条规定的：故意侵害他人知识产权，情节严重的，被侵权人有权请求相应的惩罚性赔偿。

3. 故意污染环境、破坏生态的惩罚性赔偿

这是《民法典》第 1232 条规定的：侵权人违反法律规定故意污染环境、破坏生态造成严重后果的，被侵权人有权请求相应的惩罚性赔偿。

（三）惩罚性赔偿的具体适用规则

1. 适用惩罚性赔偿责任的要件

恶意致人死亡或者健康严重损害，适用惩罚性赔偿责任的要件是：（1）商品或者服务有缺陷。缺陷即商品或者服务中存在危及人身、财产安全的不合理的危险。（2）损害的事实是造成消费者或者其他受害人死亡或者健康严重损害。（3）该缺陷与上述损害之间具有因果关系。（4）与一般的产品责任不同，行为人须具有故意的要件，即明知有缺陷而希望或者放任损害后果的发生。

故意侵害知识产权的惩罚性赔偿，须具备故意侵权和情节严重的要件。

故意污染环境、破坏生态的惩罚性赔偿，须具备故意侵权和造成严重后果的要件。

2. 惩罚性赔偿责任数额的确定方法

惩罚性赔偿责任的数额确定，通常是实际损失的“两倍以下”。具体计算方法是：（1）计算倍数的基准，是人身损害赔偿数额或者精神损害赔偿数额。（2）增加赔偿的数额，是分别为人身损害赔偿的两倍以下，或者精神损害赔偿的两倍以下。在两倍以下确定具体数额，法官有自由裁量权，可以是两倍，可以是一倍半，也可以是一倍，还可以是半倍。（3）法官对具体赔偿数额的自由裁量权的考量因素包括：一是经营者的故意程度，是间接故意还是直接故意；二是受害人或者受害人的近亲属所受伤害、所受痛苦或者精神损害的程度，区分为特别严重、很严重和严重等；三是实际赔偿数额的大小。

《食品安全法》第 148 条第 2 款规定的，是食品欺诈的惩罚性赔偿。具体计算方法是：生产不符合食品安全标准的食品或者经营明知是不符合食品安全标准的食品，消费者除要求赔偿损失外，还可以向生产者或者经营者要求支付价款十倍或者损失三倍的赔偿金。但是，食品的标签、说明书存在不影响食品安全且不会对消费者造成误导的瑕疵的除外。

故意侵害知识产权和故意污染环境、破坏生态的惩罚性赔偿，没有规定具体的计算方法，似应在赔偿实际损失后，再赔偿一倍的惩罚性赔偿。

第三节　其他民事责任方式

一、返还财产

返还财产是普遍适用的侵权民事责任方式，即返还原物。不法侵占他人财产，应当返还原物。依照《民法典》第 196 条的规定，不动产物权和登记的动产物权的返还财产，属于物权请求权。侵害其他动产物权的返还财产，属于侵权请求权，适用诉讼时效的规定。

返还原物责任因不法行为人非法占有财产而产生。无法律和合同的根据而占有他人的

财产，侵害了财产所有人或者占有人的权利，构成非法占有，即侵占，所有人享有返还原物的请求权，有权要求非法占有人返还原物。

适用返还原物应注意以下几点：(1) 返还原物适用的条件是侵占财产，且原物依然存在。如果原物已经灭失，返还原物在客观上已经不可能，所有人只能要求赔偿损失，而不能要求返还原物。(2) 返还原物应当返还原物所生的孳息，占有人应负责返还其在全部恶意占有期间所获得的一切孳息，并且亦无权请求所有人补偿其支付的费用。(3) 有权请求返还原物的人，一般是物的所有人，物的占有人也有权请求返还原物。(4) 返还原物的请求权只能针对非法占有人提出，而不能要求合法占有人返还原物。

二、恢复原状

恢复原状是指恢复权利被侵犯前的原有的状态。一般是指将损害的财产修复，即所有人的财产在被他人非法侵害遭到损坏时，如果能够修理，则所有人有权要求加害人通过修理，恢复财产原有的状态。

适用恢复原状应当具备的条件是：(1) 须有修复的可能。恢复原状可以通过多种方式实现，但无论通过何种形式，恢复原状不仅要在实际上可能，而且要在经济上合理，否则，就不应该采取这种方式。(2) 须有修复的必要。如果财产被破坏得已无法修复，或者虽可修复，但所有人已不需要，则不能适用恢复原状的民事责任，而应当折价赔偿。

【引例评析】

在本章引例中，台安县辽西饲料厂制造、张明志销售伪劣“888 猪料精”，是违反法律规定的行为。原告张宁福购买这一饲料喂猪，造成猪死亡的后果。两被告构成侵权行为，应当承担赔偿责任。但是，在具体的赔偿中，按照赔偿权利人基于发生损害的同一原因受有利益者，应从损害额内扣除利益，而由赔偿义务人就差额予以赔偿的确定赔偿责任范围的规则，张宁福生猪的损失、治疗的费用，是造成的损失；因同一原因，卖死猪肉得款 600 元，是新生的利益。在计算赔偿时，应当进行损益相抵，扣除该 600 元，赔偿差额。

【本章小结】

1. 侵权损害赔偿是指当事人一方因侵权行为对他方当事人造成损害时，在当事人之间产生请求赔偿权利和承担赔偿义务的债权债务关系，当债务人不自觉履行赔偿义务时，该种债务即转化为侵权损害赔偿民事责任。

2. 人身损害赔偿是指民事主体的生命权、健康权、身体权受到不法侵害，造成致伤、致残、致死的后果以及其他损害时，要求侵权人以财产赔偿等方法进行救济和保护的侵权法律制度。

3. 财产损害赔偿是指侵权行为侵害财产权，使财产权的客体遭到破坏，导致其使用价值和价值的贬损、减少或者完全丧失，或者破坏了财产权人对于财产权客体的支配关系，使财产权人的财产利益受到损失，从而导致权利人拥有的财产价值的减少和可得财产利益的丧失。

4. 精神损害赔偿是民事主体因其人身权利受到不法侵害，使其人格利益和身份利益受到损害或遭受精神痛苦，要求侵权人通过财产赔偿等方法进行救济和保护的民事法律制度。

5. 惩罚性赔偿是指超过了赔偿原告的必须赔偿的实际损失之外而给付的赔偿。

【练习题】

1. 名词解释

（1）损益相抵原则

（2）恢复原状

2. 思考题

（1）侵权损害赔偿有哪些规则？在实践中怎样适用？

（2）在实践中适用人身损害赔偿、财产损害赔偿和精神损害赔偿应当注意哪些问题？

（3）适用其他侵权民事责任方式应当注意哪些问题？

3. 案例分析题

某环境卫生管理所驾驶员徐某驾驶自卸车倒车时，将位于车后的本所工人张某撞倒，造成张某左骨盆骨折、后尿道损伤，致阴茎勃起功能严重障碍，构成六级伤残。张某作为原告诉讼至法院，要求被告环境卫生管理所赔偿医疗费、误工费等各项损失 152 700 元。张某的妻子王某认为，自己作为张某的合法妻子，丈夫因车祸致阴茎勃起功能严重障碍，无法进行正常的性生活，从而使其陷入因漫长、不完整的夫妻生活而带来的精神痛苦之中，故亦作为本案原告，要求被告赔偿精神损害抚慰金 50 000 元。

问题：

（1）张某作为健康权的受害人，可以请求哪些赔偿项目？

（2）王某受到侵害的是什么权利？

（3）王某可以请求哪些赔偿项目？

分析要点提示：

（1）张某的健康权受到损害造成残疾，可以请求人身损害的常规赔偿和劳动能力丧失的赔偿。

（2）王某受到侵害的权利是配偶权，是配偶权中的性利益受到损害，造成精神痛苦。

（3）王某可以请求精神损害抚慰金的赔偿。

在线练习

第二十八章　特殊侵权责任类型

【本章引例】

某日上午9时许，某铁路饭店职工陈某将库存的硫酸桶转移到修缮工地，该桶的容量为10升，内装400克硫酸，桶口未加盖。在该饭店住宿的何某准备外出，在下楼梯走到三楼的时候，不慎摔倒，恰好撞到陈某手提的硫酸桶上，桶内的硫酸洒到何某的头部、面部、臂部，何某被烧成重伤。治疗花费1万元，后期整容治疗费用2万元。何某起诉铁路饭店，请求饭店承担侵权责任。

【本章学习目标】

通过学习本章，你应该能够：

1. 掌握责任主体的特殊侵权责任；
2. 掌握其他特殊侵权责任。

第一节　关于责任主体的特殊规定

一、监护人责任

监护人责任是指无民事行为能力人或者限制民事行为能力人因自己的行为致人损害，由行为人的父母或者监护人等承担赔偿责任的特殊侵权责任。

监护人承担侵权责任的规则是：无民事行为能力人、限制民事行为能力人造成他人损害的，由监护人承担侵权责任。监护人尽到监护责任的，可以减轻其侵权责任。如果无民事行为能力人、限制民事行为能力人有财产，则从本人财产中支付赔偿费用。不足部分，由监护人赔偿。

二、委托监护责任

委托监护人的责任，是指无民事行为能力人或者限制民事行为能力人造成他人损害，监护人将监护职责委托他人，监护人与委托监护人分担责任的特殊侵权责任。其后果是，由监护人承担侵权责任；受托人有过错的，承担相应的责任。

三、暂时丧失心智损害责任

暂时丧失心智损害责任，是指完全民事行为能力人对于因过错引起暂时丧失心智，或者因醉酒或者滥用麻醉药品、精神药品暂时丧失心智，造成他人损害，所应当承担的特殊侵权责任。

暂时丧失心智损害责任的规则是：完全民事行为能力人对自己的行为暂时没有意识或者失去控制造成他人损害有过错的，应当承担侵权责任；没有过错的，根据行为人的经济状况对受害人适当补偿。行为人丧失心智中的过错，是指其对自己暂时丧失心智的过错，例如完全民事行为能力人因醉酒、滥用麻醉药品或者精神药品对自己的行为暂时没有意识或者失去控制造成他人损害的，就是有过错，应当承担侵权责任。

参考案例 28-1

4 月 21 日 3 时许，唐某驾驶小客车与于某驾驶的小客车发生交通事故，致使唐某受伤。公安交通管理部门认定于某属醉酒后驾车，应负此次事故的全部责任。事发当日，急救站对唐某进行救治，唐某支付抢救费等共计 260 元。4 月 21 日至 5 月 19 日，唐某在某医院住院治疗，被诊断为脑挫裂伤、蛛网膜下腔出血、外伤性失忆，唐某共支付医疗费 19 753.64 元。于某应当承担侵权责任，赔偿唐某的损失。

四、用人者责任

用人者责任是一种特殊侵权责任类型，它所概括的是用人单位的工作人员或者劳务派遣人员以及个人劳务的提供劳务一方在工作过程中，或者在提供劳务过程中造成他人损害，用人单位或者劳务派遣单位以及接受劳务一方应当承担赔偿责任的特殊侵权责任。用人者责任分为以下三种类型。

（一）用人单位责任

用人单位的工作人员因执行工作任务造成他人损害的，由用人单位承担侵权责任。用人单位赔偿之后，如果工作人员在造成他人损害中有过错，则可以向其追偿。用人单位承担责任后，可以向有故意或者重大过失的工作人员追偿。

（二）劳务派遣责任

劳务派遣期间，被派遣的工作人员因执行工作任务造成他人损害的，由接受劳务派遣的用工单位承担侵权责任；如果劳务派遣单位对派遣工作人员有过错的，就自己的过错程度和原因力，承担相应的责任。

（三）个人劳务责任

在个人之间形成劳务关系，例如雇用保姆（家庭装修属于承揽合同关系，不在其内），如果提供劳务一方因劳务造成他人损害，则由接受劳务一方承担侵权责任。提供劳务一方因劳务自己受到损害的，属于个人劳务的工伤事故，实行过错责任原则，应当根据双方各自的过错承担相应的责任。

接受劳务期间，因第三人的行为造成提供劳务一方损害的，提供劳务一方有权请求第三人承担侵权责任，也有权请求接受劳务一方给予补偿。接受劳务一方补偿后，可以向第三人追偿。

五、定作人指示过失责任

定作人指示过失责任是大陆法系传统的特殊侵权行为，在英美法系侵权法中称之为独立工人责任，规则基本相同。其规则是，承揽人在完成工作过程中造成第三人损害或者自己损害的，定作人不承担侵权责任。但是，定作人对定作、指示或者选任有过错的，应当承担相应的责任。

六、网络侵权责任

网络侵权责任的规则比较复杂，分为以下三个部分。

（一）一般规则

网络侵权的一般规则是，网络用户、网络服务提供者利用网络侵害他人民事权益的，应当承担侵权责任。法律另有规定的，依照其规定。

“法律另有规定”，应当是指其他法律规定的网络用户、网络服务提供者利用网络侵害他人民事权益承担民事责任的情形。

（二）网络侵权责任的避风港原则

网络侵权责任的避风港原则，是指网络服务提供者在不知道且不应当知道网络用户实施的侵权行为时，只要采取了必要措施，即不承担侵权责任，进入“避风港”。

1. 通知规则

避风港原则中的通知规则的内容是：

（1）网络用户利用网络服务实施侵权行为的，权利人有权通知网络服务提供者采取删除、屏蔽、断开链接等必要措施。通知应当包括构成侵权的初步证据及权利人的真实身份信息。

（2）网络服务提供者接到通知后，应当及时将该通知转送相关网络用户，并根据构成侵权的初步证据和服务类型采取必要措施；未及时采取必要措施的，对损害的扩大部分与该网络用户承担连带责任。

（3）权利人因错误通知造成网络用户或者网络服务提供者损害的，应当承担侵权责任。法律另有规定的，依照其规定。

2. 反通知规则

避风港原则中的反通知规则的内容是：

（1）网络用户接到转送的通知后，可以向网络服务提供者提交不存在侵权行为的声明。声明应当包括不存在侵权行为的初步证据及网络用户的真实身份信息。

（2）网络服务提供者接到声明后，应当将该声明转送发出通知的权利人，并告知其可以向有关部门投诉或者向人民法院起诉。网络服务提供者在转送声明到达权利人后的合理期限内，未收到关于权利人已经投诉或者起诉通知的，应当及时终止所采取的措施。

（三）网络侵权责任的红旗原则

红旗原则就是网络服务提供者知道或者应当知道网络用户利用其网络服务侵害他人民事权益，却未采取必要措施的，网络服务提供者应当与该网络用户承担连带责任。

适用红旗原则的后果是，明知或者应知网络用户在自己的网站上实施侵权行为的网络服务提供者，对该侵权行为没有采取必要措施，须与实施侵权行为的网络用户一起，对被侵权人造成的损害承担连带赔偿责任。

七、违反安全保障义务的侵权责任

违反安全保障义务的侵权责任，是指经营者、管理者或者组织者对经营场所、公共场所、群众性活动场所未尽到安全保障义务，造成他人损害的赔偿责任。违反安全保障义务的侵权责任有四种表现形式：一是设施设备未尽到安全保护义务；二是服务管理未尽到安全保障义务；三是对儿童未尽到安全保障义务；四是对防范制止侵权行为未尽到安全保障义务。

前三种类型概括在《民法典》第1198条第1款中，责任形态是自己责任，侵权人自己承担侵权责任。

《民法典》第1198条第2款规定的是第四种违反安全保障义务的侵权责任类型，责任形态是相应的补充责任。承担责任的规则：一是实施侵权行为的第三人是直接责任人，对造成的受害人损害承担侵权责任。二是经营者、管理者或者组织者未尽到防范、制止侵权行为安全保障义务，使侵权行为得以发生的，就自己的过错和行为对损害发生的原因力，承担与其过错程度和原因力相应的补充责任。三是由于第三人才是侵权行为的直接责任人，因此经营者、管理者或者组织者承担补充责任后，可以向第三人追偿。

八、学生伤害事故责任

学生伤害事故责任是指无民事行为能力或者限制民事行为能力的学生在幼儿园、学校或者其他教育机构学习、生活期间，受到人身损害，应当由幼儿园、学校或者其他教育机构承担赔偿责任的特殊侵权责任。

这种侵权责任分为三种情况：

（1）无民事行为能力人在幼儿园、学校或者其他教育机构学习、生活期间受到人身损害的，实行过错推定原则，幼儿园、学校或者其他教育机构应当承担侵权责任，但是如果教育机构能够证明已经尽到教育、管理职责的，则不承担侵权责任。

（2）限制民事行为能力人在学校或者其他教育机构学习、生活期间受到人身损害的，实行过错责任原则，学校或者其他教育机构未尽到教育、管理职责的，为有过错，应当承担侵权责任。

（3）无民事行为能力人或者限制民事行为能力人在幼儿园、学校或者其他教育机构学习、生活期间，受到幼儿园、学校或者其他教育机构以外的人员人身损害的，实行过错责任原则，由侵权人承担侵权责任；幼儿园、学校或者其他教育机构未尽到管理职责的，承担相应的补充责任。幼儿园、学校或者其他教育机构承担补充责任后，可以向第三人追偿。

第二节　其他特殊侵权责任

一、产品责任

产品责任是指产品生产者、销售者因生产、销售缺陷产品致使他人遭受人身伤害、财产损失或有致使他人遭受人身、财产损害之虞而应承担的赔偿损失、消除危险、停止侵害等责任的特殊侵权责任。

产品责任实行无过错责任原则，因产品存在缺陷造成他人损害的，确定生产者的责任，无论是否有过错，都应当承担侵权责任。对于销售者，则实行过错责任原则，因销售者的过错使产品存在缺陷，造成他人损害的，销售者应当承担侵权责任；销售者不能指明缺陷产品的生产者也不能指明缺陷产品的供货者的，实行无过错责任原则，销售者应当承担侵权责任。

产品责任的基本责任形式是不真正连带责任，因产品存在缺陷造成他人损害的，被侵权人可以向产品的生产者请求赔偿，也可以向产品的销售者请求赔偿。产品缺陷由生产者造成的，销售者赔偿后，有权向生产者追偿。因销售者的过错使产品存在缺陷的，生产者赔偿后，有权向销售者追偿。

如果产品责任是因运输者、仓储者等第三人的过错使产品存在缺陷，造成他人损害的，产品的生产者、销售者赔偿后，有权向第三人追偿。

产品投入流通后发现存在缺陷的，生产者、销售者应当及时采取停止销售、警示、召回等补救措施。未及时采取补救措施或者补救措施不力造成损害扩大的，对扩大的损害应当承担侵权责任。

在产品责任的赔偿上，适用一般的赔偿规则，但明知产品存在缺陷仍然生产、销售，或者产品投入流通后发现存在缺陷，而生产者、销售者未采取有效补救措施，造成他人死亡或者健康严重损害的，被侵权人有权请求相应的惩罚性赔偿。

二、机动车交通事故责任

机动车交通事故，是指机动车与非机动车驾驶人员、行人、乘车人以及其他在公路、城市道路和虽在单位管辖范围但允许社会机动车通行的地方，以及广场、公共停车场等用于公众通行的场所上，进行交通活动的人员，因违反我国《道路交通安全法》和其他道路交通管理法规、规章的行为，过失或者意外造成的人身伤亡或者财产损失的事件。

机动车发生交通事故造成损害的，依照我国《道路交通安全法》第 76 条的规定承担赔偿责任，机动车与非机动车驾驶人或者行人发生交通事故的，实行过错推定原则，机动车相互之间造成损害的，实行过错责任原则。

在机动车造成损害，机动车所有人、管理人与使用人不一致的情况下，承担赔偿责任的规则是：

（1）因租赁、借用等情形机动车所有人、管理人与使用人不是同一人时，发生交通事故造成损害，属于该机动车一方责任的，由机动车使用人承担赔偿责任；机动车所有人、管理人对损害的发生有过错的，承担相应的赔偿责任。

（2）当事人之间已经以买卖或其他方式转让并交付机动车但未办理所有权转移登记，发生交通事故造成损害，属于该机动车一方责任的，由受让人承担赔偿责任。

（3）以挂靠形式从事道路运输经营活动的机动车，发生交通事故，造成损害，属于该机动车一方责任的，由挂靠人和被挂靠人承担连带责任。

（4）未经允许驾驶他人机动车，发生交通事故造成损害，属于该机动车一方责任的，机动车使用人应当承担赔偿责任；机动车所有人或者管理人对损害的发生有过错的，承担相应的赔偿责任，但是《民法典》侵权责任编第五章另有规定的除外。

（5）以买卖或者其他方式转让拼装或者已达到报废标准的机动车，发生交通事故造成损害的，由转让人和受让人承担连带责任。

（6）盗窃、抢劫或者抢夺的机动车发生交通事故造成损害的，由盗窃人、抢劫人或者抢夺人承担赔偿责任。保险人在机动车强制保险责任限额范围内垫付抢救费用的，有权向交通事故责任人追偿。

（7）非营运机动车发生交通事故造成无偿搭乘人损害，属于该机动车一方责任的，应当减轻其赔偿责任，但是机动车使用人有故意或者重大过失的除外。

三、医疗损害责任

医疗损害责任是指在医疗机构诊疗过程中，医务人员由于过错，造成患者人身损害，医疗机构应当承担的侵权责任。

医疗损害责任分为四种类型：

（1）医疗伦理损害责任。医务人员违反告知义务，或者违反其他医务人员伦理道德，具有医疗伦理过失，造成患者损害的，医疗机构应当承担赔偿责任。

（2）医疗技术损害责任。医务人员在诊疗活动中未尽到与当时的医疗水平相应的诊疗义务，具有医疗技术过失，造成患者损害的，医疗机构应当承担赔偿责任。患者在诊疗活动中受到损害，有下列情形之一的，推定医疗机构有过错：医务人员违反法律、行政法规、规章以及其他有关诊疗规范的规定；隐匿或者拒绝提供与纠纷有关的病历资料；遗失、伪造、篡改或者违法销毁病历资料。

（3）医疗产品损害责任。因药品、消毒产品、医疗器械的缺陷，或者输入不合格的血液造成患者损害的，实行无过错责任原则，患者可以向药品上市许可持有人、生产者、血液提供机构请求赔偿，也可以向医疗机构请求赔偿。依照《最高人民法院关于审理医疗损害责任纠纷案件适用法律若干问题的解释》（2020 年 12 月修正，自 2021 年 1 月 1 日起施行）第 21 条的规定，医疗机构承担赔偿责任后，向缺陷医疗产品的生产者、销售者、药品上市许可持有人或者血液提供机构追偿的，应予支持。因医疗机构的过错使医疗产品存在缺陷或者血液不合格，医疗产品的生产者、销售者、药品上市许可持有人或者血液提供机构承担赔偿责任后，向医疗机构追偿的，应予支持。

（4）医疗管理损害责任。医疗机构和医务人员违背医政管理规范和医政管理职责的要求，具有医疗管理过错，造成患者人身损害、财产损害的，受害患者或者其近亲属可以向医疗机构请求承担医疗损害赔偿责任。

患者在诊疗活动中受到损害，有下列情形之一的，医疗机构不承担赔偿责任：

（1）患者或者其近亲属不配合医疗机构进行符合诊疗规范的诊疗，但医疗机构及其医务人员也有过错的，应当承担相应的赔偿责任。

（2）医务人员在抢救生命垂危的患者等紧急情况下已经尽到合理诊疗义务。

（3）限于当时的医疗水平难以诊疗。

四、环境污染和生态破坏责任

环境污染和生态破坏责任，是指行为人违反法律规定的义务，以作为或者不作为的方式，污染环境、破坏生态，造成损害，应当承担损害赔偿的特殊侵权责任。

环境污染和生态破坏责任适用无过错责任原则，构成环境污染和生态破坏责任的要件是：

（1）行为人实施了环境污染或者生态破坏的行为。

（2）环境受到污染，生态受到破坏。

（3）行为人实施的行为与环境污染和生态破坏的损害结果之间有因果关系。

实行的特殊规则是：

（1）举证责任倒置。因污染环境、破坏生态发生纠纷，行为人应当就法律规定的不承担责任或者减轻责任的情形及其行为与损害之间不存在因果关系承担举证责任。

（2）市场份额规则。如果是两个以上侵权人污染环境、破坏生态，侵权人承担责任的大小，则根据污染物的种类、浓度、排放量，破坏生态的方式、范围、程度，以及行为对损害后果所起的作用等因素确定。

（3）第三人过错责任。如果是因第三人的过错污染环境、破坏生态的，被侵权人可以向侵权人请求赔偿，也可以向第三人请求赔偿。侵权人赔偿后，有权向第三人追偿。

（4）违反国家规定造成生态环境损害，生态环境能够修复的，国家规定的机关或者法律规定的组织有权请求侵权人在合理期限内承担修复责任。侵权人在期限内未修复的，国家规定的机关或者法律规定的组织可以自行或者委托他人进行修复，所需费用由侵权人负担。

（5）违反国家规定造成生态环境损害的，国家规定的机关或者法律规定的组织有权请求侵权人承担损害赔偿责任。

五、高度危险责任

高度危险责任，是指高度危险行为人实施高度危险活动或者管领高度危险物，造成他人人身损害或者财产损害，应当承担损害赔偿责任的特殊侵权责任。高度危险责任实行无过错责任原则，凡是从事高度危险作业造成他人损害的，不论有无过错，都应当承担侵权责任。

《民法典》主要规定了四种高度危险责任：

（1）民用核设施或者运入运出核设施的核材料发生核事故造成他人损害的，民用核设施的营运单位应当承担侵权责任，但是能够证明损害是因战争、武装冲突、暴乱等情形或者受害人故意造成的，不承担责任。

（2）民用航空器造成他人损害的，民用航空器的经营者应当承担侵权责任，但是能够证明损害是因受害人故意造成的，不承担责任。

（3）占有或者使用易燃、易爆、剧毒、高放射性、强腐蚀性、高致病性等高度危险物造成他人损害的，占有人或者使用人应当承担侵权责任，但是能够证明损害是因受害人故意或者不可抗力造成的，不承担责任。被侵权人对损害的发生有重大过失的，可以减轻占有人或者使用人的责任。

（4）从事高空、高压、地下挖掘活动或者使用高速轨道运输工具造成他人损害的，经营者应当承担侵权责任，但能够证明损害是因受害人故意或者不可抗力造成的，不承担责任。被侵权人对损害的发生有重大过失的，可以减轻经营者的责任。

遗失、抛弃高度危险物造成他人损害的，由所有人承担侵权责任。所有人将高度危险物交由他人管理的，由管理人承担侵权责任；所有人有过错的，与管理人承担连带责任。

非法占有高度危险物造成他人损害的，由非法占有人承担侵权责任。所有人、管理人不能证明对防止他人非法占有尽到高度注意义务的，与非法占有人承担连带责任。

高度危险责任通常实行限额赔偿。如果法律对承担高度危险责任规定赔偿限额的，应当依照其规定进行赔偿。但是，行为人有故意或重大过失的除外。

六、饲养动物损害责任

饲养动物损害责任，是指动物饲养人或者管理人在饲养的动物造成他人损害时，根据致害动物的种类和性质适用无过错责任原则或者过错推定原则，应当承担赔偿责任的特殊侵权责任。饲养动物损害责任实行无过错责任原则，凡是饲养的动物造成他人损害的，动物饲养人或者管理人应当承担侵权责任，但能够证明损害是因被侵权人故意或者重大过失造成的，可以不承担或者减轻责任。

具体的饲养动物损害责任的要求是：

(1) 违反管理规定，未对动物采取安全措施造成他人损害的，实行无过错责任原则，动物饲养人或者管理人应当承担侵权责任；能够证明损害是因被侵权人故意造成的，可以减轻责任。

(2) 禁止饲养的烈性犬等危险动物造成他人损害的，实行无过错责任原则，动物饲养人或者管理人应当承担侵权责任。

(3) 动物园的动物造成他人损害的，实行过错推定原则，动物园应当承担侵权责任；如果动物园能够证明尽到管理职责的，为无过错，不承担侵权责任。

(4) 遗弃、逃逸的动物在遗弃、逃逸期间造成他人损害的，实行无过错责任原则，由动物原饲养人或者管理人承担侵权责任。

(5) 因第三人的过错致使动物造成他人损害的，被侵权人可以向动物饲养人或者管理人请求赔偿，也可以向第三人请求赔偿。动物饲养人或者管理人赔偿后，有权向第三人追偿。

七、建筑物和物件损害责任

建筑物和物件损害责任，是指在自己管领下的建筑物和物件造成他人损害，应当由物的所有人或者管理人承担侵权责任的特殊侵权责任。

物件损害责任实行过错推定原则，主要的类型是：

(1) 建筑物等倒塌、塌陷损害责任。建筑物、构筑物或者其他设施因建造缺陷引起倒塌、塌陷造成他人损害的，由建设单位与施工单位承担连带责任。建设单位、施工单位赔偿后，如果另有其他责任人的，则有权向其他责任人追偿。建筑物、构筑物或者其他设施因管理缺陷引起倒塌、塌陷造成他人损害，是因其他责任人即建筑物等所有人、管理人、使用人的原因引起的，由这些第三人承担侵权责任。

(2) 建筑物等及其悬挂物、搁置物损害责任。建筑物、构筑物或者其他设施及其搁置物、悬挂物发生脱落、坠落造成他人损害，所有人、管理人或者使用人不能证明自己没有过错的，应当承担侵权责任。所有人、管理人或者使用人赔偿后，有其他责任人的，有权向其他责任人追偿。

(3) 抛掷物、坠落物损害责任。具体规则是：第一，禁止从建筑物中抛掷物品，必须严格遵守。第二，从建筑物中抛掷物品或者从建筑物上坠落的物品造成损害的，由侵权人承担侵权责任。第三，经调查难以确定具体侵权人的，除能够证明自己不是侵权人的外，由可能加害的建筑物使用人给予补偿。第四，可能加害的建筑物使用人补偿后，有权向侵权人追偿。第五，建筑物管理人未采取必要的安全保障措施的，应当依照《民法典》第1198条的规定，承担违反安全保障义务的损害责任。第六，公安等机关应当依法及时调查，查清责任人。立法机关认为，对于造成损害后果的，公安机关应当依法立案调查，对责任依法给予治安管理处罚；构成犯罪的，应当依法追究刑事责任。①

参考案例 28-2

郝某被楼上坠落的烟灰缸砸中头部，伤害严重，公安机关经过侦查现场，难以确定该烟灰缸的所有人。后来，郝某将居住在出事居民楼二层以上的居民告上法庭，要求他们共同赔偿。法院经审理认为，除事发当晚无人居住的房屋外，其余房屋的居住人均不能排除扔烟灰缸的可能性，根据过错原则，由当时有人居住的、有扔烟灰缸嫌疑的22户住户分担该责任赔偿。

（4）堆放物损害责任。堆放物倒塌、滚落、滑落造成他人损害，堆放人不能证明自己没有过错的，应当承担侵权责任。

（5）道路障碍物损害责任。在公共道路上堆放、倾倒、遗撒妨碍通行的物品造成他人损害的，行为人应当承担侵权责任。公共道路管理人不能证明已经尽到清理、防护、警示等义务的，应当承担相应的责任。

（6）林木折断损害责任。因林木折断、倾倒或者果实坠落等造成他人损害，林木的所有人或者管理人不能证明自己没有过错的，应当承担侵权责任。

（7）地下工作物损害责任。一是施工中的地下工作物损害责任，在公共场所或者道路上挖掘、修缮安装地下设施等造成他人损害，施工人不能证明已经设置明显标志和采取安全措施的，应当承担侵权责任。二是使用中的地下工作物损害责任，例如窨井等地下设施造成他人损害，管理人不能证明尽到管理职责的，应当承担侵权责任。

【引例评析】

在本章引例中，陈某是某铁路饭店的职工，其在搬运硫酸桶的过程中，未采取安全措施，致使饭店客人何某受到伤害。陈某作为该饭店的工作人员，在执行工作任务中造成他人损害，应当由该饭店承担侵权责任，因此，应当适用《民法典》侵权责任编第1191条第1款的规定确定责任。

【本章小结】

1. 用人者责任是一种特殊侵权责任类型，它所概括的是用人单位的工作人员或者劳务派遣人员以及个人劳务的提供劳务一方在工作过程中，或者在提供劳务过程中造成他人损害，用人单位或者劳务派遣单位以及接受劳务一方应当承担赔偿责任的特殊侵权责任。

---

① 全国人民代表大会宪法和法律委员会. 关于《〈民法典〉侵权责任编（草案）》修改情况的汇报，2018：4.

2. 违反安全保障义务的侵权行为是指依照法律规定或者约定对他人负有安全保障义务的人，违反该义务，直接或者间接地造成他人人身或者财产权益损害，应当承担损害赔偿责任的侵权行为。

3. 产品责任是指产品生产者、销售者因生产、销售缺陷产品致使他人遭受人身伤害、财产损失或有致使他人遭受人身、财产损害之虞而应承担的赔偿损失、消除危险、停止侵害等责任的特殊侵权责任。

4. 高度危险责任是指高度危险行为人实施高度危险活动或者管领高度危险物，造成他人人身损害或者财产损害，应当承担损害赔偿责任的特殊侵权责任。

【练习题】

1. 名词解释

（1）监护人责任

（2）建筑物和物件损害责任

2. 思考题

（1）医疗损害责任有哪些不同类型？

（2）什么是高度危险责任？《民法典》规定了哪些高度危险责任？

（3）建筑物等倒塌责任的责任主体怎样确定？

（4）《民法典》规定高空抛物致人损害的具体规则有哪些？

3. 案例分析题

某医院在给一位患者注射青霉素注射液的时候，医护人员先对其过敏史进行了询问，之后进行了皮试，直到过了规定的时间没有发现过敏症状后，才给患者注射，患者在注射室留观了10分钟后回家。3个小时后患者发生过敏，因抢救不及时死亡。死者家属要求追究医院的医疗过错责任，法院判决驳回诉讼请求。

问题：

（1）某医院给患者注射青霉素注射液造成患者死亡，是否构成侵权？

（2）该医院及医护人员是否存在医疗过失？

（3）该医院依据何种法律规定免除其侵权责任？

分析要点提示：

（1）医院已经尽到必要的注意义务，没有违反医疗技术要求，不构成侵权。

（2）这种青霉素的延缓过敏现象是极为罕见的，是患者体质特殊导致的，医院及医护人员不存在医疗过失。

（3）应当依据《民法典》第1224条关于“限于当时的医疗水平难以诊疗”的规定，免除责任。

在线练习

图书在版编目（CIP）数据

民法/杨立新编著. --8版. --北京：中国人民大学出版社，2020.7
高职高专法律系列教材
ISBN 978-7-300-28419-4

Ⅰ.①民… Ⅱ.①杨… Ⅲ.①民法-中国-高等职业教育-教材 Ⅳ.①D923

中国版本图书馆CIP数据核字（2020）第136649号

"十三五"职业教育国家规划教材
"十二五"职业教育国家规划教材
经全国职业教育教材审定委员会审定
普通高等教育"十一五"国家级规划教材
教育部高职高专规划教材
全国普通高等学校优秀教材
高职高专法律系列教材
民法（第八版）
杨立新　编著
Minfa

出版发行	中国人民大学出版社		
社　　址	北京中关村大街31号	**邮政编码**	100080
电　　话	010－62511242（总编室）		010－62511770（质管部）
	010－82501766（邮购部）		010－62514148（门市部）
	010－62515195（发行公司）		010－62515275（盗版举报）
网　　址	http://www.crup.com.cn		
经　　销	新华书店		
印　　刷	北京宏伟双华印刷有限公司	**版　　次**	2000年9月第1版
规　　格	185 mm×260 mm　16开本		2020年7月第8版
印　　张	20.25	**印　　次**	2021年5月第5次印刷
字　　数	462 000	**定　　价**	48.00元